中期预算改革与我国现代财政制度构建

白彦锋 著

中国财政经济出版社

图书在版编目（CIP）数据

中期预算改革与我国现代财政制度构建/白彦锋著．—北京：中国财政经济出版社，2015.5

ISBN 978－7－5095－6005－1

Ⅰ.①中…　Ⅱ.①白…　Ⅲ.①财政制度－研究－中国　Ⅳ.①F812.2

中国版本图书馆 CIP 数据核字（2015）第 022804 号

责任编辑：刘战兵　　　　责任校对：黄亚青

封面设计：张力方　　　　版式设计：汤广才

中国财政经济出版社 出版

URL：http：//www.cfeph.cn

E－mail：cfeph @ cfeph.cn

社址：北京市海淀区阜成路甲 28 号　邮政编码：100142

营销中心电话：88190406　北京财经书店电话：64033436　84041336

北京京华虎彩印刷有限公司印刷　各地新华书店经销

787×960 毫米　16 开　23 印张　377 000 字

2015 年 5 月第 1 版　2015 年 5 月北京第 1 次印刷

定价：48.00 元

ISBN 978－7－5095－6005－1/F·4835

（图书出现印装问题，本社负责调换）

本社质量投诉电话：010－88190744

打击盗版举报热线：010－88190492，QQ：634579818

序　一

党的十八届三中全会提出的“建立跨年度预算平衡机制”，使得中期预算改革问题又提上了改革的议程。从本质上看，中期财政预算是通过宏观预测明确发展战略、强化预算支出上限和进行绩效评估等举措，建立以财政资金约束为核心的资源配置方式。从其研究的现实意义来看，财政是国家治理的基础、宏观调控的重要抓手，现行财政制度的制度优势亟待加强，必须加快实施全面规范、公开透明的预算制度，建立现代财政制度。推进中期财政预算改革，是建立现代财政制度的重要内容，通过改进年度预算控制方式、建立跨年度的预算平衡机制，进一步增强宏观调控的科学性和有效性。

白彦锋教授前期围绕中期预算问题展开了相关的研究，积累了大量的研究成果，并以此为基础形成了这部专著。其特色在于：在对中期预算进行理论分析时，将蛛网模型、李嘉图等价定理的相关概念融入其中，利用模型或理论来佐证中期预算较年度预算的优势，更具有理论依据和说服力；利用 ARIMA 模型、因素分解法、经济周期分析方法等理论或模型来预测财政收支，在研究方法上具有一定的创新性；在分析国外中期预算经验的基础上，对比分析中国模式和河北经验，立足于我国基本国情，融入本土特色，坚持实用主义原则，在研究视角方面具有一定的创新性，特别是将我国中期预算改革与战略诉求研究的落脚点放在税制改革上，与以往将研究重点囿于支出领域有很大的不同，本书问世将起到填补空白的作用。

因此，我愿意为其作序。

李　燕

中央财经大学

2015 年 3 月

序　二

中期预算是政府预算理论研究的薄弱环节。有中期预算之后，仍然有财政危机。现有理论没有对此做出回答。这与世界上已有超过2/3的国家实施中期预算很不相称。

党的十八届三中全会之后，中国正在加快引入中期预算（中期财政规划）。从已有的试点来看，许多有中国特色的中期预算问题仍然需要理论的指导。建立现代财政制度是财税改革的既定目标，政府预算是其中的重头戏。将中期预算与现代财政制度结合起来进行研究，意义重大。

白彦锋教授所领导的课题组对中期预算管理理论和实践进行了长期的跟踪研究，取得了较丰富的成果。这种成果无论是对政府预算理论的进一步丰富，还是对现代财政制度建设，都有重要的参考价值。

以此为序。

杨志勇
中国社科院
2015 年 3 月

目　　录

“上兵伐谋”：代前言

“预算改革的目标就是要把一个看不清的政府变成一个透明的政府；

如果政府没有一本账，如果政府收支不受监督，它就是一个让人看不清的政府；

一个让人看不清的政府，不可能是一个负责任的政府；

一个不负责任的政府，不可能是一个民主的政府。

预算应当是公开透明的、事先经过批准、事后有约束力的。”[1]

道理确实如此。然而要想“看清政府”又谈何容易，不仅需要从“空间维度”打造“全口径预算”，还需要从“时间维度”推进“中期预算”改革。不管是“全口径预算”还是“中期预算”改革，都是对政府预算“三维写真”的“实事求是”过程之旅。

一、现代财政制度与中期预算构建

党的十八届三中全会指出，财政是国家治理的基础和重要支柱，科学的财税体制是优化资源配置、维护市场统一、促进社会公平、实现国家长治久安的制度保障。必须完善立法、明确事权、改革税制、稳定税负、透明预算、提高效率，建立现代财政制度。中共中央政治局 2014 年 6 月底审议通过的《深化财税体制改革总体方案》更是进一步明确提出，新一轮财税体制改革 2016 年基本完成重点工作和任务，2020 年基本建立现代财政制度。而在我国新一轮财税体制改革和现代财政制度建设的“顶层设计”基本完成和“路线图”逐渐明晰之后，研究中期预算与现代财政制度建设之间的关系就显得尤为重要了。

〔1〕 王绍光：《从税收国家到预算国家》，第 15 页、第 22 页，载马骏等：《国家治理与公共预算》，中国财政经济出版社，2007 年。

2013年党的十八届三中全会所提出的“建立现代财政制度”，是在我国经济总量跃居世界第二和人均GDP超过6000美元这一背景下提出的。国家宏观调控面临的复杂形势前所未有。2008年，面对世界金融危机的冲击，我国“习惯性地”推出的4万亿元的大规模刺激计划出现了边际效应递减，负面效应开始凸显。一方面，自凯恩斯以来以政府财政为主力军的“补偿式”危机治理模式开始失效；另一方面，我国国民经济在经过多年发展之后，以高资源投入、高投资、出口拉动为主要特征的经济发展模式在生态文明建设等方面表现出越来越多的不适应性，环境、资源矛盾日益凸显。

在这种情况下，现代财政制度构建要强调财政体制的可预见性，要建立中期财政规划和跨年度预算平衡机制，以“上医治未病”的高度和视野来应对经济增长的减速。2015年伊始，《国务院关于实行中期财政规划管理的意见》（国发［2015］3号）发布，这可以看成是应对“大有大的难处”[1]的最好办法。

二、关于本书

2011年7月25日，笔者应邀参加了财政部“财政中期预算管理理论与现状研讨会”。这次研讨会是财政部综合司执行的世界银行TCC5-A24-10子项目的活动之一。其实，再往前，笔者在中国人民大学攻读博士学位期间，就为在高培勇教授的指导下翻译并出版了美国John L. Mikesell教授的《财政管理学》一书，使笔者对政府预算知识有所涉猎。2005年，中国社科院财贸所的马蔡琛教授（马蔡琛教授现任教于南开大学）曾联系笔者翻译OECD的《预算制度的法律框架》（*The Legal Framework for Budget Systems: An International Comparison*）一书。2008年，在中央财经大学工作期间，笔者参与了李燕教授承担的财政部预算司的中期预算课题，发表了几篇相关文章。

本书重点关注以下几个问题：

一是中期预算的含义到底是什么？中期预算框架（MTBF）、中期支出框架（MTEF）等之间的关系到底是怎样的？2014年新修订的《预算法》将原第三条改为第十二条，修改为：“各级预算应当遵循统筹兼顾、勤俭节约、量力而行、讲求绩效和收支平衡的原则。”“各级政府应当建立跨年度

[1] 曹雪芹：《红楼梦》，第六回。

预算平衡机制。”然而，跨年度的预算平衡机制是否可能导致预算赤字失控，造成年度预算平衡机制被突破的同时跨年度的预算平衡又形同虚设呢？

二是如何看待中期预算在国外的实施情况。尽管 OECD 国家普遍引入了中期预算模式，对中长期的财政发展也施加了种种限制，然而，欧美债务危机还是在这些国家相继爆发了，进而引发了世界范围的经济动荡——这是中期预算的失败吗？答案当然是否定的。这并非是中期预算的失败，而恰恰是中期预算没有得到很好奉行的结果。

中国一方面需要学习国外财政中长期管理的经验，另一方面更要吸取其过度负债等从而导致经济危机的教训。中国改革开放以来的成功发展少不了向国外学习，同时也很有必要总结我们自身的经验和模式，并向世界范围推广。换句话说，尽管中国近些年来没有中期预算之名，但我相信我国其实一直在尝试中期预算的实践做法，如预算稳定调节基金和河北等地对发展性支出的尝试等。

三是中国的中期预算改革要致力于解决当前我国财政经济发展中的哪些问题。如果单纯为了改革而改革，那就失去了改革本身的意义。关于这个问题，地方财政中的房地产税问题、税延型的养老保险、中国税制的两个逆转、非常规天然气的开发利用等，都有助于将我国中期预算改革落到实处，从而言之有物。

四是党的十八届三中全会指出，财政是国家治理的基础和重要支柱，科学的财税体制是优化资源配置、维护市场统一、促进社会公平、实现国家长治久安的制度保障。同时，必须完善立法、明确事权、改革税制、稳定税负、透明预算、提高效率，建立现代财政制度。而作为中期预算的跨年度的预算平衡机制是现代财政制度的重要内容，关系财政收支决定性作用的重新调整。在 2014 年年初财政部与国际货币基金组织联合召开的高层研讨会上，“中期财政预算框架”又成为会议的重要议题之一。本书旨在以“中期预算”为切入点，探讨我国财政体制升级版当中现代财政制度的构建问题。

五是盈余管理（earnings management）是目前国外经济学和会计学广泛研究的课题。盈余管理就是企业管理当局在遵循会计准则的基础上，通过对企业对外报告的会计收益信息进行控制或调整，以达到主体自身利益最大化的行为。盈余管理的主要目的在于获取私人利益，因此，盈余管理是与公众利益、中立性原则相矛盾的。从这种意义上讲，盈余管理是件坏事，甚至近似“盈利操纵”（earnings manipulation）的概念。盈余管理的政治成本假说作为实证会计三大假说之一[1]，一直以来都是实证会计研究中的重要问题。在我国，企业的政治成本是客观存在的，其具体表现形式包括政策法规、税收、保护、监管、补贴等方式。是否可以认为，企业的中期财务管理——盈余管理——又一次走在了国家宏观中期预算改革的前面？如果是这样的话，政府财政部门推进中期预算改革的必要性将在微观层面变得十分迫切。推进中期预算改革，无疑有助于增强财政政策的前瞻性和透明度，对于抑制企业财务管理活动中的盈余管理将产生积极作用。本书试图在我国中期财政规划管理改革的微观企业财务管理活动基础等方面进行一些尝试。

本书系国家自科基金“政府中期支出框架体系研究”（71350020）的中期研究成果，同时也是北京市哲学社会科学规划项目“首都地区征收交通拥挤税与烟尘排放税的可行性分析——北京大气污染治理的财税政策匹配”（13JGB122）和北京市哲学社会科学规划重点项目“推进北京市生态文明建设的依法治理研究”（15FXA002）的阶段性成果。此外，本书还获得了教育部新世纪人才（NCET-11-0748）和中央财经大学青年创新团队的资助。本书由中央财经大学财政学院党总支副书记、财税研究所副所长白彦锋教授担任总撰。感谢中央财经大学财政学院院长马海涛教授及财政学院同事们的多年关照。感谢中央财经大学财政学院李燕教授、中国社科院财经战略研究院杨志勇教授在百忙之中为本书作序。张静、邱璇璇、张维霞、徐晓芳、王凯、王鼎、王聪、李龙屿、李思沛等共同参与了本书的撰写，在此一并表示感谢！

感谢中国财政经济出版社财政分社张晓彪编辑在本书出版过程中付出的辛勤努力！

“桓公读书于堂上，轮扁斫轮于堂下”。我们的分析尽管自己已尽全力，然而难免“一叶障目，不见泰山”，诚挚地欢迎各位方家批评指正！

白彦锋

barede@ 163. com

2015 年 5 月

---

[1] 基于经济学和财务学的实证会计研究是西方主流会计研究方法，拥有管理层薪酬假说、债务契约假说和政治成本假说这三大假说。王斌、叶康涛等：《西方实证会计理论三大假说在中国的适用性》，经济纵横，2011 年第 10 期。

第一章　引　　言

1.1　问题的提出：研究背景与研究意义

1.1.1　中期预算的兴起

1. 中期预算的兴起

20 世纪 70 年代末，伴随着第二次世界大战后经济繁荣的衰退，尤其是石油危机的冲击，大多数 OECD 国家开始陷入经济低增长的困境。然而与此同时，由于长期奉行凯恩斯主义财政政策，以及致力于社会福利水平的提高和完善，这些发达国家的财政运行已经出现成本过于高昂、开支过于庞大的问题。因此，在新公共管理运动的推动下，基于善治（good governance）理念和强化公共支出管理的愿望，西方发达国家纷纷对其财政预算制度（包括政府会计）进行以支出控制为重心的改革。改革第一阶段的重点在于削减开支、精简公共部门及实行私有化，第二阶段则致力于建立“更好的政府”（better government），包括改善服务、放松管制、下放权力、提高透明度、拓展信息渠道等[1]。

可以说，20 世纪七八十年代是现代预算改革史上一个重要的变革时期。这一时期的预算改革肩负着深刻的经济、政治、财政、公共治理和文化背景，通过反思和借鉴第二次世界大战后 50 ~ 70 年代各国在传统投入预算基础上建立的规划预算（program budgeting）、绩效预算（performance budgeting）、计划—规划—预算系统（plan-program-budget system，PPBS）和零基

[1] Salvatore Schiavo-Campo, Of Mountains and Molehills: "The Medium-Term Expenditure Framework", Paper presented at the Conference on "Sustainability and Efficiency in Managing Public Expenditures" Organized by the East-West Center and Korea Development Institute, 24-25 July 2008.

预算（zero-base budgeting）的改革尝试，逐渐形成了一系列影响深远的预算制度。

这一时期的预算改革具有三个明显的一般化趋势[1]：

（1）将绩效导向方法（包括绩效评价和绩效预算）引入公共管理和预算过程，强调预算不仅应与投入相联系，更应与结果（results）和成果（outcomes）相联系。

（2）向支出机构下放管理自主权，赋予其在给定的资源约束下决定资源使用和组合的灵活性。

（3）引入将年度预算的准备置于中期支出框架（medium-term expenditure frameworks，MTEF）之下的体制。

中期支出框架（MTEF）也称中期预算，包括中期财政框架（medium-term fiscal frameworks，MTFF）、中期预算框架（medium-term budget frameworks，MTBF）和中期项目框架（medium-term program frameworks，MEPF）三个阶段。经过十多年的实践，其在限制支出增长和联结预算与政策方面发挥了重要作用。

对于中期预算，一些权威国际组织和机构都明确提出了相应建议和要求。

（1）欧盟出于协调各成员国预算政策、加强对其成员国财政状况的监督、防止欧元区成员国出现大量的政府预算赤字以及谋求区域内经济稳定的目的，在《稳定与增长公约》（*Stability and Growth Pact*）中明确规定，每个成员国每年都要编制并向欧盟委员会提交中期财政计划，保证实现各成员国的财政赤字不超过国内生产总值3%的趋同化标准，并在中期内彻底消灭它们的预算赤字。

（2）国际货币基金组织在其《财政透明度手册》（*Manual on Fiscal Transparency*）中指出："许多国家已提供基本财政和经济政策声明。在此，需要区分以财政总量中期预测为基础的声明和那些以按各支出机构分类的统一、一致的中期估计为基础的声明，后者有时被称为中期预算框架，而前者代表制定中期预算框架的一个必要步骤"。"在编制和报告年度预算时，重要的一点就是应在全面、统一和量化的中期宏观经济框架内进行——这种框

---

[1] Robert M. McNAB and Francois Melese, Implement of The Government Performance and Results Act, Perspective of Performance Budgeting, Public Budgeting & Finance, Summer 2003.

架最简单的形式通常被称为中期财政展望，一般是为了就当前政策对中期目标的影响进行非限制估计。在根据该框架编制中期财政框架（MTFF）时，要求全面阐述据以评估财政绩效的财政政策目标，并确保这种阐述的一致性。尤其是财政目标的规定应与宏观经济稳定和财政可持续性的目标一致，并且应该以切实可行和内在一致的中期宏观经济预期目标为基础”。“对于发展中国家和转轨国家而言，中期预算的一个主要优点就是有助于将资本预算和经常预算联系起来。对于与资本支出有关的运营成本和维护成本来说，如果没有这种联系带来的协调，那么预算信息的有用性就非常有限，并且用于经营和维持成本的款项往往不足。然而许多发展中国家和转轨国家只能进行总量预测。这将为考虑预算政策的中期调整提供有益的起点，最佳做法应是公布滚动的综合中期预算框架（为期3～5年）作为财政管理的核心基础”[1]。

专栏1－1 中期预算框架

中期预算框架如果能得到严格实施，不仅可以明确说明维持现行政府政策对政府收支的影响，而且还有助于对推行的新政策进行控制，并对一年以上的预算进行跟踪。它为行政部门责任的透明提供了依据，并为编制以结果为导向的更详细的预算奠定了必要的基础。发达经济体（如英国和澳大利亚）以及发展中国家和新兴市场（如智利和巴西）成功地采用了中期预算框架。但是，这些国家以及其他国家的经验表明，必须具备严格的条件，才能从中全面受益。

中期预算框架的关键特点如下：（1）一份有关财政政策目标的说明；（2）综合的中期宏观经济和财政预测；（3）对预算年度后2～4年各部委和机构收支的估计；（4）对“远期”或“年外”正式进行的估测——将对下年支出的预测作为下年预算谈判的基础；（5）以各部委和机构预算拨款为形式的硬性预算约束。

---

〔1〕 德国《预算原则法》明确要求各级政府编制多年期财政计划（见德国财政《标准与守则遵守情况报告》，2003）。巴西《财政责任法》（LRF）要求各级政府编制为期3年的多年期框架（见巴西财政《标准与守则遵守情况报告》，2001）。

> 从技术上来说，远期估计的做法对中央机构和各支出机构都有很大的好处。对后者来说，其项目融资的可预测性更大，有关项目的政策也更明确——因为远期估计要求各机构进行多年估计。在一些国家，尤其是在英国和澳大利亚，由于运用健全的远期估计程序，使得各机构能在总量和项目限额内更加灵活地使用资源。
>
> 资料来源：国际货币基金组织：《财政透明度手册》，2007年。

（3）世界银行提出了一个旨在联结政策、计划和预算制定的中期支出框架（MTEF），这一框架被具体描述为："在此框架内，部长及其下属在资源配置决策和决策运用时被赋予更大责任的、整体的政府战略政策和支出框架。MTEF的组成包括三个部分：一个自上而下的资源总量限定（资源信封），一个对现行政策的现时和中期成本的自下而上的概算，以及这些成本与可获得资源的最终配比。成本的资源配比通常应该在年度预算程序范围内发生，它应关注于那些反映宏观经济条件改变的政策变化，以及政府战略性优先权变化的需要。"[1]

（4）OECD一直以来也是不遗余力地致力于研究和推动中期预算的实施。"为了完善财政纪律，许多国家都已采用中期预算（也称中期支出框架），典型的时间跨度为3～5年，包括已安排预算的财政年度"。"中期预测包括对收入和支出以及对支出目标或限额的估计。它能够指明政策的方向、投资的转变，以及给予执行者时间来调整政策。同时，它有助于决策者在制定投资决策前考虑项目实施的成本，提高项目实施中的资金可预测性"[2]。

从20世纪80年代开始，发达国家和部分发展中国家相继采用在中期预算框架内编制年度预算的体制[3]。目前，OECD成员国的政府预算已经都是在中期的基础上进行准备和编制。同时，很多发展中国家和经济转轨国家在世界银行和国家货币基金组织的帮助下，也开始引进中期预算。部分国

[1] Williamson Gray: Public Expenditure Management Handbook, The World Bank, Washington, D. C.

[2] OECD: Government at a Glance, 2009.

[3] Barry White, Performance And Accountability Reports Revealing Government's Results, Journal of Government Financial Management, Fall 2005 vol. 54, No. 3.

家，如非洲 9 个国家，通过中期支出框架将政策、规划和预算联结在一起的改革取得了较好的成效。

2. 中期预算的含义和意义。

（1）中期预算的含义及特征。从形式上看，中期预算即中期支出框架，是一个为期 3~5 年的滚动的、具有约束力的预算框架，它为政府和政府各部门提供每个未来财政年度中的支出预算务必遵守的预算限额，核心是支出限额。

从本质上看，中期预算是指通过财政目标、增加中期预测、安排决策制定程序以及政策和程序组织数据等手段的实施来加强年度预算进程，对支出部门规定事先核定的硬性预算上限，要求当支出比例上升时首先在部门内进行财政资金的再分配，从而改变预算程序中的部门支出动机。中期预算改革是一项涵盖多方面的政府全局改革，涉及内阁、财政部、预算办公室、其他支出部门以及预算立法等机构。

中期预算并不是孤立的，而是一个包括年度预算在内的框架，具体体现在自上至下和自下而上两个方面：一是财政限额目标的批准，以及政府战略政策优先性的确定；二是与审核认可的财政目标相一致的详细预算的批准，包括中期支出预测。

中期预算即中期支出框架可以划分为三个阶段，如表 1.1 所示。其中，中期财政框架确定财政总量限额；中期预算框架确定部门限额和部门政策；中期项目框架将预算改革转变为项目或行动层面。

表 1.1 按阶段划分的中期支出框架总结表

阶段	内 容	措 施	成 果
中期财政框架	多年期宏观经济预测	确定财政和货币政策的战略性框架	宏观经济预测文件
	多年期收入预测	基于预算目的的收入总量预测	收入或税收政策文件
	债务稳定性分析和债务政策	基于预算目的的赤字限额	债务稳定性分析和债务政策分析文件
	多年期支出预测	当前经济活动和政策下，基于法律要求与可用资源协调下的支出估计	支出文件
	政府政策优先性的回顾	整合上述四个项目，明确财政规模，确定政府战略优先性和部门间资源再分配	提交内阁审核批准的财政政策文件

续表

阶段	内　容	措　施	成　果
中期预算框架	根据当前项目确定各部门的支出限额	预算要求限额的确定（经常性支出和资本支出）；对预算政策的解释	预算循环
	部门战略的完善	整合政府政策、部门目标及在资源限额内实现目标的方式方法	部门间再分配
	预算年度和中期预算支出估计	限额内的预算要求（经常性支出、资本支出和新增支出）；政府政策	中期预算框架表格
中期项目框架	与政府政策相关的项目结构的完善	预算内的政府政策	部门和政府政策的关系及预算
	部门计划的完善	部门项目的成本	部门项目文件
	预算年度和中期预期成果报告	实现方式方法	年度预算评价

资料来源：Salvatore Schiavo-Campo, Of Mountains and Molehills: "The Medium-Term Expenditure Framework", Paper presented at the Conference on "Sustainability and Efficiency in Managing Public Expenditures" Organized by the East-West Center and Korea Development Institute, 24-25 July 2008.

（2）中期预算的意义。在大多数国家，预算更加侧重于年度收支计划的制定，但是超越相对来说较短的时间视角来理解财政计划或许更能做出正确的选择。当期的预算决定的后果可能在几年后才能凸显出来，而未来几年所发生的事件可能需要在当期做出决定。这种意识的觉醒使得很多国家引入了中期预算。

中期预算是多年视角下的一系列优先目标的安排、结果的呈现和收入支出的集合。这样的一种框架使得政府可以掌握当期的政策在未来几年的实施情况，在预算编制中"赢得先手棋"，最终可以达到对公共支出状况的更好掌握。因而，中期预算不只是未来几年收支计划的准确预测和仅按照制定的预算对支出进行控制，而是包含财政部门所有体系、规则和程序，从而确保政府起草财政计划时可以以一种中期视角来审视该计划的影响，尤其是在我国可以避免年底"突击花钱"和"跑部钱进"的现象。

1.1.2 中期预算的作用

1. 中期预算的作用及意义

政府预算非常重要，正如熊彼特（Schumpeter，1918）所言，公共财政，特别是预算，反映了一国政府在治理国家时的政治和意识形态色彩。

在市场经济体制中，预算是政府最重要的政策工具，预算管理必须实现三个关键性目标：财政纪律（fiscal discipline）、资源有限性配置及运营绩效（operational efficiency）。与此相对应，任何预算系统都需要解决三大问题：建立总额财政（预算限额）制度以约束财政总量，在政府核心层基于政策优先性的资源分配，以及在部门或机构层次上确保公共资源的有效运营。

中期预算作为政府政策与预算的连接纽带，与传统的年度预算体制相比，能够起到很好的沟通作用。

就强化财政纪律而言，中期预算要求建立针对政府和支出部门的中期支出限额，据以对支出、赤字和债务总量实施控制，当各支出部门建议提供超出本预算年度的新支出时增强对它的纪律约束，从而加强总量控制和合规性控制。

就优先性配置而言，将预算过程置于多年期的框架中，就要求政府清晰、一贯地表达其政策目标和优先性，并且能够通过严格的支出审查机制来确保预算过程受到政策驱动（driven by policy）而非收入驱动（driven by revenue），促进预算资源在各项政策目标之间和规划之间做出更好的选择。

从运营绩效来看，从多年期的角度实施预算，可以改善预算过程中的透明度和受托责任，对支出优先性和支出承诺进行系统地考察，有利于提高公共资源的分配效率，通过中期预算框架，可以清楚地看出维持当前的政府政策以及引入新政策的跨年度成本，因而为行政部门强化受托责任和结果导向的预算奠定了基础[1]。

2. 研究的现实意义

从20世纪70年代末80年代初开始，OECD国家已经越来越多地采用形式各异的中期预算，通常也被称为中期支出框架。经过二三十年的发展，发达国家和较有代表性的国家和地区的中期支出框架已经比较成熟，并逐步实现了制度化和法制化。表1.2是几个典型OECD国家的中期预算实施情况。

---

〔1〕 王雍君：《中国的预算改革：引入中期预算框架的策略与要点》，中央财经大学学报，2008年第9期。

表 1.2 几个典型 OECD 国家的中期预算实施情况

国家	中期预算期间	经济条件假设的负责主体	新支出的中期成本估计对象	部门支出限额的基础	部门支出的决定主体	国会是否有预先的总预算安排
瑞典	3 年	财政部	所有支出项目	MTEF	首相	是
英国	5 年	中央预算办公室	所有支出项目	MTEF	财政部	否
澳大利亚	4 年	中央预算办公室	所有支出项目	MTEF	内阁	否
新西兰	2 年	财政部	所有支出项目	MTEF	内阁	否
荷兰	4 年	中央计划局	新支出项目	MTEF	内阁	是
挪威	变动	财政部	不进行估计	N/A	内阁	是

资料来源：OECD，World Bank Budget Practices and Procedures Database.

在我国改革开放稳步发展和经济高速成长的背景下，各级政府财政规模迅速扩大，极大地提升了政府预算和公共支出在支持政府施政及推动经济社会健康发展中的重要性。但与此同时，各级政府在通过预算有效分配公共资源，尤其是在引导预算资源流向政府政策和战略重点领域方面，以及提高支出绩效方面，遇到了极大的困难和障碍。因此，我国的预算改革目标应确定为通过在政策、规划与预算间建立紧密联系，确保财政资源分配到国家战略和政策的优先领域。这就要求加强和完善预算的准备及编制工作，即建立国际上盛行的中期预算。

（1）我国中期预算改革的国情背景。反观我国，一方面，近年来，我国政府预算规模在经济崛起的背景下急剧扩大；另一方面，到目前为止，无论是中央还是地方，我国都还没有建立严格意义上的、可实施的中期预算。

在过去十年中，我国预算的增长速度大约超过 GDP 增长速度的 6 个百分点，具体情况见图 1.1。从横向看，虽然目前我国预算的相对规模（即预算占 GDP 的比重）与 OECD 国家相比大约低 10 个百分点，但预算的成长性却远远高于这些国家。况且，如果将社会保障和国有企业的分红等全口径预算资金考虑在内，我国的预算规模已经高于发展中国家和转轨国家的平均水平，接近发达国家的平均水平。预算规模的迅速扩大使预算的作用日益突出，也日益凸显出预算作为政府施政的重要工具。同时，市场导向的经济体制改革、政府职能的转变和政治民主化的发展，更将人们的注意力引导到政府预算方面。

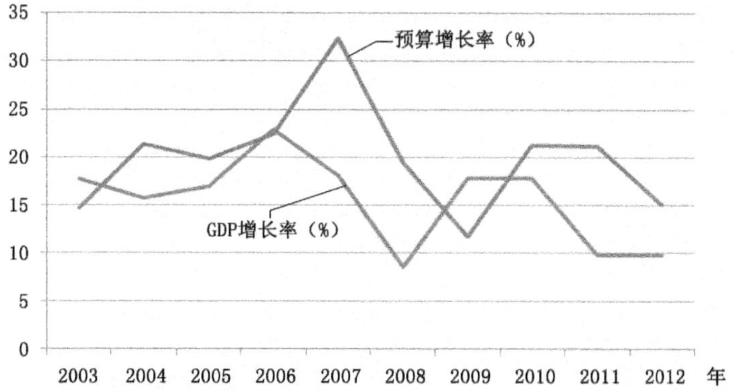

图 1.1　历年 GDP 增速与预算增速

数据来源：历年政府预算报告。

预算增速 =（今年预算支出 - 上一年预算支出）/今年预算支出

目前，我国每年的年度政府预算报告的标题均为《关于××年中央和地方预算执行情况与××年中央和地方预算草案的报告》，详细预算信息在《中华人民共和国××年全国预算执行情况和××年全国预算》中披露，其内容基本上是就财政论财政，时间跨度局限在当期年度，并没有突出中期预算的主要特征，如预算与宏观经济规划的关系、预算与国家政策和具体规划的连接，以及经济假设、政策或法律的变动对预算收支的影响等。

（2）我国中期预算改革的前提铺垫。正是基于这样的背景，在我国税收制度和财政体制改革取得一定成效的基础上，2000 年以来我国启动了以部门预算为标志的一系列渐进主义的公共支出和预算改革，主要包括以下内容：

①部门预算。在部门预算之前，我国只有政府整体才需要向立法机关报告预算。改革后，政府整体和政府部门都需要单独向全国人民代表大会提交预算。从 2000 年起，中央政府在中央本级预算中试行部门预算，中央政府的直属部委需要单独向全国人民代表大会提交各自的预算，随后，部门预算改革在全国各地方政府中全面施行。这可以全面反映部门及部门所属单位的财政资金收支状况，有利于促进财政资金公平、公正、合理的分配，提高政府对预算的负责程度，进而增强预算透明度。

我国部门预算采取的是“二上二下”的编制流程，具体程序见图 1.2。

②引入新的预算分类。改革之前，我国政府预算的科目是按照资金性质

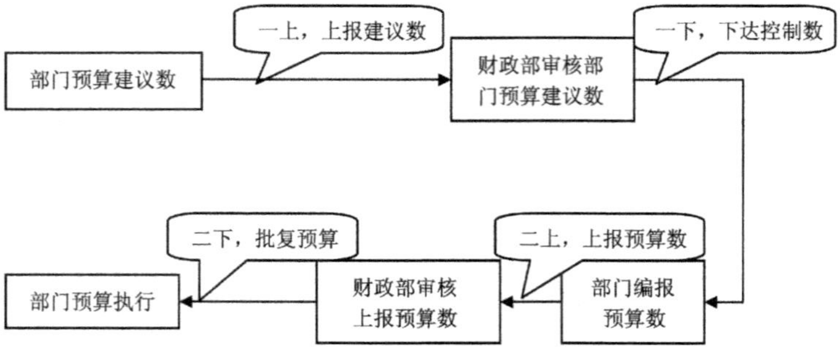

图 1.2 中央部门预算编制“二上二下”流程图

分类的，分为“类”、“款”、“项”和“目”四级。这种科目设置并不能完整地反映出政府的具体收支活动，也没有将预算外资金和社保资金纳入到预算反映范围内。2005 年 2 月 25 日，财政部、中国人民银行、国家税务总局发布了《关于进行政府收支分类改革模拟试点的通知》（财预［2005］41号）。2006 年下半年已正式启用新科目编制 2007 年预算。新的预算分类系统引入了与国际标准较为接近的功能分类和经济分类，作为我国政府预算改革特别是预算编制改革的一项基础性工作，这有助于加强支出管理及预算透明度。

专栏 1－2 政府收支分类科目设置情况

根据《财政部关于印发政府收支分类改革方案的通知》（财预［2006］13 号），改革后的政府收支分类体系包括“收入分类”、“支出功能分类”、“支出经济分类”三部分。

（一）收入分类

收入分类主要反映收入的性质和来源。新的收入分类没有再按资金管理的要求划分为一般预算收入、基金预算收入、债务预算收入等科目，而是将上述收入纳入统一的收入分类体系，并具体采用了两种分类方法：一种是按收入形式分类。如税收收入、非税收入，以及税收收入下的增值税、消费税、营业税，非税收入下的行政性收费、罚没收入等。这种划分可以说明收入是以何种方式取得的。二是按来源分类。有的按所有制结构划分，如增值税下的国有企业增值税、集体企业增值税；有的按部门结构划分，如行政性收费下的文化行政性收费、公安行政性收费，罚没收入下的文化罚没收入、公安罚没收入。这种划分可以说明收入是从哪里取得的。

改革后的收入分类，类、款两级科目设置情况如下。

1. 税收收入。分设23款：增值税、消费税、营业税、企业所得税、企业所得税退税、个人所得税、资源税、固定资产投资方向调节税、城市维护建设税、房产税、印花税、城镇土地使用税、土地增值税、车船税、船舶吨税、车辆购置税、屠宰税、筵席税、关税、耕地占用税、契税、其他税收收入。

2. 社会保险基金收入。分设6款：基本养老保险基金收入、失业保险基金收入、基本医疗保险基金收入、工伤保险基金收入、生育保险基金收入、其他社会保险基金收入。

3. 非税收入。分设8款：政府性基金收入、专项收入、彩票公益金收入、行政事业性收费收入、罚没收入、国有资本经营收入、国有资源（资产）有偿使用收入、其他收入。

4. 贷款转贷回收本金收入。分设4款：国内贷款回收本金收入、国外贷款回收本金收入、国内转贷回收本金收入、国外转贷回收本金收入。

5. 债务收入。分设2款：国内债务收入、国外债务收入。

6. 转移性收入。分设10款：返还性收入、财力性转移支付收入、专项转移支付收入、政府性基金转移收入、彩票公益金转移收入、社会保险基金补助收入、预算外转移收入、单位间转移收入、上年结余收入、调入资金。

（二）支出功能分类

支出功能分类主要根据政府职能进行分类，说明政府做什么。按联合国《政府职能分类》，一国财政支出的职能分类大体包括四个部分：一是一般政府服务，主要反映政府需要且与个人和企业劳务无关的活动，包括一般公共管理、国防、公共秩序与安全等；二是社会服务，主要反映政府直接向社会、家庭和个人提供的服务，如教育、卫生、社会保障等；三是经济服务，主要反映政府经济管理、提高运行效率的支出，如交通、电力、农业和工业等；四是其他支出，如利息、政府间的转移支付。

收支分类改革后设置的政府支出功能分类，一方面参考了国外支出的职能分类办法，另一方面也考虑了我国政府职能构成和财政管理的实际需要。主要功能支出科目（类、款两级科目）设置情况如下。

1. 一般公共服务。分设32款：人大事务、政协事务、政府办公厅（室）及相关机构事务、发展与改革事务、统计信息事务、财政事务、税收事务、审计事务、海关事务、人事事务、纪检监察事务、人口与计划生育事务、商贸事务、知识产权事务、工商行政管理事务、食品和药品监督管理事务、质量技术监督与检验检疫事务、国土资源事务、海洋管理事务、测绘事务、地震事务、气象事务、民族事务、宗教事务、港澳台侨事务、档案事务、共产党事务、民主党派及工商联事务、群众团体事务、彩票事务、国债事务、其他一般公共服务支出。

2. 外交。分设8款：外交管理事务、驻外机构、对外援助、国际组织、对外合作与交流、对外宣传、边界勘界联检、其他外交支出。

3. 国防。分设3款：现役部队及国防后备力量、国防动员、其他国防支出。

4. 公共安全。分设11款：武装警察、公安、国家安全、检察、法院、司法、监狱、劳教、国家保密、缉私警察、其他公共安全支出。

5. 教育。分设10款：教育管理事务、普通教育、职业教育、成人教育、广播电视教育、留学教育、特殊教育、教师进修及干部继续教育、教育附加及教育基金支出、其他教育支出。

6. 科学技术。分设9款：科学技术管理事务、基础研究、应用研究、技术研究与开发、科技条件与服务、社会科学、科学技术普及、科技交流与合作、其他科学技术支出。

7. 文化体育与传媒。分设6款：文化、文物、体育、广播影视、新闻出版、其他文化体育与传媒支出。

8. 社会保障和就业。分设17款：社会保障和就业管理事务、民政管理事务、财政对社会保险基金的补助、补充全国社会保障基金、行政事业单位离退休、企业关闭破产补助、就业补助、抚恤、退役安置、社会福利、残疾人事业、城市居民最低生活保障、其他城镇社会救济、农村社会救济、自然灾害生活救助、红十字事业、其他社会保障和就业支出。

9. 社会保险基金支出。分设6款：基本养老保险基金支出、失业保险基金支出、基本医疗保险基金支出、工伤保险基金支出、生育保险基金支出、其他社会保险基金支出。

10. 医疗卫生。分设10款：医疗卫生管理事务、医疗服务、社区卫生服务、医疗保障、疾病预防控制、卫生监督、妇幼保健、农村卫生、中医药、其他医疗卫生支出。

11. 环境保护。分设10款：环境保护管理事务、环境监测与监察、污染防治、自然生态保护、天然林保护、退耕还林、风沙荒漠治理、退牧还草、已垦草原退耕还草、其他环境保护支出。

12. 城乡社区事务。分设12款：城乡社区管理事务、城乡社区规划与管理、城乡社区公共设施、城乡社区住宅、城乡社区环境卫生、建设市场管理与监督、政府住房基金支出、国有土地使用权出让金支出、城市公用事业附加支出、国有土地收益基金支出、农业土地开发资金支出、其他城乡社区事务支出。

13. 农林水事务。分设7款：农业、林业、水利、南水北调、扶贫、农业综合开发、其他农林水事务支出。

14. 交通运输。分设4款：公路水路运输、铁路运输、民用航空运输、其他交通运输支出。

15. 工业商业金融等事务。分设19款：采掘业、制造业、建筑业、电力、信息产业、旅游业、涉外发展、粮油事务、商业流通事务、物资储备、金融业、烟草事务、安全生产、国有资产监管、中小企业事务、可再生能源、能源节约利用石油价格改革财政补贴、其他工业商业金融等事务支出。

16. 其他支出。分设5款：预备费、年初预留、住房改革支出、其他政府性基金支出、其他支出。

17. 转移性支出。分设8款：返还性支出、财力性转移支付、专项转移支付、政府性基金转移支付、彩票公益金转移支付、预算外转移支出、调出资金、年终结余。

需要说明的是，支出功能项级科目没有完全按政府职能分类，而是根据预算细化和财政支出统计分析的需要，采用了四种不同的办法。

一是按职能设置：如机关服务、小学教育、中学教育、高中教育、高等教育、中医医院、综合医院等。这类项级科目着重于相关单位如机关服务中心及小学、初中、高中支出的完整反映。比如小学教育，原来用于小学教育的基本建设支出、教育事业费等都要归集在小学教育科目下，这样能完整反映某个小学的支出，便于自上而下进行统计。

二是按活动设置：以全国人大机关的支出为例。全国人大机关预算分为基本支出预算、项目支出预算。对单位的基本支出，单独设置行政运行科目反映。基本支出之外的项目支出，属于专门活动的，如人大会议、代表培训、代表工作，单设人大会议、代表培训、代表工作反映。其他项目支出，未单设科目的，则设置一般行政管理事务反映。按活动设置项级科目，着重于相关单位支出的细化。如各级人大的支出，通过行政运行、人大会议、代表培训等科目反映，单位的支出被分解，比较细化，也比较透明。

三是分行业设置：对企业的支出，统一按国家统计局新的《国民经济行业分类》设置。比如，在工业商业金融等事务类下的制造业下，设置了纺织业、医药制造业、非金属矿物制造业、电器机械及器材制造业等项，以与国民经济行业统计一致。

四是按资金用途设置：各项专项资金和政府性基金支出，2006 年分别在一般预算支出、基金预算支出单设科目反映。为保证管理的延续性，2007 年支出科目分别在相关功能分类的类、款下设置项级科目。如教育附加费支出，在教育类下单独设项反映；养路费支出在交通运输类下的公路和水路运输下单独设项反映。这样在汇总时，不仅教育和交通运输两个功能支出是完整的，而且将上述项级科目单独拿出来，也能够得到整个基金的收支情况。

（三）支出经济分类

支出经济分类主要反映政府支出的经济性质和具体用途。从形式上看，各项财政支出，虽然都表现为资金从政府流出，但最终的经济影响是存在差异的。有些表现为政府的商品和服务购买，直接对社会的生产和就业产生影响，并最终影响资源配置；有些表现为资金的无偿转移，关系到收入分配，最终对社会生产和就业产生间接影响。支出按功能分类后再按经济分类，除了要细化预算，说明政府各项职能的具体支出差别（如是发了工资、购置低值易耗的办公用品，还是购置资本性资产）外，重要的一点就是方便对政府的支出进行经济分析。

支出经济分类设类、款两级，科目设置情况如下。

1. 工资福利支出。分设 11 款：基本工资、津（补）贴、奖金、住房公积金、提租补贴、购房补贴、福利费、社会保障缴费、伙食费、伙食补助费、其他工资福利支出。

2. 商品和服务支出。分设30款：办公费、印刷费、咨询费、手续费、水费、电费、邮电费、取暖费、物业管理费、交通费、差旅费、出国费、维修（护）费、租赁费、会议费、培训费、招待费、专用材料费、装备购置费、工程建设费、作战费、军用油料费、军队其他运行维护费、被装购置费、专用燃料费、劳务费、委托业务费、工会经费、其他商品和服务支出。

3. 对个人和家庭的补助。分设14款：离休费、退休费、退职（役）费、抚恤金、生活补助、救济费、医疗费、助学金、奖励金、生产补贴、住房公积金、提租补贴、购房补贴、其他对个人和家庭的补助支出。

4. 对企事业单位的补贴。分设4款：企业政策性补贴、事业单位补贴、财政贴息、其他对企事业单位的补贴支出。

5. 转移性支出。分设4款：不同级政府间转移性支出、同级政府间转移性支出、不同级预算单位间转移性支出、同级预算单位间转移性支出。

6. 赠与。下设2款：对国内的赠与、对国外的赠与。

7. 债务利息支出。分设6款：国库券付息、向国家银行借款付息、其他国内借款付息、向国外政府借款付息、向国际组织借款付息、其他国外借款付息。

8. 债务还本支出。下设2款：国内债务还本、国外债务还本。

9. 基本建设支出。分设9款：房屋建筑物购建、办公设备购置、专用设备购置、交通工具购置、基础设施建设、大型修缮、信息网络购建、物资储备、其他基本建设支出。

10. 其他资本性支出。分设9款：房屋建筑物购建、办公设备购置、专用设备购置、交通工具购置、基础设施建设、大型修缮、信息网络购建、物资储备、其他资本性支出。

11. 贷款转贷及产权参股。分设6款：国内贷款、国外贷款、国内转贷、国外转贷、产权参股、其他贷款转贷及产权参股支出。

12. 其他支出。分设5款：预备费、预留、补充全国社会保障基金、未划分的项目支出、其他支出。

资料来源：中华人民共和国财政部预算司网站，http：//yss. mof. gov. cn/zhuanti-lanmu/yusuanguanligaige/zfszflgg/200806/t20080630_55275. html.

③扩展预算范围。将大量游离于预算程序之外的资金纳入到正式的预算程序之中。比如，中央批准的政府性基金已全部纳入预算管理；土地出让收支从2007年1月1日起纳入地方政府性基金管理。

④国库改革。财政部和中国人民银行总行于2001年3月颁布的《财政国库管理制度改革试点方案》，明确提出现行的国库体制应转向“以国库单一账户为基础、资金缴拨以国库集中支付为主要形式的集中收付制度”。2005年，中央一级国库单一账户制度在全国铺展开来。作为预算改革的最重要的配套改革，国库集中收付制度改革实现了以国库单一账户为基础、资金缴拨以国库集中支付为主要形式的集中收付制度，规范了政府支出预算的执行，提高了财政资金使用效益。这是我国公共支出管理改革的一个里程碑式的纲领性文件。

⑤建立定员定额和支出标准。财政部和地方财政部门先后建立了一系列关于人员经费和公用经费的支出标准，作为预算编制和支出控制的依据。

⑥公共支出绩效评价。从中央到地方都开始开展财政支出绩效评价，以提高公共资源配置效率。

⑦公开部门预算。2010年，我国预算管理制度改革的一个标志性事件就是各中央部门相继公开本部门的部门预算。2010年3月30日，国土资源部率先公布了其部门预算，随后，财政部和科技部也于2010年3月31日在其门户网站上公布了2010年部门收支预算总表和部门2010年财政拨款支出预算表。此次推进中央部门预算公开，是对中央预算公开的细化和补充，有利于提高预算透明度。各中央部门预算的公开表明我国政府预算管理制度正逐步走向公众视野，走向透明化、公正化的标准〔1〕。

由上可见，我国已经展开了全面的公共支出管理改革，并且在改造原有预算系统的基础结构、建立适当的预算程序和规则以加强预算控制方面卓有成效。然而不可否认的是，当前的渐变过程中也暴露了我国预算体制中的很多问题和改革中的许多困惑。比如，在预算执行过程中，作为财政收入重要来源的税收，每年在组织征收时，相关部门将其当成是一种任务。这就导致了在经济繁荣时期，财政收入易于征收，税收收入的压力减小，从而助长了

〔1〕 李燕：《财政信息公开透明是预算监督管理的基础》，财政研究，2010年第6期，第58～63页。

经济过热。而在经济不景气时期，财政收入来源减少，税收压力加大，民间资金减少，经济继续萎缩。这样一来，客观上容易导致预算执行的“顺周期”问题[1]。

其实，追根溯源，所有这些问题都关乎预算的准备和编制，都与中期预算的要求息息相关。

（3）我国年度预算的现实状况。政府预算的编制是预算管理的首要环节，预算的编制过程也是政府进行财政决策的过程，通过预算的编制可以反映一国政府年度财政收支的规模及来源和去向[2]。通过预算安排，我们可以看出政府当局在一定时期的主要工作，更深层次的意义是向社会公众和纳税人展示政府的公共政策和对公共资源的配置情况，并对政府的施政及其绩效产生深远的影响。

然而，作为预算管理重要环节的预算编制一直是我国预算管理中最为薄弱的环节，长期以来，我国的预算编制始终存在着以下问题。

①预算编制缺乏前瞻性。预算编制作为一项技术性很强的工作，要想做到科学合理，就必须符合国家的方针政策和经济发展的客观规律，并在结合各项收支内在经济联系的前提下进行科学周密的预测。长期以来，我国的预算编制都只是在既定的收支之间安排资金，缺乏科学的分析预测工作，从而使预算编制与经济预测割裂开来。从2000年到2010年，我国政府预算的实际增幅都远远超过年度预算的增幅（如表1.3所示），这体现了我国预算编制方法过于粗糙，预算审查程序过于简单，预算编制缺乏前瞻性。

表1.3　　2000～2010年全国财政收入预算增幅与实际增幅之比

年份	预算增幅（%）	实际增幅（%）	实际增幅与预算增幅之比（%）
2000	8.4	16.9	201.20
2001	10.3	22.2	215.53
2002	7.7	15.4	200.00
2003	8.4	14.7	175.00

〔1〕《楼继伟解读三中全会深化财税改革三大亮点》，人民日报，2013年11月21日。

〔2〕李燕：《我国政府预算编制现存问题及其改革》，贵州财经学院学报，2001年第1期，第14～17页。

续表

年份	预算增幅（%）	实际增幅（%）	实际增幅与预算增幅之比（%）
2004	7.0	21.4	305.71
2005	11.0	19.8	180.00
2006	12.0	22.4	186.67
2007	15.7	32.4	206.37
2008	14.0	19.5	139.29
2009	8.0	11.7	146.25
2010	8.0	21.3	266.25

资料来源：根据 2000 ~ 2011 年历年政府预算报告内容整理制作。

而以市场为基础进行资源配置的国家则非常重视对经济发展趋势的预测，其政府预算以经济预测为基础，通过对经济周期、产业结构的发展变化来确定预算收支总体水平的发展变化及收支结构的调整。

虽然我国目前也编制财政发展中长期计划，如 2008 年 8 月河北省政府下发了《关于推进省级部门发展性支出三年滚动预算编制工作的实施意见》，要求河北省水利厅、卫生厅等 15 家省级预算部门从 2009 年起逐步推进发展性支出三年滚动预算编制工作，但在实际执行中，基本上还是遵循年度预算的特征和要求，因而使预算对财政经济的约束力非常有限，无法起到前瞻估计。

②预算编制时间过短。根据我国预算法的规定，国务院于每年 11 月前后布置下一年度预算草案。因此，我国的预算编制流程一般是在上一年度 11 月份下达预算编制通知，次年 3 月份由人民代表大会讨论预算案，只有 2 个月的编制时间，即使加上测算收支指标的 2 个月左右的时间，整个编制过程也不超过 4 个月，而基层财政部门用于预算编制的时间则更短。

预算作为一种科学的预测，应该建立在客观可靠的基础上。然而，过去我国的预算编制是草率的，在这么短的时间内编制出来的预算，其收支难免带有很大的盲目性，其反映的经济信息可能会失真，从而无法发挥对预算执行的约束力，并导致执行的低效率，使得预算编制执行出现“一年预算，预算一年”的状况。

③预算编制方法不完善。从编制技术上看，尽管我国在部门预算改革中

引入了计算机应用管理技术，但就现状来看，我国的预算编制技术还存在相当大的缺陷，仍然有很大的发展空间。

2002年4月23日，财政部印发了《地方预算编制软件应用管理办法》，其中规定地方预算编制软件推广应坚持“统一领导、统一规划、统一软件、统一组织实施”的原则，要求财政部统一选定软件，统一安排软件升级，在省、市（地）、县三级分步推广应用。但在实际工作中，为适应政府收支分类改革和进一步细化预算编制的要求，财政部又允许各地可按照财政部制定的统一技术标准自行组织开发或选定使用的软件。这就导致了各地、各级政府预算编制软件的不兼容和混乱。

此外，我国的预算编制系统普遍存在着编制项目不细、预算表所列的科目级次过少、所列内容太粗、科目规模数额过大、预算公开透明度过低等问题，这些问题严重影响了我国政府预算编制的效率。

从编制内容看，我国的预算编制在测算收支指标中存在信息资料不完备、不准确的问题，在一定程度上影响了预算安排与实际需要的一致性。

此外，由于预算编制时间有限，上级财政部门往往被迫采取层层编制的方式，逐级向上汇总。而基层财政单位受自身局限，基本上采用“基数加增长”的办法，根据往年数据再估算增长率来进行预算编制。这种编制方法根本没有考虑到未来年度的各种实际变化因素，非常粗糙，容易导致各地区各部门为了自身既得利益，造成财政支出刚性增长、苦乐不均的现象，还会阻碍财政在现有财力下对资源进行合理配置作用的发挥，造成财政资金使用效益低下的后果。

④预算编制缺乏完整性。预算的完整性要求政府预算应包括政府的全部收入项目，全面反映以政府为主的全部财政收支活动，不允许在预算规定范围外还存在以政府为主体的资金收支活动。

然而，长期以来，我国在财政分配中把财政性资金分为预算内、预算外资金。预算外资金是指国家机关、事业单位和社会团体为履行或代行行政职能，依据法律、法规和具有法律效力的规章而收取、提取并安排使用的未纳入国家预算的各种财政性资金〔1〕。非税收入是预算外资金〔2〕的主要收入

〔1〕 李美中：《论政府预算的完整性原则》，江西财经大学硕士学位论文，2010年12月，第29页。

〔2〕 2011年，我国预算管理制度改革取得重大成果：全面取消预算外资金，将所有政府性收入全部纳入预算管理。

形式（图 1.3 是我国 2012 年中央和地方财政收入中税收和非税收入所占的比重）。所谓的非税收入是指政府为了实现其职能，按照一定规则采取收费、基金等非税方式，由中央和地方分别筹集用于特定专门用途的财政性资金[1]。这种双轨制运行既违背了预算的完整性原则，又削弱了财政的宏观调控能力。

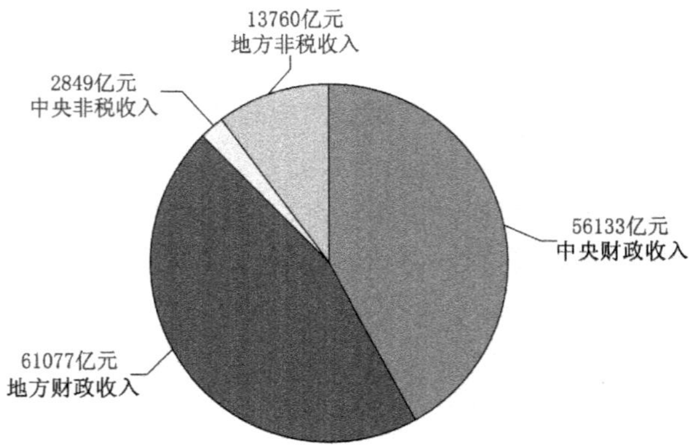

图 1.3　2012 年中央与地方财政主要收入项目图

数据来源：根据财政部网站相关数据计算而得，http：//gks. mof. gov. cn/zhengfuxinxi/tongjishuju/201301/t20130122_729462. html.

我国预算的不完整性还表现为政府预算权力非常分散。我国并没有一个单独的预算权力部门来专门负责财政收支预算的编制，除财政部以外还有不少部门拥有独立的预算分配收支权，各级政府部门之间因利益博弈而各行其是，造成中央与地方之间、部门与部门之间预算信息不对称，导致宏观层面上的政府预算难以整体把握。

⑤预算周期不合理。我国的预算年度采用的是历年制，即自公历 1 月 1 日起至 12 月 31 日止。然而中央与地方预算草案要在 3 月份举行的各级人民代表大会的审批后才能正式作为法律文件生效。图 1.4 形象地描述了我国预算编制周期不合理这一问题。

这一制度设定意味着各级预算的执行出现了长达 4 个月左右没有法律依据的“约束真空”时期。这在制度上为随意支出提供了机会，不但助长了各级、各部门“先斩后奏”的支出冲动，也极大地削弱了年度预算作为法律性文件的权威性和刚性。

---

〔1〕 徐孟洲：《财税法律制度改革与完善》，法律出版社，2009 年版，第 259 页。

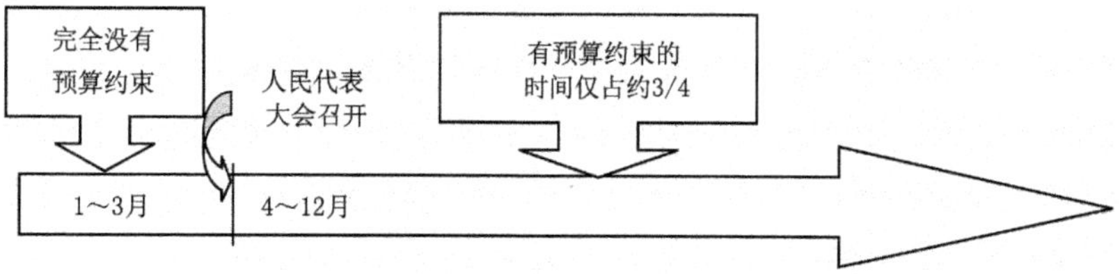

图 1.4 我国预算约束时间图

财政部的数据显示，2012 年前 11 个月全国财政支出共计 104896 亿元，但是当年全国人大批准的支出预算为 125952 亿元，这就意味着全国财政部门或将在剩下的一个月突击花掉 2.1 万亿元。相对于财政收入和预算完成进度相匹配的情形，预算支出的进度大幅度落后于时间进度。而在当年 11 月份，预算收入已完成 92.9%[1]。财政收入完成速度快，财政支出完成速度慢，从而客观上导致了突击花钱。

以上种种问题，已成为部门和单位正常执行预算和预算监督部门实行有效监督的制约因素。这种状况不利于市场经济条件下政府职能的转变，削弱了政府通过预算实施公共政策的能力。因此，如何借鉴西方国家先进经验，结合我国的实际情况，改革政府预算编制，加强预算管理，建立与社会主义市场经济体制相适应的预算管理运行机制，已成为当前预算改革的一项重要工作。

3. 我国迫切需要建立中期预算

我国当前预算系统的弱点最明显的莫过于预算控制不力，以及预算与政策的联结机制缺失或不足。这种缺失带来的直接后果就是，大量预算资源被配置到那些价值较低和优先级别较低的支出项目上，而政府政策和国家战略所指向的重点领域却无法分配到与其优先级别相适应的预算资源。比如，行政管理费、公款接待、公务用车、政府办公楼建设和政绩工程等支出项目浪费严重，但预算资金有保证。而在基础教育、基本医疗卫生保健和农村公共基础设施以及其他关键性服务方面，财政资金的投入则相对不足。

究其根源，这在很大程度上是由于当前的预算准备和编制过程十分脆弱和松散造成的。普遍存在于 OECD 成员国预算准备程序中的宏观经济规划（经济和财政预测）中期支出预测、中期预算限额、政策运作、预算听证和

[1] 根据财政部网站公布的相关数据计算得来。

预算质询等，在我国的预算准备过程中要么缺失，要么严重不到位。由此可见，我国迫切需要建立中期预算，对中期支出预算进行研究十分必要。

党的十七届五中全会审议通过的《中共中央关于制定国民经济和社会发展第十二个五年规划》（以下简称《十二五规划》）的决定，从全局和战略的高度，对“十二五”时期加快财税体制改革提出了明确的要求。为切实贯彻《十二五规划》，时任财政部部长谢旭人提出，“十二五”期间政府预算改革的主要任务是完善预算编制和制定管理制度，提高预算完整性和透明度。

第一，完善政府预算体系。健全公共财政预算，提高公共财政收入质量，增加公共服务领域投入，着力保障和改善民生。强化政府性基金预算管理，提高基金预算的规范性和透明度。完善国有资本经营预算收支政策，扩大中央国有资本经营预算试行范围，加快推动地方国有资本经营预算。规范社会保障基金预算，扩大社会保险基金预算编报范围。

第二，健全预算管理制度。深化政府收支分类改革，完善支出标准体系，加强项目库建设，夯实预算编制的基础。继续规范预算编制程序，细化预算内容。建立完善预算编制与预算执行、结余结转资金管理和行政事业单位资金管理有机结合的制度。进一步增强地方预算编制的完整性。加强预算执行管理。依法加强税收征管，强化非税收入管理，建立规范的收入管理体系。完善各单位部门预算执行管理制度，健全预算支出责任制度，提高预算支出执行的均衡性和效率。深化部门预算、国库集中收付、政府采购等制度改革。建立健全预算绩效管理制度。

第三，建立健全完整规范的预算公开机制。在完善预算编制的基础上，进一步扩大公开范围，细化公开内容。结合修订预算法，明确预算公开的原则和主体，完善预算信息披露制度，强化预算公开责任制度，加快预算公开的法制化、规范化进程。

1.2 国内外研究综述

政府预算的编制是预算管理的首要环节，预算的编制过程也是政府进行财政决策的过程（李燕，2000）。一国政府的年度财政收支规模、来源及去向都能在政府预算中反映出来。预算是政府最重要的政策工具，通过将国家战略和政策重点表述为具有约束力的支出决定，来促进政府政策目标的实现。

由于我国预算改革进展较为缓慢，中期预算实行较为落后，综观国内预算管理的相关研究文献，对中期预算进行系统和全面研究的文献较少，大多是把中期预算作为现代预算改革的一个方面，或者是作为公共支出管理工具进行分析，或者是针对某个国家的中期预算的某个方面进行研究。

1.2.1 国外研究综述

目前，国外学者对中期预算的称呼尚不统一，如“中期预算”、“中期预算框架”（medium-term budget framework）、“多年期预算”、“多年期预算方法”、“前瞻预算”（forward budget）、“跨年度支出规划”以及“中期支出框架”等。事实上，理论界对此尚未形成一个准确的定义。

1. 中期预算的概念

L. F. Jameson Boex、Jorge Martinez 和 Robert（1998）认为，尽管多年期预算可以被狭义地界定为规定政府多年收入和支出水平的预算，但多年期预算更为普遍的含义是指一种预算方法，一种通过多年期特征（尤其是多年期收入和支出估计或多年期财政计划）加强年度预算的方法。

亚洲开发银行（2001）则主要从支出规划的角度来说明中期预算，它认为，跨年度支出规划对于有效的预算编制非常重要，每一个国家都应至少在部分程度上从跨年度角度考虑年度预算编制过程。例如，建立提供总支出预测的宏观经济框架，审查各项计划的未来成本。跨年度支出规划的详尽程度与年度预算相同，每年更新一次，在新计划中对政策变化进行确认。如果资金总额超过了延续先前政策所需的成本，则在框架所涵盖的整个期限内，超额资金将被分配用于优先支出项目。另一方面，如果成本超过资金总额，则按照同样的方法将非重点项目从计划中删除。如果总资金额与支出需求差异特别大，那么必须再尽可能地对收入进行调整。该规划框架的期限一般为3~5年。

跨年度支出计划的第一年与年度预算完全一致，但后续年份一般只具有象征意义。理想状况下的跨年度预算能够说明：（1）当前的支出水平；（2）在未来提供同种服务所需的额外支出（如为保持教育部门学生与教师的比例所需提供的额外支出）；（3）改变服务水平和服务质量所需要的额外支出。

Premchand（1983）认为，“支出规划和支出预测”系统的目的在于设计更加全面且正规的工具，从跨年度角度编制预算。预测是指预计未来发生的事情，而规划意味着确立目标并创造工具。“支出规划”不应与发展规划混为一谈，“发展计划和正规的支出规划之间的区别在于，前者是指在特定时间有组织地对未来进行展望，而后者是一个连续进行预测的过程，随着任务规划实施的进展对其合理性进行评价”。

OECD则在《亚洲高级预算官员第二次年会情况报告》[1]中明确指出了中期预算框架的重要任务、基本要点和难点。

建立中期预算框架的主要任务有两项：一是建立中期可操作的财政目标，预算项目的安排要具有稳定性和可靠性，项目虽然跨年度，但政策目标要稳定，资金安排要有预算。二是要便于支出管理者制定更好的计划。这也是中期预算优于年度预算的重要特点。

虽然各个国家在建立中期预算框架时的具体做法不同，但是以下三个方面是工作的重中之重：一是预算详细程度（level of detail）；二是时间跨度（time-span）；三是对年度间预算变化的调整（reconcile changes）。

建立中期预算框架的难点是经济预测（economic assumption）。经济预测是实施良好的中期预算框架的基础，错误的预测可能会导致财政风险，因为经济预测决定了中期预算框架下的财政收入和支出预算安排。借鉴OECD国家的风险控制经验，良好的经济预测方法包括以下几个方面：一是全面完整的信息披露；二是进行灵敏度分析（sensitivity analysis）；三是要与私人部门的分析进行比较；四是要建立独立的分析机构；五是经济预测要兼顾审慎原则。

Widavsky（1986）将年度预算中存在的诸多内在缺陷，总结为以下四点：一是预算期较短，往往只考虑下一年度的支出；二是容易超支，年度预算隐藏了巨额的未来年份的支出；三是预算方法比较保守；四是项目之间彼此分离，不能把未来成本和预期收入结合起来。

为此，世界银行在《公共支出管理手册》中提出，促使预算理念从“需要”转向“可能”，并实现预算与政策紧密联结的方法就是建立中期支出框架。中期支出框架被定义为“一种涵盖各级政府的财政决策和

---

〔1〕 转引自财政部预算司：《预算管理国际经验透视》，中国财政经济出版社，2003年版，第142页。

支出框架，在这一框架内，政府各部委要承担各大资源配置决策和资源使用责任。成功的中期支出框架的关键在于制度机制协助并要求有关政策制定者在国家可以提供的总资金与国家政策优先发展项目之间取得平衡。中期支出框架包括从上到下的资金限额、从上到下对现有政策的经常性成本和中期成本进行估计，以及最终在上述成本和可获得资金之间取得平衡。成本匹配应当在年度预算编制过程中完成，年度预算编制应当以政策变动的需求为重点，反映变化后的宏观经济条件以及政府战略优先发展项目”。

2. 中期预算的功能

桑贾伊·普拉丹（2000）认为：“通过将预算置于一个前后一贯的、有约束力的中期宏观经济框架中，就可以使人们在较长的时间内来考虑问题，将眼前利益和未来利益结合起来。”

Boex、Martinez-Vazquez 和 Mcnab（2000）指出，由于多年度预算制度将预算过程置于多年度的构架上，因此政府必须制定更加明确一致的政策目标与优先顺序，以使每年度可以检查出当前政策以及它们的影响是否与财政策略相符。

OECD（1997）指出，相对于年度预算，中期预算在以下三个方面具有明显的优势：一是设定总体财政政策的目标，由政府公开宣示将如何在未来若干年度内实现这些目标，并将这些目标转换为可运作的方案，据以确定支出限额的上限；二是显示现行政策持续存在的政策成本，以及衡量决策者为实现未来目标而持续现有政策所实行的资源配置是否具有优先性；三是说明现有政策在未来年度的预算内涵，一些项目支出在现行预算支出中并不一定能够表现出来，例如长期性的公共建设计划，其成本无法在单一年度内表现，但会在未来年度的预算中反映。

IMF（2001）在《财政透明度手册》中认为，中期预算框架有助于将发展中国家和转轨国家的资本性预算和经常性预算联系起来。如果没有这种联结带来的协调，那么预算信息的有用性就非常有限，并且往往容易导致用于经营和维持成本的款项不足。然而，许多发展中国家和转轨国家只能进行总量预测，这将是预算政策进行中期调整的有益起点。最佳做法应是建立全面的、滚动的中期预算框架（为期 3～5 年）。

亚洲开发银行[1]指出，年度预算的时间跨度对于调整支出优先顺序而言太短。因此，对于支出优先顺序进行的任何实际调整要想取得成效，必须在几个年度内逐步推进。例如，如果一味强调年度预算，就无法进行长期的支出优先性调整。

3. 中期预算的缺陷

中期预算也不是十全十美的。通过研究20世纪60年代和70年代英国等中期预算改革先行国家的实践，Jón R. Blöndal[2]认为中期预算自身并不是没有任何问题，许多OECD成员国在转向中期预算的过程中都出现了许多问题，这些问题可以总结为三类。

首先，多年期预测存在一种高估经济增长潜力的倾向，这使预测年份的资源筹集过多，从而带来扩大公共支出的压力。

其次，政府机构和部门（ministries and department）会将预测年份分配给其的资源视为理所当然的权利，从而增加了以后削减支出的困难，甚至当这种分配所依据的经济基础已经变得明显不恰当时仍然无法削减。

最后，多年期预算的预测是根据真实变量而不是名义变量做出的。20世纪70年代西方陷入滞胀，即经济增长率下降而通货膨胀严重，支出预测会自动调整以适应价格上升，而收入也会受到影响。这将进一步增加公共财务压力。

Petrei（1998）指出，中期预算所强调的自上而下的预算限额必须与自下而上的预算过程相结合，否则容易造成预算权力的过度集中和预算体制的僵化。他认为，预算编制是一个在财政部和各支出部门之间循环的过程，即自上而下和自下而上两者相结合的过程。自上而下是指由财政部给出指南或下达指标给各支出部门，自下而上则是指由各支出部门向财政部提出预算需求的过程。任一方法如果单独被采用都将得到相反的结果："自下而上的预算编制方法如果不认真组织并规定限额，可能会导致过度支出及不稳定性，相应地，高度集权则会导致预算体制的僵硬，阻碍服务接受者意见的获得。"

L. F. Jameson Boex、Jorge Martinez和Robert（1998）认为，中期预算可

[1] 亚洲开发银行著，张通译：《公共支出管理》，中国财政经济出版社，2001年版，第84~85页。

[2] Budget Reform in OECD Member Countries: Common Trends, Jón R. Blöndal, OECD Journal on Budgeting, Volume 2, No4.

能会导致年度预算的编制过度依赖往年的预测，从而造成财政政策缺乏弹性和迟钝，过度乐观的预测肯定会被用来作为一些不适当的公共支出的借口。另外，编制全面的中期预算是非常复杂的，可能会消耗大量的行政成本，从而占用编制年度预算所需要的资源。

1.2.2　国内研究综述

目前，国内对中期预算的系统性研究几乎还是一个空白领域，尤其是在国内公开发表的论文和著作中，尚无针对我国推行中期预算的具体研究，只有对中期预算的简单提及和描述。

1. 中期预算的含义及形式

肖文东（2007）在对年度预算与中期预算进行比较的基础上，提出中期预算是一种涵盖3~5年的、以结果为导向的预算制度，其实质就是在长期预测的总额控制内，根据未来社会经济发展的优先方向，在预算资金管理者间或直接在各项预算规划间分配预算资金，完成公共支出管理从“管理支出”向“管理结果”模式的过渡。与这个含义类似的是王蕴、王元（2009）对中长期预算的定义，他们主张建立与经济周期相适应、与中长期规划相衔接的国家中长期预算框架。

郑春荣（2008）将中期财政预算定义为在经济预测的基础上，对中长期国家施政、发展和建设规划，财政收支水平，重要项目前期筹划等进行结构性的整合，建立层次分明的财政计划体系与基本框架，以控制年度预算，提升资源配置效率、保证国家政策的稳定和连续性为目标的一种预算管理手段。

杨雅琴（2009）认为，中期预算也称中期支出框架（MTEF），是一个通常为期3~5年（有些国家更长）的滚动的、具有约束力的支出框架，为政府和政府各部门提供每个未来财政年度中支出预算申请务必遵守的财政约束。她指出，典型的中期预算主要包含一份财政（和经济）政策报告书、一份完整的中期宏观经济和财政预测、支出部门和支出机构在下个预算年度以后2~4年的支出估计数，以及对支出部门和支出机构的预算拨款限额。同时，就我国目前没有相应中期财政预算对中长期发展规划提供支持及财政纪律弱化的现状，以及中期预算本身发挥的作用，她呼吁我国应尽快实施财政中期预算。

张晋武（2001）通过比较欧美发达国家的中期预算，将中期预算归结为两种表现形式：一是多年期的财政计划或规划；二是直接的中期预算。

前者如英国的公共开支计划、德国的五年中期财政计划、法国的三年中期财政计划。这种形式的多年期预算是对一国财政发展情况进行考察的报告性文件，其主要目的是试图对政府今后若干年的财政支出和收入进行预测，并纳入预算过程，作为年度预算编制的重要参考和依据。以英国的五年期公共支出计划为例，它需要依次编列现行年度预算的公共支出概算及以后四个年度的公共支出预测。前三年须列出政府支出的预定额，后两年为估计数。与此同时，还要对同期财政收入情况进行评估。

而后一种多年期预算是传统年度预算的直接扩展形式。采用该中期预算形式的典型国家是美国。美国 20 世纪 70 年代以来的联邦预算的时间跨度至少为 3 年，即上一预算年度、当前预算年度和下一预算年度。美国近年的联邦预算所列年度一般多于 3 年，以 1985 年的联邦预算为例，除了列示 1983 年预算年度的实际数、1984 年预算年度的批准数、1985 年预算年度的预算数外，还列示了以后四个预算年度的预测数。

中国台湾世新大学的郭昱莹（2002）则将中期预算的存在形式概括为三种形态：（1）政府只是在年度预算文件中附加中期财政收支的推估信息，以供新年度资源配置之参考；（2）将中期财政计划列为正式年度预算文件之一；（3）政府完成预算审议之后，未来数年的预算计划亦告确定，换言之，该中期预算所涵盖的多年度支出计划均具有法定效力。

苏彩足（2002）进一步指出，各国政府以采用前两类不具备法律强制性的中期预算居多，美国部分州政府则采用第三种形态。OECD 国家采用多年度或中期预算者甚多，但是各国的做法不尽相同，发展中国家跟进者亦不在少数，主要是中期预算策略可作为预算决策的指引，不致造成年度预算过程混乱失序，执行中期预算亦需考虑各国国情与环境，贸然仿效可能导致“画虎不成反类犬”的窘境。

另外，李燕（2006）也将中期预算的具体编制类型分为三类：（1）以报告年度为基年的滚动式方法编制 3～5 年期的预算计划，年度预算计划纳入其中。这种方法是将经过议会批准并付诸实施的预算年度定为计划的第一年，预算需提交议会审议的预算年度为第二年，后续的一个到三个预算年度为“纯计划年度”。（2）以报告年度为中心，将年度预算予以前后扩展。这种方法通常是对原年度预算在编列形式上进行某些改进，以便反映预算收支发展变化的趋势。（3）在预算中增加了某些中期预算因素，对某些重要项目进行重点反映。

2. 中期预算的作用及意义

王雍君（2006）指出，中期预算框架有助于激活预算资源的再分配机制，以及促进政策优先性和预算优先性的一致。

中期预算的主要作用之一是为年度预算建立具有约束性的支出限额，另一个主要作用在于向财政管理者和公众阐明政府的政策意图及其变动方向。在缺乏中期预算框架的情况下，为应对环境变化而需要迅速进行的支出调整，将倾向于削减在短期内易于削减（阻力较少）的投入和活动，例如公共基础设施的维护与保养支出。此类调整产生的主要问题是：支出调整并不以政府政策为基础，因而经常与政策目标和优先性发生偏离。通过阐明实施现行政策在未来（中期）需要安排的支出，中期预算框架使政府能够评估各项政策的成本有效性，从而决定这些支出规划究竟是本身"具有吸引力才被选择"，还是因为"有钱才被选择"。后一种情形普遍存在于我国各级政府的预算过程中，这一预算过程的典型特征是：支出典型地受"收入驱动"（多收多支），预算的基本要义——以公共政策为导向配置公共资源——在这里消失了。

年度预算本身也可以在一定程度上实现与政策的衔接。但是，如果没有与中期预算的导向和约束相配合，在纯粹的年度预算框架下，政府政策（例如教育政策和卫生政策）与预算（资源）配置之间的联结是脆弱的。即便负责制定和管理部门政策的政治家在预算的早期阶段就制定并宣布了部门政策，年度预算框架通常也不能成功地将实施这一政策所需要的资源安排到预算中。上海财经大学公共政策研究中心在其发布的《2003 年中国财政发展报告》中强调年度预算容易导致"短期行为"，他们认为，政府预算的年度性会将政府官员引向短期利益，并且由于在民主政治下，政府官员都是选举产生的，因此这些官员往往仅关注其任期内的业绩，这就更强化了短期利益机制。

李兰英和昝志宏等（2007）将传统年度预算的缺陷概括为三个方面：一是年度预算容易忽略潜在的财政风险。因为在年度预算的框架下，对一些预算决策在年度间的实施不易做到瞻前顾后，容易在决策的合理性和资金保证上出现偏差。二是在年度预算中，预算已经确定了各项支出，具有法律性，使一个预算年度内对收支结构的调整受到限制。三是年度预算限制了政府对未来更为长远的考虑。

此后，王雍君（2008）将中期预算框架的作用和意义总结为以下八点：(1) 向政策制定者说明政府在未来年度中拥有的最大的可支配财力，以及财力不足时应该寻求的解决办法；(2) 向纳税人说明公款是如何被使用的；(3) 预算限额本身表明了政府的经济政策取向，也可限制支出机构过高的支出期望，确保在资源约束下实施政策，使其认识到超过财力的支出要求是无效的；(4) 通过更强有力（相对于年度预算）地约束各支出部门的支出需求，使经济衰退时期的支出控制变得更加可行；(5) 表明未来若干年度中政府的财政趋势（fiscal trends），或者政府打算前进的方向，从而增进预算透明度，并有助于公众和其他利益相关者对政府财政承诺的可信度做出判断；(6) 为年度预算的准备提供导向，年度预算应尽可能体现中期预算框架所反映的政府中期政策意图，这将为编制年度预算提供方便，更好地确定年度预算的开支重点；(7) 中期预算框架可更好地促进政府政策的连续性，减弱政府领导人更替对预算和政策连续性造成的负面影响，避免年度预算刺激各支出机构将本预算年度的支出推迟到未来，使未来的预算任务更难实现；(8) 清楚地反映延续现行政策和实施新政策分别形成的跨年度成本（支出）。

对于发展中国家而言，MTBF 的另一个重要优点在于它有助于连接资本预算和经常性预算。没有这种连接和协调，预算信息的有用性就会大打折扣，并且会对公共设施产生不充分的营运和维护成本。

郑春荣（2008）指出，中期财政预算还是实行绩效预算的手段之一，较好地联结了宏观预算（财政支出上限）与宏观经济（绩效预算），即在财政支出总额上限的限制下，在多年度内赋予了各机构完成绩效目标的灵活性，有利于财政部门集中精力从事项目绩效评价（如图 1.5 所示）。

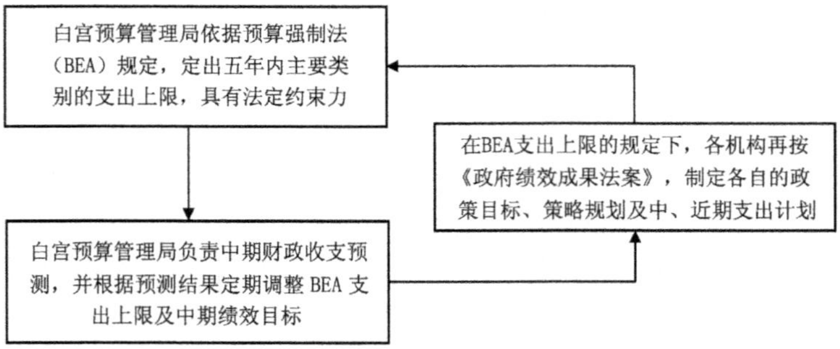

图 1.5 中期财政预算联结宏观预算与宏观经济：以美国为例

美国公共预算专家 Schick（1996）指出，政府预算的主要功能为控制、管理和计划。按照这一导向，肖文东（2007）将中期预算的优势总结为三点：一是强化了总量控制与财政纪律；二是有助于激活预算资源的再分配机制，以及促成政策优先性和预算优先性的一致；三是及早鉴别和确认财政风险。

黄佩华和世界银行的合作研究（2003）表明，中期预算框架能有效提高预算流程的可预测性和稳定性，从而提高了预算效率。这一框架要求对中期财政目标进行明确解释以及对未来 3 ~ 5 年预算发展的展望，包括预期收入和转移支付、分功能的总支出、预期的预算赤字和融资。中期预算能够在预算优先次序和预算编制之间建立更紧密的联系；能更加清楚地揭示资本性投资项目中的经常性支出内容；鼓励政府官员具有长远眼光，确定未来的支出优先次序；可以为政府提供一个预测由于未来支出责任导致的预算不平衡的早期信号。

侯一麟和马骏（2007）在《计划与预算——整合计划与预算的案例》一文中，在研究年度预算与长期计划关系的基础上，指出公共预算和经济计划均是政策制定和执行中实现效率与效果的行政技术手段。但是，预算制定的年度性和计划的长期性经常发生冲突。事实上，“即使在市场经济中，预算仍然体现了基本的国家计划”（Milesell，2003）。因此，预算和计划可以整合到一起并相互促进，二者间的互补关系要求预算部门和计划部门之间相互作用。最重要的是，预算体制应该将年度预算整合纳入一个长期财政框架之中。

3. 中期预算的实施及建议

姚绍学、李小捧（2004）在对地方政府制定中长期财政预算的构想中提出，地方政府应遵循与国民经济计划相协调、财政收支合理增长、动态管理、绩效导向和透明度等原则制定地方中长期预算。

多年期预算是一种通过多年期特征加强年度预算的方法。张洪浩（2010）通过对美国等五个 OECD 国家的多年期预算的探析，指出多年期预算较好地控制了财政总量，保证了财政政策的连续性，预算编制也更加灵活，认为我国应充分认识到多年期预算的价值，将本国国情与多年期预算相结合，循序渐进地推进我国财政预算改革。

就中国目前还没有建立中期财政预算对中长期发展规划提供支持及财政纪律弱化的现状，以及中期预算本身所能发挥的作用，杨雅琴（2009）认为中国尽快实施财政中期预算是有必要的，并从中期预算的法律地位和中期预算的编制两个方面对中国引入中期预算提出了相应建议。

在我国不断深化财税体制改革的框架内，王蕴、王元（2009）提出我国应初步建立与经济周期相适应的、与中长期规划相衔接的国家中长期预算框架。其基本设想包括：建立独立的国家预算办公室以负责组织协调长期国家预算编制；以国家发展改革部门和财政部门为主体，预测和分析相对长期中我国经济社会发展变化趋势与财政发展趋势；以长期国家预算作为中长期发展规划和中期预算编制的基础。

王雍君（2010）指出，中期预算框架作为确定新规划以及在未来预算中分配资源的工具，面临两个主要问题：一是高估经济增长情况的倾向和高估预测期可获得资源的倾向；二是支出机构将中期支出预测视为其未来权利的倾向，使得随后的向下调整支出很困难。对于推动我国引入中期预算框架，王雍君提出如下三条建议：预算改革应更多地关注扩展预算的时间跨度；不应当进行纯粹技术层面的改革，应当改进年度预算运行的系统方法；引入中期预算框架应瞄准年度预算程序中最薄弱的部分。

对于中期预算在世界范围内的实践，白彦锋（2009）通过比较典型国家中期预算的制度设计和实施状况，分析了中期预算理念对于我国未来预算改革的启示，指出我国应高度重视中期预算的作用，提高中期预算对年度预算的约束力，逐步编制滚动式财政中期计划，规范财政中长期计划的编制程序，并重视吸收社会力量参与中期预算的制定。

4. 文献评述

从上述文献综述中可以发现，国外对中期预算的研究基本上经历了以下三个阶段：

第一阶段是 20 世纪 60 ~ 70 年代，这一阶段的理论研究主要是出于支出控制的需要，侧重于通过中期支出规划来改善财政绩效。对支出控制的呼声源于 1980 年召开的 OECD 高级预算官员非正式会议。会议上，Aaron Wildavsky[1]指出，只有对支出施加限制才能有效遏制支出增长，建议制定并遵守严格的支出总量限额，并指出鼓励当政者主动减少支出的工作任重而道远。但是，这一阶段的中期预算实践并不是很成功，出现了很多问题。

〔1〕 Wildavsky, A., OECD Journal on Budgeting, Controlling Public Expenditure: The Theory of Expenditure Limitation, V. 2, no. 4, p. 27-49, 2003.

第二阶段是20世纪80~90年代，通过反思早期中期预算带来的问题，这一阶段的研究形成了比较全面和规范的中期预算理论框架，特别是OECD、IMF和世界银行等国际组织的深入系统研究，建立了许多覆盖宏观经济的财政预测模型和中期支出预测模型，以及有助于联结政策和预算的中期支出框架。

第三阶段是20世纪90年代末到现在，这一时期对中期预算的研究更多的是实证研究，侧重探讨在具体预算环境千差万别的国家中设计良好的中期预算。

与之相反的是，我国国内对中期预算的相关研究还几乎是空白，已有的研究大多也只是在论述预算改革时简单提及中期预算的思想。基于此，本书希望就中期预算的含义及中期预算框架、中期支出框架之间的关系进行研究，分析中期预算在国外的实施情况，并就中国当前财政经济发展中的问题以及中国的中期预算改革提出自己的见解和建议。

1.3　本书的研究框架

本书共有六章，重点阐述中期预算的以下三个问题：(1) 中期预算的含义究竟是什么，以及中期支出框架、中期预算框架和中期项目框架等之间的关系到底是怎样的。(2) 如何看待中期预算在国外的实施情况。尽管OECD国家普遍引入了中期预算模式，对中长期财政发展也实行了种种支出限制，但是欧美债务危机还是在这些国家相继爆发了，进而引发了世界范围内的经济动荡。我们能够据此认为这是中期预算失灵的表现吗？答案当然是否定的，恰恰是中期预算的执行不力导致了预算约束的弱化，引致了最后的债务危机。(3) 中国当前正努力推进的中期预算改革致力于解决我国财政经济发展中的哪些问题。改革的目的就是为了推进实践的进步。对中国而言，一方面我们需要学习国外财政中长期管理的经验，另一方面更要吸取他国的教训。对于我国不断尝试的中期预算改革，要致力于落到实处，方能促进我国经济的发展和制度的进步。

本书的第一章是引言，是对中期预算研究概况的介绍，重点说明：(1) 为什么要研究中期预算，研究这个问题的理论意义和现实意义是什么；(2) 我国预算改革的实践以及存在的严重弊病对我国的中期预算改革提出了迫切需求；（3）概述国外中期预算的研究发展现状。

本书的第二章是对中期预算的理论分析。首先从理论角度探讨了中期预算与周期性平衡的关系。虽然现代社会生活日益复杂，经济产出日益增加，政府职能日益扩大，预算平衡规范逐渐衰落，但是平衡规范仍然作为一种政府的道德观和财政纪律而存在。《华盛顿共识》中就把平衡财政预算作为一国发展的必要条件，欧元区的《稳定发展公约》（*Stability and Growth Pact*）也将低赤字和低公债作为加入欧盟的入场券。近年来，美国金融危机及欧美债务危机的频频爆发，其实质是经济变量之间的过度失衡，在这样的背景下，平衡预算显得越来越重要。Mountford 和 Uhlig（2009）通过分别研究财政支出政策和财政收入政策对经济增长的冲击效应，得出就长期经济增长而言，平衡预算规范比赤字财政更有利的结论。

然而，政治和经济原因都表明，以年度为基础编制预算来保持预算平衡的努力似乎都是徒劳的。首先，从政治层面来看，一般而言，官员为取悦公众和赢得选举，将会努力减少税收，增加公共服务的提供。其次，从经济层面来看，当经济出现衰退时，收入达不到预算的预期，而公共服务却并不会因为收入缩减而降低。由于经济衰退的确切时间和强度通常是难以准确预期的，因此，年度预算不足以消除周期性赤字。周期性赤字问题的最终解决，需要将预算的时间期限延长，以便在经济周期的高峰和低谷之间保持预算的平衡。这就需要在预算理念上进行根本性的变革，从而推动了中期预算模式的诞生。

中期预算要求实现长期的平衡预算。从这点看，过度负债并不可取。也就是说，在债务收入使用上，一方面要防止即期政府债务支出对私人经济的“挤出效应”，另一方面要制定债务管理的中长期规划，防止债务透支未来社会经济发展的潜力。为此，我国要加强对地方政府融资平台等隐性债务问题的关注。

本书的第三章是中期预算的国际比较。中期预算是 20 世纪中期特别是 20 世纪 90 年代以来世界上很多国家为了实现财政可持续发展而对年度预算管理制度实施的一项改革，构成了西方国家新型财政管理模式的基本组成部分。

Yläoutinen（2004）的研究发现，欧盟的多数新成员国都引入了中期预算。但当中期预算与年度预算之间缺乏联系时，中期预算的效果仍然不佳。他认为，对于这些国家来说，加强中期预算的作用是改善财政纪律的可行之举。根据德国、英国和澳大利亚的中期预算的经验，IMF（2001）归纳了中期预算的一些可取的特点：（1）中央政府的财政政策目标和数量化的财政目标应当界定清晰；（2）对财政收入的预测一定要审慎；（3）预算估测最好采用现值；（4）中期预算的基础应当界定清晰、全面；（5）中期预算实施时，要有强有力的举措来对各项支出政策进行审议。只有当财政控制透明、稳定时，中期预算才会是有效的。

本书旨在从国际比较的角度探讨典型国家实行中期预算的制度设计，并以此为基础，分析中期预算理念对于我国未来预算改革的启示。

本书的第四章探讨了中期预算的中国模式与河北经验。目前，世界银行正在推动我国的中期预算改革，而且我国政府预算也确实存在中期化改革的必要性。我国的中期预算改革应当摒弃空想主义的做法，必须坚持实用主义原则，吸收国外中期预算的精神，同时融入本土特色，避免生搬硬套国外的做法。

本书的第五章介绍了中期预算的收入预测与支出预测。中期预算中的预测不仅仅是一项 3 ~5 年滚动的收支预测和工作蓝图，还集中反映了政府未来一定时期内的综合财政状况以及战略性支出重点，也是准备年度预算的基础和依据。

中期预测作为基线，可以用以衡量进度及评估是否需要采取进一步行动。因此，中期预测的收入预测应反映政府的财政政策、经济概况展望，以及估计的收入情况。支出预测则应考虑政府服务供求方面预期的增长，以及影响支出的法律、经济情况或政策的变动。可靠而值得信赖的财政收入和支出预测，可以为财政规则的制定和战略支出重点的选择奠定基础，并为财政风险的鉴别和预防提供一种预警机制。

本书的第六章是中国中期预算的战略诉求。毫无疑问，中期预算将增加我国预算编制和实行的回旋余地，因此我国中期预算改革应当着眼于解决我国财税体制运行中的具有中期色彩的重大问题，如地方融资平台和地方债务风险问题、收入层面中的土地出让金与房地产税的综合改革问题、税延型养老保险问题、税制改革中的两个逆转问题、个人所得税的边缘化与主体化问题以及非常规天然气发展问题。

第二章　中期预算的理论分析

2.1　周期性平衡与中期预算

预算管理是财政管理的中心环节。预算管理按平衡方式可以分为年度平衡预算和周期性平衡预算两种。预算平衡，也称预算收支平衡，是指在一定时期内，政府的预算收支应当保持平衡、支出与收入相吻合的状态。它是各国预算法律制度都遵循的基本原则，是约束政府盲目扩大财政赤字、促进政府加强财政管理、改进财政收支结构、预防通货膨胀、促进社会经济健康持续发展的重要工具。

目前，我国实施的主要是年度平衡的预算管理办法。年度平衡预算是美国“预算改革运动”（Budgetary Reform Movement，1890s～1910s）的产物之一，以财政文件为原则，与单式预算相匹配，具有简单易行、易于监督的特点。

在过去的100多年中，年度平衡预算一直是财政管理和控制支出的重要工具。但是，随着时间的推移，这种简单平衡的财政预算管理制度由于难以解决周期性财政赤字问题，使政府难以超越经济周期来维持财政稳定，已越来越不能适应我国宏观经济管理的需要，其不足之处也日益显现。

因此，我国应实现财政预算与经济周期性波动相适应的跨期平衡，实现预算管理从年度平衡向周期性平衡的转变，将预算的视野由一年延长到更长时间，采取中期预算的模式，以增强预算的功能。

2.1.1　预算平衡规范的发展历程

1. 预算平衡规范的兴起和应用

平衡预算思想源远流长。在西方，预算学家和经济学家们一般将“预算平衡的规范”追溯到维多利亚中期的英国（Buchanan&Wagner，1977；Webber，1980；Webber&Wildavsky，1986；Savage，1998）。当时，“量力而行”、“量入为出”是个人和家庭公认的美德。并且由于在工业革命早期，信誉的建立并非易事，而且破产又很普遍，“收支相抵”成为农场和小企业维持生存的底线。由于持续保持收支平衡的实践对于维持生计和建立信誉非常重要，因此，在19世纪初英国、法国和德国设计公共预算的结构和机制时，人们理所当然地认为平衡规范也应当适用于政府。这就是公共部门预算平衡规范的最初起源。预算平衡规范的兴起和应用是18世纪末至19世纪初西欧国家公共预算形成的重要标志。

在公共预算的形成阶段，预算的编制方法就已经存在并得到使用。Webber（1980）指出，“会计记录”（account recording）的技术在18世纪末就已经存在。在14世纪或15世纪，意大利北部城邦的商业就已经形成会计的基本等式：“资产=负债+所有者权益”。这一等式运用于政府会计即可导出等式：“净资产=资产-负债”。这一等式在非商业部门的运用，构成了政府会计发展的基石，成为了“公共预算的语言”。此外，“基金合并”（fund consolidation）的存在也为公共预算的发明进一步铺平了道路。基金合并把所有的收支项目综合为总计，借助于此，人们可以对来年的收支进行预算。根据Webber（1980）的记录，合并账户会计（consolidated accounts）于18世纪70年代在英国被提出，并在18世纪80年代被接受，到19世纪初，已经在少数几个欧洲发达国家中得到广泛应用。

法国经济学家萨伊（Jean-Baptiste Say，1803）将预算定义为“国家需求和资源之间的平衡”。此后，法国的一项正式法律（Article 5 of the Decree on Regulation of May 31，1962）将预算定义为“预估和控制国家年度收支的文件”。平衡与预算的结合即为“平衡预算”。

为了实现平衡预算，古典经济学家一般反对国家干预，主张自由市场经济，限制国家职能。他们认为政府有必要奉行健全财政（即平衡的财政政策和预算），认为公债对于国民经济的发展是有害的。亚当·斯密认为公债是对现有资本的扣除，而且会造成社会劳动和物质财富的非生产性耗费。大卫·李嘉图也把公债看成国民资本被浪费的因素，他认为政府支出如果取之于公债，等于是抽走了人民的资本，有碍工商业的发展。

到19世纪中期，平衡预算的意识形态核心已经形成。因此，1885年法国学者Leon Say将“预算的四个基本性质”总结为统一性（unity）、年度性

(annularity)、预先准备（advance preparation）和会计人格化（accounting personality）时，并未将平衡性作为一个独立的原则纳入。Charles Bastable（1922）在《公共财政》一书中甚至认为，除非在紧急时期，预算应该在每一个财政年度保持平衡。此后的学者，如 Jaze（1910），径直把预算原则和隐性存在的平衡规范当成价值判断的根据而加以保留，并重申它们是健全预算实践的必要前提。J. W. Sundelson（1935）在关于预算原则的著述中也做了同样的处理，在他看来，这些规则是“所有群体社会的行动和政策共有的特征”。Mosher（1954）关于项目预算的研究中也没有提及平衡这一概念。由此可见，预算平衡规范已经是众所周知、根深蒂固的观念，无需刻意强调。

Burkhead（1954）是最早全面研究平衡预算概念的学者之一。他在著作中总结了截至该书写作时出现过的古典主义经济学家关于赤字和债务的理念，并指出，当时的平衡规范，无论是出自于经济学家之手，还是出自于公共政策学家之手，都缺乏清晰化的概念。但显然，平衡预算包含着以下要素：支出节制、减税、保持结余和借款最小化。Wildavasky（1988）探讨了预算行为规范，把预算平衡规范与年度性、全面性原则一起讨论，指出平衡规范应在设定“税收和支出都须控制在可接受的限度之内”的前提下，“确立支出与税收间的均衡”，并表现为“税收和支出上可以接受的限制”；年度性意指“一年收支行为的可预见性”；全面性则意为“支出的部门控制”。

正是这些经济学家们的贡献推动西方资本主义国家在 19 世纪中期最终形成了平衡预算意识。然而，古典经济学家们也注意到了一些无法避免的事件，如战争、自然灾害等，将使平衡预算的努力化为泡影，这时他们的主张是：当危机出现时，借款会成为必要，但是借款应当是越少越好，而且该项债务应尽早偿还。

从中可以看出古典平衡预算规范隐含着一个理性推论：预算平衡不必在每一年都达到，而是在“危机—平衡”周期中得以实现，即预算平衡周期。

其实，美国、德国等国家的宪法中都有关于预算平衡的规定（balanced-budget provisions）。但具有讽刺意味的是，这些国家的法律同时还规定了平衡预算的例外条款，即战争、经济衰退等时期并不适用[1]。比如美国的债

---

[1] From Wikipedia, the free encyclopedia. http://en.wikipedia.org/wiki/Balanced_Budget_Amendment.

务上限始设于 1917 年，然而自 1960 年以来，美国国会已经 78 次提高债务上限。自 2002 年以来，美国债务上限上调已达数十次之多，债务上限的数值已扩大 2.6 倍。金融危机爆发后，美国政府赤字大幅度上升，国债记录屡创新高，期间美国曾多次提高债务上限，2008 ~ 2010 年就上调了 5 次。就在 2013 年的 10 月 1 日，由于预算拨款方案无法批准，美国联邦政府的非核心部门关门。同年 10 月 17 日，美国众议院通过了两党就债务上限和政府停摆问题提交的协议，即将债务上限到期时间推迟至 2014 年的 2 月 7 日，至此美国政府关门的危机结束。

由此看出，尽管各国都有类似的表述，但是预算平衡的执行情况却都差强人意。不管是平衡预算的黄金法则还是债务上限的中长期规定，都是有其基础和前提的。"财政纪律" 更多约束的是 "太平盛世"，具有 "纲领和导向性意味"，真正执行过程则需要更多的 "相机抉择"，而非一味的 "墨守成规"。

2. 平衡预算规范的衰落

20 世纪 30 年代世界经济大危机爆发后，随着凯恩斯理论在西方国家的盛行，平衡规范逐渐衰落。抛弃财政平衡规范意味着政府职能的扩张，以及赤字和公债的形成与扩大，从而也开启了经济学和政治学的新研究领域。

专栏 2－1　美国债务上限

美国债务上限指的是美国政府根据国会授权为了履行现有法定义务而能举借的债务总额，这些法定义务包括社会保障、医疗福利、军饷、国债利息、退税以及其他开支。国债上限是具有美国特色的一种债务限额发行制度，源于 1917 年，由美国国会立法通过，其根本目的是对政府融资额度进行限制，防止政府随意发行国债，避免出现资不抵债的后果。美国财政部资料显示，自 1960 年以来，美国国会已 78 次提高债务上限，平均每 8 个月就提高一次。截止到 2012 年，美国债务上限已达 16.7 万亿美元。图 2.1 显示的是美国从 1983 年至今的债务上限占 GDP 的比例。从图中可以看出，虽然在有些年间债务上限占 GDP 的比例有所下降，但总体趋势是上升的。

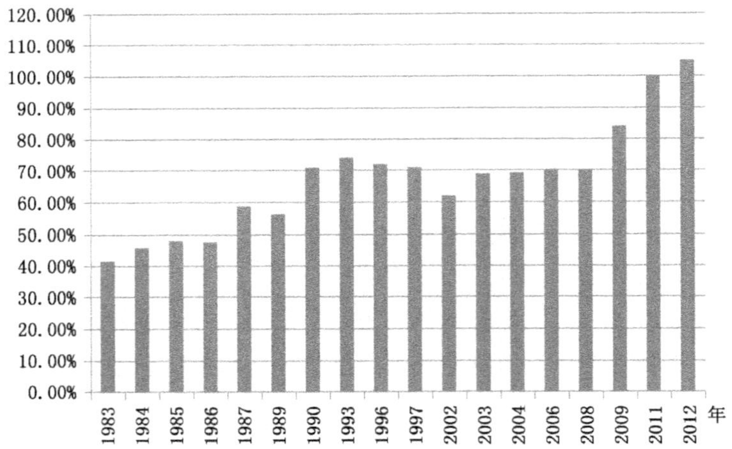

图 2.1　1983 年至今美国债务上限占 GDP 的比例

数据来源：美国财政部网站，http：//www.treasury.gov/Pages/default.aspx.

在 1929 年到 1933 年与经济大萧条作斗争的过程中，西方各国政府再也无法保持预算的平衡。相反，赤字财政成为战胜大萧条的有效甚至是唯一的工具。于是，各国学者和官员都开始对古典预算原则进行修正和补充，进而提出了一些与之前迥异的预算原则。

1936 年，凯恩斯发表《就业、利息和货币通论》一书，为政府的宏观调控和财政政策的作用提供了理论支持。因当时的经济情况所需，凯恩斯的主张集中于赤字财政工具上。

1941 年，美国经济学家汉森扩展了凯恩斯的思想，提出补偿性财政政策，它包含了两个方面的内容：一是在经济衰退时期，减税和扩大公共支出，实行赤字财政，抑制通货紧缩；二是在经济繁荣时期，加征消费税，减少公共开支，抑制过度繁荣，补偿衰退时期的财政赤字并平衡预算。

补偿性财政政策理论在 20 世纪 40 年代得到了全面运用，在美国的标志性事件是《1946 年就业法案》的出台。在这里，美国联邦预算被赋予了一个新的功能，即用来实现 96% 的劳动力就业的充分就业目标。

1945 年，美国联邦预算局局长 H. D. Smith 提出了八条预算原则（参见专栏 2－2）：反映行政计划原则、加强行政责任原则、以政府预算报告为依据原则、执行中的弹性原则、适度权力原则、预算程序多样化原则、适当加强行政主动性原则及机构协调原则。到20世纪60年代，肯尼迪政府赋予了预算一个更新的功能：刺激经济发挥最大的国民经济潜力。至此，公共预算的职能已经由原先的平衡政府收支演变成了政府对宏观经济的全面调节和干预。预算的不平衡由非常态逐步变成了常态。

专栏2-2　H. D. Smith的八项预算原则

1945年，美国联邦预算局局长H. D. Smith提出了八项预算原则，具体内容如下：

（1）反映行政计划原则。认为财政承担着实现政府行政计划的作用，所以预算必须为实施行政计划提供便利，即政府预算必须反映和支持政府行政首脑的计划。总统所提出的重要计划一旦为国会所通过即成为施政纲领，预算的制定必须为之服务。

（2）加强行政责任原则。预算实施必须赋予行政部门必要的权力和责任。立法机构通过立法程序使正式预算生效后，预算的执行权力属于行政部门，行政部门应当承担起有效执行预算的责任。

（3）以政府预算报告为依据原则。在预算的编制、批准、执行和监督过程中，政府应提供预算报告及与之相关的各项资料，以此作为预算立法和管理的基础。

（4）执行中的弹性原则。为适应社会经济形势的变化，预算要有一定的弹性。预算中应包括随经济形势的变化进行适当调整的内容，应该有适当的弹性条款的规定，授权行政机关在预算执行期间，可以根据实际情况进行必要的调整。

（5）适度权力原则。预算的“工具”必须充分，在政府行政机构中应具有编制和执行预算的专职机构和人员。行政首脑应具备调节预算资金的权力和手段，有权规定月度和季度的拨款额，有权建立预算预备费，并有权在必要时动用预备费。

（6）预算程序多样化原则。即现代政府职能日益复杂化，针对政府的行政活动、经济建设活动以及公共事业活动的不同性质，而采取不同的预算管理程序和多种管理形式来适应各种财政活动的需要，不宜强求一致，技术手段也应适应多种管理形式的需要。

(7) 适当加强行政主动性原则。为了使预算管理经济节约、具有效率，对预算支出项目不宜进行过分苛刻的限制，国会可以原则规定资金使用的范围、方向和目的，在不违背立法机构基本政策方针的前提下，具体方式和途径应允许行政机构灵活调整以实现预算的目标。

(8) 机构协调原则。预算机构必须在预算的编制及执行上相互联系和协调，充分发挥各自的作用。在预算编制、执行过程中，中央预算机关和地方各级预算机关之间，以及预算机关与主管部门、单位之间，都应相互协调合作，以实现相互沟通、相互监督的效果。

史密斯提出的这八条原则代表了在当时社会经济条件下，美国行政机构谋求预算主动权的一种倾向性要求，反映了当时西方国家预算原则变动的一种趋势。史密斯的预算原则与古典预算原则最大的不同点在于其更强调政府行政机构在预算上的主动权。

参考资料：寇铁军：《财政学》，东北财经大学出版社，2001 年版，第 309 页。

20 世纪 70 年代后，各国的预算实践对古典预算原则提出了更大的挑战。首先，虽然古典预算原则强调预算的非连续性和年度性，但 20 世纪 70 年代以来，预算越来越具有连续性，过去形成的预算承诺，比如各种社会保障项目，常常不能随意终止。美国联邦政府的支出就分两类：年度拨款和强行支出（即法定支出）。因此，许多预算决策变成连续的而非年度性的。凯顿将其概括为“预算的非弹性”（budgetary inflexibility）。其次，由于长期性的预算承诺所导致的支出每年都在变化，并取决于不可改变的上一财政年度的决策、涉及的受益人数和部门、经济变动等不可控制的因素，因此预算变得越来越不可预测。凯顿将其概括为“预算的不可预测性”（budgetary unpredictability）。再次，虽然古典预算原则强调预算的全面性或完整性，但 20 世纪 70 年代以来，预算常常被各种隐蔽的方法拆散，某些领域逐渐形成供自己自由支配的资金，预算外活动逐渐出现。预算外项目和基金的大量存在，以及复式预算的引入，致使预算的完整性原则逐步被打破。因而，凯顿将其概括为“预算的零碎化”（budgetary fragmentation）。最后，由于公共和私人部门之间的区别越来越模糊以及各种准政府组织参与到公共产品和服务的供给当中，一些私人部门和准政府组织实际上介入了政府收支活动，但是却常常不受政府预算控制。凯顿将其概括为“预算的私有化”（budgetary

privatization)[1]。

需要注意的是，美国“预算外支出”的含义和内容与我国“预算外支出”的含义和内容是有很大区别的。根据美国现行法律，美国联邦政府的“预算外支出”主要包括的是社会保障信托基金（Social Security Trust Funds）和邮政基金（Postal Service Fund），而“社会保障信托基金”则主要包括联邦老年人、孤寡人员及残疾人保险基金的内容。可见，这些“财政专户”更多涵盖的是美国财政支出中的“权益性支出”（entitlement），更多属于“强制性支出”（mandatory expenditure）的内容，“自由裁量”的空间是很小的，这一点与我国之前的“预算外支出”恰恰相反。

专栏 2-3　“预算外资金”的出现与废除

新中国成立之初，我国实行的是高度集中的统收统支制度。进入第一个五年计划（1953~1957 年）后，为了调动地方的积极性，开始将原来预算内的一部分收入放到预算外管理，国家财政资金开始分为预算内和预算外两部分。

预算外资金在调动了有关地方和部门积极性的同时，也在一定程度上造成了国家财政管理的混乱。为此，近些年来，国家不断加大对预算外资金的管理力度。《中国统计年鉴（2010）》显示，2008 年我国的预算外收入为 6617.25 亿元，当年的全国财政收入为 68518.3 亿元，预算外收入的规模已经相对有限。

从概念上讲，预算外资金指国家机关、事业单位和社会团体为履行或代行政府职能，依据国家法律、法规和具有法律效力的规章而收取、提取和安排使用的未纳入国家预算管理的各种财政性资金。预算外资金的范围主要包括：法律、法规规定的行政事业性收费、政府性基金和附加收入等；国务院或省级人民政府及其财政、计划（物价）部门审批的行政事业性收费；国务院及财政部审批建立的政府性基金、附加收入等；主管部门所属单位集中上缴资金；用于乡镇政府开支的乡自筹和乡统筹资金；其他未纳入预算管理的财政性资金。

---

〔1〕 Caiden N.（1989）: A new perspective on budgetary reform, Australia Journal of Public Administration, 48, p. 51-58.

社会保障基金在国家财政尚未建立社会保障预算制度以前，先按预算外资金管理制度进行管理，专款专用。财政部门在银行开设统一的专户，用于预算外资金收入和支出管理。

部门和单位的预算外收入必须上缴同级财政专户，支出由同级财政按预算外资金收支计划和单位财务收支计划统筹安排，从财政专户中拨付，实行收支两条线管理。

为适应建立完善公共财政体系的要求，经国务院批准，财政部自2007年1月1日起实施政府收支分类改革。修订后的《2010年政府收支分类科目》收入具体分类情况是：第一类：税收收入，下设增值税等21款；第二类：社会保险基金收入，下设基本养老保险基金收入等6款；第三类：非税收入，下设政府性基金收入等7款；第四类：贷款转贷回收本金收入，下设国内贷款回收本金收入等4款；第五类：债务收入，分设国内债务收入、国外债务收入2款；第六类：转移性收入，分设返还性收入等10款。

财政部《关于将按预算外资金管理的收入纳入预算管理的通知》（财预［2010］88号）规定，从2011年1月1日起，将按预算外资金管理的收入（不含教育收费，以下简称预算外收入）全部纳入预算管理。

可见，所谓的“预算外收入”现在已经退出了我国财政管理实践，成为了一个历史范畴。

资料来源：作者根据有关资料整理。

事实上，凯恩斯的财政思想并不局限于赤字财政，我们可以把凯恩斯财政理论看成是一种更大范围的动态平衡，即公共财政应在经济的“衰退—繁荣”中求得整个经济周期的平衡。凯恩斯之所以较多地关注扩张性的财政政策，是其所处的社会经济环境使然。但是，自凯恩斯主义出现以后，西方各国则更乐于使用补偿性财政政策的第一个方面，即制造赤字，增加公债，并经常以恢复经济为口号削减税收，由此制造出越来越多的赤字和债务。

这样的现实背景使得20世纪60年代以后的平衡预算研究主要集中于以下两个方面：一是为什么不能保持预算的平衡。又或者说，究竟是什么样的因素冲击了财政平衡。二是不平衡的财政政策会给经济带来怎样的冲击。

3. 平衡预算规范的回归

20世纪70年代，公共选择学派的兴起促使人们重新关注其平衡预算。近20年来，世界经济的不平衡导致了多次金融危机的爆发，尤其是2008年全球金融危机和当前的欧美债务危机，更是折射出了全球经济的普遍失衡。

在当代社会经济日益复杂、经济产出日益增加、政府职能日益扩大的过程中，平衡规范逐渐衰落，不平衡规范占据了主流。但即使如此，平衡规范仍然作为一种政府道德观和财经纪律而存在着。在《华盛顿共识》中就把平衡财政预算作为一国发展的必要条件。欧元区也将低赤字、低公债的SGP（stability and growth pact）规则作为加入这一组织必备的入场券，体现了对预算平衡原则的重视。

专栏2-4　从“华盛顿共识”到“北京共识”

“华盛顿共识”（Washington Consensus）是指20世纪80年代以来位于华盛顿的三大机构——国际货币基金组织、世界银行和美国政府，根据20世纪80年代拉美国家减少政府干预、促进贸易和金融自由化的经验提出来并形成的一系列政策主张。

1989年，陷于债务危机的拉美国家急需进行国内经济改革。美国国际经济研究所邀请国际货币基金组织、世界银行、美洲开发银行和美国财政部的研究人员以及拉美国家代表在华盛顿召开了一个研讨会，旨在为拉美国家经济改革提供方案和对策。美国国际经济研究所的约翰·威廉姆森（John Williamson）对拉美国家的国内经济改革提出了已与上述各机构达成共识的10条政策措施，称为“华盛顿共识”。

在财政方面，“华盛顿共识”主张加强财政纪律、压缩财政赤字，以降低通货膨胀率、稳定宏观经济形势。按照美国学者约瑟夫·斯蒂格利茨的概括，“华盛顿共识”的教条是“主张政府的角色最小化、快速私有化和自由化”的新自由主义理论。在美国“芝加哥学派”的鼓吹下，华盛顿共识在20世纪80~90年代一度大行其道。然而，俄罗斯等国“休克疗法”的转轨失败，很快使得“华盛顿共识”褪色。

“华盛顿共识”的破产使人们转向了“北京共识”。“北京共识”是由美国高盛公司高级顾问乔舒亚·库珀·雷默（Joshua Copper Ramo）于

2004 年 5 月 7 日在伦敦《金融时报》上首先阐述的。雷默将“北京共识”归纳为：艰苦努力、主动创新和大胆实验（如设立经济特区）、循序渐进（如“摸着石头过河”）、积聚力量等。

资料来源：Williamson，John，*What Washington Means by Policy Reform*，in：Williamson，John（ed.）：*Latin American Readjustment*：*How Much has Happened*，Washington：Institute for International Economics 1989；Joshua Cooper Ramo，*The Beijing Consensus*，London：The Foreign Policy Centre，2004；王广谦：《中国崛起：“北京共识”与“中国模式”》，财贸经济，2008 年第 2 期。

近年来，区域性乃至全球性的经济危机频频爆发，其实质是经济变量之间的过度失衡。同时，人类与自然的矛盾也在这个后工业化时代更加凸显，其实质是增长与环境的失衡。在此背景下，学者的研究再一次与平衡规范产生了共鸣。

自 20 世纪 70 年代以来，公共选择学派一直致力于平衡预算的重构，其主要原因在于平衡预算对于构建责任政府的重要意义。布坎南（Buchanan，1964，1966，1986，1997）认为，预算平衡不应只是政府财政责任的象征，它也应该是真正实施的规范。只有预算平衡才能杜绝政府、政治家、官僚仅考虑个人收益的恣意决策。财政决策的民主化、公开化不仅有助于责任政府的形成，而且也能够帮助民众树立正确的预期。

从长期经济发展角度来看，平衡预算规范也是不可或缺的。Mountford 和 Uhlig（2009）把财政政策分为财政支出和财政收入两个方面，分别剖析了两者对于经济增长的冲击效应。他们得出的结论是：未被预期的减税型赤字在短期内对于经济有一定的刺激效果，但是赤字财政带来的高公债负担的长远恶果远远抵消了这种暂时的好处。

我国财政部部长楼继伟也认为一味的赤字财政是一种不平衡的途径。国家大力扩大开支，实施大规模的再分配，但提取的财政收入比较少，导致财政长期赤字。个人付出较少的努力，享受更多的福利，国际收支赤字也会越来越大。但是，天上不会掉馅饼，这样一种途径最后要靠通货膨胀来平衡，其结果是低收入人群和地区更为困难，陷入恶性循环。对于这个问题，美国总统艾森豪威尔在进入白宫之前曾经说过，如果美国人所要求的一切就是保险，他们可以到监狱里去，他们将有足够的东西吃，还有一张床和头上的屋顶。当然，在艾森豪威尔登上总统宝座之后，他对社会保险的做法却比人们预料得要慷慨。老年保险救济付款的范围扩大了，保险的类别增加了，不过他坚持这一切负担要加在工资之上。此外，他对健康保险的立场也是保守的，他反对由联邦政府支持并补贴付不起医药账单的穷人[1]。

所以，应更多关注发展机会的创造，而不仅仅是关注结果，争取使每个人都能根据自身条件获得发展机会，通过自身努力得到发展，享受发展成果。国家适当提取财政收入，实施适当的再分配政策，主要是创造公平的发展机会，让市场发挥资源配置的基础性作用。这种发展途径使得就业充分，人民的幸福感强，经济增长率高，是可持续的[2]。

因此，就长期经济的增长而言，平衡预算规范比赤字财政的表现更好。Minea 和 Villieu（2009）在比较"公共财政的黄金律"（Golden Rule of Public Finance，GRPF）和"平衡预算规则"（Balance-Budget Rule，BBR）的研究中发现，虽然 GRPF 在短期内有利于经济的增长，但是今天的高赤字产生高公债，将增加明天的利息负担，从而"挤出"未来的公共投资而降低经济长期的增长。后者的影响要比前者巨大，因此，GRPF 对于经济影响的净效应是负的。长期来看，平衡预算规则有利于经济的长期增长。另外，短期内 GRPF 对于经济增长的贡献还必须考虑消费的替代弹性。如果消费的替代弹性很小，GRPF 对于经济增长的贡献是非常微弱的，而且会带来福利的损失。面对当今社会出现的诸如环境污染等新问题，平衡预算也能起到一定的改进作用。Creiner（2005）呼吁要构建考虑到环境（污染）的符合社会最优的财政政策，隐含着对平衡财政规范的要求。

由上可见，学界对于平衡预算的定义是较为模糊的，对于财政是否应保持平衡也是存在分歧的。产生这一现象的原因至少有如下三个方面：首先，财政的平衡规范是一个多元的问题，正如布坎南（Buchanan）所言，它是一个多学科的问题，涉及政治学、经济学、管理学、法学等。不同的研究视角会得出不同的研究结论，视角的不同实际上也反映了不同的价值观，比如判断问题的最优标准究竟是经济个体福利的最大化，还是经济总体规模的增长，抑或是环境的可持续性等。其次，各个学者进行研究的背景不同，引入

[1] 陈宝森：《美国两种经济哲学的新较量——兼论两党预算战》，美国研究，1996 年第 2 期。

[2] 楼继伟：《包容性增长中的财税改革》，新世纪周刊，2013 年第 14 期。

的参数有别，控制的变量也有差异，这些时间轴、空间轴和坐标的选择差异都会影响研究的结论。最后，经济变量之间的紧密联系使得财政的平衡规范非常复杂，在财政平衡的研究中不但要注意现期的重要经济变量，而且要重视宏观经济和社会的发展趋势。

值得注意的是，对平衡预算的研究并非一成不变。随着时代的发展，其内涵与形式均会发生新的变化。近年来对于平衡预算的研究开始侧重于反思不平衡预算观方面。这一明显的转变是对当前诸多宏观经济矛盾的必然回应。对于一国政府来讲，平衡的矛盾存在于以下五个方面：一是经济方面，包括消费和投资之间的平衡、内部和外部的平衡、当前的增长和长期稳定的平衡等；二是社会方面，就是个人责任和社会福利的平衡、社会项目和随意性支出的平衡等；三是环境方面，就是当前的经济增长与可持续增长的平衡、经济利益与环境保护的平衡等；四是行政方面，如集权与分权的平衡等；五是管理方面，主要是适度控制和充分弹性之间的平衡。当这些矛盾逐渐演化、分化甚至激化的时候，我们有必要重新审视财政的平衡规范，因为宏观变量之间的和谐关系是平衡规范的真实内涵，而平衡的意义就在于寻求一条更合理、更可持续的发展道路。

2.1.2　年度平衡与周期性平衡预算

1. 年度平衡预算

年度平衡预算是指根据财政文件原则，在预算管理中贯彻财政年度内平衡的预算管理方式。我国建国以后相当长的时间内实施的都是“收支平衡，略有结余”的预算管理办法。

年度平衡预算制度的基本主张为政府规模要小，财政支出规模不能过大。该年度性原则是与20世纪30年代以前自由资本主义时期的“健全财政”（sound finance）的最高原则相一致的，即制定预算原则的指导思想是控制预算收支以达到预算平衡。这一年度平衡原则对实现政府对预算收支的管理与执行，以及立法机关对政府财政活动的控制与监督，具有重要的指导意义。1776年，亚当·斯密作为古典经济理论的代表，提出了“守夜人”（night watchman）的政府模式，即政府的职能要简单、政府的支出要求节俭，以保证年度预算平衡具有可行性，反对预算赤字的出现。古典经济学认为，预算收支平衡是健全财政的标志；预算赤字的产生根源是战争、灾害等突发事件，或是由于财政制度不健全、财政运行中的过失引起的。

我国改革开放之前所奉行的“既无外债、又无内债”的预算管理原则，就是典型的年度预算管理方式。财政收支力求当年平衡，不搞“寅吃卯粮”的财政赤字政策。根据“李嘉图等价定理”，即期财政赤字的经济刺激作用与未来增加税收带来的财政紧缩效应是一致的，举债毫无意义。此外，政府对私人部门发行公债会延缓私人部门的发展，原因是古典经济主义认为政府支出是非生产性的，财政赤字会造成很大浪费，财政赤字必然会导致通货膨胀。

专栏2－5　如何理解我国“既无内债、又无外债”的发展阶段

我国计划经济年代无债的表层原因如下。

（1）1958年我国和前苏联交恶，前苏联停止了对华援助，以美国为首的西方国家也在对我国进行经济封锁，当时的国际环境不允许我们举借外债。

（2）“左”的思想在1958年之后在我国逐步占据了支配地位，举借国债被看成是有损社会主义国家声誉和形象的事。

然而，对于我国这段特殊的财政发展时期，还需要进行深入的分析和理解。

（1）1953年政务院发布《关于实行粮食的计划收购和计划供应的命令》，确定了全国实行粮食的统购统销制度。

（2）1956年全国第二次工资制度改革时颁布了《国营企业、事业和机关工资等级制度》，使得政府可以压低工资标准、减少升级频率来直接或间接地降低工业的劳务投入成本，从而使工业部门在低成本的基础上获得了高利润。

（3）计划经济年代农副产品的低价统销制度使农民承担了约6000亿元的“价格暗税”，是1953～1980年全民所有制各行业基本建设新增固定资产总额5129亿元的117%。

（4）1952～1978年，城市职工年均工资只增加了170元，年均增长率1.3%。

可见，不管是税收、债务，还是国有企业利润，都只不过是国家汲取财政收入的具体形式。我国计划经济年代所形成的不过是以国有企业利润为主的财政收入筹集机制（如图2.2所示）。

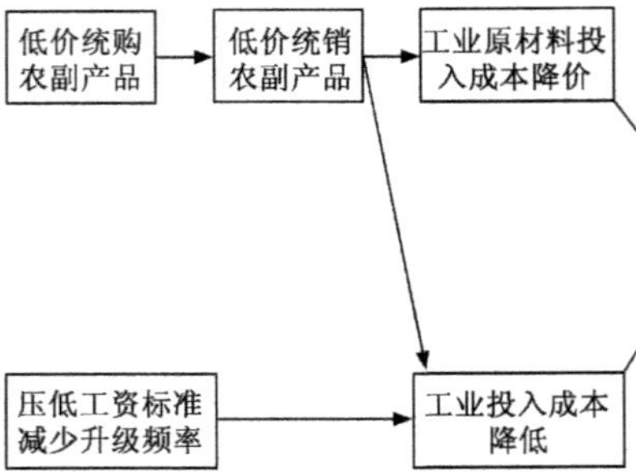

图 2.2 我国计划经济时期的财政收入汲取机制

资料来源：高培勇：《国债运行机制研究》，商务印书馆，1995 年。

财政年度预算平衡理论是传统财政理论的基础，也是目前财政管理中依然要考虑的一个基本原则，其最大的优点就是能够保障财政稳健原则的实施。但不可否认的是，财政年度平衡预算只是针对未来一个年度的收支进行预测，着眼于一个年度的财政收支平衡，而很少关注较长时期内的政策变动或宏观经济条件改变对预算的影响，因此有很多危害，主要在于：一是大大束缚了政府在反衰退方面采取财政措施，割裂了支出与宏观经济以及公共政策之间的相互关联。面对经济衰退的频繁出现，政府只能固守年度预算平衡，而在财政上无所作为。二是年度预算平衡实际上加剧了经济波动，主要是因为在经济衰退时期，国民收入大幅度下降，税收收入减少，而财政支出却往往处于上升或不变的状态，这与“自动稳定器”的作用相反。

阿伦·威尔达夫斯基（Aaron Wildavsky，1996）对年度平衡预算的内在缺陷进行了如下总结[1]：（1）短视，因为它仅仅考虑了下一个年度的支出；（2）支出膨胀，因为它掩盖了未来年度的巨额开支；（3）过于保守，因为收支的巨大变化不会在一个长期前景中进行战略安排；（4）狭隘主义，因为各项计划彼此分割，而不是把未来成本与其收入联系起来进行比较。

1929～1933 年的资本主义世界经济大萧条，在很大程度上改变了人们

〔1〕 Aaron Wildavsky, Budgeting: A Comparative Theory of Budgetary Processes, Transaction Publisher, 1986, pp. 105-116.

对古典理论关于市场机制与政府作用的传统看法，世界市场经济都进入了对经济周期进行调节的阶段，世界主要市场经济国家都认识到了经济周期的必然性，因此都奉行反经济周期的“相机抉择”财政政策，而年度平衡预算无法解决这一问题。

2. 周期性平衡预算

周期性平衡预算是指按照经济周期安排财政预算，不是在年度内实现预算平衡，而是在经济周期内实现预算跨年度平衡。具体措施是在国民经济景气的时候实施紧缩财政政策，从而保留财政盈余，在经济萧条的时期实施扩张性财政政策、安排财政赤字，从而使各期的财政赤字和财政盈余保持长期一致，实现财政预算的跨期平衡。

周期性平衡预算是与现代市场经济相适应的预算原则。现代市场经济的突出特点是普遍存在的有效需求不足。在有效需求不足的情况下，政府的首要任务就是保证经济增长和充分就业，因此，需要采取扩张性的财政政策，推动需求的不断扩张，从而实现国民经济的供求平衡，促进经济的稳定持久发展。

根据凯恩斯在《就业、利息和货币通论》中的分析，在刺激经济增长时，财政政策比货币政策更加有效，这主要体现在货币政策可能导致“流动性陷阱”。而在财政政策中，支出政策比减税政策更加有效，这主要是因为投资乘数比税收乘数大。因此，根据凯恩斯主义的投资乘数加速原理，运用财政政策可以事先对经济的周期性进行控制，即经济“过热”的时候实行紧缩的财政政策，经济萧条的时候实施扩张的财政政策。扩张时期的财政赤字和收缩时期的财政盈余相等，则财政就实现了周期性的预算平衡，经济增长和充分就业的目标也得以实现。自此开始，预算政策对经济的影响不断增强，预算与经济紧密联系的观点逐渐取代了古典理论把预算与经济相割裂的观点。

专栏2-6　乘　　数

政府是市场中最大的消费者，它的某项消费行为足以对整个国民经济产生举足轻重的影响。政府可以通过调整采购总量来实现对经济的总量调控，可以通过选择采购对象对国民经济各产业进行调控，也可以通过对采购地区的选择以实现支持某些特殊地区发展的目的。

政府宏观调控的重要目标之一就是实现社会总供给和社会总需求的平衡。而我们知道，社会总需求（D）由消费性需求（C）、投资性需求（I）、政府购买（G）和出口（X）四部分组成，政府的购买性支出（政府采购）是社会总需求的重要组成部分。

国民收入的决定公式：

$$Y = C + I + G$$

Y 为国民收入，C 为消费支出，I 表示私人投资支出，G 为政府购买性支出。

其中，$C = a + bY_d$，a 为消费函数中的常数，b 为边际消费倾向，Y_d 为可支配收入，即扣除税收（T）之后的收入：

$$Y_d = Y - T$$

将后两式带入第一式，得：

$$Y = a + b(Y - T) + I + G = a + bY - bT + I + G$$

$$(1 - b)Y = a - bT + I + G$$

$$Y = (a - bT + I + G)/(1 - b)$$

这样，税收乘数 $= -b/(1-b)$，税收乘数为负值，表明税收增减与国民产出呈反方向变动。

假定边际消费倾向 b 为 0.8，那么税收乘数即为 －4。购买乘数 $= 1/(1-b)$，购买乘数为正值，表明购买性支出的增减与国民产出呈同方向变动。假定边际消费倾向 b 为 0.8，那么政府采购乘数即为 5。

政府在增税的同时等量地增加购买性支出，即能维持财政平衡，所谓的“财政平衡乘数”为 1，表明即使政府实行平衡预算政策，仍具有扩张效应，且扩张效应为 1。当然，前提条件是财政支出均为购买性支出。

资料来源：郭庆旺，赵志耘：《财政学》，中国人民大学出版社，2002 年。

凯恩斯主义带来的经济领域的大变革使第二次世界大战后的西方国家出现了较长时间的经济繁荣（时间跨度大致从 20 世纪 50 年代至 20 世纪 70 年代）。这一时期，发达国家和部分发展中国家纷纷对传统的投入预算和年度平衡预算进行了反思和改革，开始将以结果为导向的绩效概念引入预算过程与公共管理。其中，比较有代表性的预算改革为 20 世纪 50 年代的规划预算、20 世纪 60 年代的计划—规划—预算系统和 20 世纪 70 年代的零基预算。

从20世纪70年代开始，西方国家出现了令政府当局极为头疼的“滞涨”局面，经济增长缓慢，支出规模却不断膨胀，财政赤字居高不下。与此同时，基于提高政府绩效、加强服务品质为目的的“新公共管理”运动开始兴起，试图将传统的、僵化的、等级制的官僚体制改革为灵活的、以市场为导向的公共部门，从而有效解决政府组织的积弊：财政困难、政府膨胀和低效率。这些经济和财政现实严重挑战了传统预算原则强调的年度性和非连续性，强调预算长期性、周期性平衡的中期预算乘势兴起。

与年度平衡预算的简单易行相反，周期性平衡预算的最大缺点就是实施难度大。周期性平衡的财政预算需要以经济预测为前提，而经济预测是否正确，目前还是一个很大的问题。这在很大程度上是因为经济预测的对象是具有高度主观能动性的人，因为经济是人的行为，具有明显的有机性。人的有机性体现在博弈理论和理性预期两个方面，在经济管理上一直存在“计划跟不上变化”的现象。可用分析消费的迭代模型来研究财政的周期性平衡预算问题，根据消费需求的迭代替换原理，再结合财政赤字的财富效应，我们可以较好地研究财政政策扩张和收缩的效果。迭代模型中的消费具有稳定和不稳定两种运行趋势，其消费总公示为：

$$C_t = R_s \times C_0 + C \qquad (1)$$

其中，C_t是第t期的消费，R_s为迭代消费函数的斜率，C_0为起始期的消费额，C为稳定的消费额。

财政政策通过对个人的补助或减税以增加个人收入。个人收入无论用于消费以保障身体健康还是接受教育以提高个人素质，都属于人力资本的概念，那么迭代的财政收支能否保障平衡？如何保障平衡？迭代模型具有稳定和不稳定两种发展方式，如果R_s小于1，则方程（1）将和45°线相交于B点（如图2.3所示），随着时间的推移在代际之间实现平衡。若R_s大于或等于1，则方程（1）与45°线无法相交，即随着时间的推移在代际之间无法实现稳定。财政支出的代际斜率小于1，则代际将趋于稳定，满足李嘉图等价定律，周期补偿的财政政策能够实施；而斜率大于1，则消费不可能实现代际之间的平衡，因此可能引发通货膨胀，因此要慎重实施。这说明，周期性财政预算平衡在理论上非常难以实施，不可预见性很大。

中期支出框架使预算和公共财政管理（public financial management，PFM）相融合，克服了一直被公共财政管理所诟病的年度预算的缺点，即短

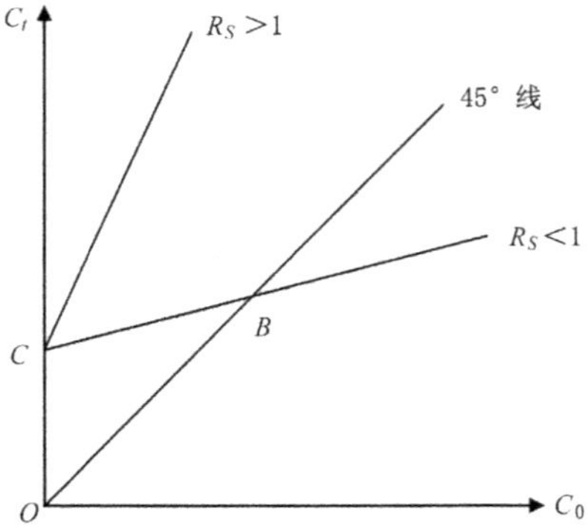

图 2.3 迭代模型的两种发展方式

视性、保守性和狭隘性。大多数的公共项目从投入到产出都需要数年时间，而年度预算却忽视了长远的成本和收益。多年度的预算计划是中期支出框架的一个显著特征。年度预算以前些年的预算为基础，在其基础上以逐年增加的方式去修正它。结果，即使是需求发生了变化，支出模式仍旧不变。中期支出框架以一种长远性战略视角来分配资源，这就使得政策制定者可以根据未来可能出现的需求变化来确定公共支出的水平和结构。实施中期预算还要求政策的制定者跨部门、跨项目来考量如何分配资源以达到最优使用效果。虽然中期预算有如此多的优点，但是中期预算和年度预算并不是毫不相关的。中期预算最终会取代年度预算在预算进程中的核心地位。实际上，中期支出框架要求预算准备超越年度预算，将中期视角纳入其中。

中期支出框架以战略性的支出优先权为指导，将宏观财政目标和预算约束纳入到广泛的预算体系和具体的支出计划中。当一个中期支出框架运行良好时，公共支出将会以可得到的资源为限制，预算资金的分配将会反映支出优先权，公共物品和服务的成本将会最小化。因此，中期支出框架将会实现公共支出管理的最高层次的三个目标：财政规章的一体化、有效率的资金分配和技术上的有效性，而传统的年度预算远远不能达到这些目标。而且，宏观财政政策以债务可行性分析、多年财政目标为指导，因此政策的制定将会越来越多地限制在中期这个框架下。中期财政框架将广泛的财政政策目标和预算联系起来，并且增加了两者的可信度。这对于实施中期财政框架调整的国家是至关重要的，因为这可以释放出这样一个信号，即政府承诺将基于支出的优先权做出高质量的预算调整，并且减少不必要的预算资金的浪费。

中期支出框架可以利用一体化的财政规章、有效率的财政资金分配和有效的技术与财政目标更为紧密地联系在一起。当政府并不太关注预算不平衡对微观经济的负面影响时，他们可以更加关注改进支出效率时对微观经济的挑战。相反，有效率的财政支出会使遵守财政规章变得更容易，因为资金的分配和技术上的有效性会减少预算资金的浪费，从而缓解资源限制。资金的有效分配需要将所有的支出项目按产出排序，技术的有效追求的是以最小的投入来获得最大产出。因此，当政府致力于遵守财政规章时，当出现新的支出需求时，政府更加倾向于去调整预算资金的分配，而不是去增加预算资金。最终，财政规章和支出的有效率会创造出一个更有效率的经济和社会公共设施支出的财政空间。这样的财政空间也可以用来应对未来出现的财政挑战（比如人口的老龄化和气候变化）和以前出现的财政风险（比如自然灾害）。中期支出框架为这些财政管理挑战以及它们之间的内在联系提供了一个连续的框架。

中期支出框架的优点来自于它们对预算质量和预算可信度的影响。中期支出框架通过以下几点来减少年度预算的缺点：

（1）预算的现实性。政府预期的财政收入以及合理的债务是预算支出的上限。这一点与政府基于不合理的未来潜在收入和负债能力计算出的支出相当不同。

（2）支出以部门中期战略为主导。相比起通过现有项目的增量变化，根据最新的紧急政策来决定支出优先权，资本项目预算和经常项目预算编制相分离等来准备复式年度预算，资源的分配更应该以现有的目标和政策为基础反映出部门之间和部门内部的优先权分配。

（3）支出部门拥有发言权。政府部门和其他支出机构在制定部门战略和管理其资源以便取得更好的效果时应该参与其中，而不仅仅是服从支出控制。

（4）预算包括多年度的支出分配。预算支出部门应该尽最大可能来预测未来的资源，确保能够做出有效的决定，而这恰恰是年度预算所不具备的。利用中期支出框架，支出机构可以合理地预测出在中期内他们可获得的资源。这不仅仅可以更加容易地制定多年度支出计划，而且可以使支出机构更自信地变化政策方向。

（5）预算更加关注结果。中期支出框架使政府的注意力由关注投入的控制转变为关注特定的产出和结果。这就允许政府部门根据支出项目所取得的结果来分配资源，拥有如何选择投入的自由裁量权。

(6) 财政透明度和可信度提高。中期支出框架为监督政府行为提供了一个清晰的运行机制，这就使政府在选择财政政策时更容易树立威信。

2.1.3 我国政府预算周期的实施

随着我国社会主义市场经济体制建设的不断推进，经过多年的探索，1999 年，财政部明确提出，我国财政体制改革的基本目标，就是建立公共财政体制。所谓公共财政，就是与市场经济体制相适应的一种财政模式，它以国家为主体，凭借国家的行政权力，通过政府收支活动集中一部分社会资源，用于履行政府职能和满足社会公共需要。

公共财政体制的建设包括收支两个方面。从 1979 年改革开放直到 1994 年，我国财政体制改革的重点都是理顺政府收入分配关系。1994 年分税制改革的实施，标志着我国政府收入分配关系得到了初步规范，财政体制改革的重心开始转移到支出管理上来。

从 1996 年开始我国在中央和地方陆续进行了以部门预算为主，同时包括细化预算、加强预算外资金管理、实行零基预算等内容的预算管理制度改革，以建立与社会主义市场经济体制和公共财政制度相适应的预算管理体制。但是，由于经济、法律和制度等多方面的制约，我国政府预算仍然存在许多问题和不足。仅就预算周期而言，我国严格来说并没有一个完全意义上的政府预算周期，更没有标准周期预算的法律制度，这对我国预算制度运行及其预算改革效果产生了许多不利影响。预算和支出程序中反复发生（并且互有重叠）的事件，构成了预算周期。预算周期通常分为四个阶段——行政准备（executive preparation）阶段、立法审议（legislative consideration）阶段、预算实施（execution）阶段和审计评估（audit and evaluation）阶段。实际上，各年度的预算周期也是联系在一起的，因为预算审计评估的结果，可以为将来的预算提供重要的数据。由于这四个阶段是周而复始的，因此，任何时候预算单位（operating agency）都会处于不同预算年度的不同阶段。目前我国的预算周期包括以下几个阶段：预算编制前的准备工作、编制审批预算、执行预算和编制决算[1]。

1. 我国预算周期存在的问题

我国在长期的预算实践中，一直实行历年制预算年度，即从每年 1 月 1

[1] 李燕：《政府预算理论与实务》，中国财政经济出版社，2010 年，第 36 页。

日至同年 12 月 31 日为一个预算年度，而中央和地方预算草案的审批实际上在每年 3 月份召开的各级人民代表大会审议通过以后。因此，在建立标准周期预算方面，我国还存在诸多问题，具体包括以下几点：

（1）预算编制时间过短。我国预算编制时间是从每年 11 月 10 日左右国务院下达预算草案指示到次年 3 月左右全国人大审议批准，中央预算通常有 2 个月左右的编制时间，即使加上测算收支指标的时间，整个预算编制过程也只有 4 个月左右。而地方预算的编制时间更短，甚至一些基层地区只有一个多星期左右的时间可以用于编制工作[1]。尽管实施部门预算改革后，预算编制时间有所提前，但预算编制时间仍然不过 7 个月左右。而预算制度比较完善的西方发达国家的预算编制时间一般比较长，例如美国在每个财政年度前 18 个月就开始准备并编制预算。

由于我国预算编制时间仓促，测算预算收支指标时信息资料收集掌握就难以保证充分、准确，也没有足够的时间进行收支项目和额度的分析、测度与论证，在一定程度上影响了预算编制的质量，降低了所编制预算的科学性，特别是要实行部门预算，要改变原来财政资金按性质归口管理的做法，改为将各类不同性质的资金统一编制到使用资金的部门。同时要在部门预算编制中实行零基预算编制方法，打破基数加增长的增量预算编制方法。然而，零基预算作为一种更为先进的预算编制方法实际上需要强大的数据流支持，掌握预算编制技能的人员要对项目和数据进行处理分析等，是一项复杂的系统性工作。

（2）预算编制过粗。由于在测算收支指标时的信息资料不完备、不准确，使得我国预算在历史和现实中还存在着预算过粗、预算项目少、预算过于简单等问题。这在很大程度上是预算编制时间过短这一因素造成的。由于编制时间有限，上级财政部门往往被迫采取层层代编并逐级向上汇总的方式编制预算，容易导致代编草案与地方财政部门编制的预算草案之间差距较大，严重削弱了预算草案的真实性。

同时，在细化预算项目的改革实践中同样存在预算工作量过大与时间过短之间的矛盾，难以在短时间内编制科学的细化预算。即使在形式上实现了零基预算和预算细化，但也会由于缺乏实质而失去现实意义，这严重影响了

---

[1] 张莹：《我国政府预算编制的制度改革研究》，中国政法大学硕士学位论文，2011 年 4 月，第 24 页。

预算的科学性。

此外，预算安排与实际需要的不一致容易导致预算后期执行过程中的频繁调整，出现“一年预算，预算一年”的状况，这种预算执行中交易双方相互讨价还价和博弈的过程，不仅增加了预算执行的行政成本，也破坏了预算法案的权威性和严肃性，有悖于依法治国的精神。

（3）预决算审议时间短。我国各级人民代表大会每年只召开一次大会，每年的人代会会期一般都不长，全国人大会期一般是 15 天左右，省级人大会期一般为 7 天左右，市级人大会期一般为 4 天左右，县级人大会期为 3 天左右。

由于人大需要审议和处理的问题很多，因此本就时间很短的会议期间用于审议预算的时间就更少了，全国人大为 1 天左右，省、市级人代会只有半天左右，县级人代会审议预算的时间只能用小时来计算。在如此短的时间内对上年度的决算和本年度的预算进行认真、细致的审查和批准是非常困难的。

由于预算审议时间短，相应的财政部门向人大提交的供其审议的预算草案自然也非常简单，各项支出一般只按“类”列出一个预算数，而“类”下具体的收支项目都没有充分、细致的解释；同样，提交的上年度的决算材料也非常简单。我国人大要通过如此粗线条的预算草案，对预算收支项目深入了解、分析研究和审议是极为困难的，更别提科学合理地审议和评价了，这就使预决算的审议几近流于形式。

比如，目前我国预算收入按照国际通行的方法分为类、款、项、目四级。类级科目分为税收收入、社会保险基金收入、非税收入、贷款转贷回收本金收入、债务收入以及转移性收入等。税收收入下的款级科目按现行税种划分，如增值税、消费税、营业税等。非税收入收入下的款级科目收入按性质分为政府性基金收入、行政事业收费收入、罚没收入等[1]。

不仅如此，由于制度安排的预决算时间短，财政部门提交人大审议的预算案和决算案非常简单，人大难以对其进行有效审查监督，这也是我国各级预算编制简单、质量不高和预算约束软化的原因之一。因此，预决算审议时间短不仅仅是个预算周期的一个环节时间安排合理性的问题，而且由于预算作为一个系统，各个环节相互联系、环环相扣，一个环节不当往

〔1〕 李燕：《政府预算理论与实务》，中国财政经济出版社，2010 年，第 58 页。

往影响预算其他制度的顺利实施和运行，从而影响整个预算系统的运行效果。

（4）预算先期执行问题。我国《预算法》规定，我国预算年度采用历年制，即从当年的1月1日起至12月31日。现代政府预算制度的基本原则之一为“没有预算授权就不能进行相应的财政收支”，要求政府预算草案必须在预算年度开始之前由各级人大完成预算的立法程序。然而，全国人大会议召开的时间是每年的3月。这样人大预算批准，再加上财政部门向下批复预算的时间（我国预算法规定为在30天内），预算到各个具体部门时预算年度几乎已过去了半年。这就意味着每年有1/4的时间处于无预算状态，或者说执行的是未经法定程序审批的预算，不仅冲击了预算的正常进行，而且使得预算的严肃性大打折扣[1]。

预算的时滞问题是各国普遍存在的现象，主要是由于预算年度结束后权力机关（我国为全国人民代表大会）审议预算活动本身所需时间造成的。西方发达国家由于在预算管理中的分权传统，以及议会审议程序的原因，其预算的审议时间相对来说较长。然而，我国的预算时滞有审议活动本身的原因，但主要原因还是预算的历年制与人大会议时间的不衔接。

世界各国为避免无约束的“预算先期执行”问题，采用的对策多是在议会召开和下一预算年度开始之前编制临时预算，例如英国财政年度开始于4月1日，在政府预算草案没有提交通过之前，下议院要在2月6日之前通过一项临时预算，以保证政府正常财政运行。我国《预算法》第四十四条规定：“预算年度开始后，各级政府预算草案在本级人民代表大会批准之前，本级政府可以按照上一年同期的预算支出数额安排支出；预算经本级人民代表大会批准后，按照批准的预算执行。”但是这种先期执行做法是不规范的，依照上年支出缺乏科学的依据，对一些相对稳定的支出项目适合，但对一些具有临时性以及波动较大的支出却不适合，从而使预算支出的安排与实际需要不符，或不能满足支出需要，或造成资金闲置和浪费使用。与此同时，这种做法会削弱预算的法律约束力，可能会在制度上使上年同期不合理的支出合法化，影响本年预算。

2013年11月9日在北京召开的十八届三中全会指出，“财政是国家治理的基础和重要支柱，科学的财税体制是优化资源配置、维护市场统一、促

〔1〕 陈艳利：《我国预算编制有关问题及改革建议》，财政与税务，2002年第2期。

进社会公平、实现国家长治久安的制度保障"[1]。可见，我国正逐渐意识到财政对一国经济社会发展的重要性，正是在这种认识的基础上，这次会议提出了我国要建立"现代财政制度"，"改进预算管理制度"，"实施全面规范、公开透明的预算制度"。财政部部长楼继伟在接受记者采访时表示，预算制度改革重点在三个方面，其一就是要建立跨年度预算平衡机制。将年度预算审查重点由收支平衡转到支出政策上，收入预算从任务改为预期，预算确定的收支平衡状态在执行中有可能被打破。为确保财政的可持续性，就要建立跨年度预算平衡机制[2]。

2. 我国中期预算改革的方向与问题

（1）总体目标设定。考虑到多种约束因素，基于中期财政规划的可行性与必要性，我国的中期财政规划必须从第一层次做起。处理好国家政策目标、中期财政规划与年度预算之间的关系，是中期财政规划成功的基本要求。中期财政规划应充分体现国家政策目标，服务于国家政策目标。不论是哪个层次的中期财政规划，都对年度预算具有指导意义。第二层次和第三层次的中期财政规划还具有约束功能。最低限度的中期财政规划，应能指导年度预算的编制与执行。随着中期财政规划和年度预算的逐步完善，中期财政规划应逐步成为具有约束性作用的中期预算框架。最终，中期财政规划应能为政府绩效评价提供必要的支持。

（2）做好中期财政规划工作必须解决的几个问题。如果不能解决以下几个问题，就无法做好中期财政规划工作。

第一，中期财政政策目标的确定。财政是国家治理的基础和重要支柱。中期财政政策目标的确定必须服务于国家治理体系和治理能力现代化。现行政府预算与国家财政政策目标有联系，但联系程度还不够紧密。过多的"法定支出"肢解了统一的政府预算，限制了预算在政策目标中作用的充分发挥。如再考虑到多种财政支出的刚性，那么所能用于灵活调节的财政资金就极为有限，预算服从政策目标的功能不容易得到充分的发挥。中国有国民经济和社会发展五年规划，也有财政的五年规划。显然，这些都是确定中期财政政策目标的基础。但是，中期财政政策目标的确定还是必须另辟蹊径。

[1] 摘自中国共产党第十八届中央委员会第三次全体会议《中共中央关于全面深化改革若干重大问题的决定》，2013 年 11 月 15 日。

[2] 《楼继伟解读三中全会深化财税改革三大亮点》，人民日报，2013 年 11 月 21 日。

从时间上看，五年规划的“五年”是固定的五年，与中期财政规划的“中期”不一定能实现很好的衔接，更无法与“滚动”的中期财政规划对接。从内容上看，既有的规划多表现为粗线条的规划，与中期财政规划所需要的精细化要求差距较大。国家治理的目标还有进一步转化为可操作性强的独立的中期财政政策目标的必要。

第二，中期财政收入的预测。准确的预测是中期财政规划成功实施的重要一步。科学预测中期财政收入，才能确定可支配的财政资源。中期财政收入预测不同于年度财政收入预测。影响年度收入的因素相对较为确定，而影响中期财政收入的不确定性因素较多。这会导致中期财政收入预测十分困难。从既有的财政收入预测来看，国内生产总值（GDP）是最重要的指标之一。经济增长的速度，以及财政收入与经济增长之间的关系，都是需要明确的。从现实来看，经济增长速度正处于一个转换期。经济增长平台的转换，也在一定程度上决定了经济增速的预测只会是一个区间。准确的财政收入预测需要建立在准确的经济增速预测的基础之上，需要建立在经济结构调整对财政收入影响的科学判断上，需要有科学的模型预测财政收入与经济增长之间的关系。

第三，中期财政支出的预测。独立的中期财政政策目标还需要细化为具体的中期财政支出数量。这就需要预测实现中期财政政策目标所需的财政支出规模。最终确定的支出规划应该是可行的规划。中国正在全面深化改革，国家重大改革、重要政策和重大项目都是中期财政规划必须优先考虑的。改革、政策、项目都要转换为财政支出需要。中期财政支出规划的编制需要逐一预测改革、政策与项目的财政资金需求。

国家重大改革、重要政策和重大项目的出台离不开财政的配合。没有充分的财政资金支持，重大改革、政策和项目往往很难成功执行。财政也不是重大改革的绊脚石，但这并不是说，所有的改革、政策、项目资金诉求，财政只能照单全收。恰恰相反，这只是强调财政资金协调工作的重要性。国家政策不能超过财政的承受能力，超能力意味着目标很难实现，结果只会影响政府的公信力。这也要求编制中期财政规划的机构应与国家重大改革、重要政策和重大项目的决策机构之间有良好的信息沟通渠道，全程参与可行性论证，并最终在中期财政规划中得到充分的反映。国家重大改革、重要政策和重大项目只能逐一分析各自的资金需求，分析影响支出的各种因素，并加以汇总，形成中期支出预测结果。在这个意义上，准确的支出预测是从财政视角对国家治理的贡献。

第四，赤字规模的确定与跨年度平衡问题。收入与支出之间可以有差距。现代财政制度下，财政收入与支出不一定相等。但是，财政收入与支出应该基本匹配，财政收支差距应在合理的区间内。特别是，财政赤字规模的确定，既是防范财政风险的需要，也是确定可支配财政资源的需要。中期财政支出规模的确定需要一定的弹性空间，这就需要赤字调节。中期财政规划不必拘泥于年度约束，可以从中期的视角确定财政赤字水平，实现跨年度财政平衡。中期财政规划是跨年度滚动编制的，因而可以综合中期（如3年）支出和收入预测，确定赤字规模和财政平衡状况。

第五，中期财政规划的运行机制与评价办法。在任何时候，财政资金都不可能满足所有的项目支出需求，区分项目的轻重缓急至关重要。在全面深化改革的今天，不仅仅需要协调总体改革与具体改革之间的关系，还要构建改革与财政资金需求的关系。改革已经进入了深水区，为了改革的顺利进行，一定程度上的“赎买”仍然是可能的，这就要求有必要的资金储备。当然，改革不只是消耗财政资金，相当多的改革可以带来财政红利，财政收入可能随之增长，财政资金可能随之节约。例如，公车改革影响面广，虽然可能需要一定的支出支持改革的进行，但从根本上说，这样的改革最终只会是节约财政资金。从中长期来看，此类改革可以释放出更多的财政资金。

各种支出项目需做好和财政的衔接关系。仅仅用心良好，并不能准确判断政策的必要性和可行性。重要政策的出台必须有科学论证。简政放权之后的政府，将是有效的政府。这样的政府功能是全方位的，所履行的所有职责都是必要的。但是，从现实来看，“法定支出”严重制约着中期财政规划运行机制。2012年，仅财政安排的教育、科技、农业、文化、医疗卫生、社保、计划生育7个领域的与财政收支增速或生产总值挂钩的重点支出就占到全国财政支出的48%[1]。“法定支出”的规定在特定时期有助于相关领域的发展，有助于保证这些领域的资金到位。但是，现实是复杂多变的。资金需求的强制性规定反而不利于灵活调节，不利于财政资金使用效率的提高。考虑到这些“法定支出”，再加上人员经费等刚性支出，能够真正灵活用于重大改革、重要政策与重大项目的资金可谓少之又少。而且，这些领域的资金需求也不是永久不变的。在欠账较多的时期，财政资金需求较多，但随着

〔1〕 资料来源：《中国统计年鉴（2013）》。

财政投入的增加，短板弥补之后，相关领域的财政资金需求就可能下降。统筹财政资金安排很有必要。各领域只要有资金需求，各类支出需求的法律地位应该是相互平等的。如有需要，仍然可以安排远高于原“法定支出”比例的支出；如无必要，就可以将相当部分的资金统筹使用，提高财政资金效率。复杂多变的经济社会环境，决定了财政资金只有在统筹的基础之上，才有可能高效率使用。项目支出安排的合理性之关键在于形成滚动的项目库，所有进入项目库的项目都要通过可行性论证。而后，在制定中期财政规划时，在可支配财力限度内，根据轻重缓急的要求，安排项目的实施，而不是基于某个人的意志。因此，应有适当的工作委员会或工作协调机制，使得财政资金的安排能够顺利到位。

第六，中期财政规划与年度预算。财政不再只是花钱，而是在花钱的同时突出政策的落实，突出财政政策的综合性。三年财政规划比年度财政预算更具有前瞻性。年度预算与三年规划的有机结合，可以更好地促进财政的可持续发展。中期财政规划应先从最基础层次的预测工作做起，在提高预测准确性的前提下，再逐步转向第二层次的中期预算框架，并强化其对年度预算的约束。

现实中，年度预算的编制和执行的确存在这样那样的问题，但这绝不是中期财政规划应该缓行的理由。恰恰相反，适度超前的中期财政规划可以解决年度预算中存在的一些问题。例如，年末集中花钱问题可以在一定程度上得到缓解，年度预算的短视问题也可以在很大程度上得到解决。中期财政规划的执行可以在年度预算的某些领域先行先试。如对于一些项目，可以首先引入中期视角，并对这些项目的支出进行更有约束力的限制，破解“一年预算、预算一年”的困局。

第七，权责发生制会计制度的引入。中期财政规划的跨年度特征决定了现收现付制的不适应性。与现收现付制相比，权责发生制会计可以更好地评价项目绩效，从而突出政府收支的责任。基于政府收支特点和管理能力，中国并不需要在政府体系内全面推行权责发生制，可以先在跨年度项目内实施，即将修正的现收现付制或修正的权责发生制作为改革的目标。

2.1.4　企业盈余管理：我国中期预算改革的微观基础

1. 盈余管理的政治成本假说

盈余管理（earnings management）是目前国外经济学和会计学广泛研究

的课题。盈余管理就是企业管理当局在遵循会计准则的基础上，通过对企业对外报告的会计收益信息进行控制或调整，以达到主体自身利益最大化的行为。盈余管理的主要目的在于获取私人利益，因此，盈余管理是与公众利益、中立性原则相矛盾的。从这种意义上讲，盈余管理是件坏事，甚至近似“盈利操纵”（earnings manipulation）的概念。注册会计师审计、证券交易监管机构的监管、税务稽查和股东大会等都在一定程度上阻碍和限制了盈余管理的泛滥。但上述限制因素往往也受到成本效益原则的限制，因此从整体而言，盈余管理的激励因素要比阻碍因素强势得多。降低政治成本、获得政治收益是盈余管理的重要目的之一。政治成本是指某些企业面临着与会计数据明显正相关的严格管制和监控，一旦财务成果高于或低于一定的界限，企业就会招致严厉的政策限制，从而影响正常的生产经营。为了避免发生政治成本，管理者通常会设法降低报告盈余，以非垄断等形象出现在社会公众面前。如微软公司就曾通过递延确认实际所得收入来下调盈利，以逃避美国反垄断机构的指控。

盈余管理的政治成本假说作为实证会计三大假说之一[1]，一直以来都是实证会计研究中的重要问题（Watts and Zimmerman，1986），如 Cahan et al.（1997）和 Ramanna and Roychowdhury（2010）分别以美国国会提出环境法规以及美国大选为情境检验了相关行业和拥有政商关联公司的盈余管理行为。但中国的制度背景与美国等发达国家不同，由于地方政府对经济运行干预较多，处于经济转轨期的中国公司面临着更为严重的常规性的政治成本，特别是在改革开放以来地方官员的更替成为一种常态的情况下（王贤彬和徐现祥，2008），企业的财务活动尤其是盈余管理活动始终面临着政策不确定性带来的政治成本，而经济体制和特殊的历史文化背景决定了我国上市公司面临的政治成本的复杂性和独特性。具体来说，在我国，政治成本是客观存在的，其具体表现形式包括政策法规、税收、保护、监管、补贴等方式。此外，近几年来企业自主权的扩大和会计准则、会计科目的不够完善更是为企业的盈余管理提供了广阔空间，而且在我国，无论是国企、民企还是外资企业，都有较高的政治敏感性，国家的政

---

〔1〕 基于经济学和财务学的实证会计研究是西方主流会计研究方法，拥有管理层薪酬假说、债务契约假说和政治成本假说这三大假说。王斌，叶康涛等：《西方实证会计理论三大假说在中国的适用性》，经济纵横，2011 年第 10 期。

府活动对盈余管理行为有很大影响（魏明海，2000）。推进中期预算改革，无疑有助于增强财政政策的前瞻性和透明度，对于抑制企业财务管理活动中的盈余管理将产生积极作用。

对于微观企业个体来说，由于外部政治环境的不确定性提高，它们必须时刻关注对公司政策有影响的政府领导人变化，进而对自身行为进行调整，所以这种政治领导人更替将通过不确定性和不稳定性来影响微观层面企业的决策，尤其是盈余管理决策。具体而言，官员更替对公司盈余管理的影响逻辑如下：

中国正处于经济转型过程中，政府掌握了企业所需要的各种资源，而政府对企业的干预主要是由政府官员来具体执行，因此政府官员掌握了大量的资源配置权力，对微观企业的各种活动都具有重大影响。地方核心官员的更替则给企业带来了各种不确定性：

首先，在地区主要官员更替后，新任官员上任后为了实现其经济目标和政治目标，更有动机促使地方政府通过利用当地企业的资源来推进经济发展。伴随着这种强烈的动机，地方官员为了他们的利益将会更多地干预当地企业的运营，例如，为了增加财政收入和就业而迫使企业多元化经营，建立起商业王国（Fan et al.，2007）。企业还会通过提供各种社会服务如住房、教育、医疗保险及养老金等，承担广泛的社会责任。政府甚至还会通过关联方交易（Perroti et al.，1999）、较高的税负、资金的占用等手段直接从企业转移资源。政府的征用行为可能在“双重代理”框架下占主导作用，损害了股东的价值和企业内部人的财富。面对官员更替带来的政策风险增加，企业的内部人更有动机隐藏公司的真实业绩，减少信息的透明化，进而不让公司成为有吸引力的征用目标。

因此，在政治成本假设的理论框架下，基于核心官员更替所引发的政策不确定性（新政策制定的不确定性以及持续性政策的执行力度及影响的不确定性）首先会促使企业通过盈余管理降低政府的关注度，降低企业受到政府行政摊派和税收征缴等各类行为影响的可能性，可能的途径之一便是选择会计程序延缓报告公司的盈余，进行向下的盈余管理。其内在的逻辑是：当它们如实报告公司的利润时，更可能被政府观察到，更可能吸引公众的注意力，过高的公众关注反过来又可能导致较高的税收和有成本的政府监管。由于高质量的会计信息将使公司更加透明，更容易把公司暴露于公众视野之中，招致更多监督（Fan and Wong，2002），因此在面对地方政府官员更替时，上市公司将理性地选择“低调”行事，降低会计信息质量，尽量规避或减少公众关注所带来的政治成本。

其次，企业在与政府打交道的过程中，将和地区的主要领导人个体或群体形成一个稳定的“政商生态”，领导人的风格、偏好、处事方式等信息的掌握和长期的接触过程都将使企业与政府接触的不确定性降到最低。然而一旦该地区主要领导人变更，已有的稳定的政商生态被破坏，对于继任者的信息不对称会影响企业与政府关系的持续性和稳定性。在这种不确定性产生之时，企业倾向于“见机行事”，进行盈余管理，形成业绩的“蓄水池”，以便在未来的政商接触和谈判中增加回旋余地。此外，在继任政府官员上台之后，经常会有各种显性和隐性的“化缘行为”，企业提高盈余管理程度，特别是进行向下的盈余管理，有利于增加规避各类“化缘行为”以及公关费用的理由和筹码。

最后，一般来说，在新任官员上任后，基于政绩的考量，他们会倾向于执行一些企业无法预知的新政策，这类政策对某些企业来说或许是获得政府补助的机会（朱松和陈运森，2009；钱先航等，2011）。在地区处于官员更替而导致出现政治不确定性时，企业可以利用继任官员对企业的缺乏了解，通过向下的盈余管理来增加政府主要执行者的“同情成本”，从而更可能寻求政府的诸多帮助或保护，获得更多政府政策的支持。

2. 非主观应计部分与主观应计部分

一般说来，公司的报告盈利由现金流量和对现金流量的会计调整两部分组成，后者被称为应计部分（accruals）。总体应计部分可进一步拆分为非主观应计部分（nondiscretionary accruals）和主观应计部分（discretionary accruals）。在这里要说明一下非主观应计部分和主观应计部分这两个概念。非主观应计部分秉承了创造应计会计的原本目的，即提高会计信息的质量使之能够更加准确地反映企业在特定时点的财务状况和特定时期的财务成果。因此，非主观应计部分是在尊重客观经济现实的前提下，对由于现金收付时点与交易事项发生时点不一致这一时差所产生的影响进行调整。这种调整是相对客观的，强调的是尊重客观经济现实，是在公认会计原则的约束范围内完成的。与非主观应计部分相对应，主观应计部分则是企业基于特定私人利益目的，在某一或某些特定时期通过对经济交易的刻意安排和财务报告的刻意调整创造出符合其需要的报告盈利。这种调整可以利用公认会计原则的弹性在公认会计原则约束范围内完成，但也可能超出公认会计原则的框架。

3. 企业盈余管理与我国所得税结构调整

楼继伟在解读《深化财税体制改革总体方案》时提出，要优化税制结构，逐步提高直接税的比重。直接税主要包括财产税和所得税，所得税又主要由个人所得税和企业所得税构成。直接税比重的提高，重心应该放在哪个所得税上，现代企业的盈余管理等做法有助于我们做出正确的方向选择。

如果企业的盈余管理作为企业内在的财务管理活动之一无法改变的话——之所以这样讲，是因为企业盈余管理除了规避税收的考虑之外，还有经理阶层薪酬、企业上市增发等更为重要的非税收、企业发展战略层面的考虑——那么我国十八届三中全会所提出的提高所得税的比重问题就值得商榷了，至少在企业所得税上是这样。因为如果将企业财务管理活动中的盈余管理看成是一个无法改变的“黑箱”的话，那么企业所得税的征管将面临挑战，相反，我国现行的以流转税为主的税制体系却能够很好地应对这种挑战。也就是说，我国未来的税制改革，不能就税收谈税收，而应同时关注企业微观层面的财务管理大势，否则税制改革将有可能陷入微观企业主体财务管理部门精心编制的陷阱当中。

从国际上来看，地区间、国际间税收竞争的主要方向就是企业所得税，甚至国际上有“一站到底”（race to the bottom）的说法，因此未来我国要想提高所得税的比重，重心应该放在个人所得税上。这一方面是因为两个所得税之间存在重复课税，另一方面也是因为我国现行税制当中个人所得税只占大约6%的比重，而企业所得税的比重则高达20%以上。从这种意义讲，我国企业所得税的比重未来是可以基本稳定的，而个人所得税比重提高的潜力还很大。这大概也可以部分解释楼继伟在谈到构建现代财政制度的税制改革的“六税一清”时包括了个人所得税，而未包括企业所得税[1]。同时，经过2008年内外资企业所得税的统一改革，我国基本建立了适应当前社会经济发展的法人所得税制度，个人所得税改革的重要

---

〔1〕 楼继伟：《一场关系国家治理现代化的深刻变革——财政部部长楼继伟详解深化财税体制改革总体方案》，财政部官网，http：//czzz. mof. gov. cn/zhongguocaizhengzazhishe _ daohanglanmu/zhongguocaizhengzazhishe_caikuaishijie/201407/t20140707_1109277. html。

性就相对凸显出来了。

2.1.5 “全口径预算”与“中期预算”：“透明预算”的空间维度与时间维度

1. “全口径预算”实现了空间维度的政府预算全覆盖

2014年6月30日，中共中央政治局召开会议审议深化财税体制改革总体方案，明确提出新一轮财税体制改革2016年基本完成重点工作和任务，2020年基本建立现代财政制度。十二届全国人大常委会第十次会议于2014年8月25日至31日举行，继续审议包括预算法修正案草案在内的多部法律。这将是预算法修正案草案的第四次审议。预算法涉及预算编制、审批、执行、监督等一系列问题，是整个财税体制改革中的重要一环。

新的预算法修正案强调全口径预算，即政府所有开支都将纳入预算，有预算就有监督。全口径预算包括一般公共预算、政府性基金预算、国有资本经营预算、社会保险基金预算四本预算。但是，对于后三者，一是人大不能审批，二是国家财政不能统筹使用，部门利益的色彩非常浓厚。因此，强调“全口径预算”也显得相当重要。

横向来看，在我国当前的行政管理体制之下，在省级地方，财政和审计等部门通常都是由同一个“副省长”管辖，审计找财政的麻烦，在一定程度上就相当于找“省长”的麻烦，因此较少出现这种情况。但我国审计管理体制也有其自身的优势，如“上审下”、“交叉审计”、“京津冀特派办（审计署京津冀特派员办事处[1]）等审计办长途奔袭审计”等，在一定程度上可以弥补所谓“审计不独立”的体制缺陷。纵向来看，省级地方首长未必想让中央全部了解地方的“全口径预算”，否则地方首长就会失去自己支配“小金库”等机动财力的机会和权力。因此，我国“全口径预算”的全面实现依然任重道远。

当前，我国经济体量已跃居世界第二位，社会经济管理和调控的复杂性日益增加，四本预算各自性质不尽相同，如一般公共预算通常是年度预算，未来实行中期预算改革之后，其预算周期也只有3年左右，而社会保险基金预算则需要覆盖缴费人的全生命周期。因此，四本预算分开编制有其客观必

[1] 国家审计署官网，http://www.audit.gov.cn/n1992130/n2013186/2351033.html。

要性。然而，四本预算又都与政府的收支活动密切相关，因此客观上就需要分统结合，强调“全口径预算”同样显得非常重要。

再者，构建全口径的预算，有助于社会公众全面了解政府收支行为。2014年以来，一些媒体刻意炒作中国宏观税负上半年高达44%等，这些分析一方面以半年考量全年、以偏概全、刻意高估，另一方面，四本预算中存在重复计算的内容，如我国一般公共预算中的“非税收入”包括了部分政府性基金预算收入，一般公共预算又会给予社会保险基金预算以财政补贴，国有资本经营预算需要向一般公共预算上缴利润，继而充实社会保险基金预算。通过“全口径预算”，一方面我们可以避免“只见树木不见森林”的“一管之见”，另一方面也有助于我们减少重复计算，从而还原政府财政收支的“原貌”。

2. 中期预算旨在实现“时间维度”对政府预算的全覆盖

如上文所述，我国政府预算涵盖了包括“国有资本经营预算”在内的四项内容。国资委等作为国企监管部门，势必要对国企的经营绩效进行考核，而这种考核的时间基础是“年度”指标。要考核利润，因此类似爆炸事故等安全隐患就只能掩埋，以传给下一届企业领导。因为如果要消除安全隐患，势必就要增加投入，这将直接增加企业在本年度的费用支出、降低当年的利税指标，这是任何一届国企领导都不愿意接受的。这就是现行年度考核机制带来的问题。因此可以说，相关企业不爆炸是不可能的，爆炸则是必然的（参见专栏2-7）。

如果说个别企业的爆炸事故是累积风险的集中释放，那么同样的道理，政府部门完全可以通过同样的手法拖延必要的安全支出、以粉饰预算，因此，政府预算从年度转向中期就有助于我们从全生命周期角度客观、全面认识政府预算的全貌。

专栏2-7 昆山粉尘爆炸事故调查

2014年8月2日早上6时40分，昆山中荣金属制品有限公司（以下简称中荣金属）轮毂抛光车间，261名工人穿好了工作服，准时点名。

车间科长说：“要加快生产，提高产能。”这是科长经常说的一句话，也是工厂高层一直强调的内容。眼下，他们正在赶制一批须在8月10日交货的产品。

7时整，在分为上下两层的车间里，29条流水线同时开工。机器轰鸣声中，从铝制轮毂上打磨下来的粉尘在车间积聚、弥漫，但没有引起任何人的警觉——工厂里没有安装粉尘浓度预警装置，工人也习惯了埋头完成属于自己的工序。

32分钟后，“轰”的一声巨响，像一颗炸弹，整个车间成为了火海，火光冲起几十米高，生产线上的设备被冲出楼外。工人几乎没有反应的机会，葬身火海。

截至8月4日，官方通报此次爆炸事故造成75人遇难，185人受伤。

两个月前，抛光车间除尘设备就发生过一次小型火灾。多名参与救火的工人证实，5月底的一天中午，11点30分，刚刚吃过午饭，有人发现，安放在车间外的除尘系统的集尘器正在冒烟，并已引燃了上方的泡沫夹芯板，好在火势不大，且处于厂房外，消防队在接到报警后迅速赶到，火被扑灭后，生产继续进行。

在公司行政部门工作的赵大军（化名）告诉《中国新闻周刊》，公司董事长兼总经理吴基滔在事后的会议中表示，要更换起火的除尘设备，但主抓生产的副总经理建议等赶完这批单子再换，现在换，会影响产能。

于是，工厂便在没有任何整改措施与安全培训的情况下，继续生产。

资料来源：《中国新闻周刊》，2014年8月8日。

2.2 蛛网模型与中期预算

2.2.1 蛛网模型

蛛网模型考察的是生产周期较长的商品。蛛网模型的基本假设是：商品的本期产量决定于前一期的价格，商品本期的需求量决定于本期的价格。如果用P、Q分别表示价格和产量，S_t和D_t分别表示市场上对农产品的供给函数和需求函数，t表示时期（年份），$*$表示预期或预测，e表示市场的均衡，农户行为的蛛网特性、农产品的供给函数和需求函数以及农产品市场的均衡条件可表示如下（下文中的A、B、a、b、c分别表示相应常数）：（1）$P_t^* = P_{t-1}$；（2）$S_t = AP_{t-1} + B$；（3）$D_t = aP_t + b$；（4）$S_t = D_t$。

根据供给曲线和需求曲线的价格弹性（分别表示为 E_s 和 E_d）的大小，实际市场上农产品的供求相对态势有三种不同的情况。

1. $E_s = E_d$ 的情况

当供给弹性与需求弹性相等时，农产品的供给和需求将对价格的波动表现出相同程度、相反方向的反映。价格从高到低，再从低到高，产量从低到高，再从高到低，二者均按同一幅度不断波动，市场上供求双方将永远达不到均衡状态。如图 2.4 所示，假定生产周期为一年，P_1 为第一年的农产品价格，供给对价格的反应滞后一年，根据图中的供给曲线，与 P_1 对应的第二年的产量为 Q_2，又据图中的需求曲线，第二年的产量 Q_2 决定了第二年的价格为 P_2，即 Q_2 只能按 P_2 的价格才能全部卖掉。根据第二年的较低价格 P_2，我们可以在供给曲线上找到第三年的产量 Q_3（$P_3 = P_2$），根据 Q_3 的产量可以在需求曲线 D 上找到第三年的市场价格 P_1。在假定条件不变情况下，农产品市场上的这种循环过程将会不断持续下去，价格与供给量的波动既不会远离均衡点，也不能达到均衡点。由于价格和产量的这种波动是始终如一地沿着一个封闭的蛛网形环路循环不已，所以这种情况就被称为农产品市场的"封闭型蛛网波动"。

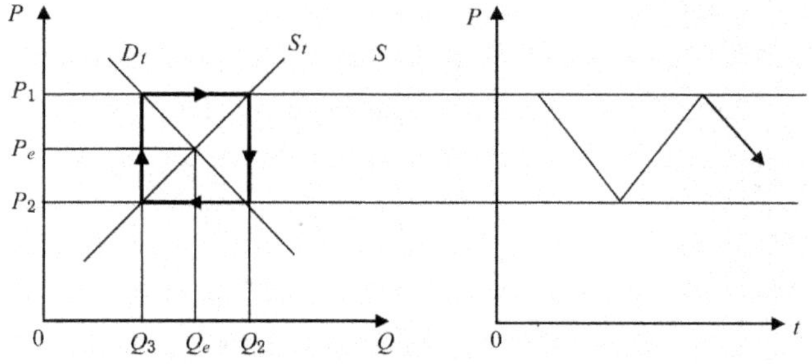

图 2.4　农产品市场的封闭型蛛网波动

2. $E_s < E_d$ 的情况

这种情况下，在某一价格水平下供给曲线的价格弹性小于需求的价格弹性，即供给曲线比需求曲线陡峭，价格和产量以越来越小的幅度波动，直至达到均衡点时为止。如图 2.5 所示，假设第一年市场实有的农产品供给量为 Q_1，由需求曲线 $D_t = D(P_t)$ 可知市场的销售价格为 P_1，又根据供给曲线 $S_t = S(P_{t-1})$，第一年的成交价格决定第二年的供给量为 Q_2。再次从需求曲线可知，要使 Q_2 的供给量全部卖出去，其销售的价格应为 P_2。接下来，

当第二年供应量为 Q_3 时，从需求曲线上可寻找到第三年的价格 P_3，依此类推。由推理可知，在以后连续的时间序列中，农产品逐年成交价格和交易量将环绕着价格和产量的均衡值波动，且波动的幅度逐渐缩小，并终将沿图示的路径趋向于其均衡值。在纯粹理论分析中，一旦农产品的供给达到了这个均衡点，这种均衡状态将会永恒维持下去。即使均衡状态由于某些意外的情况被破坏，只要假定条件不变，市场机制的自发力量也会促使非均衡状态趋近并回复到原有的均衡状态。这种情况称为“收敛型蛛网波动”。

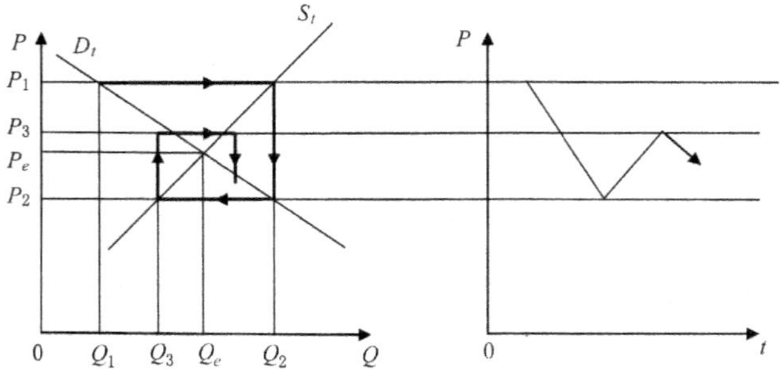

图 2.5　农产品市场的收敛型蛛网波动

3. $E_s > E_d$的情况

当农产品的供给弹性大于其需求弹性时，供给曲线比需求曲线平缓，如图 2.6 所示。这种情况下，价格变动引起的供给量的变动大于价格变动引起的需求量的变动。这样，当出现供过于求时，为使市场出清已有的供给量，要求价格按需求曲线下降，从而导致下一年的供给量减少（因供给弹性较大）而出现供应短缺。供应短缺又导致该年成交价格上升，进一步导致再下一年的供应量更大幅度的增加和该年价格更大幅度的下跌。因此，在供给弹性大于需求弹性时，一旦出现失衡状态，竞争机制不仅不能使其恢复均衡，而且会使价格和产销量的变动在时间序列中呈发散型，越来越偏离均衡。这种情况称为“发散型蛛网波动”。

这一小节我们主要介绍了蛛网模型的三种情况，下一小节我们将利用蛛网模型具体分析农产品市场以及政府预算对微观经济个体行为的影响。

2.2.2　以蛛网模型为例分析中期预算

对小宗农产品来说，由于生产周期较长，当价格上涨时，农户就算想增加供给，自然规律也不允许。于是在下一个年度，农户便根据上一个年度的

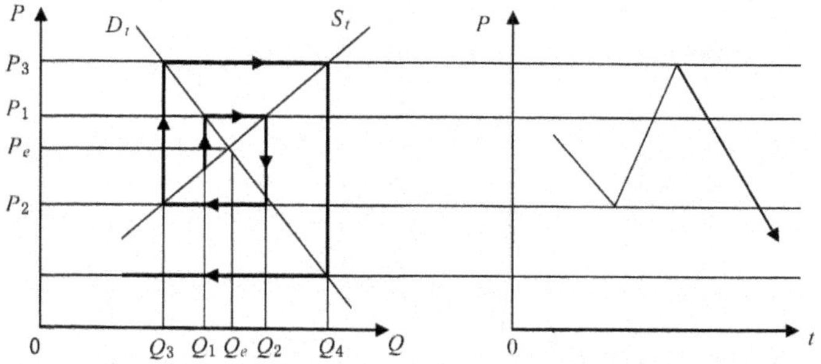

图 2.6　农产品市场的发散型蛛网波动

农产品价格来决定当期的产量，这样扩大的产出会造成供给过剩，价格下跌。由于农产品价格下跌，以及预期的作用，农户便会用当期的价格来决定下一期的产量，这样减少的产出会造成供给不足，价格上涨。农产品的供给未能对市场及时做出反应，致使小宗农产品市场的供需失衡，从而导致农产品价格波动，自身不能趋于稳定。在小宗农产品市场中，时滞性是影响农产品市场稳定的重要因素。

在我国，每年的预算中都会有农业补贴这一项，其中包括对农产品的收购支持价格。一般来讲，政府为保护农业生产者的利益，对农产品的收购价格都会高于市场均衡价格。具体分析如图 2.7 所示。在该图中，E 点为市场均衡点，相应的均衡价格和产出为 P_E和 Q_E。当政府的农产品收购价格 P_0 高于市场均衡价格 P_E时，农产品的供给 Q_1 便会大于市场均衡产量 Q_E，更会超过需求量 Q_0。超出市场需求的超额供给部分便会被政府以粮食收购价格 P_0 购进。

由此，农业生产者便会形成预期，即使超额供给，由于政府的干预，也不会面临亏损。显然，在农产品市场，政府的干预扰乱了市场机制的正常运行，进一步使得农产品市场难以达到稳定的状态。

党的第十八届三中全会指出，经济体制改革是全面深化改革的重点，核心问题是处理好政府和市场的关系，使市场在资源配置中起决定性作用。市场决定资源配置是市场经济的一般规律，健全社会主义市场经济体制必须遵循这条规律，着力解决市场体系不完善、政府干预过多和监管不到位的问题[1]。政府发挥作用的领域应该局限在市场不能正常发挥作用的领域，并

〔1〕 摘自党的十八届三中全会《中共中央关于全面深化改革若干重大问题的决议》。

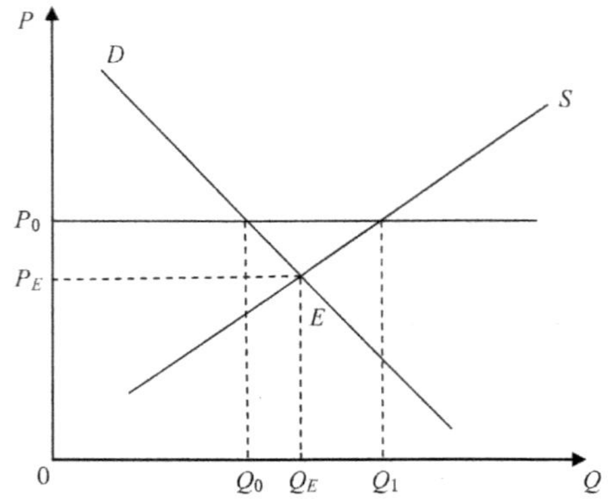

图 2.7　政府收购价格对农产品市场的影响

提供公共物品，但是粮食本身并不是公共物品，因此政府不应过度干预。通过上述分析可见，政府的过度干预会导致微观经济个体行为选择的偏差，不利于市场稳定。

通常来讲，政府预算支出结构会对市场经济主体的行为造成影响。传统的年度预算仅按一个年度来安排国家的财政收支，这样容易使财政决策在一个年度内的短期来看是合理的，但从中长期来看，各项政策所要实现的目标可能彼此之间又是矛盾的。仅以上述粮食市场为例，尽管政府在短期内实施粮价补贴对于农业生产者来说有利，但是在长期看来却扭曲了农业生产者的选择，改变了他们的预期，导致粮食市场不能自己趋于稳定。

不仅仅是粮食市场，如果将蛛网模型分析视角应用到年度预算体系中，会发现年度预算更接近于“发散型蛛网波动”，即每年的预算资金都渐进式增长，呈现发散状。“发散型”的预算模式会导致预算约束软化，并且机构、人员逐渐冗余，对于财政发展没有整体的规划。这种“发散型”的预算模式，在一个财政年度中遇到突发情况，比如自然灾害、公务员工资上涨等，预算资金规模将变大，由于预算约束软化，预算资金规模将很难回到原来状态下，即不会“收敛”到原来的预算资金规模。但是在中期财政支出的框架下，预算编制会考虑到未来几年的收支状况，而不仅仅将眼界局限于一年之内。因此，应该在一个较长的时期内考虑预算的收支，在中期阶段进行统筹协调、瞻前顾后和统一安排。中期预算的编制，使得政府能够在有关政策的事实上将视野超出一年的限期。更重要的是，中期预算还提高了财政政策的透明度，使得市场主体对未来财政政策走势会有一个比较明确的预期，因而有利于发挥政府在经济发展中的导向作用，降低经济的不确定性，促进经济稳定增长和财政的可持续发展。

2.3 李嘉图等价定理与中期预算

2.3.1 李嘉图等价定理

李嘉图等价定理的基本含义为：政府为某项支出筹措资金的方式无关紧要，即发行债券还是筹措税收并不影响居民的消费和资本的形成。该定理是一种中性定理，认为从最终的效应看，政府为筹措资金而选择的融资方式的结果都是等同的，不会对私人资本形成任何挤出，即没有“挤出效应”。李嘉图等价定理的核心观点是当前税收的现值与当前的财政赤字相等，其逻辑基础就是消费理论的生命周期假说和永久收入假说。托宾列出了该定理得以成立的四个条件：第一，无限债务不可行；第二，经济主体生命有限但未来规划无限；第三，资本市场完善；第四，一次性总付税[1]。

1. 无限债务问题分析

该定理成立的一个关键要素是无限债务不可行，即政府不能无限地发行债券去偿还债务，最终将不得不提高税收。按照巴罗（Robert Barro，1974）的说法，理性预期的纳税人不会因为税法的改变而改变消费，他们仅仅是把这种变化当成是在总现值不变的情况下改变现在和将来的税收义务的时间安排而已[2]。然而，通过永久不停地发行新债券去还本付息是不可行的，不论是市场还是民众，都不会允许政府的债务占 GDP 的比重无限增长，这也在现实世界中得到了验证。

2. 眼界无限问题分析

李嘉图等价定理成立的条件之二便是眼界无限，即生命有限但是眼界规划却是无界的。该定理的核心假设就是理性预期，但是该假设在现实中却难以成立。因为这一假设要求人们不会犯系统性错误，并且要求人们掌握足够的信息和经济理论模型。实际上，人们在现实中会有更多的短视行为，并不能做到完全理性预期并按预期行事。例如 20 世纪 30 年代的美国经济萧条时期，罗斯福新政对刺激经济起到了巨大的作用，如果民众能够完全意识到当

---

〔1〕 刘志强：《债务危机与李嘉图等价定理评价》，财政与税务，2011 年第 9 期。

〔2〕 Robert J. Barro, Are Government Bonds Net Wealth?, *Journal of Political Economy*, 1974.

时的减税是以未来增税为代价的，那么政策还会有效吗？因此，李嘉图的眼界无限假设与现实并不相符。

3. 完全资本市场分析

李嘉图等价定理的第三个条件是要求资本市场上不存在导致信贷不完善的因素。但是在现实经济生活中可能并不存在完全竞争市场。在资本市场不完善的情况下，市场主体主要为政府和个人。由于政府拥有征税和货币发行的垄断权力，政府在市场上的融资成本要比个人小得多。对资本实力和信息掌握不同的主体，在不完全的借贷市场上所面临的利率也是存在差别的。因此，现实中的资本借贷市场并不具备李嘉图所假设的完全资本市场的特征。

4. 一次性总付税问题分析

众所周知，政府不可能通过一次性的总税收来满足其庞大的开销。如果开征的不是总付税，后人就能通过调整他们的行为来减少增税的冲击，而正经历减税的当代人将对此也有所考虑。并且，政府在不同时期的预算赤字会影响不同时期人们对工作和闲暇、现在消费和未来消费的选择，因此，预算赤字不是中性的，公债对经济的影响并非李嘉图等价的。

通过对李嘉图等价定理的分析，我们发现李嘉图等价定理在现实中成立的条件过于严苛，即李嘉图等价定理就目前各国的经济状况而言是不成立的，但这并不影响李嘉图等价定理在理论研究中的价值。

第二次世界大战之后，百废待兴，受凯恩斯思想的影响，英国主要通过增加税收来筹集财政收入，其主要依据为：第一，发债会导致财政失衡，进而可能会使因战争而濒临破产的国民经济雪上加霜；第二，民众对于加税并不敏感，因而加税对经济产生的负面效应较小，社会“无谓损失”也越少；第三，加税有助于过剩购买力的转移，防止第一次世界大战之后出现的恶性通货膨胀。但是事实证明，增税的财政政策并没有达到预期的效果，反而使英国逐渐沦为二流国家。因此对财政赤字要用辩证的眼光来看，长期的财政盈余并不代表国民经济运行良好，短期的财政赤字也未必意味着经济状况糟糕。从这个意义上来讲，美国著名经济学家巴罗（Barro）于 1979 年正式提出的税收平滑（tax smoothing）定理否定了李嘉图等价定理。税收平滑定理的核心思想是大幅度增加税率会导致经济效率的下降，而保持平滑的税率可以防止经济效率的下降，并有利于保持投资和生产的积极性，从而保持住经济增长率。税收平滑定理和李嘉图等价定理为政府选择何种方式筹集收入提供了两种不同的政策理论依据。

李嘉图等价定理在现实中虽然很难成立，但是具有很重要的现实意义，尤其是它对政府的无限债务模型提出了现实思考。

2.3.2 李嘉图等价定理对政府举债的现实思考

毫无疑问，世界各国的债务问题是影响未来经济发展的一个主要因素。目前欧洲、美国和日本等几大经济体的债务问题引起了全世界的注意。欧洲主权债务危机的爆发，为世界其他国家敲响了警钟。

1. 欧洲主权债务危机

在欧元区成立之初就埋下了欧元区的债务危机的隐患。进入欧元区需要满足《马斯特里赫特条约》规定的两个标准：成员国的预算赤字不能超过国内生产总值的3%和负债率低于国内生产总值的60%。希腊在2001年准备进入欧元区时，其当时的债务标准并不满足上述两个标准，于是希腊便借助国际投行高盛制造货币掉期交易，掩盖了高达10亿欧元的公共债务，看起来很光鲜的政府预算报表下其实是不堪重负的债务。此后，希腊不得不制造更多的货币掉期交易来掩盖赤字和债务。2009年，希腊宣布政府财政赤字和公共债务占GDP的比重分别为12.7%和113%，全球三大评级机构穆迪、惠普、标准普尔等相继下调了希腊主权债务评级，使得希腊在市场上融资的成本大大增加，希腊政府能够按期偿还债务的前景变得更加渺茫。紧接着，爱尔兰的债务危机爆发，2010年11月9日，爱尔兰10年期政府债券与基准德国国债收益率之差首次突破了580个基点，攀升至600个基点。希腊危机爆发主要是由于国内经济产业结构单一，而爱尔兰则是被国内的房地产业和金融服务业拖垮的。爱尔兰过度依赖房地产业和金融服务业，这两大产业孕育出来的经济泡沫使金融风险过度累积。另外，还有其他三个国家也相继陷入主权债务危机，分别是意大利、西班牙和葡萄牙，这五个国家被称为“欧猪五国”[1]。欧洲各国财政堤坝的巨大缺口和庞大的债务吞噬着欧元区的经济，也影响着全球的经济复苏。

从理论上讲，如果经济增长率超过利率，无限制的借债偿还旧债是可能

[1] 即PIIGS，是国际债券分析家、学者和国际经济界、媒体对欧洲五个主权债券信用评级较低的经济体的贬称。这个称呼涵盖了葡萄牙（Portugal）、意大利（Italy）、爱尔兰（Ireland）、希腊（Greece）、西班牙（Spain），特别指各国的主权债券市场，这些国家的公共赤字也都超过了3%。

的。税后债券实际利率低于经济增长率也是可能的，在这种情况下，债务占GDP的比率比较稳定，政府能够不断增发新债来支付利息而不用增税。但是，经济增长率并不总是能超过利率，而且债务即使不是无限制的增长也同样蕴藏着风险。欧洲债务危机的爆发主要原因就在于政府无限制的扩张，但是却没有创造出一个新的经济增长点来消除增长的瓶颈，政府在未来的财政收入不会增加，但是与此同时政府需要偿还的债务却像雪球一样越滚越大，为危机爆发埋下了隐患。

2. 美国债务危机分析

在欧洲债务危机是否拖累全球经济第二次探底的争论尚未停止时，美国地方债务的警钟又敲响了。2013年7月，美国底特律宣布破产，债务高达189亿美元。这座有美国“汽车之城”之称的城市最终不堪债务重负宣布破产。底特律的破产与其过度依赖汽车产业、产业结构单一有重要的关系，而金融危机更使其雪上加霜。而匹兹堡作为美国之前的工业城市，由于找到了环保、医疗等经济增长点，最终实现了由“烟城”向宜居城市的完美转身。

2012年，美国国债余额占GDP的比重已达103.2%，预计2013年底美国债务余额占GDP的比重将达到106.5%[1]。虽然美国的债务风险较高，但国际社会和大部分的专家都认为美国爆发债务危机的可能性不大。首先是美国的债务比例虽然高达100%，但其中实际对外债务只有80%左右，剩余都是内债；其次，美元作为世界储备货币，目前还没有看到有国内或国际投资者要抛售美国国债和离开美国市场，所以目前美国债务规模不会将美国拖入危机。

李嘉图等价定理尽管理论上可行，但在现实中却不能满足诸多严苛的条件。因此，政府在举债的同时，一定要考虑到债务的可行性与可持续性。过度负债不可取，这会透支社会经济发展的潜力。在债务收入的使用上，从即期来看，政府债务的支出会对私人经济产生“挤出效应”，也就是说，债务非中性。从中期来看，要制定债务中期发展计划，防止债务透支未来经济发展潜力。

我国虽然现在没有像欧洲国家那样高福利，但是我国存在着大量的重复建设，加上经济转轨和社保基金的巨大缺口，因此我国隐性负债财政风险不

[1] 数据来源：http://www.whitehouse.gov/omb/budget/Historicals.

容乐观，尤其是目前地方债问题严重，尤其要防范其风险进一步扩大。

3. 走出“庞氏骗局”

如表 2.1 所示，从较长的一个时期来看，政府偿债的主要方式几乎都是借新债、还旧债，从而导致政府的债务积累规模不断膨胀和扩大。这就是所谓的“庞氏骗局”（Ponzi Game）[1]。

表 2.1　　OECD 国家政府债务占 GDP 的比重（%）

	2000 年	2001 年	2002 年	2003 年	2004 年	2005 年	2006 年	2007 年	2008 年	2009 年	2010 年
澳大利亚	11.361	9.552	8.576	7.549	6.716	6.312	5.76	5.181	4.922	8.195	10.966
加拿大	40.863	39.713	38.091	35.853	32.109	30.235	27.934	25.183	28.642	35.716	36.073
法国	47.417	48.346	49.941	51.88	52.561	53.275	52.131	52.118	53.406	61.231	67.418
日本	106.118	123.521	137.61	140.896	156.805	164.498	161.806	164.546	180.783	183.53	
韩国	16.733	17.365	17.574	20.704	23.714	27.595	30.065	29.651	29.027	32.558	31.935
荷兰	44.094	41.317	41.455	42.957	43.752	42.952	39.169	37.552	50.068	49.719	51.845
新西兰	32.143	30.067	28.4	26.352	23.734	22.069	21.58	20.343	20.721	27.53	30.450
西班牙	49.872	46.274	43.942	40.68	39.268	36.36	32.965	30.019	33.695	46.026	51.693
英国	42.153	38.788	39.131	38.667	40.023	43.523	43.185	42.744	61.059	75.27	85.535
美国	33.896	32.408	33.204	34.865	36.044	36.149	36.039	35.703	40.183	53.573	61.274

数据来源：OECD Sata. Extracts Database 84.

如何看待“庞氏骗局”呢？

首先，国债作为中国筹资工具和调控宏观经济的方式，具有其独特的作用，因而它在当代社会有“常态化”和“长期化”的倾向。或者，国债作为一种筹资的信用方式，本质上和货币、银行存款没有任何区别，只是限期更长，甚至是一种无期国债。18 世纪初，英国就曾发行过一种无期债券——永久国债（consols，consolidated annuities），不规定到期时间，持有人

[1] 查尔斯·庞齐（Charles Ponzi）是一位生活在 19～20 世纪的意大利裔投机商，1903 年移民到美国，1919 年他开始策划一个阴谋，骗人向一个事实上子虚乌有的企业投资，许诺投资者在 3 个月之内得到 40% 的利润回报，然后狡猾的庞齐把新投资者的钱作为快速盈利付给最初的投资人，以诱使更多的人上当。由于前期投资人的回报丰富，庞齐成功地在 7 个月之内吸引了 3 万名投资者。这场阴谋持续了一年之久，被利益冲昏头脑的民众才清醒过来。后人称之为“庞氏骗局”。

无权要求清偿，但可以按期取得利息。

其次，国债存在可以“常态化”，但不能“扩大化”。也就是，作为一种调控经济的方式，当经济好转之后，政府应当积极通过增加课税来减少债务规模。只有这样，当经济的寒冬再次来临时，政府才有发债的余地和空间再次调控经济。在这方面，一是要严格控制财经纪律，例如，国债累计额占 GDP 的比重不应超过 60%，以避免发生债务危机；二是要着力提高国债资金的使用效率，防止对民营经济“挤出效应”（crowding-out effect）的产生。

党的十八届三中全会指出，我国要改进预算管理制度，建立跨年度预算平衡机制。为保证财政本身的可持续发展，需要确立以实现“周期性预算平衡”为目标的新型财政管理理念，推行中期预算。实行中期预算，可以使政府各职能部门能够在较长的时间范围内考虑本部门的财政资金配置，有一个稳定的财政收支预期，这就可以消除各职能部门与财政部门之间年年“讨价还价”式的资金分配方式，提高财政资金的使用效益。中期预算的编制，使得政府有关政策在实施效果上将超出一年的预期，即使当期的财政资源不足以满足这种政策的需要，政府也不应寄希望于当年预算之外的资源，而是将目光放长远，从而增加预算政策的灵活性。这在一定程度上可以抑制地方政府债务问题继续恶化。

2.4 预算原则与中期预算

预算原则是指国家在选择预算形式或者编制预算时遵循的指导思想，是一国在准备、编制和执行预算时所要遵循的原则。预算原则随着现代预算制度的产生而产生，但是预算制度的变革又需要预算原则的指导，因而预算原则在不同的社会阶段体现不同的侧重点。

2.4.1 预算原则的演变

在预算制度早期发展阶段，西方古典财政学家从有限政府的角度提出了三个相互关联的原则：全面性、法定性和年度性。全面性原则要求政府在年度预算报告中要披露所有收入来源、支出、债务和财政余额，所披露的内容应该真实可靠并且相关。法定性原则要求政府在准备、编制和执行预算时都应该按照法律程序进行，预算在经过立法机构批准后即具有法律效力，成为年度法律文件。年度性原则要求行政部门每个年度都要向立法机构报告预算，立法机关每年都要审查和批准年度预算。这三项预算基本原则相互联系、缺一不可，成为一个整体。

随着经济社会的发展，古典预算的三项原则得到了不同的发展和拓展，但至今仍渗透在现代预算编制过程中。

第二次世界大战之后，凯恩斯的功能财政观点盛行。凯恩斯指出，大萧条的根本原因在于需求不足，而赤字财政是一种积极的财政手段，可以刺激私人部门更多的需求。这就使得财政管理摆脱了狭隘的年度预算平衡的观念，进而通过预算收支的周期平衡促使宏观经济达到充分就业。自此，预算政策对宏观经济的影响不断增加，预算与宏观经济密切联系的观点取代了古典理论将预算与国民经济相割裂的观点。凯恩斯革命使第二次世界大战之后西方国家出现了持续的经济繁荣，这一时期发达国家和部分发展中国家纷纷对传统的“投入预算”进行了反思和改革，开始将“结果导向”的绩效概念引入预算过程和公共管理中。因此，在20世纪30年代大危机之后，国家干预成为一种经济思潮，政府行政机构在预算编制上表现出主动性。政府预算必须反映行政计划，加强行政责任。

专栏2-8　预算的经典原则与现代原则

19世纪初，随着现代预算制度的初步确立，经济学家们提出了一些基本的预算原则，包括完整性、统一性、年度性、可靠性、法定性和公开性等。这些预算原则是与早期的健全财政观念一致的。

20世纪30年代大危机之后，国家干预成为一种经济思潮，政府行政机构在预算编制上表现出主动性；1945年美国联邦预算局局长史密斯提出的8项原则集中代表了这一倾向：政府预算必须反映行政计划，加强行政责任。

（一）古典原则

1. 权威性：该项原则的核心内容是，立法机关对预算事项拥有主导权。

2. 年度性：预算授权的期限是12个月。年度预算应当提前制定好。所有的评价都基于其在这一年中的效果。

3. 全面性：预算中的所有收支都应当是总额。收入不能专款专用。支出也不能直接由收入抵减。

这一点体现在我国"全口径预算"的管理当中。在2003年10月通过的《中共中央关于完善社会主义市场经济体制若干问题的决定》中就曾规定："实行全口径预算管理和对或有负债的有效监督。"《国务院关于2005年深化经济体制改革的意见》中进一步指出，"改革和完善非税收收入收缴管理制度，逐步实行全口径预算管理"。十八大报告在阐述政治体制改革的篇章中，专门提到了"加强对政府全口径预算决算的审查和监督"。

4. 统一性：预算中的所有收支通常应当在同一文件中、同一时间提交表决。

5. 具体性：预算中的收支应当详细说明确定的过程。用于某项支出的授权（拨款）应当规定最高限额。

6. 平衡性：预算支出应当由预算收入来弥补，最好能够达到"平衡"。

（二）现代原则

7. 责任性：行政部门要说明它是如何履行立法机关交付的职责的。在行政部门内部，预算管理者的职责应当界定清楚。独立的外部审计机构至少每年要向立法机关报告预算的执行情况。

8. 透明性：国家机构之间的分工应当明确。关于预算的财务信息和其他信息要及时发布。预算法律中使用的术语应当界定清楚。

9. 稳定性：中期预算框架中的预算和公债目标应当不断更新。税率、税基及其他收费应当相对稳定。

10. 绩效性：预算中要报告有关预算项目的预期结果和实际结果。效率性、经济性、有效性是关于"绩效"的一些原则。

以下为上述预算原则的英文表述：

Classical principles

1. Authoritativeness: Where decision-making authority lies is specified at each of the stages of the budget process. The supremacy of the legislature in budget matters is an integral part of this principle.

2. Annual basis: Budget authority is provided for a 12-month period. The annual budget is enacted prior to the year to which it refers. All transactions are estimated for their one-year effect.

3. Universality: All revenues and expenditures are included in the budget on a gross basis. Revenues are not earmarked. Expenditures are not offset by revenues.

4. Unity: The budget presents, and may seek approval for, all receipts and payments at the same time, usually in the same document.

5. Specificity: Revenues and expenditures are shown with some detail in the budget estimates. Spending authorisations (appropriations) show legally binding maximum expenditures for particular purposes.

6. Balance: Budget expenditures are balanced by budget revenues and financing. "Balance" is well defined.

Modern principles

7. Accountability: The executive gives an account of how it meets its responsibilities to the legislature. Within the executive, the accountability of budget managers is clearly defined. An independent external audit body reports at least annually to the legislature on budget execution.

8. Transparency: The roles of various State bodies are clear. Timely financial and non-financial information on the budget is publicly available. The terms used in the budget law are clearly defined.

9. Stability: Budget and public debt objectives are framed in the context of a regularly updated medium-term budget framework. The rates and bases of taxes and other charges are relatively stable.

10. Performance: The expected and recent past results of budget programmes are reported in the budget. The principles of efficiency, economy and effectiveness are associated with "performance".

资料来源：OECD, *The Legal Framework for Budget Systems: An International Comparison*, 2004.

2.4.2 财政赤字的类型与年度预算的失效

财政赤字可以分为多种类型。从财政赤字与经济运行状况的关系角度来看，财政赤字可以分为结构性赤字、管理性赤字和周期性赤字。这也是经济学界最常使用的三种赤字类型。

结构性赤字（structural deficit）是指非周期性因素引起的财政赤字，也称为“充分就业赤字”。换言之，结构性赤字是指在其他条件不变、经济活动保持某种“潜在”水平时，预算赤字依然存在的情况。美国著名财政学家马斯格雷夫曾说过[1]，如果国民收入在充分就业下实现，而且取得了相应的税收收入，那么，在这种情况下出现的赤字就是结构性赤字。结构性赤字的减少，有赖于政府收支矛盾的缓解。

管理性赤字（managerial deficit）是指尽管当年预算收支在规模上是相当的，但由于忽略了预算的管理和控制职能导致过度支出或不足。同时，技术和操作上的效率问题也可能导致管理性赤字的发生。管理性赤字的解决在于选用经验丰富的资深预算管理专家，以及强化预算的日常控制和管理等。

周期性赤字（cyclical deficit）是指经济运行的周期性引起的赤字。在经济衰退期间，财政支出增加而税收收入减少，“自动稳定器”的作用在经济衰退中又使赤字更加恶化，所以周期性赤字是经济衰退的产物。

在图 2.8 中，纵轴代表财政支出（E），横轴代表国民收入水平（Y）。如 EE' 所示，财政支出水平与国民收入水平无关。税收收入 TT' 是 Y_1 的函数，反映出税率为一定的比例税率。假定经济在某一特定的就业水平上（比如说 Y_1）运行时，政府预算是平衡的。如果经济达到了充分就业水平，实现了充分就业国民收入，比如说是 Y_f，预算就会出现充分就业盈余。如果国民收入水平从 Y_1 下降到 Y_2，而财政政策不变，税收收入下降，预算将从平衡变为赤字 D_1D_2，这就是周期性赤字，是在其他两种财政变量——财政支出和税率没有任何变化的情况下所发生的赤字。

《史记 · 太史公自序》：“夫春生夏长，秋收冬藏，此天道之大经也。弗

〔1〕 R. A. 马斯格雷夫和 P. B. 马斯格雷夫：《美国财政理论与实践》，第 460 页，中国财政经济出版社，1987 年。

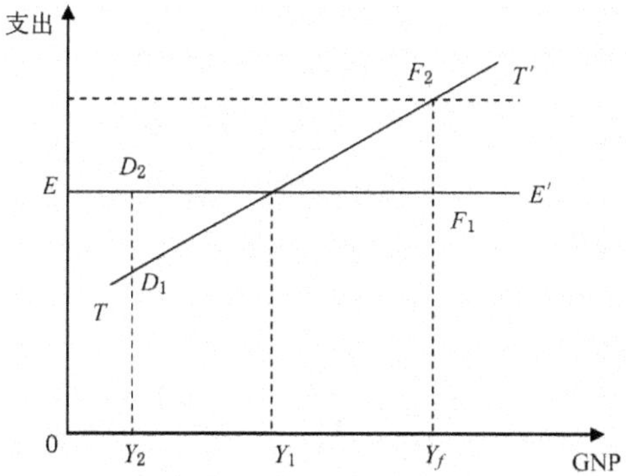

图 2.8　周期性财政赤字

顺则无以为天下纲纪。”如果说改革开放之初是我国社会经济万物复苏、生机勃发之时，那么当前我国在经历了多年的经济快速发展期之后，则滋生了生态环境等多方面的问题，正处于“经济增速换挡期、经济结构调整阵痛期、前期刺激政策消化期”的“三期叠加”时期，社会经济的“新常态”特征日益明显。可以说，从社会经济发展的节奏和时令上来看，也需要我们进行主动的调整。这时，煤炭、铁矿石等大宗商品价格大幅度下降，颇有万木萧瑟的秋意。之前，中国“夏长”发展的脚步太快了，快到来不及等候国家民族的灵魂，经济的泡沫已经让我们制作的物质脱离了它的本质属性。中国需要一场及时的瑞雪来冻死害虫和病菌，让不合格者出局。严酷的环境才能优胜劣汰，瑞雪兆丰年，此后的春天才能真正万象更新、玉宇澄清。房地产热在中国一直与投机、炒作等相伴。如果房地产投机能够在短时间内获得暴利，那么，就没有人愿意踏踏实实地做实业、赚一点“蝇头小利”了。这对于刚刚兴起的制造业、高科技产业都会产生巨大的“挤出效应”。总之，社会经济发展有着类似季节时令的内在周期，预算周期的设计也应与之主动适应。

年度预算的设计和平衡预算的要求可能有助于避免结构性赤字和管理性赤字，但由于经济衰退的确切时间和强度通常都是难以准确预期的，因此，年度预算平衡的要求并不足以消除周期性赤字。

2.4.3　年度预算平衡原则的尴尬

年度预算平衡是指依据财政稳健原则，在预算管理中贯彻财政年度内收支平衡的预算管理方式。我国在改革开放以前所奉行的“既无外债，又无内债”的预算管理原则，就是一种典型的年度平衡预算管理方式。

年度平衡的预算制度主张“小政府，大社会”。1776年亚当·斯密“守夜人”的政府概念指出，政府职能应该简单，政府支出应该节俭，以保证年度平衡得以实现。实施年度平衡的预算平衡制度要求政府应该以收定支，财政收支力求当年平衡。例如，我国1995年开始实行的《预算法》第27条就规定“中央政府公共预算不列赤字”，第28条规定“地方各级政府预算按照量入为出、收支平衡的原则编制，不列赤字”。我国在建国以后相当长的时间里都是实施“收支平衡，略有结余”的预算管理办法。实际上，这种预算结余的存在是有理由的，因为公共服务供给的持续性要求在一个财政年度当中课税之前就要支出营运资金。

但是，政治和经济原因都表明，以年度为基础来保持年度结余的努力似乎都是徒劳的。首先，从政治层面上讲，纳税人总有这样的倾向，即总倾向于要求获得超出他们所缴纳税款的公共服务。迫于这种压力，政府机关为了取悦公众和赢得选举，将会争取提供更多更好的公共服务，从而使保持年度预算平衡变为泡影。其次，从经济层面上讲，如果政府的收入和支出都是以线性的趋势在逐渐增加，那么在正常的年份，财政收入足以应付支出并存有少量盈余。但是，当经济出现衰退时，收入达不到预算的预期，而支出又由于“棘轮效应”难以下降，这样政府不得不耗尽盈余来维持相应的公共服务水平。以我国为例，我国自1980年至今财政赤字便一直存在，并且数额有不断增长之势，具体情况如表2.2所示，我国在1989年财政赤字仅为159亿元，而在2013年决定安排财政赤字1.2万亿元[1]。

表2.2　　我国历年财政收支差额（1985~2011年）

年份	财政收入（亿元）	财政支出（亿元）	收支差额（亿元）
1985	2004.82	2004.25	0.57
1989	2664.90	2823.78	-158.88
1990	2937.10	3083.59	-146.49
1992	3483.37	3742.20	-258.83
1994	5218.10	5792.62	-574.52

〔1〕 资料来源：《2013年政府工作报告》，第十二届人民代表大会第一次会议，2013年3月5日。

续表

年份	财政收入（亿元）	财政支出（亿元）	收支差额（亿元）
1996	7407.99	7939.55	-529.56
1998	9875.95	10798.18	-922.23
2000	13395.23	15886.50	-2491.27
2002	18903.64	22053.15	-3149.51
2004	26396.47	28486.89	-2090.42
2006	38760.2	40422.73	-1662.53
2008	61330.35	62592.66	-1262.31
2010	83101.51	89874.16	-6772.65
2011	103874.43	109247.79	-5373.36

资料来源：中华人民共和国国家统计局网站，http://www.stats.gov.cn/tjsj/ndsj/2012/indexch.htm.

注：1. 在国家财政收支中，价格补贴1985年以前冲减财政收入，1986年之后列为财政支出。为了可比，本表将1985年以前冲减财政收入的价格补贴列在财政支出中。

2. 从2000年起，财政支出中包括国内外债务付息支出。

年度预算平衡不利于经济周期的调节。面对经济衰退的出现，如果固守年度预算平衡，那么财政就无法作为。国民收入减少，由于税收的档次爬升（bracket creep）效应，政府税收收入减少，在这种情况下，财政支出只能保持不变或者减少，起不到自动稳定器的作用。自从19世纪30年代西方国家进入经济萧条期后，凯恩斯财政主张大行其道，相机抉择的财政政策解决了年度预算平衡不能解决的问题。第二次世界大战之后，几乎所有国家都抛弃了平衡预算。但是平衡预算的退出如此之慢，以至于人们几乎都忘记了这种趋势的存在。

图2.9显示的是我国1978~2011年国内生产总值与财政收支增长率的变化。左侧纵轴表示的是国内生产总值指数，右侧纵轴表示的是财政收支增长率。由图中可以看出，在1992~1997年国内生产总值指数下降的同时，财政收支增长率也在下降。在经济不景气的时期，政府支出保持不变或者减少，与“自动稳定器”原理背道而驰，进一步加剧了经济的下滑。在2003~2007年经济增长时期，财政收支增长率也在提高。在经济过热的情况下，年度平衡预算实际上起到了推波助澜的作用。1978~2011年期间，

我国经济周期与财政收支的变化基本上是同趋势的。因此，年度平衡预算实际上是“顺经济周期”调节，加剧了经济波动。

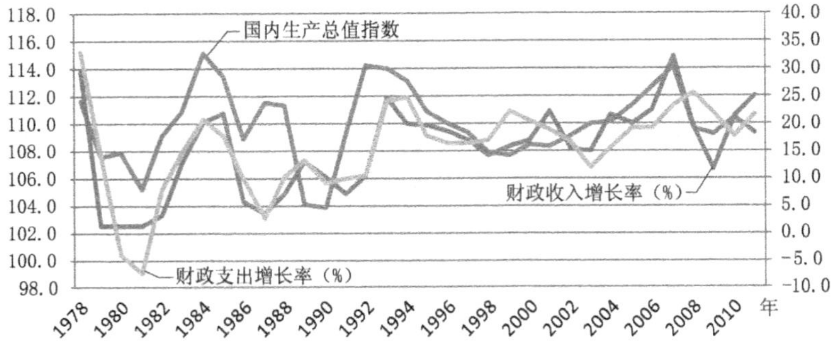

图 2.9 1978～2011 年国内生产总值与财政收支增长率的变化

数据来源：中华人民共和国国家统计局网站，http：//www.stats.gov.cn/tjsj/ndsj/2012/index-ch.htm.

注：国内生产总值指数是按不变价格计算得出，其中上年 =100。

年度预算平衡一直被广为诟病的短视性是相对于中期预算来说的，缺乏战略视角的年度预算很难支持国民经济的正常运行。中期预算可以在一个相当长的年度里安排支出，有利于逆经济周期调节，熨平经济波动。在国民经济高涨时期，实施紧缩的财政政策，留有财政结余；在经济不景气时，实施扩张性的财政政策，安排财政赤字，让盈余和赤字大体保持平衡。这一安排在我国更具有现实意义，可以杜绝年底突击花钱的现状。

2.5 预算功能与中期预算

2.5.1 预算职能重心演变

传统预算功能主要是以控制为主，这样的预算体制虽然较强地约束了预算领域内的腐败、资金滥用和误用，但是过于强调预算控制、年度平衡，很大程度上限制了公共部门的自主性和积极性，降低了效率。

自 20 世纪 30 年代开始，随着政府职能范围的扩大，通过不断的预算改革，现代政府的预算活动越来越强调“计划取向”和“管理取向”。例如在美国，1929～1935 年可以视为现代预算体制形成的关键时期。从 1935 年开始，特别是在“罗斯福新政”时期，政府预算开始转为“管理取向”，并在

“绩效预算”改革时期达到了高峰。

由于公共预算的范围取决于政府活动的范围，故预算的职能也取决于政府的职能。马斯格雷夫（Musgrave，1959）将政府的职能概括为资源配置、收入分配和经济稳定，相应的预算也应该体现出这几种功能。就资源配置功能而言，政府将社会资源在私人和公共部门之间进行合理配置，力图使资源配置效率最大化。就收入分配而言，政府通过税收或者转移支付制度引导社会财富在不同层次的人群中分配。就经济稳定功能而言，主要体现在通过对预算政策的综合使用，实现经济增长、充分就业、物价稳定和外汇收支平衡的目标。

从20世纪60年代开始，随着“计划—政府规划”体制的引入，政府预算开始强调计划性。当政府的重心开始转向管理绩效和计划目标的合理性时，传统的以控制为主的预算原则就不再能够满足预算者的全部需求。

比如，20世纪90年代，美国爆发了一场轰轰烈烈的新公共管理运动，运动中的绩效导向了催生了新绩效预算改革。新绩效预算的分权与参与的理念实质性地融入到公共预算中来，从而诞生了一种新的预算模式——多元预算模式。这时，以控制为目的的预算职能显然已经不能满足利益诉求的多元化。

经过将近一个世纪的发展，现代预算的职能已经变得非常复杂。现代预算体制必须同时实现控制、管理、计划和政策这四种职能。

2.5.2　预算功能

按照现代预算制度的要求，预算的功能应该同时体现以下四点：

第一，实现对财政收支的控制。政府预算是国家分配资金的主要手段。财政分配是指财政参与国民收入的分配与再分配，集中必要的资金，用以满足社会的公共需要。政府资金主要来源于税收、财政投资收益、国有企业利润上缴等，资金的支出可以是财政补贴、转移支付、购买公共物品等。但是政府总是有自我膨胀、支出不断增长的倾向，将收入来源与支出用途全面反映在国家预算中，在一定程度上受到社会和公众的监督，就能够约束政府不断扩张的动机。

第二，实现对财政收支的管理。政府预算是配置资源的重要工具。由于公共产品具有外部性，市场不能有效提供，公共产品的成本太高以至于私人无法承担，这些物品或服务都需要由政府来提供。因此，政府筹集财政资金只是手段，分配资金满足国家各方面需要才是目的。国家根据社会共同需要，将集中的国民收入在全社会范围内进行合理分配，保证重点建设、行政、国防和文教科卫等方面的需要，适当缩小地区间和社会成员间的经济差距。预算将全部财政收入纳入统一体系管理，全面、宏观地分配财政资金，提高财政资金的使用效率。

第三，体现财政收支的计划性。政府预算在编制时会对收支进行预测，预算编制不但要考察过去资源的使用情况，分析已经实现的目标及其成本，而且要为将来的预算期分配新的资源。政府预算的计划性不但体现在预算编制的过程中，而且政府在分配资金时也应体现预算的计划性。因为预算收支的结构比例、去向用途都是按照国民经济和社会经济及其政府各部门之间的比例关系进行分配的，都是有计划地分配或者提供财政资金。

第四，体现调控经济的政策性。市场经济运行表现出周期性波动的特点，完全依靠市场调节不但会造成资源的浪费，而且也会有失社会公平。国家宏观调控和市场机制的作用都是社会主义市场经济的本质要求，二者相辅相成，相互促进。预算调控的作用主要体现在两个方面：一是控制社会总供求。总量调控是宏观调控的主要内容，预算收支规模可直接或间接地影响社会总需求，其中预算支出起到控制社会经济总量的主要作用。二是调节结构。通过预算支出结构来调节国民经济结构，促进生产要素优化和经济效益的提高。预算支出的安排上要做到“确保重点，压缩一般”。

政府预算综合性强，联系面广，是各项收支的枢纽，是财政收支系统的基本部分。政府预算可以通过收支活动和收支指标反映国家经济和社会发展各方面的活动。政府预算的编制和执行，便于相关部门掌握国民经济的发展趋势，发现国民经济发展中存在的问题，从而及时采取措施，促进国民经济稳定、快速、健康地发展。

但是，已有文献表明，政府更加关注财政政策的短期影响〔1〕。中期预算框架可以为政策的实施提供更长的时间区间。首先，中期预算框架使政府想要隐藏或低估政策多年预算影响效果变得更加困难。其次，中期预算框架迫使财政部门在中期之内按照预先设定的路径来执行。这些都使得政府在实

〔1〕 这种观点认为，现任政府并不确定自己会连任，因此，为提高自己的连任率，现任政府倾向于实施慷慨的财政政策，而忽视这些预算决策在中长期的影响。这可能是因为选民更注重自己短期获得的利益，而忽略了长期成本。

施财政政策时必须将中长期的后果考虑在政策成本之内，有利于加强预算管理。

中期预算的另一个好处是：这种预算框架可以使政府在一个相当长的时间内规划财政政策，不只是根据孤立的基础，忽视过去的决策对未来的影响。中期预算可以在过去、现在和将来之间架起一座桥梁，提高财政政策的质量和稳定性。中期预算框架的长期性，可以促使政府降低短视性，投资一些长期才能获得收益的项目，比如教育。同时，还有利于结构性改革目标的实现，在较长的时间区间里使经济主体意识到改革的好处，减少改革的阻力。

中期预算的框架还有利于解决公共资源（common pool resource）的问题。所谓公共资源问题，是指对于草原、渔场等这种排他性不强但具有竞争性的准公共物品，人们不计成本地过度使用，会导致公共资源的枯竭，最终出现"公地悲剧"（tragedy of commons）。公地悲剧出现的最主要的原因就是成本和收益的不对称性。在编制预算时，行政部门的目标是自身利益最大化，立法部门对此实施监管，预算程序成为"猫捉老鼠"的游戏，最终政府支出扩张，债务和赤字旷日持久累积，加重了民众的负担，这是典型的"公地悲剧"的现实例子。行政部门作为资源的索取者，并没有承担其行为的全部后果，这就使得它们有动机去不断牟取自身利益最大化，最终导致资源池的枯竭。而中期预算框架使得行政部门的短期成本内在化，在牟取自身利益的时候不得不将这种行为的成本考虑在内，在一定程度上解决了公共资源的问题。

引进中期预算的国家认为，中期支出框架可以通过以下方式改进财政资金使用效率：（1）更好地控制全部预算资金数额；（2）在部门和优先项目之间更有效地分配财政资金；（3）通过预算管理提高资源使用效率。中期预算的这些功能在某些程度上都是相互促进的。加强对可持续财政资金来源的重视可以优化财政政策，从而确保最重要的项目可以得到财政支持。更为具体的多年度财政预算可以使得管理机构更加了解各部门的费用支出和不同政策的要素资源需求，从而使政府能够制定出更为可行的多年度部门支出计划，反过来也会促进各部门制定更为有效的支出计划。具体来讲，中期预算的功能主要有以下三点：

1. 加强财政的可持续性

多数国家引进中期预算的主要动机是希望强化多年度财政原则。中期预算通过降低预算每年渐进式增长的趋势，使政府淡化预算平衡而更加强化预算原则。中期预算通过以下三个方面来改进预算原则：

- 在一项新的政策实施前，将多年度财政影响全面地告知政府和议会，以避免后期不良后果。
- 向政府提出关于现存政策可持续性的警告，并且支持政府在必要时提前采取正确的行动。
- 建立多年度预算限额从而限制在之后年度的支出数额。

实施中期预算可以使政府在制定一项新的政策时，将短期和中期的财政影响考虑进去。许多财政收入和支出政策的财政影响每年并不都是一样的，比如一项新的补贴项目每年领取补贴的人数是递增的，一项新的基础设施在前期的投入非常大，公务员的工资在一个财政年度之间上涨。拥有多年度财政计划的当期决策者会更有可能批准一个财政可负担的政策。相反，在严格年度预算中，政策变动在长期内的财政影响可能会被忽略，因为在短期内的财政影响可能很小。比如，关闭一个多余的机构对于当期财政资金的节约影响很小，并且还要发放解雇津贴，但是在接下来的几年中将会明显节省财政资金。

设计良好的中期预算还可以提醒政府现行政策的非良性发展，从而使政府可以提前做出政策调整。比如，中期项目的指数机制可以显示出公共部门的工资、养老金或者失业救济金在短期内可行，但在中期或者长期可能并不是可持续的。当期发现问题并提供解决方案可以使得决策者尽可能早地调整政策，而不是等到该项政策已经不堪重负时迫使决策者进行更大或更具有争议的调整。

如果在中期内限定支出额度，可以使财政的可持续性得到巩固。这样的财政支出限额确立了一个基准，从而可以和多年度的支出预测值相比较，进而可以判断政府当期的财政政策是否和整体的财政目标相一致。将现有的财政支出限额应用到下一年的预算编制准备中去可以减少资金分配不足的压力。最终，在预算协商前几年达成严格的支出限额共识会比试图在不同的政策目标之间按照优先权排序制定支出限额容易得多。

2. 促使更有效地资源分配

中期预算可以促进更有效率的资源分配，按优先权的高低重新分配资源的使用。中期预算通过以下三种形式进行财政资源的再分配：

- 中期预算使政府确保在正确的时间实施财政政策，发现即将发生的问题并且及时采取措施，使政策效果可以及时发挥，而不是在之后的几年内才会显现出政策效果。

• 中期预算可以确保更具有突破性的资源分配，调动那些在年度预算中发挥作用的部门和法律，但是它们在中期视角下更具弹性。

• 中期预算可以使政府当期宣布政策的变化而在后期选择实施，这样可以树立预期，避免当期的强烈抵制而使政策达不到效果。

通过提前确定未来的政策，中期预算可以将政策的时滞考虑在内。重要的政策在确切的效果之前要经过数年的制定、立法和实施。年度视角增加了政府预计效果滞后几年后才能显现的风险。相反，中期预算支持政府考虑政策时滞，并且主动进行那些在实施之后两三年才能显现效果的改革。

然而，许多问题短期内并不显著，并且短期刚性会阻止预算支出的减少。尽管大量的支出——法律合同、现存的法律，或者仅仅是征管或政策的惯性——在短期内不能减少，但是两年或三年的时间使得削减支出的机会大大增加。政府将减少甚至停止对逐渐废弃或者不再重要的项目进行投资，转而向新的具有优先价值的项目进行投资。

关于部门预算未来资源分配的提前预警，可以帮助管理预期，使预算管理者对即将到来的财政资源的增加或减少提前做好准备。提前预警可以减轻预算支出时的阻力，多维年度可以帮助政府处理过多的新增目标支出。在严格的年度财政预算中，一项特定的提议只能是“是”或者“否”；而在中期预算中，这项提议可以在未来预算有充足空间时得到引进。

3. 提高财政资金使用效率

通过创造一个更稳定和可预测的环境，政府部门和机构可以制定各自的支出计划，因而运行良好的中期预算可以提升财政资金的使用效率。这些有效的改进通过以下三个渠道发挥作用：

• 更加可预测的未来预算资金分配可以促进多年度的支出计划，并且更有可能协商更好的计划、减少风险和发现政策的协同效应。

• 减轻严格年度预算中的主管机构的职能，可以使人力和物力资源流向最需要或最有效率的地方，而不是在财政年度后期“突击花钱”。

• 对于未来财政资金分配的确定性增加，可以激发预算决策者更有效地节省财政资金。

尽管每个财政支出主体执行的仍然是年度性的预算，但是中期预算可以使政府对各个机构中期预算的财政资金分配做出更加清晰的承诺。因此预算参与者可以更好地计划他们的支出。比如，给予预算参与者更多的时间来规划项目、协商合同、明确和管理风险、发现政策的协同作用，则基础设施投资的效率将会提高。反过来，效率的提高也可以通过当前的预算来实现，比如雇用技术熟练的工人、对现在的工人进行培训、执行长期的采购合同等。

多年度预算可以允许政府放松有些机构严格的年度预算支出限额，也会促使财政资金提高使用效率。多年度财政预算和当期财政资金余额结转后期继续使用，可以使当期的财政余额自动结转为下一年的预算资金，因而通过消除年底“突击花钱”的内在激励可以改进财政资金支出效率。

2.6 预算模式与中期预算

2.6.1 公共预算模式

公共预算模式是指行政机构如何分配和管理公共资金，如何将公共资金转化为公共服务，并完成委托等一系列事项形成的具体运作机制和方式。在一国的公共预算制度中，预算模式包括预算制度框架和预算编制方法，预算模式的选择直接决定和影响预算目标的设定与实现。从国外的发展历程来看，公共预算模式大体经历了五个阶段的演变。

1. 分项预算

分项预算（line-item budget）的产生根源是20世纪初人们对政府规模膨胀的担忧。这种预算的特征是：将收入与支出全部纳入预算，预算内的各项支出按照支出类型和目标进行分类，对资金使用进行控制，防止预算资金在各个项目之间进行转移。分项预算重在控制，确保每一项收入和支出都有其固定的来源和去向。

但是，由于其形式的固定和简化，不能实现功能性目标，不能处理好政府目标与预算之间的联系，不利于预算的绩效管理。

2. 绩效预算

第二次世界大战后，分项预算的分类方法已经不能满足复杂的公共预算管理的要求，管理的实践要求新的预算形式来提高公共部门的绩效。绩效预算将预算的重点从单纯的支出控制转向支出所取得的成绩，集中测量预算投入与产出之间的关系。绩效预算被界定为一种资源配置体系，它将运作和项目的绩效水准联系在一起。与传统的分项预算相比，绩效预算同样重视过程和结果。绩效预算的目标主要是从控制导向逐渐向管理导向转化，其核心是预算过程应当围绕项目和功能展开。在绩效预算编制中，预算说明了如下事项：支出目的、为实现支出目的而设计的各种计划的成本、对各项计划进行测量、计划结果。

1949 年在胡佛委员会的推荐下，美国在世界上首先大规模采用了绩效预算的编制方式。随后，1954 年，菲律宾政府开始绩效预算编制实验，在 1956 年的一年内，12 家政府部门相继采用了绩效预算模型。

绩效预算改革取得了相当大的成就，提高了人们对于成本和效率的重视，但是在这一过程中，也暴露出许多问题。首先，由于当时的政府会计和绩效测量系统方法比较原始，使得绩效预算在成本分摊和绩效测评方面的作用有限。其次，绩效预算的理念在当时并不深入人心，很多政府官员对其中的新颖概念理解得并不透彻，因此在改革过程中造成了资源的浪费与成本的增加。

3. 规划项目预算系统

第二次大规模的预算改革是 20 世纪 60 年代美国兴起的规划项目预算改革（system of planning programming and budgeting，PPBS）。美国的改革带动了其他发达国家改革的浪潮，OECD 许多国家在 20 世纪 60 年代采纳了这一系统。PPBS 是理性主义决策模式的典范，它是一套从上而下的金字塔式的决策体系，其内在假设是：预测高层决策者全面了解公众的需求，能够平衡各方面的关系。PPBS 预算强调预算与计划的整合，突出预算的计划性。PPBS 的特点主要体现在三个方面：一是当前的决策应该与未来要实现的某种状态联系在一起；二是为了实现该决策应该动用一切的资源；三是根据决策要实现的目标来配置资源。

但是在现实中，种种征兆表明 PPBS 是很难实施的。首先，预算是各种利益协调的结果，政治因素在预算过程中并没有得到确认。其次，PPBS 试图忽视部门界限，调动一切资源去实现之前制定的目标，实践证明这是 PPBS 的重大障碍。最后，PPBS 对人员素质要求较高，而当时人员非常短缺。由于 PPBS 脱离当时的实际情况，20 世纪 80 年代各国纷纷放弃了这种尝试。

虽然存在诸多弊端，但是 PPBS 中总结的很多概念至今仍在沿用。

4. 零基预算

20 世纪 80 年代前的最后一次重大预算改革是零基预算（ZBS）。20 世纪 60 年代末到 70 年代初，美国出现滞涨，凯恩斯的政府干预主义受到挑战，要求政府提高效率的呼声日益提高，零基预算在这种背景下应运而生。与前几次引入的预算模式相比，零基预算更注重预算程序而不是内容。

在纯粹的零基预算编制制度下，所有的计划每年都必须重新评估、编制。零基预算的优点在于预算分配过程中不再只是关注公共部门新增的项目或支出，而是对其所有需求都不再受以前年度预算资源配置限制。在分配预算时，按照项目的轻重缓急排序，充分发挥政策调控的功能。

零基预算具有以下特点：首先，受政治和法律环境影响明显，每年的预算支出都可能因为预算审计的原因而发生改变；其次，零基预算的编制对技术要求比较高；最后，行政体制制约零基预算的实施，只有分权制的财政体制才有助于零基预算的实施。零基预算的这些特点表明，它注定不能成为一种完美的预算模式。实际上，从美国等发达国家零基预算的实践来看，零基预算推行的结果确实没有实现决策者的预期目标。

著名的财政学家维尔德斯凯（Wildavsky）曾详细论述过预算中的“冰山理论”[1]：“决定今年预算的最主要因素，其实是去年的预算。任何预算中的大部分内容，都是此前决策的结果。可以把预算看成冰山，它的大部分内容都是在水面以下的，是不受任何人控制的。预算中的许多内容都是有标准的。如果没有特定理由来改变这些标准，那么每年的预算都是简单重复立法的过程。长期的方针已经确定了，今年的份额只是总额中的一部分，同时也只是年度预算的一部分……在任何时候，当过去的承诺被实现之后，实际上任何人（包括国会和预算局）都可以对一个很小数额的变化——很少会超过30%，通常都小于5%——施加自己的影响”。这也从一个侧面说明了零基预算实施不理想的原因。同时，在某种意义上，“冰山理论”为现实中大多数政府实施的“增量预算”或者“渐进式的预算”（incremental budget）提供了理论依据，也证明中期预算有着深厚的理论基础和实践诉求。

5. 新绩效预算

自20世纪80年代以来，以新西兰和澳大利亚等为代表的一批OECD国家以政府预算管理改革为核心，进行了一系列被称为“新公共管理”的影响深远的改革，这是在原有绩效预算基础上的升华。

之前的绩效预算更注重的是遵从预算规则，因此被称为“遵从绩效预

---

〔1〕 Aaron Wildavsky and Naomi Caiden, *The New Politics of the Budgetary Process*, 3rd ed. (New York: Longman, 1997), 45.

算”，而新绩效预算是一种更注重以结果为导向的预算，它建立的认识基础是预算分配的标准是效果而不是投入或产出。

新公共管理的主旨是由原来的官僚体制转向以市场为基础的预算模式，其目标为经济（economy）、效率（efficiency）和效果（effectiveness），简称3E原则。新公共管理运动是财政管理范畴的拓展，也是财政管理方式的改变。另外，它还在预算管理中引入了应用会计和财政报告责任制，革新了传统文官制。

专栏2-9　历史进程中的三种预算模式

在1978年，凯顿（Caiden）在其发表的《预算模式》一文中，以收入汲取（revenue mobilization）、可靠性（accountability）和行政控制（administrative control）为准则，探讨了历史上存在的三种预算模式：前预算时期（prebudgeting）、预算时期（budgeting）和超预算时期（super-budgeting）。表2.3分别描述了这三种预算模式的特征。

表2.3　历史中三种预算模式的演进

	收入汲取能力	可靠性	对行政部门的控制
前预算	高	低	低
预算	高	高	高
超预算	高	高	低

在美国著名预算学家凯顿看来，“连续性”（continuousness）而不是“年度性”（annuality）是盛行于君主专制时期的“前预算模式”（prebudgeting）的特征，当时根本就没有“年度预算”的概念。经过19世纪初的预算改革浪潮之后，周期性（典型的就是“年度性”）才开始替代连续性，成为“传统预算模式”的重要特征。而20世纪70年代之后，传统的预算模式开始受到挑战，预算变得越来越具有连续性，这是因为过去对某一团体的预算承诺常常不能随意终止，因此，许多预算决策就变成了自动的非年度性。凯顿将其概括为“预算的非弹性”（budgetary inflexibility）。

资料来源：Caiden，Nomai，“Patterns of Budgeting”，*Public Administration Review*，1978，38（November/December）：539-543；Caiden，Nomai，“A new perspective on budgetary reform”，*Australia Journal of Public Administration*，1989，48（1）：51-58.

2.6.2 其他国家编制中期预算的模式

1. 瑞典：自上而下的预算编制模式

在瑞典的议会中，中期支出框架的决定过程被称为框架模式（framework model）。瑞典的中期预算是一种典型的自上而下的编制模式，首先给预算支出总额设定一个限额，然后再决定其他具体支出项目的支出限额。所有的流程会围绕两个年度法案进行，一个是《春季财政政策法案》（*Spring Fiscal Policy Bill*），另一个是《预算法案》（*Budget Bill*）。整个秋季议会主要通过两个阶段来决定预算法案，由此拉开财政年度的序幕。

议会制定预算的流程是从政府提交春季财政政策法案开始的。这个法案必须包括未来三年的经济前景预期、经济政策导向和预算政策。

议会在制定政策时所用的方法就是框架模式。这就意味着议会将首先制定一个整体的预算支出额度，然后再决定如何在27个支出领域进行分配。预算流程在第一阶段的主要任务是：

- 在 $t+3$ 年度内的总体支出限额。
- 在 $t+1$ 和 $t+2$ 年度内的支出限额，以防会有变动。
- 在 $t+1$ 年度内27个部门之间的支出分配。
- 在 $t+1$ 年度内税费的变化。
- 在 $t+1$ 年度内的收入。

预算流程的第二个阶段就是15个不同的特别委员会分别审核其各自的预算支出。这些特别委员会提出他们各自的资金分配计划，在此基础上由议会来决定在各个部门之间和部门内部的资金分配。

2. 德国：零基预算编制模式

德国的预算准备始于每个公历年的开始，新一年的财政计划是在上一个结束的财政年度的基础上更新数据而得来的。当在进行预算准备时，税收和支出项目也会被重新估值。当第一份预算汇编完成之后，联邦财政部会对其进行分析以避免过高和不必要的支出。

来年的预算估测和财政计划是联邦财政部和其他各部门在预算协调过程中最具争议的两部分。因此，联邦财政部和其他各部门会对计划支出数额进行争辩，这就导致财政计划会进行进一步的调整。

在德国的财政计划中，还包括未来两年的整体经济状况预测，这项预测要将经济活动中可识别的动态包括在内。以此为基础，税收预测小组会对财政年度内的税收进行预测。

3. 韩国：一下一上预算编制模式

韩国现行的中期预算可以被归类为最高层次的中期支出框架，即 MTPF (medium-term performance framework)[1]。在韩国，MTEF 被称为“国家财政管理计划”(national fiscal management plan)。

韩国的国家财政管理计划要求多方的协调配合。企划财政部（Ministry of Strategy and Finance）预计接下来四年的宏观经济变量。各个直属部委要提供所负责项目的成本预测并上交各自的中期财政计划。为了协助企划财政部制定该计划，社会各方包括公共研究机构、大学和社会团体的专家都会参与其中。基于宏观经济变量、财政收入和各项目成本，企划财政部起草第一份国家财政管理计划，其中包括主要政策导向、财政收支总数和暂定的各直属部委支出限额。

以国家财政管理计划草案为据，财政企划内阁会议将确定各个直属部委的支出限额。基于确定的支出限额，预算准备指导原则也会下发到各部委。根据这些指导原则，各部委制定出预算报告并上交到企划财政部。在经过各直属部委和企划财政部的协商后，确定全国财政管理计划和预算草案。

[1] 根据世界银行的分类，MTEF 可以分为三个层次：中期财政框架（medium-term fiscal framework，MTEF）、中期预算框架（medium-term budget framework，MTBF）和中期绩效框架（medium-term performance framework，MTPF）。

第三章　中期预算的国际比较

中期预算是20世纪中期特别是20世纪90年代以来世界上很多国家为实现财政可持续发展而对年度预算管理制度实施的一项改革，构成了西方国家新型财政管理模式的基本组成部分。目前，编制中期预算已成为国外很多国家特别是OECD国家的通行做法，并且以OECD国家的做法最为成熟。本章先介绍中期预算在西方国家兴起的背景，再着重介绍OECD国家中期预算的具体实施方法。

3.1　中期预算实践的兴起

从20世纪70年代开始，随着第二次世界大战后经济繁荣的消退，加之两次石油危机的冲击，经济低增长成为大多数OECD成员国的常态现象。与此同时，由于长期奉行凯恩斯主义，这些国家的公共部门却在稳步膨胀，其直接的后果就是政府支出占GDP的比例急剧上升，以及财政赤字水平的不断攀升。为了应对这种持续恶化的经济和财政状况，OECD国家纷纷进行了以预算改革为核心的财政改革。其中非常引人注目的一项改革就是引入中期预算，以弥补年度预算在反映收支变动、控制支出增长、调整支出结构、协调收支关系以及贯彻财政经济政策等方面的功能缺陷。早期的中期预算是在20世纪60年代及70年代期间引入的。这个时期，公共部门迅速膨胀，政府自信有能力驾驭经济，引导经济稳定增长。在此期间，中期预算仅仅是一种计划机制，用以鉴别项目优先权（priority）并预留资金给优先项目。当前规范和全面的中期预算，正是在早期实践的基础上不断修正和完善才得以建立起来的。

中期预算的兴起，还得益于以公共治理理念为核心的新公共管理运动这样一个特定的社会环境。20 世纪 80 年代以来，OECD 国家逐渐形成一种共识：良好的治理会对国家经济和社会发展产生显著影响，而健全和透明的预算和政府会计制度被认为是建设良好的公共治理的基石。

3.1.1 经济和财政绩效持续恶化

20 世纪 70 年代和 80 年代，那些长期奉行凯恩斯主义财政政策的 OECD 国家普遍出现了低增长、高失业和高通胀的“滞涨”局面，20 世纪 80 年代初美国的经济增长率为2.05%，法国为2.3%，联邦德国为1.65%，英国为1.15%，日本为3.7%，意大利为1.8%，这比 20 世纪 50~60 年代的水平低得多。伴随经济绩效恶化而来的是恶化的财政绩效：公共财政膨胀、赤字居高不下。到 1983 年，各国赤字占 GDP 的比重创出新高：美国为4.1%，法国为 3.2%，加拿大为 6.9%，英国为 3.9%（1984 年），意大利为 12.6%（1985 年），OECD 国家平均为 5.4%，这个比重是 20 世纪 70 年代以来的最高值（这种情况在有些国家一直延续到 20 世纪 90 年代）[1]。

以欧盟在 1991 年通过的《马斯特里赫特条约》规定的警戒线来看[2]，多数 OECD 国家这一时期的赤字比率（财政赤字/GDP）和债务比率（政府债务/GDP）普遍超过警戒水平，而新西兰在 1985 年的赤字比率更是高达 9%，为警戒水平的 3 倍。

迫于上述经济和财政压力，以新西兰、澳大利亚和英国为代表的 OECD 国家发起了新一轮的政府预算改革，并逐渐形成一种共识：预算程序和预算制度的结构影响预算结果。在一系列改变“游戏规则”的举措中，转向中期预算是非常重要的一个方面。

3.1.2 中期财政战略和预算目标开始兴起

传统的预算理念是强调预算的“年度性”，这适应了立法机关对预算进行控制的要求。但是，年度预算将关注的问题放在过短的时间内，限制了政府对未来更为长远的考虑，容易导致政府忽略潜在的财政风险。此外，从财政意义上讲，政府承诺的可信度与财政政策的可持续性密切相关。因此，为了增加政府承诺的可信度，就要求政府在制定财政政策时，

[1] 数据来源：世界银行，http://data.worldbank.org.cn/region/EMU.

[2] 即赤字比率（财政赤字/GDP）不超过 3%，债务比率（政府债务/GDP）不超过 60%。

必须关注可持续性问题，并对财政政策做出清楚的阐述。而制定中期财政战略和预算目标的一个突出优点，就在于将政府决策的注意力转向当前政策的长期可持续性，以化解长期的财政风险和增强政府财政承诺的可信度。20 世纪 80 年代，OECD 成员国都逐渐开始采用 3 ~ 5 年甚至更长时间的中期预算框架，以弥补年度预算的不足。这种框架并不是一个法定的多年期预算资金分配方案，其作用只是在于为未来若干年提供一个支出导向或目标。

在制定中期预算规划时，中期预算目标的确定是非常关键的。例如，《马斯特里赫特条约》（*The Maastricht Treaty*）为欧盟各国确立了总体中期财政目标。目前，绝大多数欧盟成员国把《马斯特里赫特条约》的标准作为其主要的总体财政目标。OECD 成员国的综合财政目标（global targets）包括三类：（1）比重，通常表述为相对于 GDP 的某个百分比，包括预算差额、收入或支出、公共债务或政府借款等相对于 GDP 的百分比；（2）收入或支出的变动（升降）比率；（3）目标变量的名义或实际绝对值，如未来的支出或赤字水平。

同时，《马斯特里赫特条约》及《稳定与增长公约》（*Stability and Growth Pact*）也规定了许多有关中期财政报告方面的要求。自 1993 年以来，欧盟成员国已经有义务定期公布其“中期趋同规划”（medium term convergence programs），该规划由欧盟理事会进行详细审查。此外，欧洲货币联盟（EMU）成员有义务每年呈递一份“稳定规划”，这一规划包括如下内容：至少三个年度内政府赤字和债务的中期预测，计算赤字和债务的主要假设，并阐述正在采取或者未来拟采取的用于实现既定目标的预算措施。其中，对于重大预算措施，需要提供一份评估报告，用以量化这些预算措施对预算状况产生的影响。各成员国还必须对有关改革措施如何影响预算和债务状况进行敏感度分析（sensitivity analyses）。

多数欧盟区外的 OECD 成员国也公布中期财政战略规划（medium fiscal strategy programs）。例如，新西兰的《年度财政战略报告》（*Annual Fiscal Strategy Report*）、澳大利亚的《财政战略报告书》（*Fiscal Strategy Statement*），以及美国的《经济与预算展望》（*Economic and Budget Outlook*）。这些规划包含着与上述“稳定规划”相同或类似的信息。当然也有些国家并不喜欢公布中期财政目标。此外，大多数经济合作与发展组织成员国都向社会公众公布与当前年度和未来年度预算有关的各种资料，如前期预算报告

(pre-budget reports)、编制预算时的财务报表、在年度内对财政数据进行更新等。

而长期性的预算预测目前尚未普及，也不如中期计划与预测那样制度化。美国、澳大利亚、新西兰和丹麦开展了长达30～40年的长期预测，其主要目的是为了考虑人口因素变化对预算产生的影响——因为到目前为止，人口老龄化是对政府面临的支出倾向影响最大的因素之一。鉴于对未来长期经济活动的预测具有很高的不确定性，因此，长期预算预测主要倾向于指向性（indicative），而不是预测性（predictive）。包括美国、挪威和新西兰在内的一些国家还编制长期预算，评估当前政策对未来产生的影响，以及对个人之间成本和收益分配的影响。

3.1.3 "新公共管理"运动下的预算改革

从20世纪80年代开始，伴随着全球化、信息化以及知识经济时代的来临，OECD成员国相继掀起了一场与市场化的经济改革相呼应的政府改革运动。尽管各国政府改革的起因、战略以及改革的范围、规模、力度有所不同，但都具有一个相同或相似的基本取向，这就是以采用商业管理的理论、方法及技术，引入市场竞争机制，提高公共管理水平及公共服务质量为特征的"新公共管理"（new public management，NPM）运动。

1. "新公共管理"运动的背景

"新公共管理"运动兴起的一个直接原因是20世纪80年代初期经济恶化，以及由此导致的财政绩效的恶化。在这一时期，那些长期奉行凯恩斯主义政策的国家普遍出现了公共支出膨胀、赤字居高不下，以及经济增长缓慢甚至停滞的局面。对此，以澳大利亚和新西兰为代表的OECD国家开始认识到，传统的预算管理模式存在严重缺陷，它无力对支出机构的额外支出需求施加有效的控制，最终导致公共支出总量超过财政收入。

另外，"新公共管理"运动注意到，财政绩效恶化（尤其是支出和赤字膨胀）的根源可能是传统公共管理模式的制度性特征。正是因为这些制度性特征，才导致预算过程的参与者具有强烈的"向上偏见"（upward bias），这些所谓的制度性特征一般包括：

（1）公共服务的市场不发达，使得公共部门成为公共服务的垄断性供应者，成为不断要求增加公共开支的痴迷者。

（2）缺乏有效的市场控制机制，使公共部门的服务供应不受市场基础的监督和压力。

(3) 公共组织目标不连贯且模糊不清，导致无法做出那些旨在将资源配置到最优价值用途的决策，会计核算的不清晰加剧了制定和实施最优决策的困难。

(4) 相对于较低级别决策而言，信息的不对称使得较高级别的决策产生了严重的劣势[1]。

2. "新公共管理"运动的核心理念

"新公共管理"运动背后有着深刻的公共治理理念。除上述持续恶化的经济和财政绩效外，全球性的经济自由化和资本自由流动也对改革公共治理系统产生了新的压力。最近的经验表明，公共机构的质量以及经济当事人对它们的信任程度会对市场行为产生显著的影响，失去市场信任的公共部门治理系统往往会对国内经济施加很高的经济成本。正是基于良好的治理（good governance）与国家经济、社会发展之间的这种紧密联系，OECD国家政府改革的核心工程就是促进良好的公共治理。健全而透明的预算和政府会计制度被认为是建设良好的公共治理的基石："健全的预算和会计制度对一国的经济增长有着深远的影响，同时也是良好治理结构的关键因素。"[2]

"新公共管理"所强调的"公共管理"无疑是党的十八届三中全会所强调的"国家治理"的重要组成部分。财政作为国家治理的基础，应处理好效率与公平、国家与个人、政府与市场、中央与地方、短期与长期之间的关系，并注重它们之间的相互影响，而"国家治理"中的中长期问题正是本书所关注的主题——中期预算。

专栏3-1 财政改革与国家治理

十八届三中全会通过的《中共中央关于全面深化改革若干重大问题的决定》把财政定位为国家治理的基础，这种对财政的认识超出了原有的经济学框架，达到了一个新的认识高度，具有深远意义。

---

[1] 王雍君：《公共预算管理》，经济科学出版社，2002年版，第254页。

[2] 麦哲逊（Alex Matheson）："良好的公共部门治理：西方国家预算及会计改革的基本理论"，载陈小悦、陈立齐主编：《政府预算与会计改革——中国和西方国家模式》，中信出版社，2002年版，第36页。

（一）财政在国家治理中发挥着基础性作用

传统上对财政的认识一般从经济视角出发，将财政仅仅视为一个经济问题，顺着这个逻辑，财政政策、财政手段也就只是被视为经济政策、经济杠杆。现在看来，这种看法其实并不全面。财政在经济领域的影响和作用只是它的一个方面，而它在社会、政治领域发挥的作用则关系到国家的长治久安，更应引起高度重视。

从古今中外的历史来观察，财政从来都是属于治国安邦的重大问题。财政作为国家治理的基础，可以用“改进的木桶原理”来解释。一般说“木桶原理”，指的是一个木桶的功能取决于竖着的板子，即一个木桶能装多少水，取决于最短的那块竖板。但财政在国家治理中的地位，则不是众多竖板中的一块，而是木桶的“底板”，它决定的不是桶的容量和功能大小，而是这个桶能不能装水，功能是否失效。国家治理是一个严密的体系，由众多要素有机耦合而成，就像一个木桶由众多木板组合而成。如果财政出了问题，则整个国家治理就会失效，就像木桶的底出现了一个洞，整个木桶里的水会漏光。更严重的情况是，木桶的底板掉了，木桶的盛水功能就会彻底丧失。所以说，从国家治理的角度来看，财政是作为国家治理的“底板”发挥制度的基础性作用。只有认识到这一点，才能真正理解财政改革的重要意义。

（二）财政是耦合效率与公平的机制

改革过程中经常提到效率与公平这两个概念，过去我们把它们视为两个对立的东西，实际上是受到了西方学科分类的影响。西方文化天然存在一种对立逻辑，文艺复兴之后科学技术迅速发展，在工业革命的过程中西方喊出了“人类征服自然”的口号，就是人与自然对立的体现。西方的历史是扩张和侵略的历史，从西方传入的学术思维也是斗争哲学，将效率与公平作为对立面，其实就是走了极端。这种效率与公平非此即彼的认识会带来很多问题，甚至会造成政策摇摆不定。

另一方面，以凯恩斯为代表，西方学者把财政学当成经济学的一部分、而忽视了财政学的“政治经济学”基因，单纯把财政当成宏观调控的手段，把财政政策视为一种工具，任凭施政者随取随用。这种过度的经济化、工具化、功利化，妨碍了财政作为国家治理基础的稳固性。西方国家财政工具化的另一个表现是：财政成为政治家拉选票的工具，各政党竞选时都要强调要给老百姓减税和增加福利，上台后为了再次当选，更是要“讨好”，注重眼前利益，年复一年，政府的债务就越积越多。一旦财政被过度工具化，被政治家操纵，财政这个基础就不会稳固。财政不健康，国家治理肯定不健康。这个道理在世界各国都是一样的，欧洲债务危机就是明证。

因此，当下财政改革的思维要向中国文化的传统思维回归，即向系统的、整体的、和谐的思维回归。在新的历史条件下，过去所讲的“效率优先”或“公平优先”的说法都过时了，效率与公平难以分开。如果社会不公平，贫富差距太大，普通人没有购买力，少数富人的消费能力总体是有限的，结果将是内需不足，导致经济衰退和经济危机，效率也就自然下降。可见，效率和公平其实是同一件事情的两个方面。财政政策的制定需要有整体思维、系统思考，不能过度工具化，要把效率和公平有机结合起来，这正是财政要发挥的作用。财政就像一条扁担，一头挑着效率，一头挑着公平，如果两边不平衡，一头沉，社会就没法进步。

（三）财政必须平衡“两个钱袋子”

基于国家治理的财政，必须平衡两个钱袋子：一个是国家的“钱袋子”；一个是老百姓的“钱袋子”。老百姓的钱袋子鼓起来是好事情，但如果与此同时国家的钱袋子瘪下去，很多公共服务就不能提供，老百姓的生活就会受到影响。社会是个共同体，有很多需要共同面对的公共风险和危机，是个人力量无法化解的，只能通过国家和集体的力量。这其中不但包括社会保障问题，也包括公共安全和国防等问题。

进一步的问题是：国家的钱袋子里放多少钱比较合适？人们普遍认为福利多多益善，我反对这种“社会福利最大化”的主张，这实质上还是“不劳而获”的思想在作祟。因为天上不会掉馅饼，政府多给，就要多收。收得过头了，发展就没后劲了。真正的目标应该是“公共风险最小化”。使公共风险尽可能小，是衡量国家钱袋子里该有多少钱的标准。如果国家在防范公共风险方面出现资金困难，就应设法增加财政收入。

现在有人把这两个钱袋子对立起来，提出一些极端观点，比如认为探月计划不应该搞，要把这些钱拿去扶贫，或是发给大家改善民生。这就是缺乏整体、长远眼光的表现，没有把社会当成命运共同体来看。这种想法走向极端，就是过度的个人主义和自私自利，造成的结果将是整个社会人人自危。

（四）财政改革需稳定税负

财政改革的原则之一就是稳定税负。稳定税负的实质是政府和市场的关系，即政府引导市场形成一个预期，承诺税收的增长和经济增长相适应，不能太快也不能太慢。太快对经济增长不利，太慢会影响公共服务，这就是稳定税负的含义。有人认为稳定税负就意味着不进行结构性减税了，其实这两者并不矛盾，在目前条件下，结构性减税正是稳定税负的一个有力措施。原因显而易见，如果税负过重导致企业效益下滑，那么税收收入也会减少。

税制改革是一个有机整体，不能用简单的减税或增税来定义。税收具有结构性，有些税种，比如消费税、环境税、房产税等，有可能会增加。但这种增税不仅仅是为了增加国家财政收入，还具有调节目的。当生态环境出现危机征兆时，当贫富差距日益扩大时，就有必要对环境税和消费税进行适当调整。

对于减税大家都很欢迎，说到增税，似乎所有人都在反对。例如，现在有人提议降低奢侈品的关税、增值税、消费税等，美其名曰让普通老百姓也买得起，这实际上误解了奢侈品的定义，如果某种商品普通人买得起，那么它就是一种普通消费品而非奢侈品。对奢侈品增税，针对的是那些只有富人能购买的昂贵商品，目的是调节贫富差距、增进社会公平。另外，对某些污染严重的企业增税，是为了保护整体生态环境。所以，重要的不是增税或减税，而是这样做的目的是什么。总体来讲，就是要调整微观税负，稳定宏观税负。

（五）财政改革需稳定中央与地方的财力格局

财政改革还要稳定中央与地方财力的基本格局。现在很多人认为地方财政很困难，所以要扩大地方财权、财力，这种观点忽视了实际情况。现在我国中央财力只占总体的48%，地方所占比例已经达到了52%。一个国家的中央财力比例不应低于50%，尤其是我国这样的发展极不平衡的发展中大国。从世界范围看，无论是单一制还是联邦制国家，中央政府的财政收入占比也是超过50%的。这是保障一个国家长治久安的基本条件。如果把土地出让金考虑在内，算大账，地方财力所占的比例更高。

所以在目前的情况下，不应把改革的重点放在中央和地方财权、财力的调整上，而是要放在事权和支出责任上。完善中央事权、地方事权、中央地方共同事权的结构，把支出责任适当上移，既减少了地方的支出责任，缓解了地方财政压力，也减少了五花八门的转移支付。一些适合中央来承担的事情，中央直接来做，比层层委托给各地效率更高，也更容易协调。

另一个重点是完善地方税，完善地方税的目的不是改变中央与地方的财权比例，而是让地方形成稳定税源，通过地方税种的配置，更好地引导地方政府的行为，从而实现中央与地方财权的基本稳定。

（六）财政改革要发挥中央与地方两个积极性

财政改革的另一个原则是“发挥中央与地方的两个积极性”。国家治理是双向互动的，中央和地方必须都有积极性，才能形成合力。如果地方缺乏积极性，改革只能自上而下地单向推动，那样将十分困难。

这也正是国家治理的含义，所谓治理，就要有两个主体，中央发号施令、地方执行的模式是管制而非治理。国家治理要有两级架构，一为国家层面，一为地方层面。改革也应抓住两级分权、两级治理这条主线，目前这种架构实际上已经日益清晰，除了立法体制、税收征管早已实行国家、地方两级之外，司法制度、监管制度也开始趋向两级架构，财政体制改革也应遵循这个思路：国家层面的治理，主要解决中央与地方的关系；地方层面的治理，主要解决省、市、县、乡之间的关系。

中国的省区划分是历史上慢慢形成的，各省的人口规模、地理环境、经济条件等不同，决定了改革不能“眉毛胡子一把抓”。国家财政体制是统一的，中央与地方财政关系的处理遵循统一规则，目前来说即实行分税制。地方层面则可以有地方特色，比如地方要不要搞分税制，如何搞法，需要因地制宜。国家层面的治理和地方层面的治理，其性质完全不同，不能混为一谈，更不能对各省一刀切。如果要求各地全搞分税制，那是不合逻辑的，根本无法执行，地方层面的财政改革需要由各省针对自身情况来推进。当务之急是要分清楚哪些是属于国家层面的改革，而哪些是属于地方层面的改革，该是地方做的，应放手让地方去做，避免地方可以搞的改革都在“等待”、“观望”。

资料来源：刘尚希：《环球财经》，2014 年 2 月 10 日；马珺：《财政学教学研究体系现状分析》，河南大学研讨会发言稿。

3. “新公共管理”运动的主要内容

20 世纪 80 年代，在美国里根与英国撒切尔夫人执政时期，一种新的意识形态开始出现，主要目标是：政府瘦身——即减少政府支出的比重与成长速度，以及裁减政府功能；民营化——将政府功能与资产移转或外包给民间企业；重建政府——让政府提供服务具竞争性、负责任、有效率，以及引进企业精神，着重顾客导向。换句话说，就是推动政府瘦身与民营化以追求财政平衡，实施“政府再造”（reinventing government）以提升行政绩效。

新西兰与澳大利亚被人们视为新公共管理改革最为迅速、系统、全面和激进的国家。特别是新西兰，因改革的深度、广度、持续时间和成效而被许多西方国家奉为典范。在新西兰和澳大利亚，旧的公共行政传统以管制经济和由政府部门提供一切公共服务（即福利国家）为特征。20 世纪 70 年代末 80 年代初，两国面临相同的问题与压力。20 世纪 80 年代初期，两国相继开始了全面的行政改革（澳大利亚从 1983 年开始，新西兰从 1984 年开始）。尽管两国改革的总体框架、制度设计、改革进程和管理实践等方面存在着差别（尤其是新西兰的改革先有总体框架，而澳大利亚是在改革进程中逐步形成总体框架），但是，这两个国家与其他经合组织成员国相比，更多、更明确地采用了管理主义的模式。在公共部门引入私人部门的管理方式以及市场机制，是公共管理方式的根本性转变。改革几乎涉及所有公共部门以及公共部门的组织、过程、角色和文化等方面，改革的具体措施则包括结构变革、分权化、商业化、公司化，以及私有化等。

欧洲大陆各国（德国、法国、荷兰、瑞典等）的行政改革有所不同，不具有英、美、新西兰和澳大利亚等国的行政改革那种系统、全面、连续和激进的特点。但是欧洲大陆的行政改革同样带有明显的管理主义色彩，或多或少以“新公共管理”为取向。例如，在德国，20 世纪 70 年代末到 90 年代初的行政改革采取了非连续性渐进主义模式，即改革具有非连续性、渐进性和零散性特点，但其改革的基本内容——调整公共事业、“给国家减肥”（或“苗条国家”，即“小政府”、“夜警政府”）、削减公共服务人员、压缩公共人事开支、转变公共组织结构等——在某种程度上都是以管理主义为取向的。特别是 20 世纪 90 年代开始的地方政府改革推行从荷兰借鉴而来的“地方治理模式”，与英美等国的“新公共管理”模式十分相似，特征是：产出与结果控制、项目预算和绩效指标、服务和顾客导向、将责任委托给商业单位进行“政府服务外包”（service outsourcing）等。

4. “新公共管理”运动预算改革的影响

基于上述公共管理改革实践和理念，从20世纪80年代开始，以新西兰、英国和澳大利亚等为代表的OECD成员国发起了新的政府预算管理改革，希望从根本上变革预算管理的传统“游戏规则”。改革的重点涉及采纳新型的自上而下的预算程序、放松投入控制和采用产出基础的受托责任体制等，但其中核心的一项是转向中期预算。良好的中期预算框架主要包括：第一，财政/经济政策报告书；第二，中期宏观经济和财政预测；第三，支出部门和支出机构在下一预算年度及其后3～5年的支出估计数；第四，对各支出部门和各支出机构的预算拨款限额。

3.1.4 中期预算的早期探索

20世纪70年代，中期预算主要是作为确定新规划并为其在未来预算中分配资源的工具。OECD认为，这些国家首先碰到了两个主要问题：（1）高估经济增长情况的倾向和高估预测期可获得资源的倾向；（2）支出机构将中期支出预测视为其未来权利的倾向，这使得随后的向下调整支出很困难，即使基本的经济假设明显过于乐观，或者政策优先性已经发生变化。专栏3-2展现了这些问题。

专栏3-2 20世纪70年代和80年代早期的中期预算

英国：20世纪70年代，中期预算是按真实变量准备的，而不是按名义变量准备的。当经济增长率下降而通货膨胀率迅速攀升时，支出预测自动得到调整，这进一步给财政带来了压力。

这一时期的中期预算产生了支出上的“弓形浪”（bow-waves）问题，也就是接下来的财年的高支出和未来财年的低支出。为了维持现有的预算分配，支出单位会权衡未来年份的支出削减。

加拿大：20世纪80年早期，加拿大实行了一种“政策和支出管理系统”（policy and expenditure management system，PEMS），包括准备为期5年的滚动的财政规划。结果令人失望，原因之一是在中期估计中加入了“规划储备”（programming reserve）。支出部门将这种政策看成是一种信号：政府愿意的支出水平要高于现行承诺，因此，他们被诱使向其政策委员会提出新的支出建议，目的是为了获取上述储备的“属于”他们的份额。PEMS 制度因此受新的提议的驱动，更多地成为一种交易而不是分配机制。

澳大利亚：20 世纪 70 年代和 80 年代早期，面向未来的估计与年度预算准备联系很少，人们也很少关注这种估计，它们往往只是愿望清单（wish-lists）。对连续性的政策的不同看法，导致非常耗时的协商，最终争论不得不提交到内阁去解决。

资料来源：A. Premchand. *Government Financial Management*：*Issues and Country Studies*. International Fund，Publication Services，1990，p. 72-98，p. 217-233.

除了技术上的缺陷和不足外，有些政府没有良好的财政纪律，也是过去的中期预算实践并不是总能取得预期效果的原因之一。预算系统中一个经常性的主要弱点是"需要"式的方法，它使预算与国家的财政约束不一致，并充满了过度的讨价还价和"逃避"策略。在准备中期预算时，这些问题更加恶化，因为预算年度以后的规划被认为比年度预算的强制力要弱，而且，准备"愿望清单"代替良好的预算请求的动机更强烈。

从 20 世纪 80 年代中期开始，考虑到之前遇到的问题和控制支出水平的需要，中期预算从一个只确定新规划的工具，转向一种支出控制和在硬预算约束下分配资源的工具。OECD（1995）认为，很多经合组织国家开始重新定位中期预算，从计划转向预测，从规划扩展的工具转向对未来的支出进行约束的工具。这种转变反映在很多国家的财政规则上，规则要求预测必须建立在政策不变的基础上，也就是说仅仅估计现行规划的未来成本。

只关注现行政策的中期估计，为预算工作的开始提供了一个基线。尽管它只是一个背景性的文件，但也传达了一个强有力的信息：现行规划已经动用了所有未来的资源，任何新的支出项目都没有资金余地。

但是，为了加强支出控制，其他一些 OECD 国家采用了一种不同的方法。例如，加拿大用两年期的财政计划取代了以前的中期计划，认为这种关注相对短期的做法对财政的稳定性更为适合。而英国则将尽可能多的支出纳入三年期的管理，未来的支出计划每两年审查一次，相应的中期框架向前滚动。一个更为普遍的做法是中期估计每年向前滚动，具体情况参见专栏 3－3。

专栏3-3 丹麦和德国的做法

丹麦：预算准备一开始，财政部就要调整中期预测，以反映工资和价格假设的变动，因为这些假设在准备下一年度的预算时要用到。2月份，财政部向内阁提议一系列的支出限额，包括每个部门的限额，以及新的总支出目标水平。这些限额构成各部门起草预算提议的框架基础。预算协商的重点集中在如何安排新的支出，以及驳回难以将支出控制在既定限额内的部门的请求。

德国：年度预算的准备受中期财政计划的指导，这个计划每年都要提交议会。计划和预算都建立在财政计划理事会的建议基础上，该理事会由各个级别的政府代表组成。财政计划表明了政府的总体财政政策，以及40个大类的未来支出。这些支出是中期估计的一个加总，而估计是与年度预算同时做出的。中期估计与中期目标一致，但是分配给每个支出单元的总量要少于预算支出总量，因为每年都有一个计划储备，以应对新规划的成本和可能的价格增长。

资料来源：A. Richard, T Daniel, *Managing Public Expenditure - A Reference Book for Transition Countries*, p. 176-177.

3.2 中期预算的含义与形式

3.2.1 中期预算的三种经典形式

中期预算也称中期财政规划（medium-term fiscal framework）、中期宏观经济框架和财政战略或多年度预算。中期预算的具体编制大体有以下三种做法：

第一，以报告年度为基年的滚动方式编制3~5年期的预算计划，将年度预算纳入其中。这种方法将经过议会批准并付诸实施的预算年度定为中期预算的第一年，预算提交议会审议的预算年度为第二年，后续的1~3个预算年度为“纯计划年度”。对3~5年期间的每一年为执行政府职能安排了哪些支出、支出是如何筹措的，进行详细、全面的安排和审查。这是典型的中期预算模式。

第二，以报告年度为中心，将年度预算予以前后扩展，通常只是对原年度预算在编列形式上做某些改进。

第三，在预算中增加某些中期预算的因素，对某些重点项目进行重点反映。某些国家虽未采用上述典型的中期预算模式，但在沿用年度预算的同时，也注意将中期预算的某些因素引入年度预算的编制当中，主要是在涉及某些需要多年投资才能完成的重大支出项目时，所编制的年度预算不是仅仅反映该项目一个年度所需的拨款，而是对多年投资进行全面的反映。

不难看出，如果说第一种模式是中期预算的典型（成熟）模式的话，那么第二种、第三种都是年度预算在向中期预算演进过程中的一些过渡形式，而这种演进和过渡正是发生在弥补年度预算不足、发挥中期预算优势的过程中，体现了中期预算作为一种新生事物的旺盛生命力。

3.2.2　中长期预算框架在一些国家的特殊形式：联邦执政协议

在实行比例选举制（proportional representation electoral systems）的国家，通常会形成多党制和联合政府。如果存在这样一种惯例或法律要求，即执政党要向国会提交其经济和预算计划，那么，在这些国家，就不太需要立法机关通过成文法来制定“永久性的”预算规则。在这些国家中，预算目标通常会在组建联合政府的“协议”中予以明确。这种协议尽管不具有法律效力，但却可以约束日后联合政府的行为。这些协议类似于其他国家法律中所体现的数量性的财政规则。政府也要对这些协议承担类似其他国家的法律责任，因为政府的预算规划要向公众公布。但是，与其他国家的法律不同，这些协议仅在此届国会内有效[1]。

在几个有着联合政府的欧洲大陆国家（如德国和荷兰），在组建新政府之前，计划组阁的各政党之间要签订“联合协定”（coalition agreement）。这种协定会规定联合政府存续期内的政治经济日程。由于其存续期有限，因此，这些协定不可能被称为习惯法。而且，由于它们属于一种自愿性的协定，因此也不能被称为一种“法源”（law source）。但是，在有些情况下，它们确实可以为预算程序的很多方面提供详细规则，至少在其存续期内具有和法律一样的效力。

---

〔1〕 OECD, *The Legal Framework for Budget Systems: An International Comparison*, p.16, 2004.

例如，荷兰政府起草了一套详细的宏观财政稳定规则（Blöndal，Kristensen，2002）。通过自愿地遵守这些规则，政府的赤字在20世纪90年代变成了盈余。因此，与那些由政府制定的、由荷兰国会正式通过的存续期有限的法律相比，联合协定的效力是相同的[1]。

3.3 中期预算的特殊形式：财政纪律

3.3.1 欧盟马约标准

法律应当要求将预算和公债目标纳入中期预算框架，并经常进行更新。中期预算框架要求政府的税率、税基和其他收费项目保持相对稳定。因此，当向立法机关提交年度预算时，法律还应要求提交关于预算年度之后其他年度的规划情况。这种中期财政框架使立法机关可以在长期财政战略的视野中来审议当年12个月的预算情况，包括财政总收入、财政总支出和总财政余额等。法律可以要求立法机关来正式审批中期规划。如果立法机关每年可以从法律上更新对总支出的中期限额，那么立法机关就可以强化中期规划的财政管理功能[2]。

在OECD国家，预算草案的附加文件通常会对过去和未来的预算情况进行分析。提供一份包括财政预算收支总额在内的中期财政战略（medium-term fiscal strategy），现在实际上已经是经合组织国家的标准做法了。有些国家（如法国、德国、新西兰、西班牙）对这种做法有法律规定，有些国家（包括加拿大、丹麦、日本、韩国、挪威）没有这样的法律规定。

尽管由行政部门提交一个包括中期预算总额的综合预算（unified budget）已经是OECD国家的标准做法了，但是这些国家的预算法律规定在以下方面还是存在不同，即是否有法律规定，要求立法机关来批准预算年度以及未来年度的收支总额及财政余额。

财政规章作为中期支出框架的基础，通过对预算总数（如支出、赤字、债务等）设定数值限制，为中期支出框架提供了一个可预测的基础，从而可以对财政政策产生持久性的影响。在引进中期支出框架的国家中，财政规

---

〔1〕 OECD, *The Legal Framework for Budget Systems: An International Comparison*, p.45, 2004.

〔2〕 OECD, *The Legal Framework for Budget Systems: An International Comparison*, p.150, 2004.

章通常以以下三种形式存在。

1. 由立法机关批准量化的多年中期财政战略

一个国家的立法机关可能会通过法律制定量化的财政规则，以规定中期财政的发展方向。如果制定了这样一部法律，那么行政部门每年提交的预算都要与其保持一致。只有修改或废除了这一法律才能将行政部门从这种责任中解脱出来。如果这一法律只是关于预期赤字的，可能就需要另一部法律来保证立法机关也要分别控制收支总额。美国《1985 年平衡预算法案》和后来的《1990 年预算执行法案》就是这方面的例子。在欧盟国家中，《马斯特里赫特条约》的赤字和债务标准以及《稳定和增长条约》关于“预算至少应在一个经济周期保持平衡”的规定，为各国的赤字政策提供了很强的指导。但是，这些量化的赤字和债务规则并没有很强的法律约束力，被违背了几次，最后都是不了了之〔1〕。国内已有研究没有对财政规则的具体内容（如数量化规则或制度约束、目标如何定义、目标变量如何选取等）进行深入研究，且主要关注数量化规则（numerical rules)，没有考虑到规则与政策灵活性的协调与冲突，更没有考虑政策的波动性与周期性。实际上，主权债务危机的爆发，充分说明了欧盟财政规则的局限性，尽管欧盟近几年在财政规则方面不断修正和完善，但在执行上却流于形式，失去了实质约束力。从规则本身而言，这种失败有其必然性（Fatas and Mihov, 2007)。虽然欧元区已考虑通过立法增强财政规则的执行力，但相信其效果不会太理想，很难在规范财政与发挥财政效率方面取得平衡。Joshua Aizenman（2012）指出，即使是数量化规则，国债/平均税收收入和财政赤字/平均税收收入比赤字比例、国债比例更能反应一国实际风险情况。已有研究和实践充分表明，不合适的财政规则可能会造成更大的成本和代价。同时，Fatas and Mihov（2007）也指出，制度约束比财政规则更有效。

财政规章最常用的是预算余额规章和债务规章，并且两者经常结合使用，最著名的例子莫过于欧盟的《马斯特里赫特条约》（以下简称“马约”）和《稳定与增长公约》。著名的“马约标准”规定：原则上成员国要保证公共债务不超过其 GDP 的 60%，政府赤字不得超过其 GDP 的 3%；

〔1〕法国和德国超过赤字标准之后，欧盟财政部长理事会并没有按照欧盟委员会在 2003 年 11 月的建议行事，该建议当时要求要对超额赤字采取措施，最终就要强行罚款（IMF, 2004, Box 1)。欧盟委员会的此举挑战了其法律基础，最终只得诉诸欧盟法院寻求解决办法。

《稳定与增长公约》要求欧盟成员国的财政余额在经济周期中不得为负值。

原则上，财政规章和中期支出框架之间是相互加强的。财政规章可以加强中期支出框架的承诺和政治支持，加强财政部在行政决策方面的地位，从而为中期支出框架提供一个基础，以制定财政政策。反之，中期支出框架把财政规章转化为“真正的决策”，并且提前展示了政府政策是否和财政规章相一致，最终加强了财政规章。但是，以上两个纲领的主要问题是：它们对成员国是否有法律约束力。对欧盟标准的简单回答就是：它们并不对其成员国具有法律约束力，因为这些纲领只是体现在条约草案中，但只有条约本身才对成员国具有法律约束力（在多数国家，这需要成员国修改宪法或者制定国内法，向欧盟让渡权力）。因此，当2004年德国和法国的一般预算赤字超过其GDP的3%时，它们并没有认为自己违背了法律，因为它们没有将马约标准纳入其国内法。

但是，一些欧盟国家却自愿地制定了国内法，以与欧盟的预算标准保持一致。因此，西班牙《预算稳定性一般法案18/2001》和其他一些法律的制定，在很大程度上就是为了在地区主义嚣张的欧洲推行欧盟的标准。第二个例子是波兰。在加入欧盟之前，波兰就于1997年修改了宪法，将马约规定的债务上限不得超过GDP 60%的标准纳入了宪法（宪法第216条）。波兰《1998年公共财政法案》详细阐述了宪法的要求，将欧盟3%的预算赤字标准也纳入了进来。

2. 中期财政战略每年都要提交给立法机关来批准

各国通常不会在法律中要求立法机关每年审批一次中期预算战略，并将其作为常规预算程序的一部分。在瑞典，《1996年国家预算法案》允许政府向国会提出关于下一预算年度的支出限额建议。实际上，每年9月份，在通过详细的年度预算之前，瑞典国会都会制定一个多年支出限额。一般来讲，瑞典国会会确定一个未来三年的支出水平，也就是说，国会会在三年滚动支出限额的基础上再将新年度的情况加总上去。西班牙的《一般预算法案47/2003》也要求确定一个具有法律约束力的总支出限额。

3. 需要每年提交中期财政战略，但并不需要立法机关的正式批准

在多数国家，法律并没有规定立法机关要正式审批中期财政战略。即便如此，近75%的OECD国家的行政部门也要编制中期预算框架并将其提交给立法机关（参见表3.1）。但是，除了少数情况之外，立法机关只是了解这方面的信息，并不会对总额进行正式审批。例如，德国《1967年促进经

济稳定和增长法》是一部较早要求进行中期预算规划的法律，其中规定政府要制定五年规划，但只需将其提交给议会两院即可（第9条）。

表3.1　部分西方国家引入中长期预算的时间

国别	法国	德国	新西兰	西班牙	瑞典
时间	2001年	1967～1969年	1994年	2003年	1996年

资料来源：OECD, *The Legal Framework for Budget Systems: An International Comparison*, p.67, 2004.

一些OECD国家在法律中规定了中期预算规划的年份。法律中规定的年份一般是3～5年（如法国、德国、西班牙）。新西兰《1994年财政责任法案》要求政府每年都要向国会提交财政战略报告，其中要说明政府的长期目标和关于未来十年预算总额的预测。英国的财政稳定法规并不是一部正式的法律，它仿效新西兰的做法，在1998年也要求提供十年规划。在美国，法律只要求进行五年规划〔1〕，但根据20世纪90年代早期参议院制定的规则，财政政策的预测通常还是按照十年期间来进行。

3.3.2　财政纪律与预算软约束

1. 财政纪律与预算软约束

作为中期预算的一种重要形式，各种“财政纪律”或者“财政规则”本应在中长期发挥有效作用。预算软约束是Kornai（1980）对社会主义经济现象进行分析时提出的概念，认为在社会主义经济中普遍存在“父爱主义”（paternalism）的现象，政府对国企、中央政府对地方政府都负有最后救助责任。一旦国企出现严重亏损或破产，政府将采取包括追加投资、减免税收、财政补贴、贷款支持等一系列措施实施救助。但这种预算软约束会带来很多风险，导致国企资金配置效率降低、微观经营行为扭曲、企业经理的道德风险、银行的呆坏账、地方债等财政风险。

当然，地方政府债务危机和企业发生债务危机之间是有本质区别的。企业发生债务危机之后破产清算，影响面相对较小；而如果地方政府债务危机爆发，地方政府对公共产品的提供却不能终止。因此，对于地方债务危机，

---

〔1〕 1921年的《预算和会计法案》要求管理和预算办公室提供四年规划，1974年的《国会预算法案》却要求提供五年规划。

上级政府在介入时，一方面不能直接承担全部债务，否则会进一步强化预算软约束，使得中长期的财政纪律形同虚设；另一方面还要促进与债权人之间的协商解决，甚至借鉴美国《破产法》中的有关规定，促进地方政府债务重组，建立财政金融风险“防火墙”，以防止地方债危机向系统性的金融危机、宏观经济危机演变。这一点与我国拟实行的存款保险制度颇为类似，参见专栏3－4。

专栏3－4　存款保险制度与道德风险

存款保险制度是为保障存款人权益和维护金融秩序稳定，针对银行等金融机构在存款保险特征、机构设置以及问题金融机构处置等方面做出的一种制度安排。存款类金融机构或是强制性地，或是自愿性地，以它们所吸收的存款为基数，按照一定比率向保险机构缴纳保险费建立存款保险基金。当这些金融机构发生经营困难时，存款保险机构可以为其提供财务救助。如果发生破产或者倒闭，存款保险机构可以向储户支付一部分或全部存款。十八届三中全会和2014年政府工作报告中都提出，我国要建立存款保险制度。

存款保险制度始于20世纪30年代的美国。1934年，为了挽救在大萧条冲击下濒临崩溃的银行体系，美国专门组建了联邦存款保险公司，向银行等金融机构提供保险。20世纪80年代以来，世界上大规模的系统性银行危机时有发生，这项制度在世界范围内得到了认可和推广，在国际货币基金组织给发展中国家提出的金融改革建议中，建立存款保险制度往往是其中一项重要内容。到2010年，已经有107个国家和地区建立了存款保险制度。1997年东南亚金融危机后，亚洲有多个国家开始引入该项制度或者对相关制度进行修订。

之所以要建立存款保险制度，是因为在现代金融体系中，银行等能够吸收存款的金融机构具有十分重要的地位。与一般企业不同，金融机构具有高负债特点，它们所运营的资金大多来自社会公众的存款。一旦某家银行出现危机，往往会引发“多米诺骨牌效应”，引起挤兑风潮，进而对整个银行体系产生冲击。建立存款保险制度，就是为了在金融机构破产时提供财务援助，对给储户造成的损失给予部分或全部补偿，由此提高公众的信心，降低发生银行挤兑的可能性，从而维护整个金融体系的稳定性。

当然，存款保险制度也会引发新问题，目前存疑的就是它可能诱发道德风险。这种风险主要表现在存款人和银行两个方面。对银行来说，它们知道一旦遇到麻烦，存款保险机构会按照规定进行救助，因此银行可能会利用相关救助孤注一掷，采取冒险行为，而把全部风险抛给保险机构。在此逻辑下，那些资金实力弱、风险高的银行，很可能在经营中过度投机；而那些经营稳健、注重风险防范的银行，则可能在竞争中受损。对储户来说，他们会将钱存到愿意支付最高利息的银行中去，而不考虑这家银行的信誉和风险，因为即使银行破产倒闭，存款保险制度也能够保障存款人的利益，这种情形在利率完全放开的环境下会表现得更加突出。对此，我们必须在充分论证的基础上做好相应的制度安排。

可见，我国的存款保险制度改革也面临两难选择。一方面，尽管我国当前尚未正式建立存款保险制度，但以国家信用作为基础的“隐性保险制度”却是客观存在的。但是，隐性存款保险制度弊端众多。首先，隐性存款保险制度驱使国有银行肆意从事高风险业务，加大了道德风险，而一旦形成银行危机，最终还是由国家财政买单。其次，隐性存款保险制度让银行是否“国有”成为储户存款配置的唯一指标，弱化了市场竞争，不利于中小银行发展。另一方面，在审慎性监管的体制当中，存款保险制度已经成为一个没什么用处的“盲肠”。科学家们认为，当人类爬行着吃草的时候，盲肠不可或缺；脱离了食草时代，盲肠就没有什么用处了。在经历了 2008 年的危机之后，学者们对存款保险制度的反思走得更远：它不仅无用，反而可能有害。在 2010 年出版的《断层线》（*Fault Line*）一书中，国际货币基金组织前任首席经济学家拉詹（Raghuram G. Rajan）在讨论“如何才能让金融灾难不再发生”的一章中，提出了“逐步淘汰存款保险制度”的主张。在实践的层面上，在国际银行业推广的巴塞尔协议当中包含了审慎性监管的内容。由于审慎性监管在全球各大银行和主要监管机构的推行，各主要经济体的存款保险已经成为闲置的机制。

资料来源：王朝阳：《什么是存款保险制度?》，求是，2014 年第 1 期；吴庆：《慎重对待存款保险制度》，中国经济时报，2013 年 1 月 23 日。

2. 中国对地方政府硬化预算约束的尝试：寓堵于疏

地方政府一定范围内的“破产”可以收到“一石多鸟”功效：一是硬

化预算约束，减少地方政府对中央政府的道德风险，防止上级政府为下级政府的“失范行为”承担“无限连带责任”，促进地方财政体制的长期可持续发展；二是杀一儆百、充分揭示风险，防范债权人事前不谨慎的借贷行为；三是促使地方政府尽快重新运作，确保相关公共产品的持续供应[1]。相应地，在我国新的《预算法》获得通过之后，《国务院关于加强地方政府性债务管理的意见》（国发［2014］43号）明确规定：“要硬化预算约束，防范道德风险，地方政府对其举借的债务负有偿还责任，中央政府实行不救助原则。”这标志着我国在赋予地方政府一定举债权的同时，也明确了“不兜底”的基本原则。

分税制的具体实现形式包括两种：一是划分税种的分税制；二是按税种划分收入的分税制。因此，中央收入税和中央税不是一个概念。1994年我国实行分税制以来，名义上是在中央和地方之间划分税种，实际上是按税种划分收入，即中央和地方之间不是划分税种，而是以不同比例分享同一税种的收入，采取的是共享税的形式。中国单一制的国情决定了中国不可能赋予地方政府完全独立的税权，因此真正意义上的“地方税”在中国也难以存在，中国中央与地方之间的税收分享更多地还是通过共享税的形式来实现的。

当然，为了防范单一制政体之下地方政府的逆向选择和道德风险，中国也在尝试赋予地方政府一定的发债权，但要求地方政府自借自还，中央政府不承担“兜底责任”。从这种意义上讲，中国的政府间财政关系问题，不管是“集权”还是“分权”，都呈现出鲜明的实用主义的色彩。而如果把对地方政府税权的直接约束看成是中医中的“正”，那么赋予地方政府发债权的同时明确加以约束则是“奇”，“寓堵于疏”之意了然。

3.3.3 我国部分“财政纪律”的引入与退出

1. 重点支出的“挂钩”与“脱钩”

重点支出挂钩是指重点支出同财政收支增幅挂钩，或同生产总值挂钩，即某某支出要占财政支出或GDP的百分之几。如《农业法》规定，农业投入占当年财政支出的比重不能低于上年，并逐步达到15%以上；《教育法》规定，教育投入要高于经常性收入增长比例，后来又规定财政教育性经费支

[1] 赵芸淇：《地方政府融资平台研究》，中国人民大学2014年博士论文。

出要达到GDP的4%；等等（详见表3.2）。与财政收支增幅或生产总值挂钩的重点支出，有农业、教育、科技、文化、医疗卫生、社保、计划生育等7类。统计显示，2012年财政安排的这7类重点支出占全国财政支出的48%。

表3.2　　我国重点支出的"挂钩"情况

法定支出领域	法定支出的法律文件	法定支出的具体规范
教育	《义务教育法》（1986年通过，2006年修订）	第四十二条第三款：国务院和地方各级人民政府用于实施义务教育财政拨款的增长比例应当高于财政经常性收入的增长比例，保证按照在校学生人数平均的义务教育费用逐步增长，保证教职工工资和学生人均公用经费逐步增长。
	《高等教育法》（1998年通过）	第六十条第二款：国务院和省、自治区、直辖市人民政府依照教育法第五十五条的规定，保证国家举办的高等教育的经费逐步增长。
	《教育法》（1995年通过，2009年修订）	第五十四条：国家财政性教育经费支出占国民生产总值的比例应当随着国民经济的发展和财政收入的增长逐步提高。具体比例和实施步骤由国务院规定，全国各级财政支出总额中教育经费所占比例应当随着国民经济的发展逐步提高。 第五十五条第二款：各级人民政府教育财政拨款的增长应当高于财政经常性收入的增长，并使按在校学生人数平均的教育费用逐步增长，保证教师工资和学生人均公用经费逐步增长。
	《职业教育法》（1996年通过）	第二十七条第二款：各级人民政府、国务院有关部门用于举办职业学校和职业培训机构的财政性经费应当逐步增长。
科技	《科学技术促进法》（1993年通过，2007年修订）	第五十九条：国家逐步提高科学技术经费投入的总体水平；国家财政用于科学技术经费的增长幅度，应当高于国家财政经常性收入的增长幅度。全社会科学技术研究开发经费应当占国内生产总值适当的比例，并逐步提高。

续表

法定支出领域	法定支出的法律文件	法定支出的具体规范
农业	《农业技术推广法》（1993年通过，2012年修订）	第二十八条第一款：国家逐步提高对农业技术推广的投入。各级人民政府在财政预算内应当保障用于农业技术推广的资金，并按规定使该资金逐年增长。
	《农业法》（1993年通过，2002年、2009年、2012年修订）	第三十八条第一款：国家逐步提高农业投入的总体水平。中央和县级以上地方财政每年对农业总投入的增长幅度应当高于其财政经常性收入的增长幅度。

资料来源：根据有关资料整理得。

在特定发展阶段，重点支出挂钩为促进上述7个领域事业的发展发挥了积极作用。但事物总有两面性，消极的一面是出现了财政投入与事业发展“两张皮”、“钱等项目”、“敞口花钱”等现象。因此，十八届三中全会决定提出：“清理规范重点支出同财政收支增幅或生产总值挂钩事项，一般不采取挂钩方式。”这是预算管理制度改革的一大突破。清理规范重点支出挂钩事项具有多方面的意义。

一是有利于各级政府预算统筹安排。重点支出挂钩硬性规定了支出占比，不可避免地导致财政支出结构固化，肢解了各级政府的预算安排，财政安排的重点支出占比偏高，使其他支出占比降低，加大了政府统筹安排的难度。清理规范重点支出挂钩事项，各级政府就能根据实际情况，统筹安排财政预算。

二是有利于增强财政投入的实效性。重点支出挂钩容易引发攀比，“钱等项目”、“敞口花钱”，缺乏财政投入的针对性，没有达到想要的实际效果。清理规范重点支出挂钩事项，各级财政部门就能优化财政投入，使财政支出有针对性，把钱用在刀刃上，并继续把这些领域作为重点予以优先安排，确保有关事业发展的正常投入，实现可持续发展。

三是有利于政府科学配置资金。重点支出挂钩，在全国统一规定一个比例，实行“一刀切”，可能脱离实际，硬要地方政府达到相关指标，可能造成资源浪费。清理规范重点支出挂钩事项，地方政府不受那些不合理比例的约束，而根据本地区对于这项支出的实际需求有多大来安排支出，这样就能科学地配置资金。

四是有利于财政支出公平规范。重点支出挂钩片面强调了重点支出，忽视了急需支出，重点领域也有非重点，非重点领域也有急需，必须重点支出，笼统地强调重点支出挂钩，有失公平。现在，将重点支出脱钩，按轻重缓急实际情况安排政府支出，就可以做到公平规范，实现支出平衡。

五是有利于推进社会事业的发展。重点支出挂钩使预算管理无法全面公开、资金投入重复低效，导致财政投入与事业发展“两张皮”现象，并不利于社会事业的发展。清理规范重点支出挂钩事项，就可以解决这些问题，根据社会事业发展需要安排财政支出，保障和推进社会事业持续发展[1]。

2. 国家财政性教育经费支出占 GDP 4% 的前世今生

1993 年 2 月 13 日，中共中央、国务院印发《中国教育改革和发展纲要》，正式提出“逐步提高国家财政性教育经费支出占国民生产总值的比例，本世纪末达到百分之四”。自此，4% 成为中国教育史和中国公共财政决策史上非常著名的数字。1995 年，“三个增长”（各级人民政府教育财政拨款的增长应当高于财政经常性收入的增长，并使按在校学生人数平均的教育费用逐步增长，保证教师工资和学生人均公用经费逐步增长）被写入《中华人民共和国教育法》，政府教育经费投入有了法律保障。2010 年，中共中央、国务院印发的《国家中长期教育改革和发展规划纲要（2010 ~ 2020 年)》中，再次明确提出“提高国家财政性教育经费支出占国内生产总值比例，2012 年达到 4%”。2011 年，国务院印发了《关于进一步加大财政教育投入的意见》，要求各级人民政府要依法落实教育经费增长，要提高财政教育支出占公共财政支出的比重，提高预算内基建投资用于教育的比重。同时，提出了统一内外资企业和个人教育费附加制度、全面开征地方教育附加、从土地出让收益中按比例计提教育资金等拓宽经费来源渠道的政策措施。为督促各地全面落实国务院关于加大财政教育投入的各项政策措施，财政部会同有关部门印发了《关于加强对各地 2011 ~ 2012 年财政教育投入状况分析评价的通知》，从财政教育支出增幅、财政教育支出比例、教育附加征收率和土地出让收益教育资金计提率四个方面对各地投入情况进行评价。中央财政设立财政教育投入综合奖励资金，对综合评价结果为优异的省份给予奖励。这些政策和措施的出台，健全了落实 4% 目标的政策框架。2012 年，财政部、国家发改委、教育部联合成立了 4% 办公室，加强沟通协调，

[1] http://blog.people.com.cn/article/1393117556004.html。

开展月度监测和分析评价，督促和指导各地落实国务院出台的一系列增加财政教育投入的重大政策措施。

2012年“两会”期间，国务院总理温家宝在做政府工作报告时提出，2012年中央财政已经按全国财政性教育经费支出占国内生产总值的4%编制预算，地方财政也要相应安排，确保实现这一目标。1993～2012年，4%目标自从提出到逐步实现，经过了20年。

改革开放之初，中国教育百废待兴，农村的大批校舍都属危房，急需国家大量投入，其他的教育欠账也非常多。教育经费短缺，一度成为两会讨论的主题，成为当时亟待研究解决的尖锐的政策问题。在这种背景下，科学确定财政性教育经费支出占GDP 4%的指标，并为之不断努力，直至最后实现，对于确保国家财政性教育经费的投入、促进我国教育事业的发展无疑起到了关键作用。

1992～2005年，国家财政性教育经费支出占GDP的比例一直低于3%，直到2006年才达到3.01%。中国人口多，GDP基数大，每增加1个百分点都意味着巨大的财政压力。例如，1992年中国的GDP为2.6万亿元人民币，当时的人均GDP不到2100元人民币，财政收入为4153亿元人民币，占GDP的比例为15.6%，这些钱要维持百姓的吃饭问题，要解决经济、国防保障等问题，还要切出2.71%的蛋糕留给教育，实属不易。从1992年的2.71%到2006年的3.01%，虽然只增加了0.3个百分点，但由于国内生产总值大幅提高，2006年的财政性教育经费支出相比1992年增加了5000多亿元[1]。

然而，随着我国GDP蛋糕的不断做大和我国财政性教育经费的多年持续投入，财政性教育经费投入与其他重点支出同GDP等经济总量或财政总额指标挂钩的做法，一方面制约了预算安排的灵活性，另一方面我国财政性教育经费的支出也出现了效益问题。在这种情况下，党的十八届三中全会提出“清理规范重点支出同财政收支增幅或生产总值挂钩事项，一般不采取挂钩方式”。财政部部长助理余蔚平2014年10月在全国财政教科文工作会议上指出，大力支持教科文事业持续健康发展，各级财政要立足保基本、要聚焦工作重点、要花钱买机制，继续把教科文事业作为投入重点，促进财政对教科文投入的持续稳定增长，但不再采取先确定支出总额再安排具体项目

〔1〕《中国教育报》，2013年3月5日。

的办法[1]。

可见，我国这些重点支出通过与 GDP、财政收支等总量指标挂钩的办法，在二三十年的时间内对确保重点支出发挥了很好的作用，但同时也制约了预算的灵活性，使相关支出的效益难以得到保证，因而，在我国强调“依法治国”和建设现代财政制度的背景下，又纷纷“脱钩”。从这种角度来看，具有中期导向的“财政纪律”不是想当然产生的，应该是对财政管理具有中长期“普适性”和科学性的，否则其合理性将很快受到质疑。

3.4 OECD 国家关于中期预算的实践与探索

目前，所有的 OECD 国家都已转向中期预算，但各国所采取的形式存在很大的差异，这可能是由于各国采用中期预算的直接目的、制度设计和执行情况不同造成的。在很多国家，中期预算是以中期的财政计划或规划的形式存在，例如英国的公共开支计划审查、德国的五年期中期财政计划和法国的三年期中期财政计划，而美国则是将年度预算直接扩展到中期预算。限于篇幅，下面只选取几个比较有代表性的国家进行重点介绍。

3.4.1 澳大利亚的中期预算

20 世纪 80 年代初期，当澳大利亚开始进行综合改革时，考虑的主要问题是政策和项目与所配置的资源之间的联系不紧密。财政危机使人们开始从根本上考虑当前政府政策的负担能力。相应地，政府开始采用预先估计机制，并将其置于资源配置决策和资源使用的中心，此前预先估计机制在决策中处于无关紧要的地位。

1. 财政总目标

从 1985 年开始，澳大利亚联邦政府就采取了一项中期的“三部曲”战略，即不增加支出及收入占国内生产总值的比重、降低赤字及其占国内生产总值的比率。其后的经济危机证明这一承诺得到了严格执行，支出没有出现任何真正增长。后面讨论的预先估计的可靠性对这一战略的成功起到了核心作用。到 20 世纪 80 年代末，原来 4% 的赤字已转为 2% 的盈余；政府加大

[1] 《中国财经报》，2014 年 10 月 16 日。

力度重新定位支出，以反映其核心的战略重点，同时也大大加强了对有效使用资源的激励。

20 世纪 90 年代初的衰退又导致了赤字现象的出现，财政目标也转向关注现实，以期恢复平衡。更引人注目的是政府的“预算诚实”承诺（budget honesty commitment），要求政府定期公布支出和收入预计数字，特别是在大选之前的 3 个月（新西兰财政责任法案除此之外还更进一步要求，政府有责任公布其长期财政目标，采用有关政策，这些政策使政府赤字能保持在较低水平，赤字水平的可预计性以及税率稳定适度是一致的）。

2. 现行政策成本的事前评估

澳大利亚的“事前评估”制度是从 20 世纪 70 年代晚期开始，经过整个 20 世纪 80 年代发展起来的。事前评估程序以滚动方法为基础，评估当前财政年度之后三年的支出水平和构成，假设三年中政策不变。这些估计要将诸如通货膨胀（通货膨胀对项目支出有影响）以及可能增加或减少估计成本的政府决策等因素考虑进去，定期进行调整。

1983 ~ 1984 年度之前的做法是：财政部从各部门收集项目支出的申请，但除第一年之外，对申请的基础均不加以严格审查。因此，这些申请也就反映出各部门对其自身未来需求的估测。

在新做法中，财政部与各部门就当前项目的估测进行协商，然后明确定期更新事前评估的责任，以反映出如上所述的经济参数的变化、其他技术变量以及对政府决策的影响，这是最重要的。新的政策和项目建议也采用同样的程序，在这些程序中，需要提供整个事前评估期间的预计成本，以作为内阁考虑的政策建议的一部分。因此，可以认为财政部在事前评估中发挥着支配性作用。

此外，尽管过去倾向于广泛地对预计支出进行年度再协商，但新制度更关注的是政策，涉及各部长的主要是占比虽然较小但战略意义较强的事项。因此，事前评估就成为预算过程中更多关注战略政策问题的约束性机制。同时，事前评估使部门和机构的资源水平更可预测。

1983 年，政府做出了事前评估制度发展中的一个重要决定，要求公布今后三年的成本，这一要求的目的在于确保决策者在决策时能更清楚地意识到未来的责任，并向国会和公众提供更好的关于预算真实情况和公共支出模式及重点的信息。决定公布这一信息也同时意味着必须更认真地对待事前评估，以促使其不断发展与完善。

由于采用了这一制度，政府就需要公布并说明在三年的事前评估期中支出随意变化会带来的政策决策成本。各项估测数据要在预算中与预算年度数据一起公布，以后几个年度和预算之间的不同要在预算文件中加以解释，也就是预算估测要和上一年度进行的事前估测协调一致。这些改革的目的在于使各部部长和高层官员将关注的重点转向中期（4 年）而不是当前预算年度。事前评估为具战略性的决策提供了框架，为管理决策提供了资金安排的更大可预测性。

3. 建立一种进行平衡交换的制度机制

由工党政府在 20 世纪 80 年代中期建立的支出审查委员会（Expenditure Review Committee，ERC）在预算改革中的核心作用毋庸置疑。该委员会是内阁的下属委员会，不仅包括首相、财政部长，也包括其他许多高级“支出”部长。该委员会负责决定总体财政框架，并管理战略决策的制定，包括政策重点的转移，也包括反映财政现实所需的政策变化。

支出审查委员会做出的重要战略决定之一，是为完成年度预算而给各部部长确定资源限额。各部长根据各自预算是否超过限额来安排支出项目，在调整支出项目时，各部需遵循部门与政府总体政策一致的原则。

事前评估机制中包括运行成本评估环节。这一环节为职能部门在进行中期预测的预算限制内，为其管理人员和行政资源提供了相当大的灵活性。该环节消除了每年在行政资金提供水平方面的争执，也意味着部长们不必再参与这一层次的决策。正是该环节的效率提升使得内阁不再介入运行成本决策，并在各职能部门和财政部之间建立起了信任。

最后，值得一提的是，事前评估机制已使得澳大利亚财政部可以承担起相当于银行的作用。这一点可通过重要的澳大利亚税收制度现代化这一案例来加以说明。税收制度现代化的投资超过 10 亿澳元。由于进行了预先估计，财政部得以在预算困难年度根据投资产生的节余而减少税务局的运行成本。显然，政府从事前评估机制中获得的利益是显著的，而不仅仅在于促使职能部门对支出建议进行认真分析。

3.4.2　新西兰的中期预算

过去十多年中，新西兰进行了一系列重要的预算改革，其中最核心的是 1989 年的《公共财政法案》和 1994 年的《财政责任法案》（*Fiscal Responsibility Act*），它们构成了新西兰当前多年期预算的基础。与其他联邦国家相同，新西兰预算改革最重要的目标是设计一种方法，从而通过提高预算过程的透明度和受托责任，来加强政府的财政纪律性。多年期预测可以发挥预警机制的功能，提前发现与财政战略目标相背离的政府政策，这些战略目标包括削减财政赤字、降低公共债务水平和缩减公共部门规模等。另外，贯穿预算过程始终的系统报告制度，改进了预算资源分配过程的透明度、效率和受托责任。

尽管 1994 年的《财政责任法案》不要求设定特定的中期财政战略目标，但它的确在寻求实现一些特定的财政目标和原则。而且，该法案要求预算估计要涵盖预算年度及未来两年。正是由于没有制定特定的数量化目标，新西兰的多年期预算赋予了政府更大的灵活性，以应对经济状况的变化。

在新西兰，预算过程体现出高度的“下移”（down）特征，将很大部分的责任和财政管理放在部门层次（ministerial level）。遵循此逻辑，新西兰的多年期估计也是由相关部委（line department）进行的。1991 年以来，新西兰一直采用的是增量预算，要求支出机构更新它们上一年度的支出基线预测。额外的资金请求被认为是对基线水平的改变。提交给国库的部门支出基线估计，涵盖预算年度及其后两年。

多年期支出估测要接受国库的方针指导，这种指导旨在强化财政纪律和效率。部门通常从其部门预算内为新项目筹集资金，而且正常情况下它们不会因投入成本的增加而得到补偿。只有出于法律要求或重大的政府新项目，才会得到额外的资金。

为了打造更高水平的透明度，在预算周期的整个一年内需要提供三份重要文件。第一，在议会第二次审阅预算同时，政府必须提交其“预算政策声明”，它概括了政府的短期财政计划及中期财政战略政策目标；第二，在最后一次向议会提交预算时，必须公布《财政战略报告》（*Fiscal Strategy Report*），该报告包括了最新的财政估测，并说明了预算与“预算政策声明”的战略和目标的任何差异；第三，多年期财政和经济预测（预算的经济和财政更新）每年要发布两次，并与政府之外的独立估测进行比较。

3.4.3 美国的中期预算

与其他国家不同，美国在编制预算时包括两部分，即总统预算办公室编制的预算和国会预算办公室编制的预算，这两部分预算既相互关联又相互独立。总统预算是国会编制预算的重要参考依据，同时总统有权否决国会通过的年度预算法案。政府预算不仅要在国防、商业与住房贷款、医疗卫生等方面合理配置资源，而且还要决定在具体规划（programs）、项目（projects）和活动（activities）——建造军舰、审批专利权、控制疾病等方面如何分配资源。

1. 预算编制分析

美国预算编制过程的一个特点是预算编制分析，一般包括经济运行分析及预测、联邦收入分析、经常性预算分析、税式支出分析和联邦投资及资本预算分析，以及联邦政府对州和地方政府的转移支付分析等。编制预算分析对于预算的编制非常重要，因为美国政府预算是一种基线（baseline）预算，所谓“基线”就是假定预算年度的法律和政策不变，来测算预算收支基线，确定预算基线之后再测算出法律和政策变动对预算收支造成的影响，最终确定新财政年度的预算收支。

在这里，我们主要介绍美国的经济运行分析及预测。经济运行分析与预测主要有四个方面的内容：经济发展状况、经济预测、与国会预算办公室（CBO）及私人部门预测的比较，以及经济假设变量对预算的影响。

（1）经济预测。例如，在预算分析中，政府要对2000～2011年的GDP、政府收入、消费价格指数、失业率、联邦政府职员工资、利率情况做出假设。假定预算中采纳的政策包括：减轻美国工作人员及其家庭的税收负担、最大限度地削减联邦债务、紧缩联邦开支、保持社会保障盈余并将其用于社会保障。

政府的经济预测比较保守，按日历年计算得出。例如，2000年GDP增长5%，2001年预计增长2.4%，2002年之后，实际GDP年增长率稳步上升，2005年初可达到3.1%，今后10年平均GDP增长率预计将接近潜在增长率；失业率继续保持在4.6%左右，预计2002～2011年，劳动力每年增长1%；无论是按CPI还是GDP环比加权价格指数，预计通货膨胀率增长缓慢，因为能源价格将从2000年底的高水平降下来；预计资本支出在GDP中将占较大比例，名义GDP中的应税收入份额将逐渐降低，近年来投资的发展及GDP中投资所占份额的逐渐增多预示着折旧的快速增长，公司利润的份额将会下降；在预测期，GDP中工资份额将相对稳定。

（2）与CBO及私人部门预测的比较。国会预算办公室（CBO）和许多私人部门也进行10年期预测。国会根据CBO的预测制定预算政策，由财政部、经济顾问委员会及白宫预算管理办公室（OMB）等政府部门共同完成预测。政府预测总是假定总统的政策意图要完全体现在预算中，CBO 通常假定现有法律仍然保持不变，而私人部门的预测则基于“最可能的一种政策结果”，所以三者难免会有不同的预测结果。这三个部门预测的主要经济指标包括：实际 GDP、名义 GDP、消费价格指数和利率等。

（3）经济假设变量对预算的影响。经济状况的变化将影响收入和支出。这种影响增加了预算编制的复杂性，原因在于经济假设的错误会导致预算预测的错误，所以有必要对不同经济假设的影响加以检验。许多经济假设对预算造成的影响是完全可预测的，根据一些经验判断可以推测经济假设的变化对支出、收入以及盈余产生的影响。

第一，生产力缓慢增长的影响。在每年实际增长率比预计低 1 个百分点而失业率不变的情况下，最终在 2001 年造成了预算余额减少 4319 亿美元。如果失业率高出 0.5 个百分点，对预算结果的影响会更大。

第二，利率和通货膨胀的影响。利率和通货膨胀的共同变化比实际 GDP 增长同样的变化率对盈余的影响要小。如果每年的通货膨胀和利率水平都比基线高 1 个百分点，那么价格水平和名义增长率将会逐渐累积，超出预期。在这种情况下，在以后几年中，收入和支出受到的影响将不断加大，到 2011 年支出增加 577 亿美元，收入增加 3411 亿美元，盈余净增长 2834 亿美元。

上述依靠经验进行的预测以 GDP 中收益部分保持不变为前提，因为不同的收益会面临不同的税种和税率，收益份额的变动也会造成总收入的变化。需要指出的是，收益份额变化与通货膨胀率、增长率和利率变化之间的关系非常复杂，不能再依靠简单规则进行预计。

2. 中期预算实施过程中各主要部门的配合协调

美国的预算要对预算年度之后 4 年的情况做出估测（例如，对于 2012 预算年度，要对 2013 ~ 2016 年的情况做出估测）。在美国国会预算过程中，拨款委员会（Appropriation Committee）的职责之一就是要提供五年期的支出预测报告和拨款议案，并将预算授权与最近的预算共同决议中的数额进行比较。对于进行预算估测所需的宏观经济数据，由经济咨询委员会（Council of Economic Advisors，CEA）、财政部和管理与预算办公室共同完成。预算提案要说明其所依据的经济前提，同时要对前些年度所做出的预测情况做出调整（管理与预算办公室，2004a）。上述的经济前提包括要对总统所采取政策的影响进行估测。与之不同的是，国会预算办公室会对白宫预算管理办公室所提出的前提提出挑战，其中也不会考虑政策调整所造成的影响。因为随着《预算执行法案》(*Budget Enforcement Act*, BEA) 的到期，多年的支出预测就失去了法律上的限额。

因此，每年 1 月，国会预算办公室就展开研究，结合其自身对于经济与财政状况的预期等信息，独立撰写题为《预算与经济展望》(*Budget and Economic Outlook*) 的年度报告，并提交两院的预算委员会和拨款委员会，作为预算拨款决策以及评估其财政影响的重要依据。这份报告根据历史数据和未来预期建立起年度收支的总体基线 (baseline) 和各个项目的预期基线。其预期年度往往为未来 5 个年度，如果预算委员会提出要求还可以扩展到 10 个财年。

3.4.4　英国的中期预算

英国的中期预算不单是政府开支的计划，还是经济发展总方向的建议、收入分配的规划和调控经济的依据。英国的预算年度从 4 月 1 日开始 (t 年) 到次年的 3 月 31 日止 ($t+1$ 年)，并通常用“FY ($t+1$)”表示。

为了应对中期财政挑战、提高财政资源的配置效率，英国预算有两项基本财政法则：(1) 黄金法则 (golden rules)：在经济周期内，政府借债只是为了进行投资，而非用于负担经常支出；(2) 永续投资法则 (sustainable investment rules)：公共部门净债务占 GDP 的比例将保持在一个稳定、谨慎的水平上。这些法则的要点包括：

- 将经济周期考虑在内。
- 适用于英国各公共部门。
- 区分经常开支和资本支出。
- 强调可持续性。
- 体现出一种谨慎的方法。

按照《1998 年财政法案》(第 156 条)，英国的财政部要提交《预算展望报告》(*Pre-Budget Report*, PBR) 和《债务管理报告》。此外，财政部还要发布《年度财政与预算报告》(*Annual Financial Statement and Budget Report*, FSBR) 和《年度财经战略报告》(*Annual Economic and Fiscal Strategy Report*, EFSR)，但这并不是财政法案要求必须提交的。

根据《1998 年财政法案》，财政部 (而不是议会) 会确定相关文件的主要内容。《财政稳定法案》(*Code for Fiscal Stability*, CFS) 为财政部确立了基本框架 (《1998 年财政法案》第 155 节)。从立法技术上讲，这种法案

(code) 并不是法律，因为它没有经过议会上院的批准（该法案尽管是《1998年财政法案》的一部分，但作为一种货币政策，并没有经过议会上院的审批），只是经过了议会下院的审批。《财政稳定法案》规定，政府要按照该法案中的原则，说明本届议会的财政政策目标。每次预算中都应重申这些目标及其运行规则（《财政稳定法案》第9节）。该法案还规定了政府更改这些财政政策目标的条件（第11节）。

该法案规定了相关报告的内容。财政部至少要在提交主报告的3个月之前发布《预算展望报告》。即使每年的预算可能不止一次，但每年只要求发布一份《预算展望报告》。《预算展望报告》在内容上是建议性的，它会就政府正在酝酿的财政政策的一些重大变化提出建议。《预算展望报告》还要对财经形势做出预测，分析经济周期对主要经济指标的影响情况。

财政部必须要提交《财政与预算报告》。《财政稳定法案》（第18节、第20~25节）对其规定了最低要求，其中包括财经形势预测和对预算中的重大财政政策举措进行阐释。预测期限要涵盖发布之日起的至少两个完整财政年度（即预算年度结束之后的两年），同时还应发布与前两年财政数据的对比情况。

财政部在发布预算时，通常每年还要发布《年度财经战略报告》。《财政稳定法案》规定，《年度财经战略报告》应当包括以下内容：

- 政府的长期财经战略，其中包括主要长期财政目标。
- 对长期战略的近期影响做出分析。
- 对欧盟规定的财政纪律遵守情况做出短期和长期的分析。
- 对主要财政指标做出不少于10年的预测，以对财政政策的可持续性及其可能对不同代际造成的影响做出分析[1]。
- 就经济周期对主要财政指标的影响情况做出分析，包括在经济周期的不同阶段需要做出的调整情况等。

对于《债务管理报告》，《财政稳定法案》规定，政府应当每年报告政府债务的结构和借债成本，以使公众能够获取足够的信息来对政府的债务管理政策进行监察。《财政稳定法案》中还规定，政府应当在《债务管理报告》中明确债务管理的责任，其中包括：预计从国民基金（national sav-

〔1〕 政府可以自己确定长期预测的时间跨度。在这方面，英国财政部已经发布了对财政政策未来50年影响的预测。

ings）中融资的额度、金边债券（the gilts）担保的总规模、债务的期限结构、指数化债券和传统债券的比例，以及债券发售时间表等。

3.4.5　德国的中期预算

德国法律规定，在提交预算草案的同时，还要向立法机关提交5年财政计划（即关于财政政策战略的量化说明），用于议会中的预算辩论（《预算原则法》第50节）。因此，德国的预算制度是由5年的财政计划和当年的财政预算构成。当年的财政预算必须以5年的财政计划为依据，或者说当年的财政预算只是5年财政计划中的一个单列年度计划。5年的财政计划与中国的国民经济发展五年规划并不相同，它是一个滚动式的5年计划，逐年修改。联邦和州都必须制定5年财政计划，市镇也要编制5年财政计划[1]。

财政计划是由政府自己制定的（《经济稳定和增长促进法》第9节），提交给议会只是为了向其提供信息。财政计划中的第一年是关于当前财政年度的，第二年是关于预算年度的，此后还包括了三年。法律规定，联邦财政部长要负责起草财政计划，并根据每年的经济发展状况对其进行更新（《经济稳定和增长促进法》第9节）。联邦的部长们要负责编制其所负责领域中的投资计划。这些投资计划要反映每年项目的直接支出情况，以及联邦给予第三方投资的财政补助（《经济稳定和增长促进法》第10节）。

对于联邦政府来说，除了联邦预算草案之外，联邦财政部还要提交一个报告，说明公共财政的当前状况，以及其对未来整个经济的可能影响（《联邦预算法典》第31条）。这份财政报告是一个核心的预算文件，其中说明了关于预算提案评估的情况。法律没有规定它的具体内容，通常其中会包括：预算简表和说明，联邦中期财政计划，宏观经济状况和税收政策说明，联邦、州、市的财政关系说明，与欧盟的财政关系，联邦的债务、承诺（commitments）和责任（obligations），联邦的特别目的基金，关于政府资产和参与私人经济活动的情况等。

关于中期财政计划，根据惯例（而非法律），联邦财政部要：

- 根据前两年的发展情况以及后三年不考虑经济周期下的发展情况，说明宏观经济指标的情况。
- 区分两类支出：一类支出必须有确定的法律条款加以规定；另一类

---

〔1〕 朱秋霞：《德国财政制度》，中国财政经济出版社，2005年，第43页。

支出则只有一般性的规定（如工资支出）。

- 财政收支的预测都要考虑未来政策变化的方向。
- 年度预算和中期财政计划之间的关系并不是非常密切。

出版的财政计划中大约会包含 40 类功能支出。但是，联邦、州和市的行政管理部门会进一步编制 7000 ~ 8000 项支出和 1100 项收入的详细情况，这是参与中期财政计划所必须的。

3.4.6 瑞典的中期预算

自 1997 年起，中期财政框架就被全面引入了瑞典几乎所有的预算编制中。瑞典预算编制的一个鲜明的特点就是：几乎所有的宏观经济和财政运行状况的信息都是按照 3 年的周期来提供的。3 年规划使得瑞典在财政目标的实现和模型预测的使用当中可以更好地贯彻财经纪律，这其中特别强调财政预测的重要性。瑞典中期财政框架的基石是由经济事务预测司负责的宏观经济预测。

在支出限额方面，从 1997 年的预算开始，瑞典在预算程序上对中央预算内的所有支出项目（不包括对政府债务利息支出）和预算外的养老金支出都规定了支出限额（expenditure ceiling）。由于这种支出限额针对的是未来 3 年的情况，因此，政府和国会会根据宏观财政形势，以在未来 3 年的预算周期内确定适当的支出限额，同时也会密切跟踪财政状况是否在限额之内运行。除了支出限额之外，在经济周期之中，一般政府盈余平均应当为 GDP 的 2%，个别年度的盈余水平可以不尽相同。这样一来，政府不仅需要关心中央政府汇总的财政收支，还要关注一般政府预算和养老金的情况等。

在瑞典，中期预算框架的引入使得政府增加了对未来财政年度的关注。预算谈判的空间也变大了，因为政策调整的实践可以超出年度预算额框架。但是，这种变化并不全部是积极的，预算资源被捆绑在中长期之内，政府在即期的灵活性就降低了。

3.4.7 日本的中期预算

日本实行中期财政规划有着很长的历史。日本的第一份中期财政规划是在 1976 年由财务省引入的，一直实行到 1980 年，从 1981 年开始实行“中期财政预测”，并一直持续至今，只是在提交风格上做了一些改变。

尽管预算要根据《公共财政法案》（*Public Finance Act*，PFA）（第 14

条）规定的一年原则编制，日本法律也没有规定要提交中期预算规划，但是，政府还是会编制中期财政规划，以为政府的经济和财政政策的决策提供基础。财务省通常会在 1 月底国会开会时发布“中期财政规划”，内阁办公室也会根据宏观经济模型编制中期规划。因此，日本政府现在有两个中期财政计划。财务省编制的中期财政计划涵盖的是当前财政年度之后的 3 年。内阁办公厅编制的中期财政规划涵盖此后的 4 年。二者最为重要的区别是：内阁办公厅的中期财政计划将未来的一些政策变化考虑了进来，而财务省编制的计划则假定当前的公共服务水平未来也不会发生变化。因此，内阁办公厅计划中的支出数额要比财务省的略小一些。尽管这些规划并不会对以后年度的总支出或某一类支出规定强制性的限额，但是，国会可以根据这些预测，分析当前预算政策对中期财政规划的影响。

3.4.8　韩国的中期预算

中期支出框架（MTEF）作为财政管理（public finance management，PFM）改革的一部分于 2004 年引进韩国，这项改革包括 MTEF 的引入、自上而下的预算体系、以绩效为导向的预算和财政信息一体化系统。与其他的公共支出管理（public expenditure management，PEF）改革相比，韩国现行的“中期财政规划”可以被归类为最高层次的 MTEF，即“中期绩效财政规划”（medium-term performance framework，MTPF）。在韩国，MTEF 被称为“国家财政管理计划”（national fiscal management plan）。

中期支出框架将长期视角引入到年度预算程序之中。持续增长的政府债务、人口老龄化而导致的社保支出增加等一系列政策的颁布都需要一个更加长远的视角。传统的年度预算程序远远不能适应反经济周期宏观调控的需要，这些问题在亚洲金融危机之后更加严峻。

现在执行的国家财政管理计划要求多方的协调配合。企划财政部（Ministry of Strategy and Finance）会对未来 4 年的宏观经济变量进行估测。各个相关部委（line ministries）要提供所负责项目的成本预测并上交各自的中期财政计划。为了协助企划财政部制定该计划，公共研究机构、大学和社会团体的专家都会参与其中。基于宏观经济变量、财政收入和各项目成本，企划财政部会起草第一份国家财政管理计划，这其中包括主要政策导向、财政收支总数和暂定的各直属部委支出限额。

以国家财政管理计划草案为据，财政企划内阁会议将确定各个直属部委的支出限额。基于确定的支出限额，预算准备指导原则也会下发到各部委。根据这些指导原则，各部委会制定出预算报告并上交到企划财政部。在经过各直属部委和企划财政部的协商后，确定全国财政管理计划和预算草案。

每份国家财政管理计划涵盖5年，即包括当年、预算年度和接下来的3年，并且逐年滚动，不断修正。这份计划主要由两部分构成：宏观财政政策和部门财政政策。宏观财政政策包括财政收支、财政平衡和政府债务三部分；部门财政政策包括主要政策导向和分配到各部门的财政支出[1]。

每年企划财政部在确定国家财政管理计划后便与年度预算一起提交给国民大会。虽然不会对该计划和预算进行投票，但是国会议员会表达自己的观点，并与职能部门就该计划进行交流。根据修订后的国家财政法案，企划财政部在实施中期支出框架（MTEF）之前都要向国会提交一份财政管理的策略导向。

我们以"2011～2015年全国财政管理计划"为例来说明该计划的整体制定过程。具体时间及流程见表3.3。

表3.3　　韩国全国财政管理计划制定过程

时间	步　骤
2010年12月	企划财政部给各直属部委下发全国财政管理计划的指导原则
2011年1月	根据指导原则，各直属部委将中期实施计划上报给企划财政部
2011年2月	由政府机构、公共研究机构、大学等机构专家组成的16个工作小组分别着手给16个部门进行财政政策分析并指出政策方向
2011年4月	举行企划财政内阁会议，讨论接下来4年的财政策略以及各直属部委的每年支出限额
2011年6月22至29日	韩国发展研究会和企划财政部举行公开论坛征集社会意见
2012年6月底	各直属部委将预算提交给企划财政部
2012年9月中旬	在以上工作的基础上，在取得内阁和国会批准后，韩国企划财政部最终确定全国财政管理计划

资料来源：Jae-Young Choi，Nowook Park，*Achieving Medium Term Expenditure Framework Reform—A Case Study of Korea*，Policy Research Working Paper，2013，06.

---

〔1〕 虽然各个直属部门的支出限额已确定，但是并不会向公众公开，因为这被认为是内部管理信息而不是与公众达成的协议。

3.5 OECD 国家中期预算分析

3.5.1 OECD 国家中期预算时间区间与覆盖范围

在几乎所有的欧盟国家当中，中期预算框架覆盖的时间区间都是包括预算年度在内的 3～4 年。但也有一些例外。例如，在拉脱维亚，中期预算框架预测的时间是 5 年，其中包括预算年度。各国中期预算框架所覆盖的政府财政范围差别更大。14 个成员国的中期预算框架覆盖了所有的一般政府部门（general government）。在荷兰和瑞典，中期预算框架的范围是中央政府和社会保障部门；在爱尔兰，其范围是中央政府和地方政府；在其他 3 国，覆盖范围只是中央政府。在 17 个中期预算框架覆盖全部政府部门或多个政府部门的国家当中，只有 9 个国家的政府部门之间有着很好的协作。在其他国家当中，至少在某种程度上，财政目标都是由中央政府制定发布的。在这些国家，地方政府可能没有足够的动力去履行中期预算框架。关于 OECD 国家中期预算的具体情况，可以参见表 3.4 和表 3.5。

表 3.4 中期预算框架的国别特征

时间区间	国家数量
3 年	10
4 年	7
5 年	2
其他	1
覆盖范围	国家数量
整个一般政府部门	14
中央政府再加一个其他部门	3
只有中央政府	3

资料来源：OECD, *The Legal Framework for Budget Systems: An International Comparison*, 2004.

表 3.5 OECD 国家 MTEF 模式分类

最高层次的多年预算计划	实行中期预算管理的国家	
	限制型	指向型（indicative）
固定支出总和限额	奥地利（2010 年之后） 芬兰（2003 年之后） 荷兰 瑞典	法国（2009 年之前） 意大利 捷克
经济性分类支出限额		比利时 德国 匈牙利 日本 土耳其
固定部门支出限额	法国（2009 年之后） 英国	奥地利（2010 年之前） 加拿大 丹麦 斯洛伐克 芬兰（2003 年之前）
项目支出限额	澳大利亚	新西兰

资料来源：Mr. M. Cangiano, Ms. Teresa R Curristine, Mr. Michel Lazare, *Public Financial Management and Its Emerging Architecture*, 2013.

截止到 2013 年，OECD 国家中只有希腊、冰岛、波兰、意大利、葡萄牙和西班牙没有实行中期预算框架。此外，欧盟为了促进区域经济一体化推出的“欧盟凝聚基金”政策也具有中期预算的特征（参见专栏 3－5）。

专栏 3－5 欧盟凝聚基金

不仅仅是一国政府在财政管理改革中引入中期预算这一概念，区域性基金组织也在尝试这一改革思路。

欧盟凝聚基金（Cohesion Fund）是欧盟在国家和区域层面上支持经济和社会发展的主要工具，目前主要包括 2 支结构基金（即欧洲地区发展基金和欧洲社会发展基金）和 1 支凝聚基金。它是一个以区域为基础的政策，是实现经济增长和就业的源头，也是欧盟三大增长政策之一[1]。

欧盟预算是根据欧盟总收入来制定的。欧盟的成员国代表欧盟征收“自有资源收入”作为欧盟的收入，并将这些收入转化为欧盟预算。而欧盟凝聚与区域发展基金则被列入了欧盟预算，其资金主要从欧盟预算中支出。2007～2013年，欧盟凝聚与区域发展基金将从欧盟预算中获得35.7%的资金，折合约为3474.1亿欧元（现值），分配给结构基金和凝聚基金。

欧盟凝聚基金实施20年来，已历经4个多年期计划（multi-annual programming），一个计划期大约持续5～7年，每个计划期内凝聚基金的目标、原则、资金工具和管理制度都会随着欧洲经济一体化的深化和扩大而不断改进和完善，以进一步促进欧盟区域的平衡和可持续发展。

（一）第一个多年期计划：从计划到实施阶段（1989～1993年）

表3.6列出了第一个多年期凝聚基金政策计划的目标和原则。

表3.6　第一个多年期（1989～1993年）凝聚基金政策计划的目标和原则

4个原则
第一，集中原则，即基金援助集中投放于已经确定目标中的最不发达区域。
第二，多年期计划原则，即以分析和评估为基础制定多年期计划。
第三，附加性原则，即确保成员国不能用欧盟支出替代本国支出。
第四，伙伴原则，即政策程序的设计和执行角色要涵盖欧盟各成员及其区域，还要包括社会合作伙伴和其他非政府组织，以确保政策干预的所有权和透明度。
5个优先目标
目标1：促进落后地区的发展和结构调整。
目标2：工业落后地区的经济转型。
目标3：解决长期失业问题。
目标4：消除青年就业障碍。
目标5：（a）加速农业结构调整；（b）促进农村地区发展。

（二）第二个多年期计划：巩固和深化阶段（1994～1999年）

1992年2月欧共体签署《马斯特里赫特条约》，决定正式启动欧洲经

[1] 其他两个分别是单一市场（EU single market）和单一货币（euro）政策。

济货币联盟的进程，对欧洲的经济和社会凝聚提出了新的要求。在这种背景下，欧共体决定对1994年开始实施的第二个多年期计划进行相应的改革，并为瑞典、芬兰和奥地利的加入做出适当安排。

第二个多年期计划并没有彻底改变第一个多年期计划确立的优先目标区域的范围，只是对各目标进行了一些细节性的调整，针对奥地利、瑞典和芬兰入盟，新设立目标，以促进这三个国家的经济发展和结构调整。

（三）简化和扩大阶段（2000～2006年）

2004年10个中东欧国家加入欧盟，这次历史性的扩大使得欧盟人数增加了20%，而GDP只增加了5%。由此，2000～2006年间欧盟15国结构和凝聚基金总共2130亿欧元，2004～2006年间10个新成员国共217亿欧元，这相当于欧盟预算的1/3，占欧盟GDP的0.4%。1994～1999年与2000～2006年的目标比较如表3.7所示。

表3.7　　1994～1999年与2000～2006年目标比较

1994～1999年	2000～2006年
目标1	目标1：促进落后地区的发展和结构调整。
目标6	
目标2	目标2：支持面临结构困难地区的经济和社会转型。
目标5（b）	
目标3	目标3：支持教育、培训以及就业政策和体系的改建和现代化。
目标4	
目标5（a）	渔业和乡村发展计划。

（四）第四个多年期计划：重点促进经济增长和就业阶段（2007～2013年）

2007年1月，欧盟正式公布了2007～2013年的凝聚基金政策，其预算金额为3470亿欧元，占欧盟总预算的35.7%，占欧盟GDP的0.38%。2007～2013年期的预算资金中，81.5%将用于趋同目标，16%将用于区域竞争力和就业目标，2.5%将用于区域合作目标。

资料来源：张晓静：《欧盟凝聚政策的演变及其收敛效应》，国际经贸探索，2009；European Commission, *Growing Region*, *Growing European*, Fourth report on economic and social cohesion, 2007.

3.5.2　中期预算框架与年度预算之间的关系

对于中期预算目标的重视程度，各国差别也很大。在几个国家，中期预算目标只是象征性的，如日本。而在其他一些国家，中期预算目标会具体到各个政府部门，如瑞典。在斯洛文尼亚和瑞典，中期预算目标是要经由国会批准并要写入法律的。在荷兰和奥地利，中期预算目标是执政党联合执政协议的一部分。在芬兰，新一届政府成立之初，就要确定中期预算目标[1]。法国和波兰的中期预算目标要作为预算法案的附件（参见表 3.8）。

表 3.8　各国中期预算框架的特点

特　点		国家数目
预算目标制定之前经过事前协调	是	9
	否	8
通过经常性的报告对预算目标进行正式的监督	是	6
	否	14
矫正机制	是	7
	否	12
对中期支出目标的修改	期间结束时	4
	期间结束之前	16

资料来源：OECD，*The Legal Framework for Budget Systems*：*An International Comparison*，2004.

3.6　非洲九国中期预算的实践与探索

20 世纪 90 年代后期，世界上实行中期预算的国家数量激增。据世界银行统计，2001 年在非洲、亚洲（东部、中部和南部）、拉丁美洲和东欧等共 25 个发展中国家在不同层面上采用了中期预算框架，而且采用中期

[1]　每年都要根据价格变化情况和预算结构的变化对支出限额进行调整。此外，政府可以自由地对支出在各政府机构之间的分配进行调整。

预算框架的国家数量激增是在较短的时期内发生的[1]。在这25个实行中期预算的国家中，接近90%的国家采用了5年作为一个时间区间。可以肯定地说，实行中期预算是发展中国家公共支出管理（public expenditure management, PEF）的一个趋势，并且以后实行中期预算的国家数量会越来越多。

这个趋势在非洲更为显著，在这25个实施中期预算的发展中国家中，非洲国家占了52%。因此，非洲可以被看成是在实施中期预算的区域性先驱。一些非洲国家早在1992～1997年间就实行了中期预算，这比在其他地区实行中期预算的国家要早得多。从这个层面上讲，非洲国家实施中期预算的经验是其他地区实施的催化剂。总体而言，非洲中期预算做法比较有代表性的有九个国家，它们是：加纳、几内亚、肯尼亚、马拉维、莫桑比克、卢旺达、南非、坦桑尼亚和乌干达。本节主要介绍非洲九国实施中期预算的具体操作。

世界银行对九个非洲国家的调查分析发现，它们在概念层次上对中期支出框架有一个比较一致的看法，但是在实践层面的改革设计上表现出明显的差异。这种差异缘于两个因素：最重要的一个是这些国家采用中期支出框架面临着不同的制度和政治环境；另一个因素是关于中期支出框架的指令性和说明性建议更多地侧重于概念而非实务。

下面我们分别从总体层面、技术层面和组织层面这三个维度来分析非洲九国的中期预算改革，并把这三个维度分解为十个方面。具体见表3.9。

表3.9　中期支出框架的操作：关键维度、特点和要素

维度	设计特点	关键要素
总体层面	范围	·包括部门 ·包括支出类型（资本性支出/经常性支出）
	形式	·将支出分类（经济分类、功能分类、组织分类、地理分类和项目分类）
	政府层次	·政府层次组成（中央、地区和地方）
	周期长度	·周期年数（包括预算当年）

〔1〕 Jae-Young Choi, Nowook Park, Achieving Medium Term Expenditure Framework Reform—A Case Study of Korea, Policy Research Working Paper, 2013, 6.

续表

维度	设计特点	关键要素
技术层面	宏观/财政框架（MFF）	·框架的基础（定量模型的类型） ·框架内容（预测、目标、总量限额和部门限额等）
	部门支出框架（SEF）	·包含政策框架和战略 ·现行和建议项目的成本类型（详细）
组织层面	在预算程序中的地位	·与预算进程相符合（包含年度预算的表格和数据） ·批准或授权
	管理结构	·中央和部门机构的角色 ·中期预算管理在组织中的定位 ·改革的引入 ·社会机构的参与
	信息公布	·内部和外部（正式）公布的方法和形式
	监管与支持	·中央部委对部门的监管（部门内的分配） ·部门资助的程度 ·部门对中央部委监督（部门的分配和支出等） ·培训

资料来源：Philippe Le Houerou, Robert Taliercio. Medium Term Expenditure Frameworks: from Concept to Practice—Preliminary Lessons from Africa, Africa Region Working Paper Series No. 28, 2002, 02.

3.6.1　总体层面设计特点

非洲地区中期支出框架总体层面的特点具有很高的相似性，但也有一些不同之处。在总体层面的四个分类中，中期支出的涵盖范围显示出最大的差异。五个案例国家名义上在中期支出框架中包含了所有部门，另外四个国家则只包含了优先考虑的部门。这是区分中期支出框架是“政府总体”改革还是“个别部门”改革的一个方面。实际上，可能存在这样的疑虑和争论：从定义上而言，中期支出框架应该是政府总体范围的改革；如果没有包含所有的部门，则不是真正意义上的中期支出框架，它能否在控制支出总量和财政赤字方面发挥作用，也不得而知。包含所有部门的中期支出框架成本较高，对能力的要求也比较高。

在中期支出框架设计范围这方面，是否包含经常性支出和资本性支出方面也存在差异。有四个国家在中期支出框架中包含了这两类支出，而其他的国家要么主要包括经常性支出，要么两者都包括，但都有独立的资本预算。

将资本性支出排除在中期支出框架之外，其范围严重受到影响。许多情况下，这种排除会导致捐赠资金与预算程序的脱离[1]。但是，如果没有资本预算，中期支出框架的功能将会减弱，对资源的再分配作用也会变小（特别是考虑到经常性预算的大部分，如工资，在中期都是稳定和富有粘性的）。

而中期支出框架设计形式方面则具有很大的相似性。几乎所有的国家都使用经济和功能分类（功能分类的数量从 8 个到 14 个不等）。尽管大多数的中期支出框架都使用功能分类，但这些分类在许多情形下过于笼统，以至于很少能获得部门内资源分配的信息，这表明现行的中期支出框架更多地是关注部门间的再分配，而不是部门内部的再分配；是部门总体水平，而不是哪怕细化一点的机构水平。另外，能够提供详细的机构支出分类的国家少之又少，这也印证了这一点。因此，我们无法期望非洲国家采用的中期支出框架能对部门内部的资源再分配起到多大作用，也就是说，它无法改进公共支出管理的第三个层次（实施阶段预算资源使用的效率和有效性）。

从中期支出框架包括的政府层次而言，大部分国家都无一例外地集中在中央政府。这主要是因为撒哈拉以南的非洲国家公共管理集权化，这限制了中期支出框架在地区和地方层次的运用。中期支出框架是否包括次国家政府层次，取决于是否存在相应的行政管理能力。以此来看，在许多非洲国家，分权化的中期支出框架也许不是可行的选择。

就期间长短来看，有七个国家覆盖的是三年（包括预算当年），而南非则是四年，莫桑比克为六年。时间过长——如莫桑比克的做法——可能削弱中期支出框架的可靠性。事实上，三年是一个广泛接受的期间。表 3.10 对非洲九国在总体层面的实行情况进行了概括。

表 3.10　　非洲中期支出框架总体层面设计特点

国家	范围	形式	政府层次	周期长度
加纳	·名义上包括所有部门 ·包括经常账户和资本账户	经济、功能、组织分类	主要是中央政府（稍微向下级政府延伸）	3 年

〔1〕 非洲许多国家引进中期支出框架是迫于国际组织的压力，以确保贷款或者资金援助能够用于合适的途径，提高资金的使用效率。

续表

国家	范围	形式	政府层次	周期长度
几内亚	·包括多个部门（教育、医疗、公路、司法、乡镇发展/社会事务） ·只包括经常账户	经济和功能分类	中央政府	3 年
肯尼亚	·名义上包括所有部门 ·包括经常账户和资本账户	经济、功能、组织分类	中央政府	3 年
马拉维	·名义上包括所有部门 ·包括经常账户和资本账户（有单独的资本预算）	功能分类	中央政府	3 年
莫桑比克	·名义上包括所有部门（尽管只有五个部门有成本信息） · 经常性和部分资本性支出（部门有差别）	经济和功能分类（共有 14 个分类）	中央政府（高度中央集权的预算体系）	支出为 6 年 收入为 3 年
卢旺达	·名义上包括 20 个部中的 15 个 ·仅包括经常性支出（有单独的资本预算）	功能分类	中央和地区层次	3 年
南非	·名义上包括所有部门 ·包括经常账户和资本账户	经济（8 个分类）、功能和地理分类	中央、省级和地方政府（高度分权的预算体系）	4 年
坦桑尼亚	·包括 7 个部门（教育、医疗、水利、公路、农业、司法和土地） ·包括经常性和资本性支出	经济、组织和功能分类	中央政府	3 年
乌干达	·包括八个部门 ·包括经常性和资本性支出	经济、功能和组织分类	中央和地方政府	3 年

3.6.2　技术层面设计特点

从技术维度的两个方面（宏观财政框架和部门支出框架）来看，非洲国家的做法既有相同点，也有差异。在多年度财政框架（multiannual financial framework，MFF）的技术选择方面存在显著的差异，经常用到的方法有：可计算的一般均衡模型（computable general equilibrium model，CGE

Model)、电子数据表模型（spreadsheet models)、计量经济模型（econometric models）和 IMF 的财政规划预测（financial programming projections)。

选择估计方法时，一个普遍原则是选取的模型必须适合特定的行政管理能力。比如，很难说莫桑比克使用的 CGE 模型就是最适合的。完全依赖国际货币基金组织的宏观经济和财政资源数据（如几内亚和卢旺达的做法)，尽管在起始阶段是有用的，但在长期中未必如此，因为它没有考虑到各国的具体情况。虽然可靠性和简便性使得电子数据表模型或计量经济模型应该是非洲国家的努力方向，但是它们是否合适还要取决于各个国家的具体情况。尽管在所有的宏观经济和财政框架中都包含有预测和支出限额，但由于在数据的可获得性和质量以及实际运行模型的能力等方面都存在差异，因此宏观经济和财政框架的质量也因国家不同而不同。

部门支出框架方面，几乎所有的国家都在框架内包含了一定的部门战略，包括目标、活动和产出（肯尼亚的中期支出框架并不包括部门战略，该战略包含在 PRSP[1] 中)，但在部门规划成本的大小和质量方面则差异巨大。一方面，各国家部门成本信息质量并不整齐统一，在非洲九国中只有南非实现了部门成本的标准化。而且，只有个别国家能提供关于规划成本或活动成本的信息，但这种信息非常笼统，甚至有的只包括经常性成本。

概括而言，从技术维度来考察中期支出框架，非洲国家尽管在形式上表现出一定的相似性，但具体做法差异明显。预测方面，有的国家很随意，有的国家则运用科学的 CGE 模型。各国的成本信息不但不全面，而且无法细化到规划或活动层次。分国别来看，南非做得比较好，而莫桑比克则要差很多（参见表 3.11)。

表 3.11 非洲中期支出框架技术设计层面

国家	宏观财政框架（MFF）	部门支出框架（SEF）
加纳	· 根据电子数据表模型 · 提供预测和指令性的总量和部门限额	· SEF 包括目标、产出和活动的战略计划 · 部委提供规划和项目的成本信息
几内亚	· 根据 IMF 的预测 · 包括预测、目标和指令性的总量和部门限额	· 只有 7 个重点部门有包括目标、战略和绩效指标的 SEF · 有的重点部门提供经常性支出的成本信息

[1] Poverty Reduction Strategy Paper，减贫战略计划。

续表

国家	宏观财政框架（MFF）	部门支出框架（SEF）
肯尼亚	· 根据电子数据表模型 · 提供预测和总量限额 · 讨论假设	· 没有部门优先目标和成本信息
马拉维	· 根据电子数据表模型和 IMF 的预测 · 提供预测和指令性的总量和部门限额	· 就目标和战略开展讨论 · 所有的部委提供基于活动的经常性支出成本信息
莫桑比克	· 根据 CGE 模型 · 提供预测和指令性的总量和部门限额 · 讨论假设和环境	· 5 个重点部门提供活动或规划的成本信息 · 非重点部门根据其内部组织结构提供成本信息
卢旺达	· 根据 IMF 的预测 · 提供预测和指令性的总量和部门限额	· 包括战略计划、政策、战略和产出 · 只有 3 个部门提供一定的成本信息
南非	· 根据计量经济模型 · 提供预测、目标和指令性的总量限额 · "预算论坛" 准备指令性的部门限额	· SEF 包括战略计划 · 大部分部门提供规划成本信息 · "部门审查" 在 5 个部门展开 · 程序标准化（手册）
坦桑尼亚	· 根据计量经济模型和电子数据表模型 · 提供预测和指令性的总量和部门限额 · 包括不同情形（基础、悲观和乐观）	· SEF 包括战略、目标和优先性 · 有的部门提供成本信息，有的不提供
乌干达	· 根据电子数据表模型 · 提供预测、目标和指令性限额	· 尽管所有部门都提供成本信息，但差异明显 · 有的部门支出框架包含绩效目标

资料来源：Philippe Le Houerou, Robert Taliercio. Medium Term Expenditure Frameworks: from Concept to Practice—Preliminary Lessons from Africa, Africa Region Working Paper Series No. 28, 2002, 02.

3.6.3 组织层面设计特点

调查发现，只有五个国家的中期支出框架融合到了预算程序中，这佐证了“中期支出框架与预算程序是两张皮”的批评。尽管与预算脱节的中期支出框架仍可以对公共支出管理起到一定的作用，但它无法从根本上改变预算程序。政治批准方面，只有四个国家同时向内阁和议会提交中期支出框架，而高层次的政治认可无疑会更大限度地发挥中期支出框架的作用。有两个国家的财政部不经过高一级的政治批准，就可以颁布中期支出框架。这种情形下，中期支出框架更像是财政部的一个技术性文件而不是一个战略框架。

中期支出框架的具体管理方面也有很大的差异。有五个国家是财政部直接管理中期支出框架，而其他四个国家则由另外的机构实施。在坦桑尼亚，有一个由广泛的政府和社会代表组成的工作组，来协助财政部管理中期支出框架。在肯尼亚，有一个中期支出框架秘书处。在南非，众多的参与方都扮演了重要角色，这些当事方也包括国家支出部和中期支出委员会。

有五个国家是由部门独自准备其支出框架，其他四个国家是由一个工作组共同准备部门支出框架，这个工作组由部门的专家、财政部官员和社会代表组成。这种做法使财政部可以介入部门支出框架的起草，也使部门可以从外部获得更多的技术资源。

大部分中期支出框架的监督机制都很欠缺。只有加纳比较多地使用了绩效协议，三个国家使用了部门绩效指标或目标。即使如此，绩效指标在实践中的运用水平也参差不齐。可能是因为监管机制不健全，非洲很少有国家赋予部门自主权（南非、坦桑尼亚和加纳例外）。部门主管因此没有能力去改进部门内部的资源配置，这一点也说明非洲国家当前的中期支出框架还不能用以改善公共支出管理第三层次的问题，即实施阶段预算资源使用的效率和有效性问题。

有六个国家开展了培训与相关的支持性改革，另三个国家则仅仅形成了中期支出框架培训材料，但还没有实施。这推延了中期支出框架的实施或限制了它的实施范围。南非比较特别，为了应对迫切需要解决的问题，在没有经过培训的情况下，中期支出框架改革的 1/3 的工作已经展开，这为将来的改革埋下了隐患，特别是对部门支出框架的形成非常不利。

根据之前设计的三个维度，我们已经对九个非洲国家的中期支出框架进行了详细分析。根据发展水平，可以将非洲国家的中期支出框架划分为三个层次：基本的/初步的、中间的和全面的。据此，乌干达和南非属于第三层次；介于中间的是坦桑尼亚、肯尼亚和加纳；而处于最低层次的是马拉维、几内亚、卢旺达和莫桑比克。乌干达和南非相对已经全面实施了中期支出框架，而其他几个国家则离成功实施这一框架还相去甚远（参见表 3.12）。

接下来，我们从一个更广的公共支出管理改革的视角去审视上述讨论，这将是非常有用的。世界银行和国际货币基金组织 2001 年对 25 个重债穷国进行的研究发现，有 22 个国家需要进行一定程度的或根本的预算系统革新，而需要革新的预算管理的方面主要集中在多年期预测的质量、预算执行和审计上。上述发现的意义在于，它表明许多国家是在一个脆弱的、不健全的公共支出管理基础上（尤其是预算的执行和审计）实施中期支出框架。由此带来的问题是：发展不完善的中期支出框架被嫁接到一个毛病丛生的公共支出管理系统中。这必然会对中期支出框架实现既定目标的能力产生影响。

表 3.12　　非洲中期支出框架组织层面设计特点

国家	在预算程序中的地位	管理结构	信息发布	监管
加纳	·中期支出框架是预算程序的一个正式组成部分 ·不需要内阁或议会的正式批准	·财政部管理 ·宏观经济工作组准备宏观财政框架 ·部委准备部门支出框架 ·社会力量不参加	·作为预算的组成部分公布	·一定的部门自主权 ·培训机构进行战略计划 ·有中期支出框架技术和使用手册
几内亚	·名义上是预算程序的组成部分 ·不需要内阁或议会的批准	·总理领导下的"公共管理调整委员会"管理 ·财政部准备宏观财政框架 ·部门在财政部支持下准备部门支出框架 ·社会力量不参加	·内部公布 ·外部公布很少	·部门自主权很小 ·有起步阶段的培训 ·尽管有一些绩效指标，但没有绩效协议
肯尼亚	·预算通过之前几个月发布中期支出框架 ·内阁通过中期支出框架并提交议会批准	·中期支出框架秘书处合作管理 ·宏观经济工作组准备宏观财政框架 ·部门工作组准备部门支出框架 ·没有正式的社会力量参与	·由财政部在内部公布	·没有绩效协议 ·部门自主权很小 ·实施以后没有进一步的培训
马拉维	·还没有完全与预算结合 ·不提交内阁	·预算办公室管理 ·部门参与很少 ·没有社会力量参加	·内部公布 ·不对外公布	·没有绩效协议 ·部门自主权很小 ·没有培训

续表

国家	在预算程序中的地位	管理结构	信息发布	监管
莫桑比克	·财政部签署中期支出框架，没有进一步的政治批准 ·中期支出框架不够提前以致无法对预算发挥有效作用	·预算办公室管理中期支出框架 ·内阁管理宏观财政框架 ·财政部协助部门形成部门支出框架 ·支出和宏观经济工作组负责实施中期支出框架 ·社会力量不参与	·财政部在内部公布 ·不对外公布	·部门自主权很小 ·没有绩效协议 ·没有培训
卢旺达	·中期支出框架还没有完全与预算结合 ·内阁通过的中期支出框架是预算框架文件的组成部分	·在财政部领导下由设计和执行工作组管理 ·部委预算委员会准备部门支出框架 ·没有社会力量参与	·内部公布 ·不对外公布	·中期支出框架智库提供广泛的政策指导 ·没有绩效协议
南非	·预算前3个月公布中期预算政策声明 ·中期支出框架也作为预算的组成部分公布 ·内阁批准中期支出框架，财政部提交给议会	·预算办公室管理中期支出框架 ·部门准备部门支出框架 ·财政部准备宏观财政框架	·由财政部公布 ·中期支出框架提交给议会，让社会力量和私人部门监督	·中期支出委员会和部长预算委员会监管 ·没有绩效协议 ·省级有高度自主权
坦桑尼亚	·中期支出框架没有完全与预算结合 ·中期支出框架一般要提交内阁或议会	·财政部管理 ·预算指导委员会准备宏观财政框架 ·部门准备部门支出框架	·详细讨论中期支出框架	·部门自主权有限 ·部门开始开发绩效指标 ·预算办公室给部门提供培训
乌干达	·中期支出框架是预算程序的一个组成部分 ·作为预算框架文件的一部分提供	·财政部管理 ·有正式的社会力量参加	·内部公布 ·由议会对外公布	·没有绩效协议 ·财政部提供培训

资料来源：Philippe Le Houerou，Robert Taliercio. Medium Term Expenditure Frameworks：from Concept to Practice—Preliminary Lessons from Africa，Africa Region Working Paper Series No. 28，2002，02.

3.7　国外中期预算的特点与启示

从以上实行中期预算国家的实践来看，这些国家已不存在纯粹的年度预算，中期预算多以法律的形式固定下来，并且其详细程度不亚于年度预算。本节主要是以OECD国家为范本，结合世界上其他国家中期预算的共性，总结出当下所实行的中期预算的特点，以期为我国转向中期预算的实践提供理论指导。

3.7.1　国外中期预算的特点

1. 纯粹意义上的年度预算已不存在

无论采取何种形式的中期预算，这些国家都已经不存在纯粹意义上的年度预算。虽然中期预算在形式上仍保留了按年度分列的做法，但由于对本年度之后的财政收支进行了事先的估计和规定，从而打破了年度的界限。例如瑞典，每项支出都是通过预测未来3年经济周期来确定限额的。

2. 中期预算多以法律形式固定下来

OECD国家的中期预算多以法律形式固定下来，成为正式预算过程的组成部分，并与年度预算收支的安排紧密结合，对年度预算的确定具有较强的约束力。例如，德国根据《促进经济稳定与增长法》、美国根据1974年的《国会预算和扣押款项控制法》等相关法律的要求编制中期预算。

同时，《欧盟条约》也明确要求各成员国必须编制财政中长期计划，并提交欧盟委员会监督。这不仅使财政中长期计划对经济运行具有了指导作用、保证了财政中长期计划得以实施，而且增强了对年度预算的约束。

3. 中期预算的详细程度与年度预算基本相同

中期预算编列的计划项目都比较详细和广泛，并与年度预算的收支科目基本相同。如英国的公共支出对支出的预测分析是在大约20个职能类别的范围内，按照经常性支出、资本性支出、转移支付款项等不同的经济范畴进行的。美国的中期预算也是根据职能、机构和计划的详细分类进行未来支出预测。

4. 中期预算是逐年滚动的

各国的中期预算都是逐年递推或滚动的，即中期预算每年编制一次，每次向前滚动一年。每年都要根据预算执行情况和经济发展及各方面情况变化的最新预测，对有关经济指标和财政收支指标进行调整、修改和更新，以避免计划与实际脱节的现象，从而不仅确保与政府宏观调控意向相一致的跨年度项目有足够的资金来源，而且可以克服年度预算编制过程中的短期行为和随意性，保证国家宏观决策选择和财政政策执行的一贯性、连续性，保持宏观经济的稳定。

5. 中期预算编制分工明确

各国在财政中长期计划编制过程中，部门之间的职责分工是清楚的。在法国，财政中长期计划是由财政部预测司和预算司共同完成的，预测司负责预测财政经济发展趋势，提出计划安排的基本原则和重大的财政改革措施，预算司则负责测算财政收支具体情况，编制年度预算和财政收支计划，提出具体财政政策措施。在德国，财政中长期计划是由财政计划委员会负责的，具体工作由财政部会同有关综合经济部门完成。这种分工协作，有利于集思广益，发挥各部门的优势。

6. 重视吸收社会力量参与中期预算的制定

在中期预算的制定过程中，各国非常重视社会力量的参与，如法国的经济和财政部在编制中期预算时，通常要召开专家座谈会，并与国家经济研究与统计局等单位合作；德国成立了财政计划委员会、税收测算工作组等一系列机构，以吸收社会力量参与。

3.7.2 国外中期预算的启示

中期支出框架被认为是财政管理改革的必要元素之一，并且已经被很多国家纳入预算体系之中。但是，这些国家在实施中期支出框架之中遇到了很多严峻的挑战。中期预算的设计是对传统预算程序反思的结果，是一项改变“游戏规则”的制度性改革，而不仅仅是一种机械性的预测技术。它要求更新预算理念，重新认识预算功能，如预算必须置于宏观经济框架之中、自上而下的预算限额制度可以有效克服预算申请中的“公共悲剧”和政策高于预算等问题。因此，对于其他国家或地区不同社会与经济背景下进行的预算改革，在未对其影响和要求进行现实评估并做出必要的适应性修改之前，切忌生搬硬套。对于我国这样的发展中和转轨国家，更不能奢望对长期存在的错综复杂的预算难题一蹴而就地加以解决。

中期支出框架在一些发展中国家受到不公正的指责，认为其远离了预算的核心部分。而且像其他公共部门管理一样，它也被认为投入产出比过低。但是实证研究表明，中期支出框架在实现预算主要目标时起着基础作用，也有证据表明中期支出框架促进了资源的分配，但是在某些地区要取得重大的改进还面临着很大的挑战。尽管如此，中期支出框架在促进财政纪律改善和支出效率提高方面比其他时下流行的财政管理改革如财政规则、会计核算和绩效预算等更有效。

各国实证研究表明，速度和改革深度在实施改革前一定要根据国家具体情况来慎重考虑。这就意味着与具有高技能劳动力和严格纪律的公共部门的中等收入国家（比如韩国）相比，撒哈拉以南非洲地区（比如加纳）在实施中期支出框架时要考虑不同的因素。当然，在设计和实施中期支出框架中有过不少的错误，但是之前做过的工作应该为今后的中期支出框架提供经验，以便今后设计出更加实际可行的中期支出框架。

在现阶段的财政世界中，中期和长期视角将在良好的财政管理中变得更加重要。在未来，许多正在经历财政危机的国家将别无选择，只能去注重巩固财政，而行之有效的财政管理却能使债务额度下降。那些没有处在财政危机之中的国家可以吸取之前国家的教训。在足够长的财政年度内，需要加强预算调控而不是放松对预算机构的管理。

在任何国家，中期支出框架的设计都应该反映出这个国家的需要，而不是生搬硬套。预算的许多方面（比如预算程序结构的设计）并不是只有一种正确的方式，但是从整合财政政策和预算到部门支出的优先权和分配资金额度，然后到预算和绩效管理的许多细节，这种想法确实提供了一种直接的改革思路。

应该承认，中期支出框架并不是所有的国家都会实施的。然而，尽管一个国家可以在名义上拒绝实施中期支出框架，但是任何旨在强化财政预算纪律和支出效率的方法都不能在实际操作上拒绝中期支出框架。更重要的是，无论采取什么方法进行预算程序改革，在实施中被冠以什么名字，总体改革方案的指导原则应该是相同的。这其中最重要的是改革的实质应该和国家的能力相适应。因此，基于上述内容，我国的实施中期预算改革时应注意以下几个问题。

1. 我国引入中期预算要谨慎从事

中期预算特别是其中的中期支出框架，其分项水平和详细程度与年度预算相同。因此，在数据、人员和执行方面的要求很高。在中国这样的发展中国家引入中期预算要特别慎重，如果条件不成熟或考虑不周到，或在执行过程中处理不当（如贸然采用激进的方法），都会造成很大的浪费。鉴于此，可以选择一些渐进或局部的方法，逐步转向中期预算，如采用只涵盖某一个部门的“部门支出规划”（sector expenditure plan，SEP），而不是涵盖政府范围的中期支出框架。这样除了能在短期内改善预算程序外，还有助于发展相应的技术力量和培养科学的预算理念，为全面转向中期预算奠定坚实和必要的基础。

2. 加强预算的全面性是引入中期预算的必要条件

与年度预算相比，中期预算更多地被视为是一种政策工具，因此预算必须尽可能全面，包括政府所有的收入和支出，以及对财政状况具有现时或未来影响的决策，如或有负债、贷款、税收支出和准财政支出。如果预算中没有包括某些重大支出，就无法确保将预算资源分配给优先项目，也无法保证法律控制和公共受托责任得到落实。未列入预算的支出通常具有不确定性和模糊性，这势必增加了宏观经济规划的难度，并削弱了预算透明度，却提高了出现腐败和浪费的风险〔1〕。

从我国的实际情况来看，有相当一部分收入和支出是通过特殊方式进行管理的，典型的如预算外收入。尽管我国目前已经名义上取消了“预算外收入”的称谓，向全口径预算迈进了一大步，但不可否认，土地财政、各种基金收入事实上还是以“预算外收入”的形式存在着。另外与美国“预算外收入”多为“强制性支出”不同，我国的“预算外支出”的规范性相对较差，应该是推进预算规范的重点区域。无论从何种角度考虑，预算外资金都会给资源配置造成麻烦，因为预算外交易不会遵守与预算活动相同的财政纪律，而且预算外资金完成的交易通常按照与预算支出不同的标准进行分类，妨碍了对政府支出规划进行正确分析。

3. 中期预算方法的发展是一个渐进的过程

多年期预算实践表明，其引入是一个渐进过程，即在引入的基础上对其效果进行检验，之后进行不断修正、改进。有争论的是：发展中国家采用多年期方法的起始点应如何选择，这是一个基本问题。随着行政能力的加强、财政绩效的提高以及多年期预算要素的不断形成，多年期预算就呼之欲

〔1〕 当然，出于效率考虑，可以对某些支出规划做出特殊安排，但前提是这种安排不会使预算编制方法和支出政策制定过程发生混乱。

出了。

多年期预算最少应涵盖一个年度预算周期，而这个周期正是由于多年期框架而得到改进。多年期框架主要由政府中期财政战略（如总体税收负担水平和赤字水平）和多年期收入、支出预测构成。多年期预算文件可以在预算周期的起点提出（如奥地利），也可以与年度预算同时提出（如其他大多数国家），或者在预算过程中不止一次地提出（如新西兰）。与年度预算同时提出多年期框架，可以使政府从多年期视角处理当年的预算争论，从而加强了年度预算的财政纪律性。尤其是，多年期收入支出预测有助于形成中期财政政策，以及相机调整与中期财政战略不吻合的预算政策。通过将预算争论置于中期优先考虑，这些预测还能提高预算过程的透明度。另外，不断更新的支出估计可以作为下一个预算周期的（非正式的）起点，从而实现滚动预算。

第四章　中期预算的中国模式与河北经验

4.1　中国预算体制改革进程中的中期预算

自 1993 年起，我国历经了多次税收制度改革。1994 年，我国开始实施分税制财政管理体制，根据中央和地方的事权结构，调整了中央和地方的税收结构，划分了中央税、地方税和共享税，将维护国家整体宏观调控所必需的税种划分为中央税，将与整体经济运行密切相关的税种划分为中央与地方共享税，将适合地方征管的税种划分为地方税，对理顺中央、地方的收入分配关系和调动地方的积极性发挥了重大作用。2001 年，我国开始施行车辆购置税暂行条例，对购置相关车辆进行征税。2011 年，我国则拉开了营业税改征增值税的序幕，2012 年 1 月 1 日上海市开始进行试点，2013 年 8 月 1 日“营改增”范围已推广到全国范围。以上改革使我国的税收体制不断完善，持续大幅度增加了财政收入，增强了我国宏观经济的调控能力。

在税收制度改革的同时，我国社会主义经济制度也不断完善。从 20 世纪 80 年代起，我国国有企业改制开始推行，社会福利逐渐分离，企业员工面临下岗，国有企业利润分配制度也缓步进行改革。从整体上看，这增强了国有企业的活力，同时也保证了国家对经济的控制能力。2009 年，税费改革则对各类政府收费项目进行了清理和整顿，取消了原有的不合理收费项目，深化了财税体制改革，初步建立起以税收为主、必要收费为辅的政府收入机制。在会计制度方面，我国 1993 年开始实施企业会计标准，随着国际会计准则委员会的加入及财政部会计准则委员会的成立，逐步修订企业会计标准，并于 2006 年正式发布了《企业会计准则》。税收体系的完善、利润分配的合理演化、会计制度的全新蜕变等，体现出我国各项财政制度改革正在稳步推进。

然而，我国政府预算的演变过程，尤其是改革开放以来的变化过程，与经济体制和财政体制改革的进展并不同步，甚至大大落后于改革进程[1]。

如前文所述，自20世纪80年代以来，中期预算成为很多国家构建新型财政管理模式的基本组成部分，由于中期预算延长了预算的时间跨度，因此中期预算的编制更能够保证财政政策的一致性、透明性、有效性和可持续性[2]。到目前为止，中期预算制度在我国仍处于理论研究和试点实验的阶段，但类似的尝试却一直在进行中。

4.1.1　“五年规划”与中期预算

从1953年起，我国开始制定“国民经济和社会发展五年计划纲要”，简称“五年计划”，自2006年编制的“第十一个五年规划”更名为“五年规划”。“五年规划”是我国国民经济和社会发展安排中的一个重要部分，主要针对全国重大基础设施建设项目和国民经济生产力分布等问题做出相应的规划，为国民经济和社会发展远景确定目标，并设定发展方向。

“一五计划”设定的时间范围为1953～1957年，意在恢复我国国民经济，改善工业水平状况。“五五计划”提出要在1978～1980年建立独立而完整的工业体系和国民经济体系。“九五计划”是我国社会主义市场经济条件下的第一个中长期计划，其设定的主要奋斗目标为“到2010年实现国民生产总值比2000年翻一番，使人民的小康生活更加宽裕，形成比较完善的社会主义市场经济体制”。根据“十二五规划”的要求，我国将在2010～2015年间加快转变经济发展方式，坚持扩大内需，推进农业现代化，发展现代产业体系，进一步提高对外开放水平，实现“互利共赢”。“六五计划”以来，为配合“国民经济和社会发展五年计划纲要”的实施，我国财政部还开始编制“财政发展五年规划”，从较为长远的角度对财政计划进行安排。

---

〔1〕　赵玉华：《政府中期滚动预算研究》，河北经贸大学硕士学位论文，2011年。

〔2〕　李燕，白彦锋，王淑杰：《中期预算：理念变革与实践》，财贸经济，2009年。

可以看出，“五年规划”，包括“财政发展五年规划”，均是对前一时期国民经济的发展进行详细分析和深刻总结，并明确新一时期的主要任务和重大举措，为经济的发展提供一个中长期规划的范本。受“五年规划”的影响，我国年度预算编制的过程中，也在一定程度上考虑了上年预算的情况。可是，无论是“五年规划”还是“财政发展五年规划”，都只是主要作为每个五年期内国民经济和社会发展的一个目标纲要，一经确定，在整个五年期内一般不进行调整〔1〕。另一方面，从完成率角度看，“一五计划”、“六五计划”、“八五计划”的完成率较高，均达到80%以上；“四五计划”、“五五计划”的完成情况很不理想，完成率在35%以下；“二五计划”完成率最低，全部计划目标无一个完成；全部10个“五年计划”的平均完成率为59.7%，转型时期的计划完成率大大高于计划时期〔2〕。而“十一五规划”的指标完成率达86.4%，明显高于“十五计划”的64.3%和“九五计划”的75%〔3〕，但在其预期性指标14项中，“服务业增加值”、“服务业的就业比重”和“研发经费占GDP的比重”三项指标的完成并不令人满意（参见表4.1）〔4〕。尽管各“五年规划”的完成情况与计划制定情况有较大关系，规划偏于激进或保守，都会相应降低或提高目标完成率，但各“五年规划”完成率参差不齐，尤其是“财政发展五年规划”只是财政部门的一个内部文件，做法简单，指标总括性极强，对预算工作的指导意义也显得十分单薄。

表4.1　　我国“十一五”规划主要指标实现情况

类别	指　　标	2005年基数	2010年预期数	预期年均增长（%）	2010年完成数	实际年均增长（%）	属性
经济增长	国内生产总值（万亿元）	18.5		7.5	39.8	11.2	预期性
	人均国内生产总值（元）	14185		6.6	29748	10.6	预期性

〔1〕赵玉华：《政府中期滚动预算研究》，河北经贸大学硕士学位论文，2011年。

〔2〕王亚华，鄢一龙：《中国10个五年计划完成情况的定量评估》，当代中国史研究，2009年。

〔3〕《我国“十一五”指标完成率达86.4%，是完成情况最好的五年规划之一》，中国上海网，http://www.shanghai.gov.cn/shanghai/node2314/node2315/node4411/u21ai482610.html。

〔4〕《李德水回应十一五规划三项指标未完成疑问》，凤凰网，http://finance.ifeng.com/roll/20110306/3574723.shtml。

续表

类别	指标		2005 年基数	2010 年预期数	预期年均增长（%）	2010 年完成数	实际年均增长（%）	属性
经济结构	服务业增加值比重（%）		40.5		[3]	43	[2.5]	预期性
	服务业就业比重（%）		31.3		[4]	34.8	[3.5]	预期性
	研究与试验发展经费支出占国内生产总值比重（%）		1.3	2	[0.7]	1.75	[0.45]	预期性
	城镇化率（%）		43	47	[4]	47.5	[4.5]	预期性
人口资源环境	全国总人口（万人）		130756	136000	<0.8	134100	0.51	约束性
	单位国内生产总值能源消耗降低（%）				[20]左右		[19.1]	约束性
	单位工业增加值用水量降低（%）				[30]		[36.7]	约束性
	农业灌溉用水有效利用系数		0.45	0.5	[0.05]	0.5	[0.05]	预期性
	工业固体废物综合利用率（%）		55.8	60	[4.2]	69	[13.2]	预期性
	耕地保有量（亿公顷）		1.22	1.2	-0.3	1.212	-0.13	约束性
	主要污染物排放总量减少（%）	二氧化硫			[10]		[14.29]	约束性
		化学需氧量			[10]		[12.45]	
	森林覆盖率（%）		18.2	20	[1.8]	20.36	[2.16]	约束性
公共服务人民生活	国民平均受教育年限（年）		8.5	9	[0.5]	9	[0.5]	预期性
	城镇基本养老保险覆盖人数（亿人）		1.74	2.23	5.1	2.57	8.1	约束性
	新型农村合作医疗覆盖率（%）		23.5	>80	>[56.5]	96.3	[72.8]	约束性
	五年城镇新增就业（万人）				[4500]		[5771]	预期性
	五年转移农业劳动力（万人）				[4500]		[4500]	预期性
	城镇登记失业率（%）		4.2	5		4.1		预期性
	城镇居民人均可支配收入（元）		10493		5	19109	9.7	预期性
	农村居民人均纯收入（元）		3255		5	5919	8.9	预期性

注：①国内生产总值和城乡居民收入绝对值按当年价格计算，增长速度按可比价格计算；②［］表示五年累计数。

4.1.2 三年财政滚动计划与中期预算

1998 年，为应对当时的亚洲金融危机对我国造成的不利影响，加强财政管理工作的前瞻性，防范财政风险，我国编制了《1998 ~ 2002 年国家财政发展计划》[1]。这是我国在对中期预算制度的探索实践上极具里程碑意义的计划编制。以三年为期的财政发展计划，在保证财政计划客观性的基础上，保证了计划更具灵活性，使财政计划的实施更具有活力。同时，对政府投资的重大工程项目的资金，我国也通常采取单独规划的方法，这种单独规划跨越一个预算年度，具有部分多年度中期预算的特点。借鉴 1998 年的成功经验，为配合积极财政政策的实施，2002 年我国再次编制了《2003 ~ 2005 年国家财政滚动发展计划》，并于 2003 年编制了《2004 ~ 2007 年国家财政滚动发展计划》。

各地方省级（直辖市、计划单列市）政府也开始编制地方财政发展三年滚动计划。这一实践被世界银行专家、澳大利亚国库部高级代表夏德维称为“中国第二代的预算改革”[2]。

从一定程度上看，“财政滚动计划”取得了显著成效，标志着我国的预算改革开始向中长期规划的纵深方向发展。通过财政发展三年滚动计划的编制，我国逐渐开始形成高效的工作机制，在三年滚动计划的框架下，财政部门与财政内部各部门、其他部门各司其职、共同努力，促进了信息在各部门间的流动，加强了各部门间的沟通，提高了整体的工作效率和工作质量。从各地上报的情况看，各省市三年滚动计划质量普遍较高，从分析地区财政计划执行情况入手，分析并预测了国际、国内及本地区经济走势及其对地方财政的影响，并较科学、准确地预测了新时期财政收支数据，对财政改革和财政发展提出了许多很有见地的政策建议[3]。

然而，三年期的财政滚动计划非真正意义上的中期预算。虽然财政计划在宏观的角度进行把握，但却不可能做到预算编制工作的精细和完备，没有各个年度各种指标的具体测算，内容简要，约束力并不强，无法客观、直接地对政府的预算安排起指导作用。

---

〔1〕 李燕：《财政中期（多年滚动）预算：借鉴与实施》，财政研究，2006 年。

〔2〕 李燕：《编制中期预算是财政规范化管理的重要举措》，“国家治理与公共预算”国际学术研讨会论文集，2004 年。

〔3〕 李燕：《财政中期（多年滚动）预算：借鉴与实施》，财政研究，2006 年。

4.1.3 部门预算与我国的中期预算改革

1. 我国试行三年滚动预算的探索

在预算编制工作方面，我国政府一贯施行年度预算制度。现代的财政预算制度公认产生于欧洲社会。14～15世纪，由于欧洲社会普遍处于君主专制时期，预算控制权、财政支配权由君主掌握。新兴资产阶级的力量不断壮大，为了限制君主的财政支配权，资产阶级开始利用议会同君主进行斗争。议会要求必须事先将政府的各项收支列入计划，并且需经过议会审核，他们致力于通过政府预算引入政治的有效性，最终限制君主在资金上的权利，甚至剥夺统治者的财政支配权。在美国，早期宪法并未对年度预算的相关制度做出规定，1800年，财政部开始将汇总的财政收支情况向国会报告，1865年，国会成立拨款委员会以管理财政问题，1921年，美国通过了《预算审计法案》，才正式规定总统向国会提出预算报告。

在现代财政预算制度下，我国严格遵守预算的年度性，按预算年度编制政府预算，当年预算只覆盖同一预算年度，每一预算年度都得重新编制预算，在预算中必须列明整个预算年度的所有收支项目。在执行过程中，预算拨款也只能用于已批准的预算项目，以此有效地约束政府部门的行为。

随着政府规模的扩张和宏观调控程度的提高，年度预算制度受到较大的挑战。在西方，受到20世纪30年代经济危机的影响，凯恩斯主义对经济的影响加深，使得年度预算制度越发不能适应经济的变化。而在我国，全新的预算实践，例如各类社会保障项目的开展、大型基础设施的建设，其时间跨度往往超过一个预算年度的范畴，并不能随意终止。可见，在预算拨款的连贯性、持续性和完整性等方面，年度预算制度并不能很好地满足政府财政职能的要求。同时，年度预算制度的关注点偏重于控制性，由于计划性的欠缺加上“短视”的效应，使得预算在安排过程中与经济的发展脱节，限制了执行机构在支出方面的主动性和积极性。尤其是近年来，我国财政收入中出现了所占比例较大的不稳定收入，如地方政府投融资平台债务、土地出让金，加大了财政的风险，亦不利于财政的公开透明，使得财政资金使用的效益不高。

20世纪90年代，我国开始推行部门预算制度。1998年，河北省在全国率先提出并进行了以部门预算改革为核心的预算改革，实行一个部门一本预算，改变了过去传统功能预算的编制方法[1]。实行部门预算制度，即是将政府各个部门的财政性资金、部门所属单位收支全部纳入预算编制，囊括行政单位的预算和事业单位的预算，涵盖一般收支预算和政府基金收支预算，同时也将基本支出预算及项目支出预算包罗其中。虽然与传统功能预算相比，部门预算制度并不改变资金分配权限，但是部门预算制度扩大了预算编制的范围，并将预算编制精细化，切实将部门预算编制与社会效益结合起来。鉴于部门预算制度的优势，财政部越来越重视河北省推行的部门预算改革模式，各地财政部门也开始效仿。

1999 年 6 月，在第九届全国人民代表大会常务委员会第十次会议上，审计署代表国务院做了《关于 1998 年中央预算执行情况和其他财政收支的审计工作报告》，详尽地分析了政府财政预算中存在的问题，并提出了相应改革意见。1999 年 7 月 24 日，财政部向国务院报送《关于落实全国人大常委会意见改进和规范预算管理工作的请示》，经国务院批准后，财政部在广泛征求部门意见的基础上，提出了《关于改进 2000 年中央预算编制的意见》（财预字［1999］464 号），开始着手实施部门预算改革[2]。新的社会形势促进了我国经济制度的变革，也要求我国预算管理体制进行合理变动，部门预算制度的提出从根本上符合相关变化，满足建立完善公共财政框架的需要。因而，在中央政府的推动下，我国形成了引入部门预算制度、推动预算制度改革的大环境。2001 年，财政部连续印发《中央部门基本支出预算管理试行办法》（财预［2001］330 号）和《中央部门项目支出预算管理试行办法》（财预［2001］331 号）两项规定，以中央政府部门为对象，对部门内部机构的职能进行调整，将部门支出划分为基本支出和项目支出两个部分，并对政府预算的科目进行一定调整，基本构建出我国部门预算改革的框架，初步实现了职责范围明确、各项收支清晰的目标。2005 年，财政部制定了《中央部门财政拨款结余资金管理（暂行）规定》（财预［2005］46 号）、《中央部门预算支出绩效考评管理办法（试行）》（财预［2005］86 号）等，要求进一步推进基本支出和项目支出的改革，加强财政拨款结余资金的管理和部门预算绩效考评工作。2006 年后，我国加快部门预算的改

---

〔1〕 刘彦博：《中国部门预算改革研究》，财政部财政科学研究所博士学位论文，2010 年。

〔2〕《中央部门预算改革的背景》，中华人民共和国财政部网站，http：//www. mof. gov. cn/pub/yusuansi/zhuantilanmu/yusuanguanligaige/zybmysgg/200806/t20080627_54294. html。

革步伐，不断深化现有的制度体制，并进一步规范当前的管理制度，促进我国的预算制度向科学化、合理化方向发展。

可是一直以来，我国的财政分配权并不集中，部门机构的职能受到限制，改革进程较为缓慢，并不彻底。虽然在部门预算管理模式下，财政部门实行了收支两条线改革，加大了收支脱钩管理力度，逐步将预算外资金纳入预算管理范围，预算的完整性有所提高，在一定程度上控制住了预算外资金等非税收入管理的无序局面，但是在现行的部门预算管理体系下仍然有大量的资金没有纳入部门预算管理范畴，与部门预算提倡的完整性原则还存在着很大差距[1]。而预算在编制过程中，仍未形成科学的零基预算编制模式，预算分配过程与宏观经济的联系不紧密，约束力不强。预算编制过程暴露出的新问题，均影响了我国预算改革的健康发展。

20 世纪 90 年代，为突破预算编制过程中的局限，西方国家开始采用新绩效预算的模式，并取得了相应成效。如新西兰于 20 世纪 80 年代中期开始对公立单位进行改革，克制了官僚主义的扩张，有利于制止财政资金浪费，实现财政收支平衡[2]。显然，新绩效预算制度强调预算在产出上的效果，政府投入一定资金后，应当生产出一定的公共产品，达到相应的社会福利。因此，新绩效预算的推行，将鼓励政府厉行节约，抑制财政扩张的欲望，减少腐败和浪费。尽管如此，我国的预算体制与西方国家的预算体制所处的发展阶段不同，所面临的问题不同，所处的预算环境也不同，我国目前的预算改革仍然无法（也不应该）从整体上借鉴新绩效预算[3]。

总的来说，以传统的年度预算制度为基础，部门预算制度的推行、收支两条线制度的促进、新绩效预算制度的实践，均是预算制度改善的突破之举。但在我国现行的预算体制下，预算平衡的任务却常常难以完成。中期预算则给我国深化预算制度改革带来了新的思考模式。相对于传统的年度预算而言，中期预算通过对上年财政经济运行状况进行总结，分析预测了未来预算期内（多个预算年度）的财政经济形势，确定了各项社会事业的发展目标，延长了预算编制的时间长度，扩大了预算管理的范围，在保持我国财政政策连贯性的同时，强化了财政纪律，可以及时鉴别并确认财政风险。这并

---

〔1〕 刘彦博：《中国部门预算改革研究》，财政部财政科学研究所博士学位论文，2010 年。

〔2〕 李庆晖：《我国推行新绩效预算制度问题研究》，暨南大学硕士学位论文，2007 年。

〔3〕 马骏：《新绩效预算》，中央财经大学学报，2004 年。

非是对年度预算的全盘否定，事实上，中期预算中包含了当前预算年度的年度预算，并服务于年度预算的编制[1]。相对于新绩效预算而言，中期预算也强调预算产出的效果，并以追求政府预算的高效运行为目标，有助于改善预算对资源的分配情况，但中期预算加强了对预算的约束，更有利于防止预算的短视行为。因此，为在我国科学地引进中期预算，2008 年河北省作为省级试点，2010 年安徽省芜湖县作为县级试点，开始编制三年期中期滚动预算。

2. 我国中期预算改革与跨年度预算平衡机制的初步建立

为贯彻落实党的十八大和十八届三中全会精神，按照新修订的预算法，《国务院关于深化预算管理制度改革的决定》（国发［2014］45 号）规定，要改进预算管理和控制，建立跨年度预算平衡机制。

一是实行中期财政规划管理。财政部门会同各部门研究编制三年滚动财政规划，对未来三年重大财政收支情况进行分析预测，对规划期内一些重大改革、重要政策和重大项目，研究政策目标、运行机制和评价办法。中期财政规划要与国民经济和社会发展规划纲要及国家宏观调控政策相衔接。强化三年滚动财政规划对年度预算的约束。推进部门编制三年滚动规划，加强项目库管理，健全项目预算审核机制。提高财政预算的统筹能力，各部门规划中涉及财政政策和资金支持的，要与三年滚动财政规划相衔接。

二是改进年度预算控制方式。一般公共预算审核的重点由平衡状态、赤字规模向支出预算和政策拓展。强化支出预算约束，各级政府向本级人大报告支出预算的同时，要重点报告支出政策内容。预算执行中如需增加或减少预算总支出，必须报经本级人大常委会审查批准。收入预算从约束性转向预期性，根据经济形势和政策调整等因素科学预测。中央一般公共预算因宏观调控政策需要可编列赤字，通过发行国债予以弥补。中央政府债务实行余额管理，中央国债余额限额根据累计赤字和应对当年短收需发行的债务等因素合理确定，报全国人大或其常委会审批。经国务院批准，地方一般公共预算为没有收益的公益性事业发展可编列赤字，通过举借一般债务予以弥补，地方政府一般债务规模纳入限额管理，由国务院确定并报全国人大或其常委会批准。加强政府性基金预算编制管理。政府性基金预算按照以收定支的原则，根据政府性基金项目的收入情况和实际支出需要编制；经国务院批准，

[1] 赵玉华：《政府中期滚动预算研究》，河北经贸大学硕士学位论文，2011 年。

地方政府性基金预算为有一定收益的公益性事业发展可举借专项债务，地方政府专项债务规模纳入限额管理，由国务院确定并报全国人大或其常委会批准。财政部在全国人大或其常委会批准的地方政府债务规模内，根据各地区债务风险、财力状况等因素测算分地区债务限额，并报国务院批准。各省、自治区、直辖市在分地区债务限额内举借债务，报省级人大或其常委会批准。国有资本经营预算按照收支平衡的原则编制，不列赤字。

三是建立跨年度预算平衡机制。根据经济形势发展变化和财政政策逆周期调节的需要，建立跨年度预算平衡机制。中央一般公共预算执行中如出现超收，超收收入用于冲减赤字、补充预算稳定调节基金；如出现短收，通过调入预算稳定调节基金、削减支出或增列赤字并在经全国人大或其常委会批准的国债余额限额内发债平衡。地方一般公共预算执行中如出现超收，用于化解政府债务或补充预算稳定调节基金；如出现短收，通过调入预算稳定调节基金或其他预算资金、削减支出实现平衡。如采取上述措施后仍不能实现平衡，省级政府报本级人大或其常委会批准后增列赤字，并报财政部备案，在下一年度预算中予以弥补；市、县级政府通过申请上级政府临时救助实现平衡，并在下一年度预算中归还。政府性基金预算和国有资本经营预算如出现超收，结转下年安排；如出现短收，通过削减支出实现平衡。

同时，加强结转结余资金管理。建立结转结余资金定期清理机制，各级政府上一年预算的结转资金，应当在下一年用于结转项目的支出；连续两年未用完的结转资金，应当作为结余资金管理，其中一般公共预算的结余资金，应当补充预算稳定调节基金。各部门、各单位上一年预算的结转、结余资金按照财政部的规定办理。要加大结转资金统筹使用力度，对不需按原用途使用的资金，可按规定统筹用于经济社会发展亟需资金支持的领域。建立预算编制与结转结余资金管理相结合的机制，细化预算编制，提高年初预算到位率。建立科学合理的预算执行进度考核机制，实施预算执行进度的通报制度和监督检查制度，有效控制新增结转结余资金。

4.2　中期预算的中国尝试

4.2.1　河北省试点情况

21 世纪伊始，我国财政部开始编制“国家财政滚动发展计划”，并组织各地方政府编制相应的“财政滚动计划”。按照财政部综合司对各地方编制“财政滚动计划”的统一部署，为落实中期预算在地方的试点工作，河北省以财政部的综合要求为指引，于2003年编制了《河北省2003~2006年省级财政发展滚动计划》。这是河北省首次对中期预算改革进行的实践探索，促进了“滚动式计划”在我国地方政府的推行。几年来，国家及各地“财政滚动发展计划”的编制工作取得了显著成效。各省市财政部门也开展了一系列重大财经专题研究，成果丰硕[1]。然而，由于受到当时较慢的经济体制改革的条件限制，再加上各地政府对中期预算重要性认知程度的不足，“财政发展滚动计划”在国家层面并未得到相当的重视，在地方的探索也仅于部分地区内开展，未能大范围实质性展开。

从2005年3月1日，为加强和规范地方预算的管理，强化政府在预算编制和执行中的职能，河北省制定并开始施行《河北省省级预算管理规定》（省政府令［2005］第3号），以保障国民经济和社会的持续健康协调发展。在河北省各级政府的努力下，预算编制和执行工作得到了一定规范，政府也整合资金，建设了部分大型项目，但一些资金的使用并未符合要求，因而未提高资金使用效率，河北省提出《关于进一步推行省级财政集中财力办大事的指导意见》（冀政［2005］86号）。根据以上两项规定的指导，2008年河北省作为省级试点，继续推进中期预算的编制实践。2008年8月21日，河北省人民政府发布了《河北省人民政府关于推进省级部门发展性支出三年滚动预算编制工作的实施意见（试行）》（冀政［2008］72号），决定从2009年开始编制发展性支出三年滚动预算。根据该文件的精神，三年滚动预算是指在编制年度预算的基础上，预测一定时期内国家和省有关政策变化及形势发展的需要，同步依次编制其后两年政府及其部门的收支预算，并且逐年向后递推滚动的预算编制方法，这不仅有利于为省委、省政府中期规划决策做好财力保障，实现财政预算与政府长期规划目标的协调统一和有机结合，而且有利于整合资金、集中财力解决事关全省经济和社会发展大局的重大问题[2]。具体编制过程，即是在编制2009年度发展性支出预算时，同

〔1〕李燕：《编制中期预算是财政规范化管理的重要举措》，“国家治理与公共预算”国际学术研讨会论文集，2004年。

〔2〕《河北省人民政府关于推进省级部门发展性支出三年滚动预算编制工作的实施意见（试行）》，冀政［2008］72号。

步依次编制2010年、2011年两年的发展性支出预算，并逐年依次向后滚动[1]。

在试点起步阶段，即2008年，河北省选择了15个试点部门，包括省教育厅、省科技厅、省公安厅、省民政厅、省劳动保障厅、省国土资源厅、省交通厅、省农业厅、省水利厅、省商务厅、省卫生厅、省文化厅、省环境保护局、省林业局、省中小企业局，将2009年至2011年的发展性支出（专项资金）纳入滚动预算的编制范围，与年度预算同步编制。根据河北省《关于编制省级部门发展性支出三年滚动预算试点方案》的要求，在试点部门中，省科技厅、省国土资源厅、省交通厅对50%以上的发展性支出编制三年滚动预算，其他部门对分管领域发展性支出全部编制，同时在此阶段，试点部门分管的发展性支出项目资金（一般预算和政府基金）占当年省级发展性支出总量的25%以上。编制三年预算的过程中，15个试点部门应基于河北省预算改革及预算项目管理实际情况，首先编制三个年度每一年度的滚动实施计划和分解目标。滚动实施计划和分解目标应符合该时期内河北省的重大战略部署和经济社会发展中长期规划，应满足以民生为本的原则。在各部门职能领域内，各试点部门应该明确发展目标，认真研究并制定经济社会事业发展中长期规划，重视预算绩效的量化，明确发展目标，突出投入重点，详略得当。为较好地建立发展性支出三年滚动项目库，各部门应认真筛选、论证预算支出中的项目，不论是支出项目的提出、论证，还是其申报和审核，均要按照规定程序和要求实施。财政支出项目往往涉及超过一个年度的时间，经过筛选、论证后，确定的财政支出项目要按照要求和规范格式编制项目预算，并建立连续滚动的预算项目库，形式上仍分为部门项目库和财政项目库。

自2009年起，试点的范围扩大到42个省级部门，资金量占到发展性支出资金的70%以上，且每年均需上报三年期预算项目内容，逐年依次向后滚动。经过前两年的实践，待时机成熟，河北省将在前阶段试点经验的基础上，力争把省级编制发展性支出三年滚动预算的试行范围扩大到省级所有分管发展性支出的预算部门，逐步建立起覆盖省级财政所有发展性支出的省级三年滚动预算体系，形成一套为实现省政府中期施政目标的有

---

〔1〕 常嘉：《财力瞻前配置的科学尝试——河北省编制三年滚动预算的实践与探索》，中国财政，2009年。

效的财政预算支撑体系，之后将三年滚动预算编制从部门发展性支出扩展到整个部门预算，从单纯的财政支出预算扩展到财政整体收支预算，并逐年依次滚动递推编制。其重点在于：围绕国家新出台的政策及省委、省政府新的决策部署，修订和完善部门中长期发展规划和年度实施计划，提高三年期滚动项目预算编制的准确性，增强三年滚动预算对年度预算编制的引导和约束。而根据《河北省财政厅关于编制2011年省级部门预算建议计划发展性支出三年滚动预算的通知》（冀财预［2010］30号）的要求，自2011年起，除涉密部门外，河北省省级所有部门普遍编制发展性支出三年滚动预算，并在部分较成熟的部门试行编制完整的滚动部门预算，逐步建立起覆盖省级所有发展性支出的三年滚动预算制度，同时河北省在唐山、廊坊两个市和11个省直管县开展了编制发展性支出三年滚动预算工作试点，并计划3年后在全省推开试点工作，在完善省内财政体制的同时，河北省也将继续配套推进“省直管县”财政管理改革，直管范围扩大到92个县，以完善县乡财政体制。

目前，河北省的试点工作正处于不断深化之中，此项改革正在经历一个从形式到内容、从量变到质变的过程，也正是我国经济市场化、财政公共化程度不断加深的必然要求。通过三年期滚动预算试点工作的推进，河北省将形成确保省政府中期施政目标实现的财政保障机制，严格控制公用经费，切实提高项目预算编制质量，建立起较为科学的中期滚动预算制度，实现预算管理改革的新突破。

4.2.2 安徽省芜湖县试点情况

根据财政部的整体计划安排，安徽省芜湖县也采取了多项措施，积极探索预算制度改革。尤其是近年来，芜湖县政府按照国家方针的要求，积极贯彻落实各项政策，不断推进预算管理制度的改革。

1997年，芜湖县全面推行零基预算，不把以往预算年度期间所发生的费用数额纳入本年度进行考虑，以本年度所有的预算支出为零作为出发点，根据县域经济实际支出的需要和可能，逐项审议预算期内各项费用的内容及开支是否符合标准，在整体平衡的基础上编制综合预算。2001年，结合县域具体情况，芜湖县参照中央和各省级部门预算改革的模式，开始按照部门编制综合预算，将预算编制的时间提前的同时，每个部门的所有开支编制到同一本预算中，逐级编写，层层汇报，由预算部门统一批复。2007年，芜湖县开始推广使用“e”财部门预算管理软件，紧紧契合政府财政改革方向，融合先进的财政改革思路，通过软件的使用优化财政管理流程，从而促进信息在各部门间充分流动，实现由基层预算单位编制，逐级上报、审核、汇总，达到资源共享的目的。

2008年，在财政部门的统一领导下，芜湖县围绕财政预算的工作目标，在积极组织财政收入的同时，不断优化财政收支结构。芜湖县严格管理财政工作，加大了对民生项目的支出和投入，实施了20余项民生工程，不仅拓宽了融资渠道，加大投融资力度以支持经济发展，而且推进了收入分配制度的完善，继续全面改革县级财政预算制度。芜湖县于2008年共完成财政收入7.50亿元（不含基金），比上年增长40.70%，预算可用资金9.26亿元，与财政支出相抵平衡。在深化改革的过程中，芜湖县财政预算管理水平再度得到提升，推广使用的“e”财部门预算管理软件提高了预算的准确性和科学性，财政预算执行的管理能力也得到加强，财政预算人员的素质也稳步提升。

在芜湖县第十五届人民代表大会第四次会议上，财政部门做了关于芜湖县2008年预算执行情况和2009年预算草案的报告。按照该报告的要求，芜湖县将在2009年调动一切积极因素，充分发挥财政职能作用，实现财政强县的目标，保持经济平稳较快发展，在继续调整和优化支出结构的同时，坚持制度创新，不断深化部门预算、国库集中支付和“收支两条线”改革，提高预算资金使用的有效性和安全性，促进全县经济和社会各项事业又好又快发展。同时，芜湖县于2009年被财政部正式确定为我国县级政府实施滚动预算编制试点县。

编制县级三年滚动预算，需要对整个县级的财力进行前瞻性的配置，以此才能保证县级政府的三年发展规划或是更长期的施政目标得以实现。这不仅是落实科学发展观的重要措施，而且是有效发挥财政政策周期性调节作用的需要。编制县级三年滚动预算在我国尚无先例，省级三年滚动预算也处于摸索当中，三年滚动预算的编制涉及面广、专业性强。为更好地完成滚动预算编制工作，芜湖县经过调查论证和积极准备，确定了以下几点工作要求：一是成立组织，成立由县长任组长，县财政、人事、国税等部门负责人参与的“芜湖县三年期财政预算编制领导小组”，加强对三年期财政预算编制工作的领导；二是广泛开展实行“中期财政预算”改革的宣传，提高认识；三是及时汇报，争取县领导的支持；四是深入调研，拟订方案；五是健全制度，规范操作；六是结合实际，大胆尝试。尽管编制县级三年滚动预算处于探索阶段，但在启动部门滚动预算编制试点工作后，根据县情实际，芜湖县于2009年制定了《关于推行县级三年期财政预算编制工作的实施意见》（芜政［2009］37号）。在社会主义和谐社会和社会主义新农村的建设过程中，要积极推进社会保障等制度的改革，必须有充沛的财政资金做后盾，芜湖县关于推行县级三年期财政预算编制工作的实施意见充分认识到当前财政面对的巨大压力，明确规定了推行“中期预算编制”改革的指导思想、基本原则、目标任务、方法步骤、配套措施等内容，认为在超过一个预算年度的时期内合理安排年度财政预算支出，对合理均衡年度财政收支、促进财政发展可持续性具有积极作用。经过精心组织、认真落实，芜湖县确定了滚动预算编制的主要内容，并分阶段进行。

在起步试点阶段，芜湖县依据一定标准选定了县公安局等16个县级部门作为三年期预算首批单位。这16个县级部门参与投资建设的项目较多，非常具有代表性，其职能领域的事业发展对全县经济社会发展具有较大的影响，事关民生的支出也较多，并且在部门预算管理和技术力量方面具有较高的水平。自2009年编制2010年县级预算起，这16个重点支出的部门将首先进行试点，依照《关于编制2010～2012年县级三年期部门预算的通知》（财预［2009］164号）和《芜湖县2010年度县级部门预算2010～2012年三年期部门预算编制手册》的要求，满足重点突出和公共财政的原则，与年度预算同步编制县级2010～2012年部门三年滚动预算。同时，2009年11月，芜湖县还将“县级三年期财政预算编制改革试点”和“县级部门预算编制”一并布置到位，对试点编制三年期财政预算的部门和单位财会人员用“以会代训”的方式进行了相关培训。

在扩大试点阶段，即自2010年起，芜湖县将16个县级滚动预算试点部门的范围扩大到了30个部门。这30个部门在编制本年度部门收支预算的同时，必须根据预先测定的情况，同步依次编报2011年、2012年两年的收支预算，并逐年依次向后滚动，与年度预算同步编制县级2011～2013年部门三年滚动预算。

在全面实施阶段，即自2011年起，芜湖县的县级所有部门将全面实施滚动预算编制改革，与年度预算同步编制县级2012～2014年部门三年滚动预算，同时逐年依次向后滚动。

芜湖县的三年期财政预算制度试点工作正在有条不紊地推行中。三年期财政预算的编制，将预算的视野扩大到三个预算年度，有利于增强县级财政收支的预见性，引导管理行为长期化，为芜湖县长远目标的实现建立有效的财务保障机制，这不仅增强了预算的指导作用，还有利于县级财务的稳定性，从而达到防范和控制财务风险的目标。通过工作的推进，芜湖县预计将建立起覆盖县级所有支出的三年期财政预算制度，形成一套能够实现县政府中期施政目标的、有效的财政预算支撑体系。

除河北省和安徽省芜湖县外，部分城市也在逐渐推进三年滚动预算的进程。据了解，北京市财政局也将试编三年滚动预算。北京市财政局编制三年滚动预算，是为了全面深化财政管理制度改革，进一步推动现代财政制度的建立。北京市财政局将滚动预算的延续性纳入考虑范围，把静态年度范围的预算管理视野扩展为动态跨年度范围，从而比较财政预算的当前状态、过去状态和未来状态，有利于年度财政收支计划与中长期经济发展战略保持一致。在 2014 年的财政预算编制工作中，北京市财政局将加强综合管理，提高财政收支的效益，进一步梳理各级政府的财权、事权，编制三年滚动预算，从而加强预算体制的运行。

4.3　中期预算的河北经验

4.3.1　河北模式的主要成果

2008 年以来，河北省一直积极推进三年滚动预算实践。2008 年的试点工作获得了 15 个部门的积极配合；2009 年的试点范围则扩大到了 42 个省级部门；2010 年河北省把试点范围扩大到省级所有分管发展性支出的预算部门；2011 年起，除涉密部门外，河北省省级所有部门普遍编制发展性支出三年滚动预算，并在部分较成熟的部门试行编制完整的滚动部门预算，同时在唐山、廊坊两个市和 11 个省直管县开展了编制发展性支出三年滚动预算工作试点，并计划到 2014 年在全省推开试点工作。

作为全国唯一试点编制三年滚动预算的省份，河北省的试点工作指导思想明确，工作思路清晰，并制定了贴合实际的目标，采取了有力的措施。在河北省政府整体部署下，工作重点突出，以点带面，取得了一系列的成果。

1. 指导思想明确，工作思路清晰

在三年滚动预算编制工作试点的最初阶段，河北省首先在 15 个省级部门进行了试点，将2009年至2011的发展性支出（专项资金）纳入滚动预算的编制范围，与年度预算同步编制。这15个试点部门分管的发展性支出项目资金（一般预算和政府基金）占当年省级发展性支出总量的25%以上，以河北省政府提出的“科学发展、富民强省”为试点的指导思想，在相应指导思想的统领下，各部门认真研究并制定出各自职能领域的工作目标和试点导向。不同的发展思路对应不同的绩效目标，但所有的绩效目标都保证其具体性和操作性，在以“近细远粗”为原则的基础上，明确了滚动预算编制主题，增强了滚动预算编制的针对性。

在接下来的试点阶段中，“科学发展、富民强省”的指导思想为三年滚动预算的编制提供了充分的依据。推广的多个试点部门制定出有针对性的中长期发展规划，详略得当的三年滚动实施计划和具体分解的年度目标成为编制部门发展性支出三年滚动预算的前提。依照“科学发展、富民强省”的目标，各部门设定出切合实际的中长期规划，并把指标具体细化，采取各种有效的措施，为编制、审核滚动预算提供了切实可行的依据。

2. 集中财力办事，突出工作重点

在试点工作中，河北省各试点部门三年滚动预算的编制思想明确、重点突出，制定了细致的本部门、行业中期发展规划，力争提前实现中期发展目标。试点部门以“保增长、扩内需、调结构、惠民生”为主线，以民生行业为预算重点，规划了多个方面倾斜项目，通过空间布局、全面出击，改善了民生民计，保障了社会事业的发展和基础设施的建设，又增强了自主创新的能力，促进经济结构优化升级，并在节能减排、控制污染方面取得了一定成绩。

同时，河北省各试点部门紧紧围绕相关中期发展规划，集中财力解决重点问题，将资金集中用于重点领域、关键环节。2009年度，15个试点部门共申报3098个三年滚动预算项目，投资总额高达547亿元，涉及的发展性支出项目资金（一般预算和政府基金）占当年省级发展性支出总量的25%。从项目支出安排情况看，用于保障和改善民生的项目163个，安排支出共56亿元；促进全省经济又好又快发展的项目236个，安排支出共274亿元；落实强农惠农政策、促进农业发展的项目108个，安排支出共32亿元；支出节能减排、生态环境保护和资源节约的项目191个，安排支出共47亿元；重点社会事业发展项目174个，安排支出共138亿元。这些项目安排经财政审核后，将纳入滚动预算项目库，编入滚动预算的所有项目均从项目库中提取，提高了预算项目的科学性，充分体现了“集中财力办大事”的要求。[1]

3. 基于年度预算，突出前瞻性质

三年滚动预算以年度预算为基础，涉及的项目均是投入较大的重点项目，其建设周期往往较长，投资多持续超过一年。河北省各试点部门在编制三年期发展性支出滚动预算时，充分考虑了项目的建设周期和社会效益。仅2009年，15个试点部门共申报跨年度项目462个，根据项目规划的实际情况和对绩效目标的考虑，试点部门认真测算并确定了不同年度的投资规模和范畴。由于投资的连贯性要求，各试点部门将三年内项目的动态和变化均纳入研讨的范围，基本实现了对支出计划的统筹性考虑和对中期滚动预算的前瞻研究。以此为助力，编制的三年滚动预算兼顾公平与效率，彻底改变了年度预算缺乏前瞻性、连贯性、系统性的问题，基本上做到了“预算与规划”相协调、“投入与计划”相联合、“成本与产出”相匹配、“收益与目标”相一致，而跨年度管理重点支出项目，对预算的实施统筹配置、“瞻前顾后”，更增强了财政支出的连续性，保证了重点项目资金需求。

4.3.2 河北模式的重大意义

目前，河北省的试点工作正处于不断深化之中，此项改革正在经历一个“从形式到内容”、“从量变到质变”的过程，也正是我国经济市场化、财政公共化程度不断加深的必然要求。通过三年期滚动预算试点工作的推进，河北省将形成确保省政府中期施政目标实现的财政保障机制，严格控制公用经费，切实提高项目预算编制质量，建立起较为科学的中期滚动预算制度，实现预算管理改革的新突破。作为我国第一个推行中期预算试点的省级地区，河北省在实施方案上的细节选择，在实施效果上的综合考量，对我国中期预算改革的全面推行具有极大的参考价值和借鉴意义，主要体现在以下几个方面。

1. 要编制部门职能领域发展中长期规划

推行中期预算的前提是对经济的发展状况有统筹而准确的把握。全面推行中期预算改革时，各部门应当严格依据全国经济发展重大战略部署和本地区一定时期内社会发展中长期规划，编制部门职能领域发展中长期规划。部门职能的清晰界定，是职能履行的前提和保证。以部门职能领域发展中长期

[1] 赵玉华：《政府中期滚动预算研究》，河北经贸大学硕士学位论文，2011年。

规划为编制部门发展性支出三年滚动预算的基础，既增强了预算安排的预见性和前瞻性，又实现了政策与预算的有效联结。

2. 建立发展性支出三年滚动项目库

根据各职能领域的中长期规划，各部门核实相关年度计划和发展性资金总体安排，加大了项目筛选论证工作的有效性和合理性，以确保项目的提出、论证和审核均符合规定程序和要求。超过本预算年度的项目，应列示全面，编列具体；不能细化的，则应明确资金用途，说明支出方向以备落实。设定三年绩效目标、年度绩效目标和具体的量化考核指标，实现可利用资源和政策目标的有效对接，合理优化资源分配。同时，做到对项目库中项目的及时更新，逐年滚动上报，体现了贯彻落实中长期政策规划的长远谋划，有利于中长期政策目标的实现。

3. 编制三年滚动预算建议计划及草案

在编制发展性项目支出建议计划的同时，要按要求确定下一年度的发展性支出限额及其后两年发展性支出预算计划的意见，并在此基础上编制三年滚动预算建议计划及草案。该草案经省政府批准后作为部门编报下年度预算的依据之一，增强了政策实施的连续性，改善了年度预算模式下预算编制不连贯的问题。

4.3.3 河北模式的关键启示

从全国范围看，河北省的改革走出了编制三年滚动预算的第一步，具有重大的意义。但这项改革尚处于探索阶段，国内没有成熟经验可供借鉴，国外的发展模式并不符合我国国情，同时受到各种主客观因素影响，目前"河北模式"仍存在一些不足和亟待完善的方面，值得反思和改进。

首先，改革只涉及职能部门的发展性支出，而未囊括政府预算的其他方面，这样"孤军深入"式的改革是不可取的。从这个角度而言，河北省的中期预算尚未实现与国际公认和通行的中期预算理论原则和实践做法的全面对接，还不能算是彻底的中期预算。或者说，其预算的制定过程主要还是以年度预算为基础，这是其在今后深化改革的过程中所应当首要考虑和解决的。但应当指出的是，这样的做法也正是河北省改革的特色和优势之所在。由于缺乏成熟经验，河北省采用由点及面、逐步到位的方针，选择期限较长的发展性支出作为改革的关键和突破点，然后逐步扩大试点范围，提高了编制滚动预算的可行性，减小了改革阻力，有望确保中期预算的全面推行和中期预算目标的实现。

其次，在实践中，由于观念、认识上的缺乏以及制度的不完善，各部门在编制中期预算时存在不到位的现象。具体表现为：一是部门职能领域规划能力不强，中长期发展规划编制质量还不够高，需要进一步提高规划的科学性和可操作性。在整个预算期内，中期滚动预算本应保持一个统一的财政目标，滚动预算期内的各个财政年度也应呈现渐进的发展关系，但有的部门中长期规划扣题不紧，目标和工作没有做到清晰、具体和量化，在一定程度上影响了滚动预算与年度预算的衔接。二是部门支出项目库建设限于认识水平和技术能力进展缓慢。支出项目库建设是中期滚动预算改革的重要一环，是保证政府预算走向规范化的一个重要制度建设，限于认识水平不够，加之没有专业的数据库建设，部分部门支出项目库的建设进展缓慢，影响了部分部门支出的效率。三是部门间对发展性支出三年滚动预算项目申报情况不均衡，部分滚动项目申报不完整，后两年项目细化不够、新项目少。这都表明试点部门仍未充分认识中期预算的重要意义，项目安排仍然仅停留在当前年度，分年度的滚动实施计划和分解目标落实得不够具体，缺乏长远谋划。四是个别部门对这项工作重视程度不够，认识还不到位，内部协调机制尚不健全，存在被动应付现象。

总的来说，河北模式对我国全面推进中期预算改革的启示是：一要加大宣传力度，营造改革氛围，提高各地对中期预算的认识，引导部门积极支持和实施滚动预算，协调好内部关系，提升中长期预算规划编制质量，为全面推动中期预算的改革打下基础；二要逐步推进改革的步伐，深入落实改革，突出模式的创新，完成从传统的年度性预算向中期预算的渐进过渡；三要完善中期预算的配套措施，努力提高中长期规划的约束力，完善改革的工作制度，为全面实现中期预算改革提供保障。

4.4　中期预算的中国模式

4.4.1　中期预算中国模式的现实局限性

综观我国目前的中期预算改革试点工作，在考虑区域财政发展特色的条件下，各试点地区引入了中期预算的基本原理，形成了各自的区域模式，取得了一定的成果。稳步推行的试点工作，对我国中期预算的逐步推广实施做出了开拓性的贡献，对我国预算制度改革起到了基础性作用。然而，与国外更为成熟的中期预算理论和模式相比，“中国模式”下的中期预算仍存在较大的调整和改进空间：一方面，严格来讲，我国当前的中期财政预算计划和“国家财政滚动发展计划”类似，并没有严格按照法定的程序审核批准，在收入的来源和数量、支出的用途和数量等方面也没有做出详尽的规划，只是一个财政部门内部的指导性计划，不能被当成严格的“中期预算”；另一方面，目前我国法律还没有对中期预算做出相关规定，唯一规范预算制度的《预算法》也亟待突破，由于缺乏必要的制度保证，当前的“中期预算”对年度预算还几乎没有产生任何实质的约束力。另外，地方试点模式下的中期预算并没有涵盖政府所有财政收支，仅将发展性支出纳入滚动预算的范围，属于年度预算向中期预算演进过程中的一种过渡形式，而非全面的中期预算。由此可见，当前“中国模式”尚不能被当成一种成熟的中期预算模式。

专栏4－1　我国《预算法》的发展历程

1951年8月19日，中央人民政府政务院公布了《预算决算暂行条例》。按照条例的规定，国家预算每一会计年度办理一次，而会计年度采用历年制，自公历1月1日起至12月31日止为一会计年度，“每一会计年度之一切收入，为本年度之岁入”，各级人民政府及所属机关的“岁入”必须按照规定在事前成立预算，在事后编造决算。《预算决算暂行条例》的出台，规范了我国财政预算体制，也奠定了我国年度预算的基础。

1992年1月1日，我国开始施行《国家预算管理条例》，同时《预算决算暂行条例》废止。《国家预算管理条例》在《中华人民共和国宪法》的框架下制定，其目的是“加强国家预算管理，强化国家预算的分配、调控和监督职能，从而促进经济和社会的稳定发展”。根据《国家预算管理条例》，“预算年度自公历1月1日起至12月31日止”，各级相关单位在每一预算年度之前编制预算草案。

1994年3月22日，我国通过《中华人民共和国预算法》，并于1995年1月1日正式施行。全国实行中央和地方分税制，同时实行一级政府一级预算，各级预算应当做到收支平衡，在编制过程中也应参考上一年预算执行情况和本年度收支预测情况。由于继续施行年度预算，《预算法》依然对预算年度进行了规定，即自公历1月1日起至12月31日止。然而，《预算法》同时以法律的形式做出规定，要求我国年度预算编制的过程中必须考虑上年预算的情况。

《预算法》颁布至今已历时多年，我国经济社会许多方面已经发生了重大变化，而且《预算法》也逐渐暴露出一些不完善的地方，滞后于财税体制的改革。在这样的大背景下，2004年，全国人大正式启动了《预算法》的修订工作。2011年底，全国人大常委会审议了《中华人民共和国预算法修正案（草案一次审议稿）》。2012年，十一届全国人大常委会第二十七次会议再次审议了《中华人民共和国预算法修正案（草案二次审议案）》，开始向社会公众征集意见。其中，第二十五条改为第二十八条，要求"中央预算和地方各级预算，应当根据年度经济社会发展目标和国家宏观调控总体要求，参考上一年预算执行情况和本年度收支预测，按照规定程序征求各方面意见后，进行编制"。虽然这并非中期预算的实质性进展，但在一定程度上考虑了财政政策的一致性和可持续性，为中期预算的推行做出一定准备。

资料来源：作者根据有关资料整理。

4.4.2　中期预算的中国模式：十八届三中全会跨年度预算平衡机制的建立

1. 从"财权与事权相匹配"到"事权与支出责任相适应"

党的十八届三中全会对新一轮整个财税体制改革做出重要部署，到2020年，要在重要领域和关键环节的改革上取得决定性成果。按照中央的统一部署，作为新一轮财税体制改革的开局之年，2014年将会着重推进税收制度改革和财政体制改革。在税收制度方面，要加快"营改增"改革步伐，在全国范围内实施铁路运输和邮政业"营改增"试点；在财政体制方面，要建立事权和支出责任相适应的制度，转变政府职能，合理界定政府和市场边界。而税收制度改革和财政体制改革的基础，正是预算制度的相匹配。

自1994年分税制改革以来，我们奉行的一直是"财权与事权相匹配"这条原则，即从中央到地方，让每一级政府通过拥有"财权"去履行自己的事权（也就是各级政府的职责）。在十七大报告中，财税体制改革问题使用了“财力与事权相匹配”的提法，十八届三中全会进一步提出了“建立事权和支出责任相适应的制度”。从“财力”到“支出责任”这一提法的改变，说明党对财政问题进一步强调了在事权落实过程中责任的重要性。也就是说，各级政府部门在落实事权时，要更好地以财力为保障。这一提法的改变，将保证各级政府在事权的执行过程中，事情会做得更好，执行力更高。

在现代市场经济和分税制财政体制运行过程中，要使每一级政府都拥有相对稳定的财权，并与其事权相匹配，至少需要如下条件：（1）各级政府之间的事权能够划分清晰，分担性的事权少，而且相对稳定；（2）每一级政府通过自己拥有的财权可以获得相应的财力，也就是每一级政府都有足够的财源和税源；（3）有足够的税种在各级政府之间分配，共享税少。只有同时满足上述条件时，按照“财权与事权相匹配”原则设计的财政体制才能持续运行下去。由于历史发展等多方面的原因，不少西方国家各级政府之间尽管有共担事权，但划分相对清楚，很大原因在于其分级选举、向下负责。各级政府都是相对独立的权利主体，甚至联邦政府与地方政府之间都是“平起平坐”的“兄弟关系”，而非“父子关系”，因此在很大程度上能够做到“亲兄弟明算账”。即使偶有纠纷，亦可以通过法院仲裁来厘清，甚至法院的判例还会成为日后制度的“试验场”和“孵化器”。

显然，从中国的现实国情来看，这些条件并不完全具备。之所以这样讲，有以下几个原因：第一，在收入特别是税种的划分过程中，客观上存在财权和财力向中央上移的过程。这倒不是因为中央自利，而是构建全国统一的市场环境、推进宏观调控的客观需要。但是，很多具体事权却是需要地方作为政府公共服务的神经末梢向社会民众提供的，这在客观上就会造成地方财政的收支困难。第二，事权的清晰界定存在困难。一是事权执行起来内容庞杂，很难通过穷尽列举。各种事权在各级政府之间难以清晰地划分，往往是你中有我，我中有你，机械地把某一项事权归为某一级政府，实际上无法做到；二是很多事权需要多级政府之间协同共担；三是新增事权层出不穷。在市场化改革和工业化发展的这个大背景下，政府与市场的分工在不断地发生变化，政府面临着许多不确定性的事权需要去履行，而这些不确定性的事权很难静态地按照理想化的模式在各级政府之间做出清晰的划分，往往需要各级政府共同承担[1]。

分税制改革并没有对政府间事权和财政支出责任划分的格局做出根本性改变，沿用至今的中央和地方事权与支出责任的划分难以适应发展的需要。比如，外部性较强的跨区域生态环境保护与污染治理，空气、水、土壤等资源性公共产品和社会制度、标准规范等制度性公共产品的供给应由中央作为责任主体；区域性基础设施建设、地方公共产品提供等应由地方作为责任主体；中央与地方在事权、支出责任方面存在着“缺位”、“越位”与“错位”问题等。事权与支出责任的划分不科学、不规范，一方面压制了地方政府提供公共产品的积极主动性，另一方面也消减了地方政府在地方事务上的财力。在这种情况下，要建立 1994 年分税制所提出的“财权与事权相匹配”的财政体制难度很大。

2007 年召开的党的十七大提出“财力与事权相匹配”，是考虑到了地方财政收入权不足，试图通过上级转移支付来补足地方财力，以与地方事权相匹配。然而，既然各级事权难以界定清楚，财力与事权相匹配也就难免缺乏根基。这样，党的十八届三中全会将政府间财政关系支出责任划分的重心放到了“事权”上，让支出责任、财力都跟着事权走，客观上秉承的也是“以支定收”的基本原则[2]。

推进预算管理制度的改革，打造“透明预算”，提高资金使用效率，成为预算制度改革的“重头戏”。在 2014 年，预算管理制度的改革要深入推进政府和部门预决算公开，实行中期财政规划管理，改进年度预算控制方式，建立跨年度预算平衡机制和定位清晰、分工明确的政府预算体系，并建立权责发生制政府综合财务报告制度。针对“实行中期财政规划管理”，应研究编制三年财政规划，对规划期内一些重大改革、重要政策和重大项目，要研究政策目标、运行机制、评价办法，并强化其对年度预算的约束，提高财政政策的前瞻性和可持续性。

2. “稳定税负”与我国预算审核重点的转移

党的十八届三中全会指出，财政是国家治理的基础和重要支柱，科学的财税体制是优化资源配置、维护市场统一、促进社会公平、实现国家长治久

---

〔1〕 刘尚希：《明晰支出责任：“财力与事权相匹配”的具体化》，财新网，http：//liushangxi. blog. caixin. com/archives/560。

〔2〕 参见本书“结语”部分构建我国现代财政制度的相关内容。

安的制度保障。必须完善立法、明确事权、改革税制、稳定税负、透明预算、提高效率，建立现代财政制度。其中，“稳定税负”是我国预算调控方式转变的内在要求。

（1）“稳定税负”与我国预算审核重点的转移。我国预算审批通常包括收入、支出和收支平衡等三个方面，但核心是收支平衡，而非支出规模和政策。如果预算审批以收支平衡为重点，那么就要求每年的财政收入必须完成预算安排，否则就会造成财政赤字扩大。这样一来就会造成一些问题：一方面，容易导致按照预算设定的任务课税，而非依法征税。另一方面，会导致宏观调控的“顺周期”问题，即当经济比较热的时候，完成收入的任务比较容易，财税部门会倾向于少收，藏富于民进一步导致经济过热；而当经济遇冷的时候，收入任务加大，财税部门又会加大征收力度，加速经济的下行，客观上未能发挥财税政策“内在稳定器”的职责，熨平经济波动，反而加大了经济的波动。为此，十八届三中全会提出“审核预算的重点由平衡状态、赤字规模向支出预算和政策拓展”。也就是说，今后预算审核的重点应该是支出的弹性调节。决定税收的将不再单纯是预算确定的收入任务，而是要贯彻税收法定主义原则，实行依法征税〔1〕。

税收法定主义决定了税法要具有稳定性和连续性。因为税法一旦确定，在一定阶段内就要保持其稳定性，不能朝令夕改、变化不定。如果税法经常变动，不仅会破坏其权威和严肃性，而且会给国民经济造成不利影响。当然，税法的稳定性也不是绝对的。随着社会经济的不断发展和变化，税法也要进行相应的调整，而这种调整应与原有税法保持承续关系、因势利导。因此可以说，税法内在的稳定性、连续性就决定了我国“稳定税负”的基本法理，从而使我国现代财政制度的“科学性”进一步得到强化。

然而，从公共管理的实践来看，“按任务征税”显然操作简便、易于执行，便于对税务部门的工作绩效进行考核。也就是说，税务机关任务完成得好，奖金多给，税务部门干劲更足；相比之下，“依法征税”变得就不像那样“看得见摸得着”了。

（2）预算审核重点的转变与我国跨年度预算平衡机制的建立。当然，预算审核的重点转变之后，预算的收支平衡状态在执行中有可能会被打破。经济过热时期，税基扩大，依法征税税收收入会增加；经济低迷时期，税基缩

---

〔1〕《楼继伟解读三中全会深化财税改革三大亮点》，人民日报，2013年11月21日。

小，依法征税税收收入会缩减，税收收入的周期性特征会更加明显。尽管这会增加税收收入自身的波动，但无疑有助于宏观经济的平稳运行，这是财政宏观调控的真谛所在。为确保财政的可持续，就要建立跨年度预算平衡机制，一方面建立跨年度弥补赤字的机制，另一方面要建立中长期重大事项科学论证的机制。对一些重大项目不能政策一年一变，而要有长远考虑，通过实行中期财政规划管理，强化其对年度预算的约束性，增强财政政策的前瞻性和财政的可持续性。

那么，我国预算审核重点转移之后，是否意味着我国的“财政管理观”也发生了转变呢？

3. 预算审核重点的转移与我国的“财政管理观”

长期以来，我国财政学界曾经有着“以支定收”还是“以收定支”两种“财政管理观”的激烈争论，一方学者认为市场经济要首先按照社会公共需要界定政府职能，再界定财政支出规模，以此为基础确定财政收入的规模，因此应是以支定收（高培勇，2001）。另一方学者认为以支定收是自由资本主义时期的产物，不适合于今天的中国，我国应实行以收定支（邓子基，2002）。

（1）国外主流“以收定支”财政管理观的形成与发展。国外学者对财政收入与支出的关系大体形成了三种观点，即收入决定支出观、支出决定收入观、收入支出同步观（fiscal synchronize）。有人把第一种观点称为弗里德曼假说，把第二种观点称为巴罗假说（Raju，2004）。因为弗里德曼曾经说过，增税仅仅会导致更多的政府支出（Friedman，1978）。布坎南等人支持这种观点，认为赤字财政导致政府支出规模膨胀（Buchanan and Wagner，1977）。巴罗（1974）则认为，政府的高支出导致税收的上升。皮科克和怀斯曼（1979）支持这种观点，认为西方政治体制决定了政府先确定开支再去寻找筹集收入的方式。

“以支定收”原则在西方是伴随着市场经济的确立而逐渐形成和发展起来的，它的出现有其历史背景和必然性。在自由资本主义时期，市场处于快速成长过程中，私人财产、私有财产神圣不可侵犯的观念深入人心。在这种思想的主导下，整个社会必然要求将政府活动限制在尽量小的范围之内，也就是公共产品的供应范围之内。可见，“以支定收”的原则依据至少可以归结为两方面：一是“公共需要—公共产品—公共支出—公共收入”的逻辑构架；二是西方私有产权不可侵犯、财税这种公权力具有对私人产权进行侵犯的内在属性和冲动。以上二者相较，后一点可能是更为根本性的。

西方世界20世纪30年代大危机成为人们对“以支定收”原则认识的分水岭。20世纪30年代之前，“以支定收”的原则并没有和财政赤字联系在一起，该原则的运行还是较为顺畅的。但是，20世纪30年代大危机的爆发，使得凯恩斯国家干预主义开始盛行，政府支出开始不断扩张。应当说，此时以支定收、收支差额由财政赤字补足的政策为西方世界走出经济大危机做出了卓越的贡献。但是，大危机之后，各国继续推行“以支定收”，财政赤字出现了常态化，最终使得西方国家陷入了滞涨状态。我们可以将其看成是公共部门对作为经济基础的私人部门过度侵犯的结果。

（2）预算审核重点的转移体现的是财政管理对于法律和市场的主动尊重。我国在计划经济年代经历了长期的“短缺经济”。政府财政能够从国民经济中汲取的财政收入受到当时经济基础的严格制约，而财政支出的需要又是相对无限的，因此，“以收定支”成为主导，众多的财政支出只能有选择地进行满足。

时过境迁，改革开放之后，我国财政收入出现了井喷式的快速增长。当然，这同样是以国民经济的蓬勃发展为基础的。当财政收入的扩张不再受到经济基础限制的时候，强调“以支定收”的理念来限制财政支出是有其现实意义的。

我国当前强调将预算审核的重点转向支出和政策，是希望学习美国国会“预算办公室”（Congressional Budget Office，CBO）的做法，加强支出管理，做好不同支出项目之间的筛选、取舍和排序（priority），通过将支出审核纳入中期财政管理规划，进一步提高财政支出的科学性和效率。

在收入层面，“稳定税负”既是对近年来收入增长过快的社会指责的正面回应，更是发挥市场在资源配置中的决定性作用、实现财政经济可持续发展的内在要求。“以支定收”当前之所以不再受欢迎，是因为政府财政的建设目标将不是“福利国家”；否则，“福利支出”的胃口将是永远无法满足的，最终将会牺牲市场经济的增长效率，并最终累及整个国民经济。

这样，跳出财政视野的限制，政府财政收入的决定因素将不再单纯是财政支出，更重要的是税法和社会经济的综合发展状况。如果说改革开放之前，我国财政管理的“以收定支”，是受制于财政经济状况捉襟见肘的被动选择的话，那么新时期我国摒弃按预算任务筹集收入的做法，则是出于尊重市场和法律的主动调整；至于财政收支之间的周期性平衡，则需要通过跨年度的中期预算平衡机制来实现。

4.4.3　中期预算中国模式的本土特色

1. 理念和认识上的提高

需要强调的是，在结合国际经验进行根本性的变革和调整的同时，实行中期预算应当关注我国国情，其改革更应具有中国的本土特色。未来几年，实现十八届三中全会确定的财税改革目标，突破预算制度的瓶颈，时间紧迫，财政部门责任重大、任务艰巨，绝不能一味照搬国外的做法。由于不同国家在政策目标、预算制度、行政能力、资源的可获得性等方面存在差异较大，直接移植国外的做法，恐怕会在我国水土不服。

例如，在2012年11月举行的欧盟领导人峰会上，各国便未能就2014~2020年欧盟中期预算方案达成一致。根据欧盟委员会的提议，欧盟2014~2020年预算为1万亿欧元左右，比上一个七年的预算增加约5%，但部分国家坚持削减预算，部分国家却反对减少预算规模，强调尤其要确保维持现有的农业补贴及“凝聚基金”（cohesion fund）[1]。如果欧盟最终无法就中期预算达成一致，将给欧盟主导的价值数千亿欧元的中长期公共投资项目带来不确定性，从而打击已经非常脆弱的欧盟经济。为此，OECD的报告认为，中期预算在转型国家实行可能会遇到麻烦。这是因为，在转型经济国家中，不确定因素要远比成熟市场经济国家多。有两个主要因素会阻碍中期预算成为控制支出的有效工具：一是政府倾向于对未来可以得到的财政收入等经济资源进行高估，使得政府对未来的收入盲目乐观，从而加大现在的开支；二是政府中的支出机构有将中期预算中的预测数字看成未来会给予其的拨款授权，从而鼓励支出部门“跑部钱进”，诱发寻租行为。这两个因素综合起来会造成中期预算持续增长，最终导致中期预算与年度预算脱节，反而增加财政未来运行的风险。

2. 注重制度等深层次问题的整合

中期预算改革还需要解决制度上的问题。预算制度是建立在先行经济基础之上的，体制的缺陷使得预算制度中出现了一些问题。我国正处于全面建成小康社会的关键时期，也处于并将长期处于社会主义初级阶段，在财税体制方面具有较强的独特性，经济核算制度等方面也存在一定缺陷。截至

〔1〕 欧盟的“凝聚基金”旨在资助人均国民收入［Gross National Income（GNI）per inhabitant］低于90%平均水平的成员国，以促进各成员国之间的均衡发展。2007~2013期间，“凝聚基金”重点用于欧盟区域内国家间交通、环保等方面的支出。

2013年7月29日，除了青海省外，全国30个省份公布了上半年经济数据。排名前21位的省份公布的GDP数据共计252823.68亿元，远远超过了国家统计局公布的全国248009.2亿元的总量，如果将30个省份的GDP数据相加，则超过全国总量31630.2亿元[1]。1985年，国家和地方层面开始分别核算GDP数据，地方统计总和一直高于全国的GDP总量，这种现象一直持续了多年，不仅呈现出"1+1>2"的局面，而且有递增的趋势。从宏观税负水平看，我国的宏观税负水平低于发达国家的平均水平，甚至低于发展中国家的平均水平。但宏观数据的精确性存在疑点，使得测算出来的宏观税负水平的可信度也并不确定。为此，党的十八届三中全会在《全面深化改革若干重大问题的决定》中指出，要"加快建立国家统一的经济核算制度"，要坚定不移地实施主体功能区战略。同时，全国一半以上的县和县级市不再有GDP考核，引导领导干部树立正确的政绩观，把主要精力放到转方式、调结构、促改革、惠民生上来。这些都有助于纠正我国部分地方官员的短视行为，提高国内生产总值统计指标的准确性。经济核算制度的革新，只是我国正在推行的经济改革的一部分。中期预算更多的价值在于整合由上而下地确定资源总量和由下而上地确定部门项目，因此会涉及财政等宏观部门之间、财政与部门之间、部门与部门之间的一些权力、责任及利益的调整与整合。这个过程可能涉及不同部门之间既得利益的重新分配问题，因而会加大改革的阻力，是我国在引进中期预算的过程中应当着重权衡的。

3. 发挥预算稳定调节基金的作用

由于具体国情不同，对于其他国家或地区不同社会与经济背景下进行的预算改革，在未对其影响和要求进行现实评估并做出必要的适应性修改之前，我国应当切忌生搬硬套。正如艾伦·希克反复强调的："发展中国家进行预算改革切忌舍本逐末，改革者应当更加关注预算制度中的基本问题，而不是具体的技术性改造。"改革的要旨在于吸收国外中期预算的精神，同时融入中国的本土做法。具体而言，我国推行中期预算，应当摒弃理想主义的做法，并重视功利主义和实用主义原则。事实上，在推行预算改革的过程中，我国已有了特色化的实践。作为打通年度预算之间的通道，预算稳定调节基金就是一种切实可行的有益尝试。

---

[1] 《30个省份GDP总额超全国3万亿，重复统计注水严重》，和讯网，http://news.hexun.com/2013-07-30/156598418.html。

预算稳定调节基金是指各级财政通过超收安排的基金，往往具有储备性质，用于弥补短收年份预算执行的收支缺口。根据预算平衡的情况，预算稳定调节基金在安排年初预算时调入使用，同时接受同级人大及其常委会的监督。在国际上，预算稳定调节基金已经有多年的历史，俄罗斯、挪威、新加坡等国先后建立起预算稳定调节基金，截至2000年，美国各州也都建立起了预算稳定调节基金。作为政府的预算储备，预算稳定调节基金多来源于财政盈余的积累或非常规收入。

近年来，我国经济形势良好，财政收入明显增长，一反多年的“赤字”状况，到2011年财政超收收入突破10000亿元[1]，为预算稳定调节基金的设立打下了基础。2007年，我国决定支出上年财政盈余中的500亿元，正式设立预算稳定调节基金。预算稳定调节基金的设立，通过有意识的周期性收支平衡安排，将超收年份的财政收入以基金形式存储起来，专门用于弥补短收年份预算执行收支缺口，从而保证国家预算的稳定和财政运转的良性循环[2]。由于发展时间较短，我国的预算稳定调节基金仍存在稳定性、持续性不足等问题，但预算稳定调节基金突破了“一个年度”的限制，成为政府稳定年度预算收支的重要调节手段，是连接中期预算与年度预算的重要桥梁和纽带[3]。2008年汶川大地震后，国家及时从预算稳定调节基金中拨付600亿元用于重建，为受灾城市的恢复提供了重要保证。

综合看来，以预算稳定调节基金为代表的措施符合我国近年来预算收入稳定增长的实际情况，同时也含有实现多年度预算收支平衡的意味，可作为我国中期预算改革过程中的辅助措施。

4.5　中期预算与我国现代财政制度构建

4.5.1　建立现代财政制度的重要性和紧迫性

1. 国内社会经济形势的进一步发展要求财政改革根本转型

财政是国家治理的基础和重要支柱，科学的财税体制是建立健全现代国

[1] 李燕，刘霞：《我国预算稳定调节基金研究》，南京审计学院学报，2013年第3期。

[2] 刘爽，孔庆仪：《论预算稳定调节基金》，中外企业家，2007年第6期。

[3] 李燕，刘霞：《我国预算稳定调节基金研究》，南京审计学院学报，2013年第3期。

家治理结构、实现国家长治久安的重要保障。2013 年党的十八届三中全会提出要“建立现代财政制度”，其背景是我国经济总量跃居世界第二和人均 GDP 超过 6000 美元。国家宏观调控面临的形势前所未有的复杂，2008 年，面对世界金融危机的冲击，我国“习惯性”推出的 4 万亿大规模刺激计划出现了边际效应递减，而且负面效应开始凸显：一方面自凯恩斯以来以政府财政为主力军的“补偿式”危机治理模式开始失效；另一方面我国国民经济在经过多年发展之后，以高资源投入、高投资、出口拉动为主要特征的经济发展模式在生态文明建设等方面表现出越来越多的不适应性，环境、资源矛盾日益凸显。

2. 国际资源环境斗争的新形势要求财政改革适时转型

环境、资源、生态等方面的压力不仅在国内日益受到关注，甚至成为了国际社会对我国施加压力的重要砝码。

在节能减排问题上立场一贯强硬的美国于 2014 年 6 月 2 日意外宣布了一项重大的减排计划（Clean Power Plan Proposal），根据该举措，预计到 2030 年，美国发电厂的二氧化碳排放量将在 2005 年的基础上减少 30%，这是有史以来美国在对抗全球变暖问题上做出的最大举动。

根据该计划，到 2030 年，美国发电厂要在 2005 年的基础上平均削减 30% 的碳排放量，考虑到从 2005 年到 2013 年美国发电厂的碳排放已经减少了 15%，这意味着以目前的基数，发电厂要减少至多 20% 的碳排放，使颗粒、氮氧化物和二氧化硫污染水平降低至少 25%，提供相当于 930 亿美元的应对气候变化与公共卫生服务，同时，通过提高能源效率将电费降低大约 8%，并减少电力系统的需求。

美国人口仅占全球人口的 3% ~4%，而排放的二氧化碳却占全球排放量的 25% 以上，曾是全球温室气体排放量最大的国家。随着美国页岩气等非常规天然气新能源使用日益普及，碳排放量已从 2005 年的 73. 25 亿吨下降至 2012 年的 65. 26 亿吨，但仍然高于其他发达国家。

作为全球最大的碳排放国家之一，美国此前对于节能减排一直较为抵制，并坚称发展中国家也应承担起减排义务，甚至于 2001 年以“减少温室气体排放将会影响美国经济发展”为由，退出了人类历史上第一个具有法律约束力的减排文件《京都议定书》（*Kyoto Protocol*）。而此次奥巴马政府态度异常坚决，绕过国会强推减排法案，利用 1970 年《清洁空气法》（*Clean Air Act*）中一条未试用过的条款，在不经国会批准的情况下引入监管规则。此外，此项计划出台的时机也颇为耐人寻味。2015 年年底，世界各国政府将在巴黎召开新的气候大会，大会有望签署哥本哈根大会上未能达成的国际减排协议，因此奥巴马政府此举除了希望收获一片国际赞誉外，向中国施压的意图昭然若揭，可谓“一箭多雕”[1]。在这种情况下，我国财政经济改革亟需从被动应对向主动调整转变。

3. 从“现代企业制度”到“现代财政制度”

与“现代财政制度”不同，我国“现代企业制度”提出已逾 20 年，分析“现代企业制度”的提出、内涵、特征和作用，有助于我们全面认识，“现代财政制度”。

我国在提出建立社会主义市场经济体制之初，曾提出建立“以政企分开”为基本内容的“现代企业制度”，这为我国建立社会主义市场经济体制奠定了基础，打开了国民经济快速增长的大门。“产权明晰、权责明确、政企分开、管理科学的现代企业制度”这一概念，最初由党的十四届三中全会提出，历经党的五次重要会议反复强调，伴随中国由传统计划经济向现代市场经济转轨，现代企业制度成为国有企业改革的方向，并将继续推动国有企业改革向纵深发展。1992 年，邓小平南巡谈话的发表，翻开中国经济体制改革的新篇章，此刻正是我国企业制度现代化之实质开端。1993 年，党的十四届三中全会提出现代企业制度并将其确定为国有企业改革的方向，中国国企改革的大幕被徐徐拉开。

2013 年党的十八届三中全会提出的“现代财政制度”则是着眼于我国国民经济在实现成功“起飞”之后，如何在“平流层”进入“巡航模式”的制度建设问题。“现代财政制度”的历史使命是“成为国家治理的基础和重要支柱，优化资源配置、维护市场统一、促进社会公平、实现国家长治久安的制度保障”，而要实现这一点，财政制度自身“必须完善立法、明确事权、改革税制、稳定税负、透明预算、提高效率，发挥好中央和地方两个积极性”，后者即可以看成是“现代财政制度”的建设目标和发展特征。

4. 我国财政类型的简要梳理

从财政类型上讲，我国的财政类型有过“战时财政”、“建设财政”、“国家财政”等多个称谓。在解放初期，我们的财政叫做“战时财政”，因

[1] 《醉翁之意不在酒，美国碳排放减少 30% 剑指中国?》，http://114.80.154.61:8020/ns/findsnap.php? ad = 0&sitetype = 1&sourcetype = 1&id = 228063338&t = 1。

为当时有朝鲜战争，财政方针就是毛泽东提出的“发展经济，保障供给”八个字。1953年以后，朝鲜停战。中国第一个五年计划展开，经济建设已经成为国家的主要任务。这样，财政就由“战时财政”进入了“建设财政”。财政部每年都要计算在财政支出当中建设性支出占整个财政支出的比例。如果建设性支出比例低了，就要做检讨。一直到改革开放以后，邓小平同志还说“军队要忍耐”，把钱从牙缝里省出来搞建设。到了1998年，“建设财政”已经落后于形势。我们明显感到，如果没有社会的发展，没有人民生活水平的提高，没有支出的均等化，建设最终是上不去的。于是，公共财政观点应运而生〔1〕。

正确处理国防和军队建设与经济建设的关系，是新时期国防和军队建设的重大问题。20世纪60年代之后，受战备等因素影响，军队建设逐渐与经济建设比例失调。邓小平同志采取断然措施解决了这一问题，提出了国防和军队建设服从和服务于国家经济建设大局的战略思想。他强调，“现在就是要硬着头皮把经济搞上去，就这么一个大局，一切都要服从这个大局”，要求军队在国家发展大局下行动，在国家经济发展的基础上逐步增强军事实力。在他的指导下，国家降低了军费投入比例，军队在全力支援国家经济建设的同时，确定了“忍耐”中求发展的思路。尽管这一决策使军队现代化进程经历了艰难的阵痛期，但却因此校准了方位，与国家发展有机地融为一体。进入20世纪90年代后，国家改革开放的伟大成就逐步显现，国家对军队现代化建设的投入大幅提升。“九五”期间军费投入比“八五”期间翻了一番，“十五”期间又比“九五”期间翻了一番，到2013年，国防支出达到了7201.97亿元。可以说，没有当年的“忍耐”，就难有今天军队现代化建设的突飞猛进〔2〕。

1998年提出要建立“公共财政”，强调“聚天下之财、办天下之事”。这就突破了过去“国家财政”主要为公有制经济服务的框架约束，将公共经济、公共产品纳入了我国财政管理的范畴，公共卫生、公共教育等服务性的公共产品得到了重视，并进一步提出了推进“公共服务均等化”的目标。

2005年，随着社会经济的快速发展，住房、医疗等民生性财政支出的重要性日益被人们所重视，“民生财政”开始提上议事日程。这一方面是因

〔1〕 项怀诚：《从分税制到公共财政》，http：//www.aisixiang.com/data/70512.html。

〔2〕 刘成军，孙思敬：《开启中国特色强军之路的伟大进程》，《求是》，2014年8月16日。

为经过1998年住房市场化的改革，房地产等价格已经跃居高位，福利分房、公费医疗与很多人的距离越来越远；另一方面，随着生活水平的提高，人们对于住房、医疗的关注程度和敏感程度却在不断提升。

4.5.2　现代财政制度的内容、特征和职能

概括起来，我国现代财政制度的主要内容包括改进预算管理制度、完善税收制度、建立事权与支出责任相适应的制度等三个方面。

1. 建立现代政府预算制度体系：全面规范、公开透明

政府预算作为政府活动范围和方向的集中体现，诠释了政府公共受托责任的履行与实现情况，直接或间接地反映着政府的大政方针，与社会民生息息相关。面对已经超过10万亿元规模的政府预算资金，如何才能做到"好钢用在刀刃上"，如何保证财政预算资金能够沐浴在公开透明的阳光之下，如何实现"依法用好百姓钱"的政府理财目标，已然成为现代政府治理必须正面回应的时代命题。或许可以这样说，只有建立起"公开透明、科学规范、廉洁高效、完整统一"的现代政府预算制度体系，建设责任政府、高效政府、廉洁政府、可持续发展政府，才能拥有更富可操作性的制度基石。在这次全面深化财税体制改革中，改进预算管理制度主要包括以下几个方面的内容：

第一，建立跨年度预算平衡机制，调整预算审核重点，实施中期财政规划，实现财政可持续发展。从传统的年度平衡走向跨年度的中期预算平衡，是未来中国政府预算治理结构的重要变化之一。长期以来的预算决策过程，局限于年度预算平衡结果与赤字规模，这容易助长预算过程的短期行为倾向，而忽视财政预算安排在中长期的可持续性。预算决策所覆盖的时间维度过短，也导致了预算调整过于频繁的"年年预算、预算一年"现象。近年来，预算调整问题日益受到社会普遍关注，这既有社会转型期不可预见因素的客观影响，也不乏预算决策过程与政策制定过程分离、预算编制精细化程度有待提升的管理因素。通过引入跨年度预算平衡机制，在中长期时间尺度上，实现预算周期性平衡，将预算审核的重点由平衡状态、赤字规模向支出预算和政策拓展，引入中期财政规划（如3～5年的中期预算框架），将有助于公共财政体系的可持续发展。

第二，建立权责发生制的政府综合财务报告制度，有效实现政府性债务的风险预警与防范。在政府会计和政府财务报告体系中，引入权责发生

制的核算原则，既是近30年来发达经济体财政管理变革的普遍趋势，也是国内学术界与实务部门讨论了多年的话题。在建立现代财政制度的改革蓝图中，明确了权责发生制的政府资产、负债计量原则，应该说是一个较具突破性的举措。在现时的中国，因地方融资平台而引致的政府性债务及其风险防范，已成为一个备受关注的话题。当前对于政府性债务问题的分析，大多聚焦于财政收支的流量问题，对于政府性资产与负债的存量配比问题关注不够。而政府资产（尤其是净资产）的规模，对于债务风险的监测与预警，才更为重要。政府会计作为“政府的商务语言”，是政府资产负债计量与核算的基础，而我国现行的收付实现制政府会计和财务报告体系只能反映资金的流量，无法全面反映“欠人人欠”的债权债务关系，更难以准确测算资产存量；再加上目前行政事业单位的固定资产不计提折旧，还会进一步导致资产净值的不实。就国际视野而言，国际货币基金组织2001年发布的《政府财政统计手册》中，对于政府经济事项的记录时间，已改为采用权责发生制原则。在全面深化财税体制改革中，果断地提出建立权责发生制的政府综合财务报告制度，不仅有利于建立规范合理的中央和地方政府债务管理及风险预警机制，也有助于从国际比较的视野中防范主权债务风险。

第三，规范政府预算管理，取消重点支出同财政收支增幅或生产总值挂钩的做法。就公共治理结构而言，政府预算管理的职能是不容肢解的。在预算资源配置问题上，《预算法》应该拥有最高的权威，不应因部门法而割裂预算资源配置的通盘考虑。在我国社会转型时期，尽管教育、农业、科技等领域确实属于需要优先发展的重要事项，但在现行的一些部门法中，对于这些部门的财政投入增幅，做出了与财政经常性收入或生产总值挂钩的硬性规定。这种做法既影响了《预算法》的权威性，也忽视了财政的承受能力，变相肢解了政府预算的整体性和统一性。在深化财税体制改革的方案设计中，明确了“清理规范重点支出同财政收支增幅或生产总值挂钩事项，一般不采取挂钩方式”。就预算治理结构的整体性和统一性而言，这是一个重要的变化，既符合政府预算决策的统筹兼顾与保障重点原则，又彰显了现代预算治理结构转型的发展方向。

2. 完善现代税收制度体系：统一税制、公平税负

税收法定主义是现代国家治理的重要基石，税收制度体系的规范化与公平性也是厘清政府与市场边界的内在要求和重要标志。按照统一税制、公平

税负、促进公平竞争的原则，进一步完善税收制度与税收征管体系，构成了建设现代财政制度的重要内容。在这次全面深化财税体制改革中，完善税收制度主要包括这样几个方面的内容：

第一，逐步强化按要素征税，提高直接税比重。随着“营改增”（营业税改征增值税）的全面推进，如果按照原税负大致稳定测算，纳入营业税以后的增值税，将占到全部税收收入的40%以上，呈现典型的“一税独大”局面。这不仅会倒逼对地方税主体税种进行重新考虑，也将加剧整个税制体系对于单一税种的依赖。因此，在完善地方税体系的同时，还需要谋划整体税制结构中的新主体税种，从而最终实现1994年税制改革就已明确的流转税（间接税）与所得税（直接税）并重的双主体税制结构。

综观世界各国税制演进的历程，包括增值税在内的流转税是与工业革命以来社会化生产分工明确、产品流转环节清晰的产业组织形式相适应的。随着信息革命和后工业化时代的到来，尤其是网络交易的蓬勃发展，商品的流转过程日益多样化、复杂化，这必然导致传统的流转税课征模式因难以追踪生产和消费过程造成课税环节与征税节点日趋模糊，从而愈发显得不再适应经济社会发展之变化。因此，强化按要素征税，逐步提高直接税比重，体现了后工业化时代市场交易方式变革之于税收制度建设的内在要求。

第二，清理规范税收优惠，打造公平竞争的营商环境。税制的统一与规范，区域性税收政策的日趋淡化，是完善现代市场体系的内在要求。从谋求区域性税收优惠的“政策洼地”式恶性竞争，走向提升地方公共服务水平、打造公平竞争的良好营商环境，已成为一个不可逆转的发展方向。因此，需要加强对税收优惠特别是区域税收优惠政策的规范管理，税收优惠政策统一由专门的税收法律法规规定。清理规范税收优惠政策，打造税政统一、竞争有序的市场营商环境，有助于促进各类生产要素的合理流动与优化配置。

3. 构建现代政府间财政关系：划分事权、以支定收

在多级政府的治理框架下，政府间财政关系的规范化是促进社会和谐、实现国家长治久安的重要保障。1994年的分税制财政体制改革侧重于当时亟须解决的中央与地方财政收入划分问题，在事权划分上不够明确，这是历史条件使然。这种财政收入划分一翼的单边调整，历经近20年的演化，日

益呈现出“分税制”演变为“分钱制”的倾向[1]。按照“以收定支”的惯性思维，地方政府过于关注财政收入的增长，而忽视了公共服务等支出责任的有效履行，由此导致征收“过头税”、土地财政、融资平台债务等一系列问题。在构建现代政府间财政关系的改革方案中，进一步明确了建立事权和支出责任相适应的制度，彰显了从划分事权，到支出责任，再到以支定收的政府间财政关系框架构建的逻辑次序。

适度加强中央事权和支出责任，国防、外交、国家安全、关系全国统一市场规则和管理的作为中央事权；部分社会保障、跨区域重大项目建设维护等作为中央和地方共同事权，逐步理顺事权关系；区域性公共服务作为地方事权。中央和地方按照事权划分相应承担和分担支出责任。

在确定相应事权与支出责任的前提下，进一步完善地方税体系和赋予地方政府适度税收立法权，同时可以考虑将地方分享的增值税收入根据人口等客观因素在地区之间重新分配。在此基础上，针对地方政府因履行相应支出责任而产生的财力缺口，可以通过完善一般性转移支付增长机制以及相应的转移支付预算来加以解决。一般性转移支付的增长机制，需要根据人口等客观因素，设计统一公式进行分配，真正实现转移支付资金分配的公开透明。这种从“以收定支”向“划分事权、以支定收”的思路调整，将有助于从根本上遏制地方政府的投资冲动与政绩压力，切实推动公共服务均等化，从而最终实现建设现代国家财政制度体系的改革目标。

4.5.3 建立我国现代财政制度的总思路、总框架

1. 我国现代财政制度建设的基本内容

财政是国家治理的基石、宏观调控的重要抓手，但现行财政制度的制度优势正在削弱，亟需建立现代财政制度，以在充分发挥市场在资源配置中的决定性作用的前提下，科学地发挥财政的宏观调控作用。

具体来讲，现代财政制度体现在内容、职能、目标定位、特征等诸多方面。

---

〔1〕 因此，有观点认为，我国分税制中文“名不副实”；英文的“tax-sharing”（税收分享）倒恰如其分。也就是说，我国的“分税制”事实上不是按税种划分中央和地方收入的，而是央地之间更多地通过“分享同一税种不同比例的税收”来实现的。

第一，就内容上来看，现代财政制度已经不仅仅局限于经济范畴，要更多地要上升到“现代治理”的高度，通过体制机制性内容促进和谐社会的建设。

第二，就目标定位来讲，现代财政制度要摒弃过去的“唯GDP论”，眼睛不能只盯着“财政收入”，要以新型城镇化、公共服务均等化和转移支付制度建设为抓手，高屋建瓴、大处着眼，推进社会公共利益的最大化。现代财政不宜“锦上添花”，而更应“雪中送炭”，在效率优先的前提下搭建社会主义市场经济体制的社会保障安全网。

第三，就特征上看，现代财政制度具有以下特点：一是要更加强调法治精神。十八届三中全会所提出的“加快房地产税立法并适时推进改革”就是“税收法定主义精神”的体现。二是要强调财政体制的可预见性，要建立中期财政规划和跨年度预算平衡机制。以“上医治未病”的高度和视野来应对经济增长的减速。三是现代财政制度的基础是“现代预算制度”。现代预算制度的建设要“全面、规范、公开、透明”。预算支出公开、透明之后，就有助于抑制“三公经费”等不合理的财政支出，从而可以优化财政支出结构，降低税收等财政收入的筹集压力，这也就使“稳定税负”具备了坚实的根基。而“稳定税负”更有望为国民经济相对减负，从而夯实国民经济增长的基础，实现从“需求管理”向“供给管理”的转身，使我国财政经济发展进入“良性循环”。

2. 现代税收制度需要在推进税制的科学化上下功夫

党的十八届三中全会强调，要改革税制、稳定税负，完善税收制度，建立现代财政制度。经过改革开放30多年来的不懈努力，目前我国已经构建起了以增值税等流转税为主体，所得税、财产税为补充的“多层次、多环节、广覆盖”的复合税制体系，税收征管上适应市场经济交易环节繁多复杂的基本特点，充分发挥了增值税以票管税和个人所得税代扣代缴的制度优势，基本上保证了税收跟着“现金流”走，这样既保证了税收收入的有效、及时筹集，又降低了税收征管成本，提高了税收征管效率。这些都是现代税收制度建设的重要成就和经验，今后需要进一步总结和发挥。

我国现代税收制度建设还需要做好以下几方面的工作：

（1）现代税收制度的建设要稳定税负。

第一，改革开放30多年来，我国宏观税负水平经历了先抑后升的曲折发展历程。这些经验和教训都提醒我们，宏观税负水平不宜过高，否则会抑制市场机制的活力，与“发挥市场在资源配置中的决定性作用”这一宗旨相违背。当然，宏观税负水平也不宜过低。1994 年分税制改革前夕，我国宏观税负水平一度跌至 10% 的历史极值，严重影响了国家的宏观调控能力和水平。可以说，今天 20% 或者略高一点的宏观税负水平既是我国改革开放以来税制建设不断摸索的结果，更是当前社会经济发展的客观需要，因此总体上需要“稳定税负”。

第二，国家统计局发布的数据显示，2012 年，城镇居民人均可支配收入 24565 元，比 1978 年增长 71 倍，但同期，我国国内生产总值（GDP）和全国财政收入分别增长了 142 倍和 103 倍。城镇居民可支配收入跑输了 GDP 和全国财政收入（参见表 4.2）。在这种情况下，党的十八届三中全会提出要“稳定税负”就显得尤为重要了，对于“优化资源配置、促进社会公平和实现国家长治久安”都将产生深远的影响。

表 4.2 1978～2012 年间城镇居民可支配收入、GDP、财政收入比较表

年份	GDP（亿元）	城镇居民可支配收入（元）	全国财政收入（亿元）
2012	519322	24565	117210
1978	3645.22	343	1132.26
2012/1978	142.4666	71.61808	103.5186

数据来源：根据国家统计局官网有关数据计算得来。

第三，“稳定税负”是由我国今后很长一段时期选择的中长期财政发展战略所决定的。“小步快跑”的宏观税负是夸父逐日、难以持续的，安步当车、稳中有进才是长久之计。这是“高财政收入占比、政府主导、挤压市场”和“低税收、高债务、高支出、高福利”等不归之路之外的必然选择，是与包容性增长（inclusive growth）的财税政策取向相一致的[1]。

因此，未来我国财政经济发展应及时做出调整。从财政管理角度来看，从中央到地方要贯彻落实中央“八项规定”要求，厉行勤俭节约，反对铺张浪费，加强财政支出管理。另一方面，从宏观调控角度来看，未来政府政

〔1〕 楼继伟：《包容性增长中的财税改革》，新世纪周刊，2013 年第 14 期。

策的重点应该由需求管理转向供给管理，从关注财税比重指标向关注财政经济增长质量转变，更加注重发挥市场经济自身的基础性作用，而不是越俎代庖。应该从短期救市、维稳转向长期提高效率和经济增长潜力，以放松管理机制、激发企业活力为目标，开展经济改革。

换句话说，政府稳定住其收支规模，就可以为市场留出更大作为的空间，就可以让市场发挥自身的修复能力，而不走过去那种政府扩张、过分干预、制造波动、压缩市场空间等费力不讨好的事情，还市场以自由的同时，也为政府和民众松绑。各级政府要调整和优化支出结构，支持经济结构调整和产业升级，保障和改善民生，把有限的财政资金用到刀刃上，提高财政资金使用效益，促进经济社会又好又快地发展。

第四，“稳定税负”是我国预算调控方式转变的内在要求。我国预算审批通常包括收入、支出和收支平衡三个方面，但核心是收支平衡，而非支出规模和政策。如果预算审批以收支平衡为重点，那么就要求每年的财政收入必须完成预算安排，否则就会造成财政赤字扩大。这样一来，一方面容易导致按照预算设定的任务课税，而非依法征税，另一方面会导致宏观调控的“顺周期”问题，即：当经济比较热的时候，完成收入的任务比较容易，财税部门会倾向于少收，藏富于民，进一步导致经济过热；而当经济遇冷的时候，收入任务加大，财税部门又会加大征收力度，加速经济的下行，客观上未能发挥财税政策“内在稳定器”的职责，熨平经济波动，反而加大了经济的波动。为此，十八届三中全会提出“审核预算的重点由平衡状态、赤字规模向支出预算和政策拓展”。也就是说，今后预算审核的重点应该以支出的弹性调节为主。决定税收的将不再单纯是预算确定的收入任务，而是要贯彻税收法定主义原则，实行依法征税〔1〕。

当然，预算审核的重点转变之后，预算的收支平衡状态在执行中有可能会被打破。为确保财政的可持续性，就要建立跨年度预算平衡机制，一方面建立跨年度弥补赤字的机制，另一方面要建立中长期重大事项科学论证的机制。对一些重大项目不能政策一年一变，而要有长远考虑，通过实行中期财政规划管理，强化其对年度预算的约束性，增强财政政策的前瞻性和财政的可持续性。

第五，当前各地房地产限购政策纷纷松动，国家经济增长下行压力

〔1〕《楼继伟解读三中全会深化财税改革三大亮点》，人民日报，2013年11月21日。

加大，技术进步的经济增长贡献微弱[1]。我国当前实行的是以流转税为主的税制结构，坚持“稳定税负”的基本原则，对于将经济增长的动力转变到消费驱动、技术创新驱动、减轻对于投资和出口的依赖非常重要。

第六，《国务院办公厅关于进一步加强涉企收费管理减轻企业负担的通知》（国办发〔2014〕30号）规定，要“进一步提高涉企收费政策的透明度，对按照法律、行政法规和国家有关政策规定设立的涉企行政事业性收费、政府性基金和实施政府定价或指导价的经营服务性收费，实行目录清单管理，不断完善公示制度”，“各地区、各部门在公开行政审批事项清单的同时，要将涉及收费的行政审批前置服务项目公开，并引入竞争机制，通过市场调节价格”。这表明，党的十八届三中全会所提出的“稳定税负”原则指的是广义上的“宏观税负”，不仅包括税收、政府性收费，甚至通过“负面清单”这种行政管理方式的创新将“行政审批前置服务项目”等隐形收费的内容也涵盖了进来，从而全面减轻企业负担，使市场经济主体轻装上阵。

（2）“稳定税负”不意味着我们在改革税制方面无所作为。这是因为在宏观税负总水平保持稳定的前提下，我们需要进一步做好“结构性减税”工作。通过营业税改征增值税，调整加工制造业和现代服务业的税负；通过完善个人所得税制等建设，保持税收对高收入人群的调节力度；通过推广房地产税改革试点，加强对于不动产市场的调节力度，促进地方财政制度建设，充分发挥好中央和地方两个积极性；推进环保税立法工作，与碳排放交易制度等市场手段相结合，完善税收立法，促进生态文明建设，改革和创新生态文明建设管理体制和机制。

中共中央政治局会议2014年6月审议通过的《深化财税体制改革总体方案》要求，2016年基本完成深化财税体制改革的重点工作和任务，2020年各项改革基本到位，现代财政制度基本建立。2014年、2015年的改革压力很大、难度很高、时间很紧。这需要国家借鉴大型国有企业通过技术管税的经验，堵塞税收流失漏洞，确保税制改革平稳过渡。

《深化财税体制改革总体方案》中税制改革的内容主要包括“六税一

---

〔1〕《社科院：中国经济增长与技术进步仅微弱正相关》，http：//news.163.com/14/0725/11/A20E06TR00014AED.html。

清”：完善税制改革的目标是建立“有利于科学发展、社会公平、市场统一的税收制度体系”，改革重点锁定六大税种，包括增值税、消费税、资源税、环境保护税、房地产税、个人所得税。

第一，增值税改革目标是按照税收中性原则，建立规范的消费型增值税制度。下一步营改增范围将逐步扩大到生活服务业、建筑业、房地产业、金融业等各个领域，“十二五”全面完成营改增改革目标，相应废止营业税制度，适时完成增值税立法。

第二，完善消费税制度。调整征收范围，优化税率结构，改进征收环节，增强消费税的调节功能。

第三，加快煤炭资源税改革。推进资源税从价计征改革，逐步将资源税扩展到水流、森林、草原、滩涂等自然生态空间。

第四，建立环境保护税制度。按照重在调控、清费立税、循序渐进、合理负担、便利征管的原则，将现行排污收费改为环境保护税，进一步发挥税收对生态环境保护的促进作用。

第五，加快房地产税立法并适时推进改革，由人大常委会牵头，加强调研，立法先行，扎实推进。

第六，探索逐步建立综合与分类相结合的个人所得税制，抓紧修订《税收征管法》等。

第七，“一清”是指清理和规范现行的税收优惠政策。我国现行税收优惠政策尤其是区域优惠政策过多，已出台实施的区域税收优惠政策约 50 项，几乎囊括了全国所有省（区、市）。还有一些地方政府和财税部门执法不严或者出台“土政策”，通过税收返还等方式变相减免税收，侵蚀税基、转移利润，制造税收“洼地”，不利于实现结构优化和社会公平，影响了公平竞争和统一市场环境建设，不符合建立现代财政制度的要求。

今后，除专门的税收法律、法规外，起草其他法律、法规、发展规划和区域政策都不得突破国家统一财税制度、规定税收优惠政策；未经国务院批准，不能对企业规定财政优惠政策。要清理规范各类税收优惠政策，违反法律法规的一律停止执行；没有法律法规障碍且具有推广价值的，尽快在全国范围内实施；有明确时限的到期停止执行，未明确时限的设定政策终结时间点。建立税收优惠政策备案审查、定期评估和退出机制，加强考核问责，严惩违法违规行为[1]。

(3) 科学地发挥财税政策的优化资源配置作用，绝不意味着简单地在税种或者税目上增增减减，应当在落实“跨年度预算平衡机制”上下功夫。

第一，单独征收碳税或环保税，似乎有为“企业排污”穿上合法外衣之嫌。而与碳减排交易、能源合同管理（Energy Performance Contracting，EPC）等市场化机制相结合，则有助于企业等微观经济主体挖掘其自身节能减排的潜力，发挥其节能减排的积极性和主动性。将碳排放权与排放量作为商品交易，便于在全社会范围内实现碳排放减排资源的合理配置。

第二，要借鉴美国等发达国家直接税制的征管经验，在分税目代扣代缴的基础上年底汇总纳税，多退少补，以“退税”为主，引导纳税人主动申报，通过制度设计使其加入到国家税收征管的体制机制中来。

此外，十八届三中全会提出，要“坚持计划生育的基本国策，启动实施一方是独生子女的夫妇可生育两个孩子的政策，逐步调整完善生育政策，促进人口长期均衡发展”。然而，调查却显示[2]，随着当今人们生育观念的改变和人口抚养成本的上升，约半数单独家庭不准备生育二胎。为此，需要我们将人口政策与个人所得税制未来的调整结合起来。在推动个人所得税综合与分类相结合的过程中，增加对于未成年子女的专项扣除，降低人口抚养的家庭成本，从税收政策配套角度将国家人口生育政策的战略性调整真正落到实处。

第三，为了应对老龄化问题的冲击，我国在税制上引入“税延型的养老保险”，通过 EET（exempt，exempt，taxable）机制设计将纳税时间延迟，从税制设计的微观层面上落实十八届三中全会强调的“跨年度预算平衡机制”，让利给纳税人，减轻纳税人的综合税负，促使纳税人通过“企业年金”等多种形式将更多的资金投入到应对老龄化社会的挑战中，真正发挥“政府、企业、个人”等多支柱养老体系的作用，分散和化解老龄化社会带来的风险。

(4) 新时期的现代税收制度建设要在“大数据”背景下开拓创新，与

---

〔1〕 楼继伟：《一场关系国家治理现代化的深刻变革——财政部部长楼继伟详解深化财税体制改革总体方案》，财政部官网，http://czzz.mof.gov.cn/zhongguocaizhengzazhishe_daohanglanmu/zhongguocaizhengzazhishe_caikuaishijie/201407/t20140707_1109277.html。

〔2〕 http://big5.xinhuanet.com/gate/big5/www.sd.xinhuanet.com/news/2013-11/16/c_118166772.htm。

时俱进。

“大数据时代”的税收征管，要求我们破除部门利益的藩篱，实现财税信息的共享，这是科学发挥财税制度资源配置作用的基础和前提。如果银行、房产、国土、户籍、公安、民政等部门的数据不能与财税部门实现互联互通，那么税务部门一家的“单兵突进”将无法保证对于高收入人群多样化收入来源的跟踪监管，公平税负就成了失去了相应的根基[1]；如果国税和地税、中央和地方之间无法建立起有效的调库退库机制，那么个人所得税跨地区的综合制征收、房产税的全国协调、遗产税的开征都将难以实现；同样，保障房、社会低保的公平发放，也需要切实掌握相关社会低收入群体的收入、财产等动态信息，实行规范的“收入状况审查（means-test）制度”，否则社会的公平正义将无法得到保障，经济适用房等又会成为“唐僧肉”，沦落为利益输送和腐败的温床。为此，十八届三中全会强调，要“建立全社会房产、信用等基础数据统一平台，推进部门信息共享”，这理应成为“推进国家治理体系和治理能力现代化”的重要内容。

总之，1994 年分税制改革以来，我国长期依赖流转税的税制存在着以下问题：一是面临进一步增收的财政压力；二是营业税重复征税，以及着眼于 GDP 增量的税制设计，遭遇了经济结构和经济增长效率的难题；三是居民收入差距拉大、社会矛盾凸显，所得税、特别是个人所得税的呼声不断高涨；四是随着我国城镇化进程的进一步加快，房地产税等直接税在调控房价、完善地方财政体制等多方面的作用，都值得引起进一步的重视。

而不管是个人所得税，还是新房产税，这些直接税对于我国为流转税等间接税“量身定制”的传统税制来说，都是严峻的挑战。一方面，房地产税等财产税的税基评估如不能推进，那么税收征管就难以起步；另一方面，要使我国广大个人纳税人完成从“消极”向“积极”的转变，纳税申报从代扣代缴为主转向自主申报为主，事中和事后的“纳税评估”如果不能真正发挥起作用，不仅对于税制的收入筹集来说是一场灾难，税制的社会公平

---

〔1〕 我国不动产统一登记制度在十八届三中全会后陡然提速。2013 年 11 月 20 日召开的国务院常务会议决定，我国将整合不动产登记职责。今后在国土资源部指导监督下，我国房屋、土地等不动产登记将基本做到登记机构、登记簿册、登记依据和信息平台“四统一”。不动产登记制度的统一不仅能够逐渐消除登记、办证环节不同部门间的相互扯皮，更能开始为今后我国征收房地产税扫清产权混乱的障碍。http：//www. soufun. com/news/2013 - 11 - 21/11507470. htm。中华人民共和国总理李克强 2014 年 12 月 22 日签署第 656《中华人民共和国国务院令》，公布《不动产登记暂行条例》，自 2015 年 3 月 1 日起施行。

职能更是无从谈起。而要真正做好税基评估和纳税评估，全面掌握纳税人的涉税信息就显得尤为重要。税务、银行、房产等跨部门的协同工作必须提上议事日程。

不管是直接税的税基评估，还是纳税评估，都是在税收征管中“打转转”。对于普通民众而言，“税收分析”的意义可能更为显著，因为这将有助于引导纳税人更加理性、科学地认识和看待税制。例如，税制改革的眼睛如果不仅仅盯着个人所得税的免征额，就是我国税收事业的重大进展，税基评估、纳税评估的社会经济环境也将大为改观。

3. 公平财政支出，建设现代财政制度

（1）构建公平可持续的社会保障制度成为建设现代财政制度的题中应有之义。要建设和完善社会主义市场经济体制，公平可持续的社会保障制度显得尤为重要。因为要发挥市场在资源配置中的决定性作用，就可能会导致社会收入差距进一步拉大、社会矛盾进一步激化，为此需要财政搭建社会保障的“安全网”，以维护社会的公平正义。

然而，与收入一翼的稳步推进相比较，支出一翼的公平财政改革的步伐相对迟缓了很多。这既有“人马未动，粮草先行”的“以收定支”的客观逻辑原因，也有既得利益坚冰束缚的内在原因，尤以“双轨制”的养老保障制度为甚。改革开放以来，从价格双轨制到税制双轨制，统一市场制度、公平财政分配冲破了一个又一个艰难险阻。企业职工、事业单位职工、公务员等养老待遇不统一、养老金替代率不同的问题亟待解决。当然，客观来讲，企业职工承担的市场风险更高，他们的养老保险也可能会有更高的收益。然而，事业单位和行政单位“稳赚不赔”的养老特点，抑制了市场机制的活力，扭曲了劳动力这种生产要素的择业选择，造成了一种新的不公。养老“双轨制”的统一，应当成为我国构建现代财政制度的重要内容。同时，党的十八届三中全会通过的《关于全面深化改革若干重大问题的决定》指出，要坚持正确处理改革发展稳定的关系，加强顶层设计和摸着石头过河相结合。而消除养老“双轨制”应当是我国养老保险制度改革顶层设计、制度整体优化的核心任务之一。“消除双轨制”，就是要让机关事业单位也建立起与企业职工一样的社会养老保险制度，并承担相应的缴费义务，真正实现养老权益的平等。

推进基础养老金全国统筹，正是消除“双轨制”很好的契机。我国现行的养老保险制度是社会统筹与个人账户相结合的基本养老保险制度。在基本养老保险基金的筹集上采用传统型的基本养老保险费用的筹集模式，即由国家、单位和个人共同负担；基本养老保险基金实行社会互济；在基本养老金的计发上采用结构式的计发办法，强调个人账户养老金的激励因素和劳动贡献的差别。然而，目前地区分割的基础养老金的制度安排，极大地削弱了社会保险的社会互济、分散风险、保障性强的优势，增加了我国遭受老龄化浪潮袭击的风险，是我国下一轮改革中“顶层设计”亟待解决的问题之一。

当然，养老双轨制的统一旨在促进公平，让市场发挥劳动力等资源配置的决定性作用，绝不意味着要在我国构建窒息市场活力的“福利国家”。社会保障机制的“公平”是可持续社会保障制度的基础和前提。

（2）赋予农民更多财产权利，促进地方财政建设。现代财政制度的建设还要贯彻党的十八届三中全会精神，让广大农民平等参与现代化进程、共同分享现代化成果，赋予农民更多财产权利，促进符合规划和用途管制的农村集体经营性建设用地入市流转[1]，推进城乡要素平等交换和公共资源均衡配置。提高对征用农民土地的补偿标准或者直接探索农地流转方式。以房地产税、环保税等地方税改革助推地方财政摆脱对土地财政的依赖，为构建以工促农、以城带乡、工农互惠、城乡一体的新型工农城乡关系发挥力量。

（3）调整财政支出结构，保障司法体制的权威高效运行。按照世界银行的划分标准，我国已经由低收入国家跃升至世界中等偏下收入国家行列。根据国际发展经验，走出低收入国家水平并向中等收入国家迈进的过程中，可能出现两种情况：一种是进入“黄金发展时期”，保持一个较长时期的经济增长，顺利实现工业化和现代化。另一种是进入“矛盾凸显时期”。因为经济社会的不协调，各种经济社会矛盾不断显露出来，如果处理不当，矛盾激化，经济社会发展就会停滞不前，甚至引发社会动荡和倒退。

当前，我国的总体形势是好的。但是必须看到，社会主义市场经济体制的建立必然会触动原有的利益格局，社会不同利益群体之间的矛盾将大量涌现。加上美国次贷危机所引发的国际金融动荡对我国造成的冲击，就业、社会治安等形势将变得更为严峻。而且，由于我国目前正处于体制转换、结构调整和社会变革的过程中，也是各种政治和社会问题的多发时期，就业问题、腐败问题、分配不公问题、社会治安问题等，都是当前人民群众反映强烈的热点问题。随着改革开放的深入，利益关系的调整，生产、生活方式的

---

〔1〕 陈锡文：《农村土地制度改革，底线不能突破》，《人民日报》，2013年12月5日。

改变，由各种原因引发的矛盾纠纷不断增多，群体性事件时有发生，涉法上访问题比较突出，组织化倾向明显，有的采取自杀等极端行为，有的到党政机关等重要场所聚集滋事。这些都在一定程度上与政法机关的运行存在干系，造成了非常恶劣的社会影响，严重影响了人们正常的工作和社会秩序。

正确处理新时期的人民内部矛盾，关系到改革发展稳定的大局，关系到全面建设小康社会与和谐社会的奋斗目标的实现以及物质文明、政治文明、精神文明建设的顺利推进。司法作为法治的最后一道程序，肩负着化解社会矛盾、解决社会纠纷的重要任务，承担着社会“减震器”的作用，是法治中最为重要的内容。要及时化解因利益调整而产生的各种矛盾和纠纷，就必须充分发挥各级政法部门的职能和作用。而这些职能作用的发挥离不开政法经费的充分保障和政法经费保障机制的不断完善。

我国《宪法》第一百三十一条规定：“人民法院依据法律规定独立行使审批权，不受行政机关、社会团体和个人的干涉。”然而，长期以来，由于法院人事和财政均不独立，“独立行使审批权”也就难以落实。传统的司法管理体制设计，相对于把法院放在一个“吃人家、拿人家”的被动地位上，财政上仰人鼻息、靠地方政府支持，导致审判工作往往受制于地方。长期以来，法院的“行政化”和“地方化”现象使法院丧失了应有的独立性。

党的十八届三中全会提出，建设法治中国，必须深化司法体制改革，加快建设公正高效权威的社会主义司法制度，维护人民权益。要维护宪法法律权威，深化行政执法体制改革，确保依法独立公正行使审判权和检察权。为此，要改革现行的司法管辖制度，使案件受理者由诉讼一方所在地法院改为诉讼各方所在地法院。如果诉讼各方分属不同省市自治区，则由最高人民法院受理。这样有助于使法院摆脱地方影响，促进我国的审判公平，避免限于某一方的地方保护主义〔1〕。相应地，财政支出结构需要在中央和地方之间进行调整，保障司法体制的权威高效运行。

（4）推进公共产品供给领域的阶梯定价制度改革，不断促进纵向公平。近年来，我国水、气、电等居民用资源性产品掀起了一场“阶梯定价”的热潮。其原因如下：一是照顾弱势群体，保障居民对资源性产品的基本需求，降低其生活成本。二是抑制资源浪费，防止在公共产品定价中的“平

〔1〕《最高人民法院关于切实践行司法为民，大力加强公正司法不断提高司法公信力的若干意见》（法发〔2013〕9号）；《冲破利益的藩篱》，《彭博商业周刊》，第38页，2013年11月17日。

价”或“低价”政策，因高收入人群对于公共资源的过度使用，导致对高收入群体的“反向补贴”。公共产品供应领域的“阶梯定价”是纵向公平原则的深化，社会保障的意味更为浓厚，更多体现的是着眼于结果公平的社会公平；而改革开放以来税收领域中不断统一税制的努力，更多地是为了给经济主体创造更加公平的竞争环境，主要贯彻的是横向公平原则，着眼点是维护初次分配的市场公平。

不难看出，公共产品供给领域中的“阶梯定价”政策是超额累进税率制度从收入向支出领域的一个“嫁接”，设计原理相同，调节目标指向类似，都是为了进一步实现“纵向公平”。然而，为了降低税收征管成本，防止边际税率过高，超额累进税率近年来经历了“扁平化”和“单一税”（flat tax）的发展过程，更多体现了“最优税制”的思想和理念。我国2011年9月修订个人所得税时，将工资薪金税目的税率由原来的9级调整为7级以及级距的拉大都反映了这一改革趋势。

而与之相反，阶梯水价的级次普遍在三级左右，显得级次过少，难以充分发挥阶梯水价的资源节约效能。如上海2013年8月开始实行的阶梯水价政策就将居民水价分为三个等级，以220立方米为一个阶梯，每户每年用水0～220立方米的价格是3.45元，220～300立方米水价是4.83元，超过300立方米以上的部分就为5.83元[1]。因此，未来我国水、气、电等公共产品的供应还需进一步完善阶梯定价制度，设计科学的级距和级次，确保公共支出领域纵向公平的实现。

[1] http：//china.cnr.cn/ygxw/201308/t20130801_513204391.shtml。

第五章　中期预算的收入与支出预测

中期预算中的预测（3～5年），不仅仅是一项3～5年滚动的收支预测和工作蓝图，它集中反映了政府未来一段时期的综合财政状况和战略性支出重点，也是准备年度预算的基础和依据。而且，中期预测要作为基线，用以衡量进度及评估是否需要采取进一步行动。中期预测收入方面的预测反映政府的财政政策、经济概况展望，以及估计的收入情况。支出方面的预测会考虑到政府服务供求方面预期的增长，以及影响支出的法律、经济情况或政策的变动。

5.1　预测的重要性及一般做法

财政收入和支出预测可以为财政规则的制定和战略支出重点的选择奠定基础，并为财政风险的鉴别和预防提供一种预警机制。反之，频频“超收”或“短收”的收入预测，或者是“推迟支付”、“跑部钱进”的支出预测，则会严重削弱财政纪律和预算效率。OECD国家在其中期预算中，已经建立了良好而规范的中期预测制度。本章将以OECD国家为范本，介绍中期预算收支预测的重要性、原则和方法等。

5.1.1　中期预测的重要性

可靠而值得信赖的财政收入预测，可以为财政规则的制定和公共预算的审议通过奠定基础[1]。预算过程的参与各方都需要了解财政收入体制在预

〔1〕约翰·L.米克塞尔：《公共财政管理：分析与应用》，中国人民大学出版社，2005年，第519页。

算期间可筹集财政收入的数量，其中首先是财政收入的现状，其次是财政收入在预算期间可能会发生的变化。从财政体制的透明度角度来考虑，预算的参与者们也需要了解通过税收优惠体制实现预算计划所需要的成本。财政收入的预测从来都不可能是准确无误的，因为私人经济行为是不确定的。如果在市场经济中，作为政府财政收入源泉的私人经济是不确定的，那么财政收入也必然是不确定的。但是，较高质量的财政收入预测，对于以下各项活动的开展都是必需的：预算的编制；为长期财政状况所做的准备工作；对财政决策含义的理解和对短期财政收入流量的预测。因此，没有财政收入预测的财政管理活动也将是没有意义的。

对各个层次的政府来说，支出预测都很重要。对中央政府而言，支出预测可以为政府应对通货膨胀或衰退的财政政策努力提供必要的信息；对省（州）和地方政府而言，实现预算平衡是其首要任务，而支出预测正是收入充足与否的重要参考；在机构层面上，支出预测可以为分析和识别资源投入的使用存在的问题的来源提供帮助。

另一方面，上述判断要建立在支出预测的精确性上，尽可能精确的支出预测才能有助于政府将其预算资源分配到关键规划上，以及避免高估支出带来的不必要的“砍压”和讨价还价、低估支出带来的严重“超支”。当然，对精确性的要求不宜太过死板，必须考虑到每个国家的具体情况和预算现状。比如，美国这样的发达国家对精确性的要求就比较高，事实上，白宫预算管理办公室（OMB）提供的信息表明，20 世纪 80 年代至今，预测支出与实际支出的偏差年均只有 1.8%[1]。但是，对于发展中国家，这样的要求并不太现实。

5.1.2 OECD 国家的通行做法

财政预测对中期预算是至关重要的，除受技术能力影响外，一个更加开放和透明的预算编制程序往往会改善预测效果。这种程序的内容包括非政府机构的参与、公众获得信息的方便程度，以及对预测效果的审查（IMF, 2001）。我们可以从四个方面对 OECD 国家的中期预测进行考察：预算准备的负责机构、预测期间、宏观经济预测和收支预测。表 5.1 列示了主要发达

---

〔1〕 数据来源：http：//www.gpo.gov/fdsys/browse/collectionGPO.action? collectionCode = BUDGET.

国家的一般做法。

表 5.1　　中期预测的一般做法

国家	预算机构	预测期限（包括预算年度）	预测程序特点	
			宏观经济预测	收入和支出预测
澳大利亚	国库、财政和管理部	三年（滚动）	财政部内部进行，但会进行广泛的咨询	都是在政府内部进行，收入预测通过电子数据表和计量经济模型；支出预测则由支出机构进行
加拿大	财政部和国库局	滚动的两年预算预测；五年的财政总量预测	取私人部门预测的平均数	由内部的专家组进行两年期预算预测；五年期预测则基于私人部门的预测
德国	财政部	五年	财政部内部进行，但接受预测机构的建议	收入根据专家组和非政府参与者达成的一致预测；支出由政府内部的支出机构预测
荷兰	财政部	滚动的三年期预算预测；五年期总量预测	财政部和独立的公共机构一致时，取后者的预测，不一致时取前者的预测	独立的公共机构进行四年期收入预测，财政部则进行每一个预算年度的收入预测；支出机构进行支出预测
美国	白宫（OMB）	五年	联合经济委员会（JEC）和国会预算委员会	总统的预测经 CBO 评估后，成为国会通过的预算决议，该决议设定了约束拨款、税收和授权决策的主要财政总量
英国	财政部	五年期预算预测；长期的总量预测	财政部：计量经济模型和微观基础财政预测之间的重复逼近法（iterative process）	财政内部进行：收入采取财政部不同司局之间重复逼近的办法；支出由支出机构进行预测
新西兰	财政部	四年期预算预测	电子数据表预测，并吸收专家、商业机构和财政部高级官员的观点	财政内部进行：财政部和收入管理局分别预测收入并公布，基于微观和宏观模型，并与宏观经济预测相一致；支出预测由支出机构进行

续表

国家	预算机构	预测期限（包括预算年度）	预测程序特点	
			宏观经济预测	收入和支出预测
法国	财政部	五年	财政部：预测理事会（forecasting directorate）	政府内部进行：收入由财政部内各部门反复协商；支出预测则由财政部的预算理事会在支出部委的合作下进行

资料来源：OECD and World Bank（2003），country authorities，and IMF country desks.

可以看出，OECD 国家的中期预测不仅仅包括收支预测，还包括宏观经济预测，而且收支预测要完全建立在宏观经济规划的基础上。另外，还有两个明显特点非常值得借鉴。

1. 强调预测的准确性

比如加拿大，它的财政和经济预测尤其强调谨慎性，这大大改善了预测效果（参见专栏 5－1）。尽管宏观经济预测取得的是私人部门的预测值，但加拿大的财政预测还包含一个明显的“谨慎偏见”，即所谓的“谨慎因素”[1]。另外，预算中还包括一个或有储备，以应对那些没有预计到的经济状况。预测的 2004～2005 财年和 2005～2006 财年的或有储备分别达到 10 亿加元和 30 亿加元，如果这些储备仍然没有动用，则可以用来偿还债务。相比之下，其他 OECD 国家虽然程度不及加拿大，但预算中都有一项储备，并且经济假设普遍比较谨慎。

专栏 5－1　加拿大的财政预测

1994 年和 1995 年，加拿大的预算编制发生了很大的变化，政府开始采用一种新的公共支出管理系统，引入两年期的滚动计划，并对预测程序进行了改进。1999 年对其进行了修订，要求在财年的年中报告中公布五年期的财政预测，而且更加明确地要求财政预测的假设要谨慎。

就宏观经济预测而言，每个季度的国民经济核算公布以后，财政部要调查大约 20 个私人部门的预测，然后取它们的年度平均值构成政府宏观

〔1〕 典型的如使用一个比私人部门更为悲观的经济预测，如更高的利率和更低的经济增长率。

经济假设的基础，这些预测包括真实 GDP 增长率、通货膨胀率、劳动市场指数、利率和汇率。为确保预测模型的一致，财政部可能还要按照外部经济学家的要求，对这些预测进行修正，最后将这些预测与政府内部的宏观经济模型结合，用以指导收入总量预测和支出预测。

详细的收入和支出预测由财政部和单独的支出机构共同进行。在财政部内部主要是财政政策司预测收入和支出，而对收入预测中的一些规模比较小的收入（如增值税退税），则由财政部的税收政策处负责，使用微观模拟模型。同样，财政部的经济发展和合作金融处以及某些国有企业（Crown corporations）会对非税收入预测提供建议和信息。其他部门根据三年期的发展计划预测支出，并接受国库委员会秘书处的审查。

2. 对预测进行规范和详细的事后分析

加拿大、澳大利亚、新西兰和英国每年都要对财政预测的效果进行事后分析，并予以报告，其他国家则可能要差一些。尽管法律没有明确要求提供预测效果分析，但加拿大的年度财务报告中列示了预测的偏差及其原因，并且在 1994 年开始了全面的预测绩效审查。

5.2 国库现金流预测

随着我国中央政府近年来收入和支出的快速增长，国家税收体制逐步健全，我国国库现金余额实现了快速增长：2001 年底仅为 3100. 38 亿元，2006 年底升至 10210. 65 亿元，2011 年底增到 22733. 66 亿元。巨大的国库现金余额的快速增长凸显了我国财政改革的进程和经济蓬勃发展的卓越成就。

经过近 20 年的变化，分税制改革使中央与地方之间的财政收入分配结构得到了初步优化，财政收入逐年提高。1993 年底至 2000 年底，国库资金余额从 635. 40 亿元升至 3100. 38 亿元，平均增长率达到 55. 4%。2000 年前后政府推行部门预算改革和国库集中收付制度改革，以期降低国库管理成本，提高国库现金使用效益，遏制预算单位实际支付行为发生前国库资金流出。2011 年“预算外资金”在中国已成为历史概念，收入管理取得明显成效。财政部门对预算执行和财政资金管控力度大大增强。上述诸多因素继续推动中国国库资金余额保持年均 30% 以上的增长，2006 年第一季度末升至

9684.13亿元，5年内的平均增长率达到36.13%。到了2011年第二季度末，国库资金余额猛增至34542.09亿元，5年内的平均增长率为37.34%。

较高的国库余额带来了相应的问题：国库现金管理效益低下，国库管理成本持续处于高位，庞大的现金余额带来了巨大的时间价值损失；庞大的国库现金流入流出量给货币供应带来难以分辨而又强烈的冲击；货币供应量反复扩缩，引起市场资金震荡，货币政策和财政政策协调困难。

在我国的国库现金管理中，国库现金流入和流出的时点不匹配会导致出现国库短期现金盈余或短缺，现金管理就是对短期现金盈余和缺口进行的积极管理与资金的合理配置，而及时准确地预测国库现金流量是现金管理的重要基础。

本节通过分析国库现金余额与我国宏观经济因素之间相互响应的关系，进一步探究国库现金管理在我国经济发展进程中起到的重要作用，从而根据我国经济发展与转型的需要，调整国库现金余额管理方式，改进预算管理制度提供的思路。本节试图通过利用国库现金余额与我国经济发展进程中已较为准确预测的宏观因素之间的联系，以此新视角建立国库余额预测的方法，为我国中期预算的改革做铺垫，提供可行性技术支持。

本节选取按2007年改革后政府收入支出分类制度所统计的2007~2011年国库财政收入支出的数据[1]，并结合统计到每月每旬报数据的细化程度，来对国库现金流的决定因素的特定时间段进行分析。为统一统计口径，分析研究所采用的宏观经济变量数据也采用2007年初至2011年底的同期数据。

数据来源：（1）财政部网站：www.mof.gov.cn；（2）中央人民银行网站：www.pbc.gov.cn；（3）中国债券网：www.chinabond.com.cn；（4）国家统计局：www.stats.gov.cn；（5）中国财政年鉴；（6）中国统计年鉴；（7）中国金融年鉴；（8）财政部国库司。

5.2.1 国库收入支出指标统计特征

1. 国库现金流相关统计量的特征描述

党中央、国务院2005年底正式批准财政部开展政府收支分类改革，并

[1] 2011年我国全面取消预算外资金收入，将所有政府性收入纳入预算管理。因此，为更准确地反映两者之间的经济关系，本节只选取2007~2011年的国库财政收支数据。

决定在编制 2007 年预算时全面实施政府收支改革制度。此次改革主要内容为：一是扩大收支分类范围。原来的预算科目分类范围只包括纳入预算管理的政府收支，不包括预算外收支、社会保险基金；此次收支改革后，政府收支分类范围包括政府预算收支、预算外收支和社会保险基金收支。二是调整收入支出分类办法，建立新的收支分类体系。将政府预算收支、预算外收支、社会保险基金收支并在一起，按新的标准分类，设置收入分类、支出功能分类和支出经济分类。

为保证数据统计分析口径的一致与统一，我们的分析采用了 2007 ~ 2011 年[1]的数据，并结合统计到每月每旬数据[2]的细化程度，来对国库现金流的决定因素的特定时间段进行分析（如图 5.1 和图 5.2 所示）。

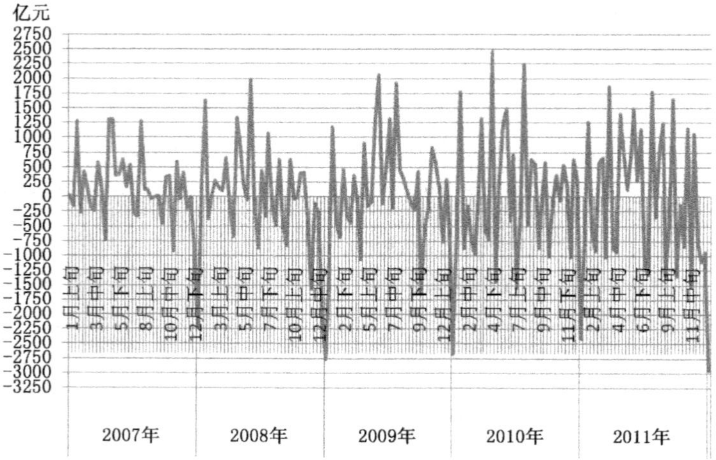

图 5.1　国库现金流总量（旬数据）

2007 年至 2011 年按月现金流如图 5.2 所示，波动性极为明显，特别是在 2010 年因国家面临经济转型而适度调整宏观经济政策以应对恶性通胀以及欧美债务危机冲击，数据波动性比其他年份更为剧烈。从统计数据上看，2007 ~ 2011 年底平均每旬的国库现金流收入为 1374.52 亿元，平均绝对误差达 1366.88 亿元。

国库总现金流波动变化呈一定的周期性。从 2007 年至 2011 年年底，一

---

〔1〕 数据来源：财政部国库司。

〔2〕 考虑到模型拟合效果及各级政府财政收支的政策性特殊性，以下将对按月按旬国库收入支出数据分别列出，并加以标明。

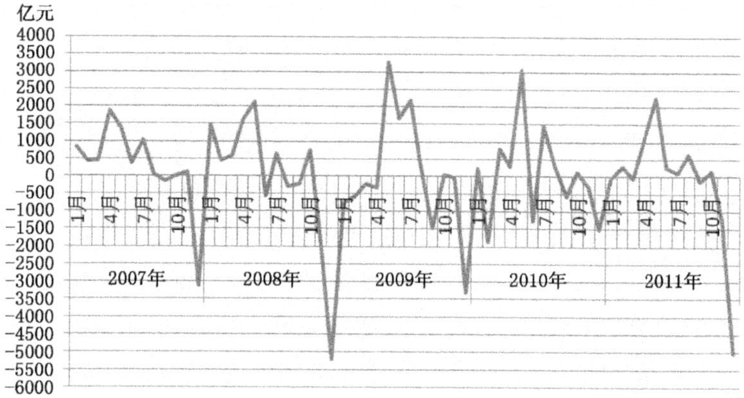

图 5.2 国库现金流总量（月数据）

般来说，每旬国库总现金流从每个年度的 1 月到每年 6 月基本呈现快速波动上升趋势，在 7 月上旬左右时达到峰值，总现金流保持平稳趋势，直至 8 月上旬之后开始较为平缓地下降，国库总现金流在每年年底 12 月的下旬大多为负，分别在 2008 年 12 月底与 2011 年 12 月底达到了 –2774 亿元与 –2956.99 亿元，这主要是税收缴款入库、年终财政拨款安排以及春节效应等因素所导致的结果。

2. 国库现金收入相关统计量的特征描述

国库现金收入变化较为平缓，呈逐年增长态势。2007 年 8 月下旬与 2007 年 12 月中旬收入分别达到了 6942.97 亿元与 9233.12 亿元，这是由于这两个月中央发行了总额高达 1.5 万亿元的特别国债基金，导致基金收入大幅度上升，因而国库现金收入数值远高于其他时期，明显偏离了其他各个时期的国库现金收入。由于这两个旬的数据样本具有特殊性和偶然性，为了更好地体现国库现金的收入（如图 5.3 所示），在此特地去除这两个数据样本。

（1）税收收入。税收收入又称一般预算收入，是财政收入的重要来源，指通过一定的形式和程序，有计划、有组织并由国家支配的纳入预算管理的资金。税收收入一般在中旬最大、下旬最少、上旬基本保持稳定。逐年的偏差逐渐增大，这主要是由于经济危机对宏观经济运行产生了不稳定的后续影响。一般预算收入中各种流转税、财产税、所得税和行为税等占很大比例，税收对经济的敏感性及缴纳征收管理使得一般预算收入相应波动，因其变化特征可能会被其他收入变化所抵消或者平滑。

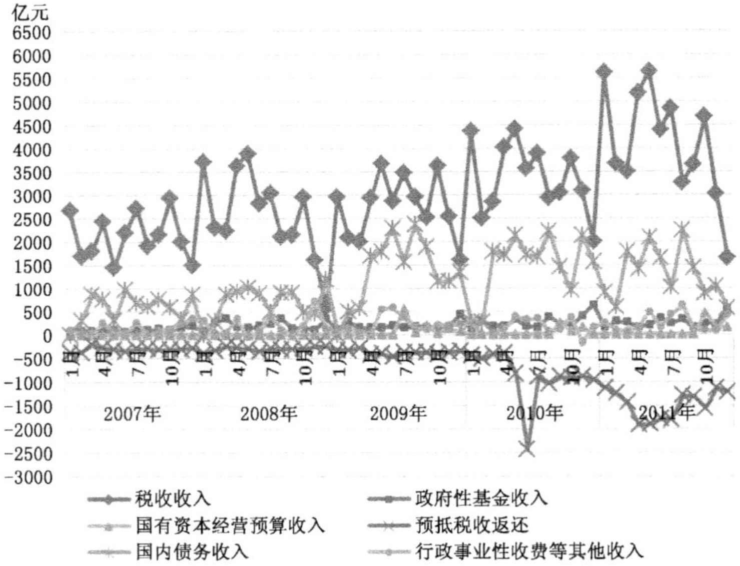

图 5.3 国库现金分类变化

（2）国债收入。国债收入与税收收入等其他收入存在的较大差异是：国债收入只是未来资本在当期的贴现，在未来必须偿还。因而国债不受经济内生的约束，而是与财政政策息息相关，这导致国债波动力量可能更多来自于外生冲击，而且国债往往通过发行新债还本付息，因而国债发行可能与国债到期还本付息期限关联密切。国债发行与国债兑付存在极大的相关性，国债兑付支出增加的时候，国债发行规模也往往较大，因而在预测未来国库现金流时，国债的期限结构无疑十分重要。

（3）国有资本预算收入。国有资本经营预算是国家以所有者身份依法取得的国有资本收益，国有资本经营预算收入是企业应上交的国有资本收益，主要包括应交利润、国有股股利、股息、国有产权转让收入等。中央本级国有资本经营预算从 2008 年开始实施，2008 年收取实施范围内企业 2007 年实现的国有资本收益，预算范围仍需扩大。国有资本预算收入 2007 年为零，除 2007 年 1 月下旬及 2011 年 10 月、11 月下旬外亦分别均处于 100 亿元以下，对现金流机制的影响几乎可以忽略。

（4）政府性基金收入。政府性基金收入总量较小，占国库总收入比例也很小，每旬的政府性基金收入大部分时间内在 100 亿元以下。政府性基金尽管波动也比较频繁，但从 2007 年以来出现了上旬收入最小、中旬次之、下旬最大的规律特征，可见政府性基金收入在每旬的走势上相比每日走势更具规律性。2007 年下半年，政府性基金收入发生震荡，这主要是由于 2007 年中央发行了总额达 1.5 万亿元的国债基金，导致基金收入大幅上升，这种可能影响其规律性的变化值得注意。

3. 国库现金支出相关统计量的特征描述

将国库现金支出同样分成 5 部分进行研究，以期望得出对国库现金支出的波动原因的分析。这 5 部分分别是中央本级一般预算拨款、国债还本支出、中央补助地方支出、政府性基金支出与国有资本经营预算支出，其中有很多是与国库现金收入中的项目相对应（如图 5.4 所示）。

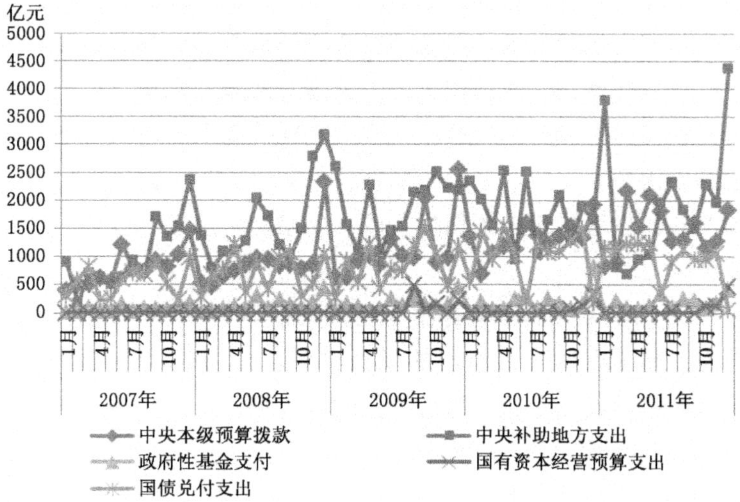

图 5.4　国库现金分类支出变化

（1）中央本级一般预算拨款。大部分时间中央本级预算拨款都保持相对稳定，但每年的 6 月至 7 月往往出现明显的上升过程，12 月都出现急剧上升的现象。因为 12 月前库底资金较大，为了实现财政预算目标，财政部门往往在年底增加项目审批与资金的拨付，增加一些财政支出，最后导致 12 月国库现金流出比往常高出很多。

（2）中央补助地方支出。中央补助地方支出作为一种转移支付的形式，也存在 12 月支出急剧上升的情况，产生这种现象的原因与上面类似，中央在年底增加项目支出的同时也会根据各省财力增加对地方的转移支付，在分配超收时往往增加对地方的转移支付，这也就产生了国库现金流支出急剧上升的现象。到了2008年和2010年，中央补助地方支出明显上升，这与近年来我国财政支出着力向民生、工程倾斜有关，同时也跟中央财政收入快速增加密不可分。

（3）国有资本经营预算支出。国有资本经营预算支出被各级人大要求按照当年预算收入规模按年度单独编制，并且纳入国家各级政府预算安排，不列出赤字。受到国资委的统筹管理、宏观经济政策以及国有资产价值变化的共同影响，这一数据浮动较大，可研究参考性不强，在具体研究时剔除了这些数据。

（4）国债兑付支出。国债兑付支出作为国库现金流支出的重要项目，与其他支出项目存在较大的差异，国债兑付属于中央财政的资本项目业务，国债兑付不受经济内生的约束，而是与财政国债政策息息相关，财政部门会根据不同的经济形势发行不同的国债，以决定对经济的刺激力度，这会进一步影响未来国债兑付规模与兑付频率，因而不同阶段财政政策将造成未来国债兑付支出的不同特征。然而，由于国债往往通过发行新债还本付息，在国债兑付增加的同时也可能带来国债发行收入的增加，两者综合作用后对国库现金库款的影响也就相对较小。

（5）政府性基金支出。政府性基金支出在2007年出现波动的原因与国债兑付、地方转移支付支出波动的原因类似，出于数据库使用的重要性考虑，在模型预测国库现金流支出时将剔除该数据。

4. 中央国库现金余额统计特征

中国国库资金余额（TF）月历效应也较为明显。国库现金余额一般是每年1月份处于低位，从2001年开始至今，一般地，每年国库资金余额在第1季度中的3月份缓慢增加，第2季度中的4月、5月快速增加，6月份持平或略有下降，第3季度中的3个月份增减不一，但是波动幅度有限，到了第4季度的10月、11月，国库资金余额继续上涨，达到全年峰值，12月急速下降（如图5.5所示）。

产生这种问题的原因与我国财政体制密切相关。我国财政预算草案每年3月份经人大审议通过后，财政部门在规定的时间内批复部门预算，部门应按规定在一个半月内批复下属单位的预算，有些部门未按规定时间及时批复，预算执行时间较短，有些项目预算资金结余，促使国库现金余额上升。此外，现行《行政单位财务规则》、《事业单位财务规则》规定，单位会计制度采用收付实现制而非权责发生制，导致国库现金来源复杂程度上升，增

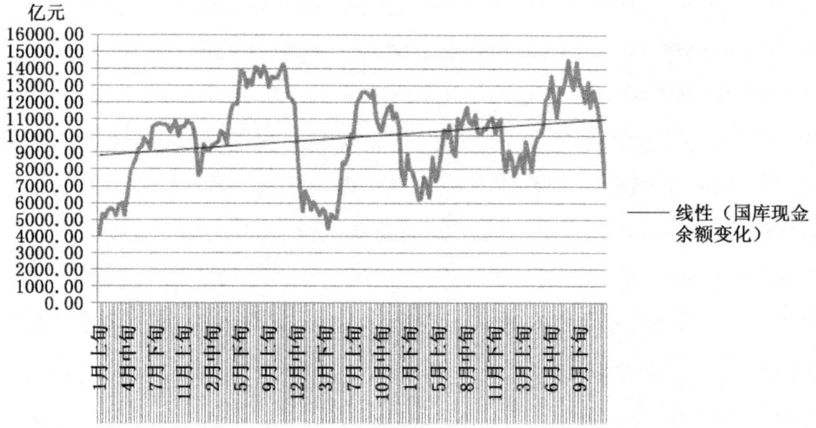

图 5.5　中央国库现金余额总量（旬数据）

加了国库现金管理的难度。2001 年我国开始推行国库集中支付管理制度改革，加强预算执行监督和资金使用监控，降低单位预算资金随意安排资金支出的可能，促使预算资金结余增加，如 2004 年当年中央财政年底结余 173 亿元，其中集中支付结余达到了 69 亿元，占当年结余的 40%。国库资金余额的月度变化情况主要受到我国财政收支尤其是税款缴库进度、年终财政拨款安排以及春节效应等因素的影响。随着近年来国库集中支付管理制度改革不断深化，其对国库现金的影响也逐渐降低，企事业单位正逐渐将在资金管理上随意、不科学的收付实现制变更为权责发生制。与此同时，在年底，财政必须完成预算计划，大量政府预算部门在年底往往存在赶支出进度的现象，而且年底有超收资金的分配与支出，这些都将促使每年 11 月与 12 月国库现金余额持续下降。然而，尽管国库现金余额存在波动较大，但从图 5.5 中的趋势线可以看出中央国库现金不断增长的趋势，我们同样可以从国库现金余额的结构来分析国库现金余额的波动。也正是基于此，十八届三中全会决定提出要建立权责发生制的政府综合财务报告制度。

5.2.2　宏观经济指标分析

1. GDP 指标统计特征

近年来我国 GDP 总量逐年上升。2007 年底为 26.58 万亿元，2010 年底达到 40.33 万亿元的水平。GDP 总量同样具有明显的月历效应。每年 GDP 总量第 1 季度中的 1 月、2 月是下降的，其中 2 月份降到最低，3 月份开始缓慢上升，这种缓慢上升的走势会一直延续到第3季度的9月份，到了第4季度开始加速上扬，11月、12月几乎达到全年的最高值。

2. M1统计特征

M1总量也是保持逐年上升势头（如图5.6和图5.7所示）。2007年9月已经升至14万亿元，2009年8月突破20万亿元，2011年6月达到27万亿元的水平。M1在12月份、1月份会急速上升，2月份下降，这3个月份与国库资金余额的变化趋势相反，3月份到10月份之间则呈缓慢上升趋势。初步判断，M1与国库现金余额的变化情况在一定程度上具有相关特征，并且存在2~3个月的滞后期。

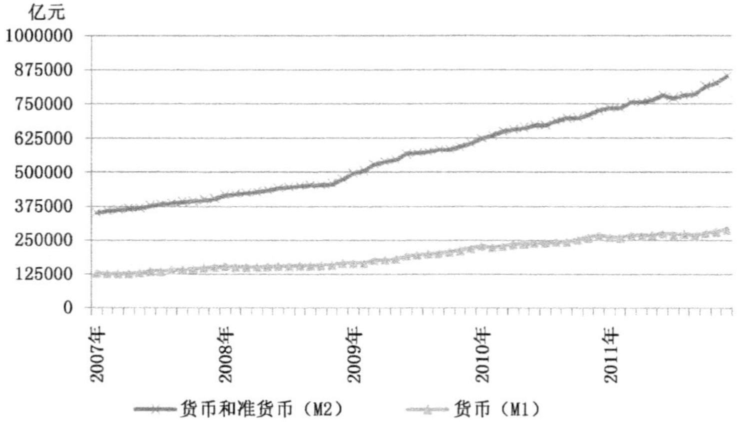

图5.6 M1与M2变化走势

3. ΔM1统计特征

ΔM1作为描述每月货币M1总量相对于上个月增量的变量指标总体无明显上升或下降趋势，与M1统计特征吻合。ΔM1上下波动变化较大，如在2010年，M1相对上月变化量最大达9421亿元，最低为－5310亿元。ΔM1月历效应极为明显，每年1月份、2月份大部分为负，每年10月份、11月份达到该年度峰值。每年2~5月份大多为正，M1增加量逐渐上升，6月前后增速放缓，8月份增速再次加快；ΔM1在10月份、11月份达到峰值，后以极大幅度急速下降，ΔM1于12月至次年2月份前后返回缓慢增加趋势。

4. M2统计特征

M2总量依然保持持续上升趋势。2007年底达40.34万亿元，2009年初

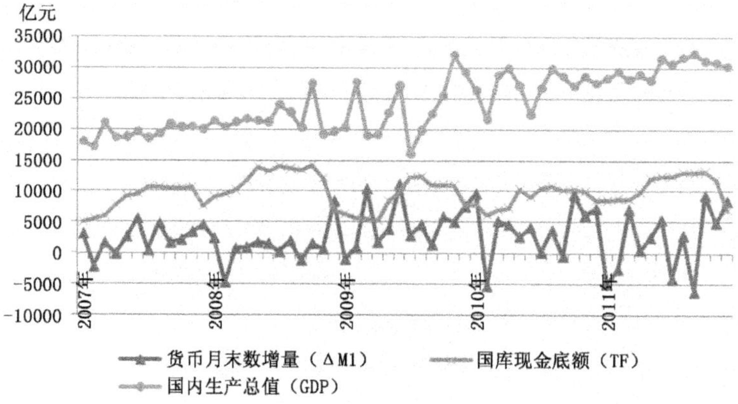

图 5.7　ΔM1、TF 与 GDP 变化走势

便突破了 50 万亿元，这主要由于近年来我国持续刺激内需、央行放宽货币政策等一系列措施造成的。M2 值的主要变化趋势与 M1 趋同，每年 5～8 月份基本保持稳定水平，自 9 月份、10 月份起开始快速上升，在 1 月份、2 月份放缓速度增长，3～5 月份稳定上升。这样的滞后时期及规律同 M1 基本相同。

5. CPI 统计特征

CPI（居民消费指数）总体呈结构性上涨趋势，其变化趋势波动性极强，加上我国 CPI 指标计算上的缺陷，其同比特征变化规律较不明显，但该指标有明显的季节及月历上涨效应。在一年的 1～3 月左右是 CPI 高涨的第一个阶段，这是由于春节的影响，社会消费品购买大幅增长；在 7 月份、8 月份是每年的第二个高速增长期，也是影响该指标变化的最主要的季节因子。而 CPI 的下降期在 11 月份和 2 月份、3 月份，前者是消费品需求平淡、商品供应逐渐增加的时期，后者受节后因素影响，人们的消费欲望不高。

5.2.3　国库现金流预测模型

1. 基于 ARIMA 模型的国库现金流收入和支出方面的预测

（1）ARIMA 模型概述。自由回归移动平均模型（autoregressive integrated moving average model），即 ARIMA 模型，是由美国威斯康辛大学的鲍克思（Box）和詹金斯（Jenkins）于 20 世纪 70 年代提出的著名的时间序列预测方法，又称为 Box-Jenkins 模型。其基本思想是：将预测对象随时间推移而形成的数据序列视为一个随机序列，用一定的数学模型来近似描述这个序列。这个模型一旦被识别后就可以利用时间序列的过去值及现在值来预测未来值。现代统计方法、计量经济模型在某种程度上已经能够帮助企业对未来进行预测。下面阐述一下该模型的原理（如图 5.8 所示）。

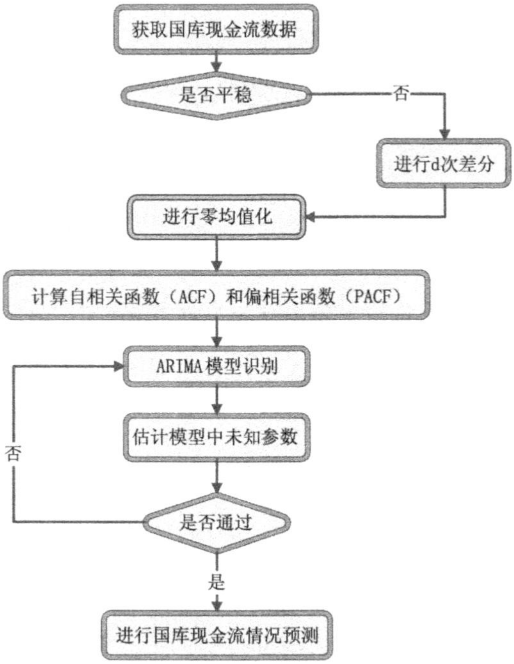

图 5.8 ARIMA 模型原理

与传统的时间序列预测方法相比，特别是当时间序列资料具有序列相关性，以及存在周期波动时，ARIMA 模型的预测能力大大优于传统方法。同时 Box-Jenkins 法往往能比传统时间序列预测方法提供更多的信息。这种方法在选择模型时，不必事先确定时间序列典型特征，可以通过反复识别改进，从而得到较为满意的模型。另外，Box-Jenkins 法可以通过对误差项不断地分解，将误差项降至只剩下随机因素的影响，从而提高预测效果。

（2）ARIMA 模型对于国库现金流预测的实证分析。针对预算内资金入库的特点，我们利用 SPSS 19.0 软件，通过偏自相关系数定阶方式，进过反复试验与选择，我们针对 2007 年 1 月至 2011 年 12 月每月国库预算内资金入库，采用 ARIMA（1，0，12）模型处理。其拟合结果如表 5.2 所示。

表 5.2　在 ARIMA（1，0，12）模型下的拟合结果

Model Fit

Fit Statistic	Mean	SE	Minimum	Maximum	Percentile						
					5	10	25	50	75	90	95
Stationary R-squared	0.415	.	0.415	0.415	0.415	0.415	0.415	0.415	0.415	0.415	0.415
R-squared	0.415	.	0.415	0.415	0.415	0.415	0.415	0.415	0.415	0.415	0.415
RMSE	912.002	.	912.002	912.002	912.002	912.002	912.002	912.002	912.002	912.002	912.002
MAPE	20.921	.	20.921	20.921	20.921	20.921	20.921	20.921	20.921	20.921	20.921
MaxAPE	77.027	.	77.027	77.027	77.027	77.027	77.027	77.027	77.027	77.027	77.027
MAE	734.515	.	734.515	734.515	734.515	734.515	734.515	734.515	734.515	734.515	734.515
MaxAE	2257.189	.	2257.189	2257.189	2257.189	2257.189	2257.189	2257.189	2257.189	2257.189	2257.189
Normalized BIC	13.836	.	13.836	13.836	13.836	13.836	13.836	13.836	13.836	13.836	13.836

从表 5.2 中我们可以看出，平均绝对误差百分数（mean absolute percentage error，MAPE）为 20.921，另外，该模型中 MAPE 的值不由样本容量决定，所以，该模型具有较好的拟合程度和较强的短期预测能力。

经过反复对 ARIMA 模型中的参数进行调试与识别，我们选取 ARIMA（1，1，0）模型对 2007 年 1 月至 2011 年 12 月的预算内资金拨款进行分析，并对 2012 年 1 月至 2012 年 12 月的国库预算内资金拨款进行预测。拟合结果如表 5.3 所示。

表 5.3　在 ARIMA（1，1，0）模型下的拟合结果

Model Fit

Fit Statistic	Mean	SE	Minimum	Maximum	Percentile						
					5	10	25	50	75	90	95
Stationary R-squared	0.642	.	0.642	0.642	0.642	0.642	0.642	0.642	0.642	0.642	0.642
R-squared	0.576	.	0.576	0.576	0.576	0.576	0.576	0.576	0.576	0.576	0.576
RMSE	861.071	.	861.071	861.071	861.071	861.071	861.071	861.071	861.071	861.071	861.071
MAPE	16.979	.	16.979	16.979	16.979	16.979	16.979	16.979	16.979	16.979	16.979
MaxAPE	72.004	.	72.004	72.004	72.004	72.004	72.004	72.004	72.004	72.004	72.004
MAE	616.319	.	616.319	616.319	616.319	616.319	616.319	616.319	616.319	616.319	616.319
MaxAE	2519.221	.	2519.221	2519.221	2519.221	2519.221	2519.221	2519.221	2519.221	2519.221	2519.221
Normalized BIC	13.793	.	13.793	13.793	13.793	13.793	13.793	13.793	13.793	13.793	13.793

从表 5.3 中我们可以看出，平均绝对误差百分数（MAPE）为 16.979，另外，MAPE 的值不由样本容量决定，所以，该模型具有较好的拟合程度和较强的短期预测能力。

ARIMA（1，1，0）模型对于 2012 年 1 月至 2012 年 6 月国库预算内资金拨款的预测如表 5.4 所示。

表 5.4　　　　在 ARIMA（1，1，0）模型下的预测值

Forecast

Model		67	68	69	70	71	72
预算内资金拨款—模型 -1	Forecast	5643.72	6529.48	6003.87	6315.76	6130.69	6240.51
	UCL	7368.63	8391.52	8279.83	8781.38	8856.48	9156.28
	LCL	3918.81	4667.43	3727.91	3850.15	3404.89	3324.74

图 5.9 所示为实际预算内资金拨款数据值、拟合值及预测值。从图中可以看出，ARIMA（1，1，0）对于预算内资金拨款有较好的拟合及预测能力。

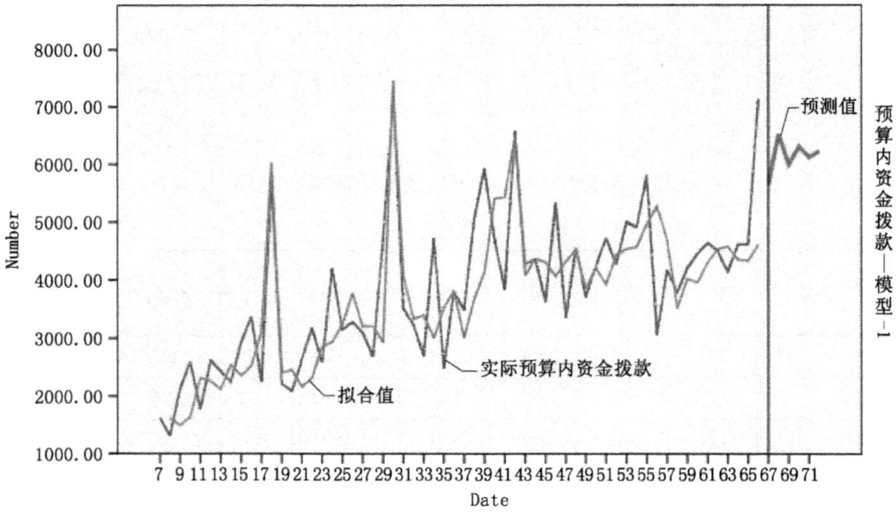

图 5.9　在 ARIMA（1，1，0）模型下实际值与预测值的拟合

2. GARCH 模型对于国库现金流预测的实证分析

（1）GARCH 模型概述。在 Engle（1982）提出 ARCH 模型分析时间序列的异方差性的基础上，波勒斯列夫（T. Bollerslev，1986）提出了 GARCH

模型，GARCH 模型是一个专门针对金融数据量身订制的回归模型。相比于普通的回归模型，GARCH 对误差的方差进行了进一步的建模，因而 GARCH 模型在波动性研究中被广泛采用。

（2）GARCH 模型对于国库现金流预测的实证分析。首先对于国库预算内资金入库数据进行归一化处理，并针对国库预算内资金入库数据的特点，利用 Eviews 软件，通过 Gaussian 误差检验标准，经过反复对模型参数进行调试，选取最优模型，采用 GARCH（1，2）模型对其进行处理及预测。其结果如表 5.5 所示。

表 5.5　　GARCH（1，2）模型下拟合结果

Mean Abs. Percent Error	Theil Inequality Coefficient	Root Mean Squared Error	Mean Absolute Error
46.4669	0.2054	0.1935	0.1547

从表 5.5 中可以得出，平均误差百分数（MAPE）为 46.46，不等系数（Theil Inequality Coefficient）为 0.20，在一定程度体现了该模型具有一定的预测能力，可以为以后国库现金收入情况提供预测参考。

预测图像如图 5.10 所示。

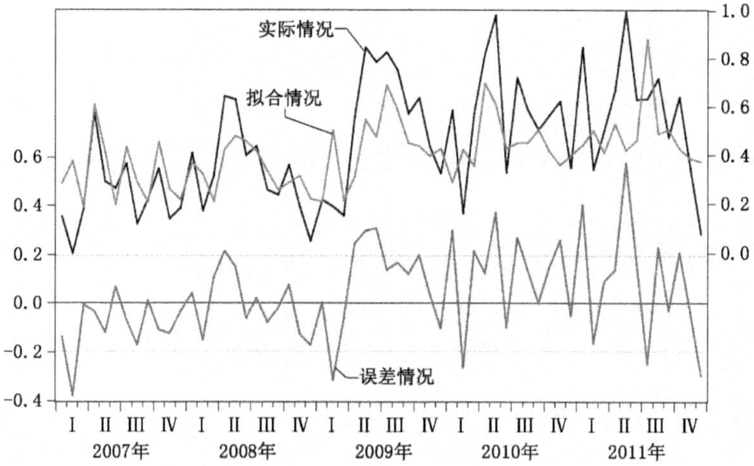

图 5.10　GARCH（1，2）模型下国库现金收入预测结果

对于国库预算内资金拨款，我们经过模型反复识别，采用相同的模型对其进行处理与预测。其结果如表 5.6 所示。

表 5.6 GARCH（1，2）模型下拟合结果

Mean Abs. Percent Error	Theil Inequality Coefficient	Root Mean Squared Error	Mean Absolute Error
44.9791	0.1899	0.1720	0.1286

从表 5.6 可以看出，平均误差百分数（MAPE）为 44.98，不等系数（Theil Inequality Coefficient）为 0.19，在一定程度体现了该模型具有一定的预测能力，可以为以后国库资金拨款情况提供预测参考。

预测图像如图 5.11 所示。

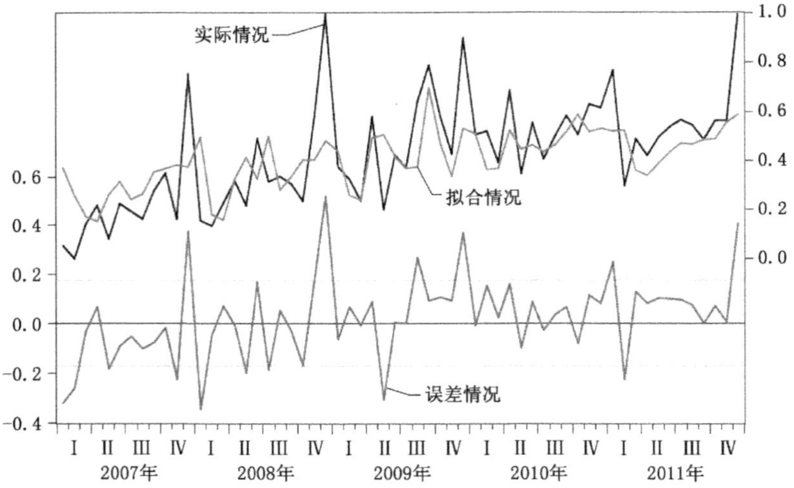

图 5.11 GARCH（1，2）模型下国库资金拨款预测结果

尽管 GARCH 模型对于数据波动有了较为合理的处理，但仍然存在一些不足，如 GARCH（p，q）模型为保证非负，导致其系数约束使任何滞后项增大都会加大随机波动，因此震荡现象有可能出现在 GARCH 模型中。

3. 基于 BP 神经网络及其优化算法对于国库现金流总量的预测

（1）BP 神经网络概述。BP 神经网络也被称为误差反向传播神经网络，它是由非线性变换单元组成的前馈网络。一般来说，多层前馈网络也指 BP 神经网络。

神经网络的信息处理功能是由网络单元即神经元的输入输出特性、网络的拓扑结构即神经元的连接方式、连接权重的大小即突出联系强度和神经元的阈值（可视为特殊的连接权重）所决定的。

BP 模型（Feed-forward Backprop），即误差反响传播神经网络，是神经网络模型中应用最为广泛的一类，从结构上来看它是一种典型的多层网络，具有输入层、隐含层和输出层，层与层之间多采用全连接的方式。

（2）BP 神经网络对国库现金总流量预测的实证分析。由于 BP 神经网络的计算原理比较复杂，本节不再一一赘述，仅给出利用 BP 神经网络对我国国库现金总流量进行实证分析的结果。

首先，上文分析到的国库现金流量数据具有明显的周期相关性，我们根据这种时序性的性质，将某 1 月份流量前一年 12 个月份的预算资金数据的归一化结果作为输入端，将该月份预算内资金入库数据归一化结果作为训练数据，希望通过前一周期的数据变化规律，来预测该时期国库预算内资金入库的归一化数值。该模型 BP 神经网络原理示意图如图 5.12 所示。

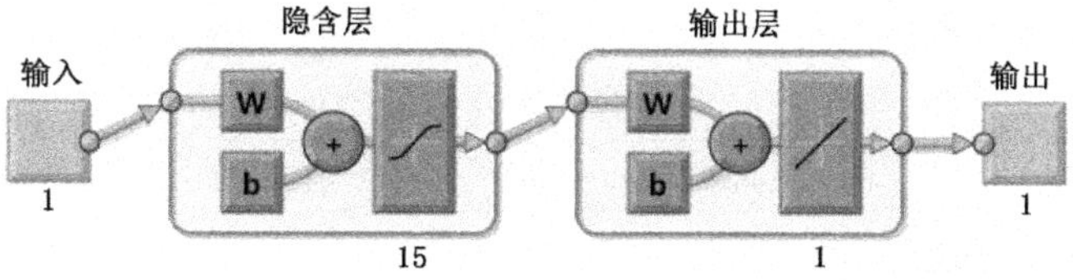

图 5.12　BP 神经网络示意图

通过 BP 人工神经网络对这 48 组数据进行训练，并将未来年份未知的国库现金预算内资金入库，通过预测值反复迭代进行，对未来一年的数据进行预测，预测出 2011 年的每月数据，并与 2011 年实际数据进行比较。经过反复调试，训练过程及效果如图 5.13 所示。

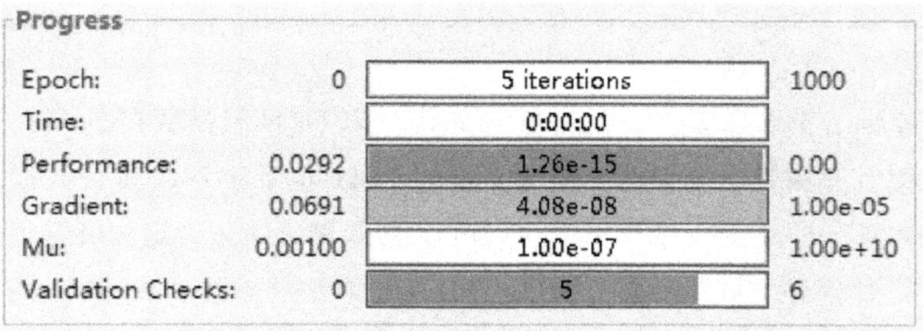

图 5.13　利用 BP 神经网络示意图数据调试结果

经过计算，BP 神经网络对于数据拟合平均相对误差百分比 MAPE = 8.79，即误差在 8.8% 左右，明显小于前两种简单时间序列模型，预测拟合效果较为优良。

对于反归一化后的预测数据，将其与2007～2011年的5年数据进行相关性分析，并观察它们的数学期望结果，如表5.7所示。

表5.7　2007～2011年数据期望结果

控制变量		预测值	2007年	2008年	2009年	2010年	2011年
预测值	相关性	1.000	0.677	0.632	0.665	0.700	0.607
	显著性（双侧）		0.000	0.000	0.000	0.000	0.000
	df	0	34	34	34	34	34
2007年	相关性	0.677	1.000	0.685	0.636	0.576	0.689
	显著性（双侧）	0.000		0.000	0.000	0.000	0.000
	df	34	0	34	34	34	34
2008年	相关性	0.632	0.685	1.000	0.636	0.494	0.594
	显著性（双侧）	0.000	0.000		0.000	0.002	0.000
	df	34	34	0	34	34	34
2009年	相关性	0.665	0.636	0.636	1.000	0.680	0.671
	显著性（双侧）	0.000	0.000	0.000		0.000	0.000
	df	34	34	34	0	34	34
2010年	相关性	0.700	0.576	0.494	0.680	1.000	0.666
	显著性（双侧）	0.000	0.000	0.002	0.000		0.000
	df	34	34	34	34	0	34
2011年	相关性	0.607	0.689	0.594	0.671	0.666	1.000
	显著性（双侧）	0.000	0.000	0.000	0.000	0.000	
	df	34	34	34	34	34	0

由分析结果可以看出，预测值与2007～2011年旬报数据的相关显著性小于0.01，相关性分析结果与之前2007～2011年5年各组旬报数据之间的相关性类似，可见存在显著相关性，可以说预测结果有一定的可靠性。

4. 三种模型之间的比较

（1）由上文分析及参数水平我们可以看到，BP人工神经网络对于数据拟合及预测的误差明显小于ARIMA模型与GARCH模型这两种改进的时间序列算法，预测能力具有一定优势。因而我们可以认为智能算法在国库现金流预测方面有着巨大的潜力，应该作为国库现金流预测模型未来的一个重要研究方向。

（2）无论是时间序列算法 ARIMA 模型和 GARCH 模型，还是 BP 人工神经网络，均从时间序列的角度着眼，考虑当前时间段国库现金流量与其历史信息的关系，并通过历史趋势去预测未来走向。而事实上，国库现金流在一定程度上受许多直接或间接因素的影响，如国内外宏观经济形势、国家宏观财政政策、国际利率的浮动、财政管理体制的改革、物价水平、国内生产总值以及自然灾害等突发事件，都会对国库现金流产生或多或少的影响。在多期变化中如果只考虑各期数据自身的关系，而不考虑外界影响因素，预测必定会产生较大误差。虽然 BP 人工神经网络拟合效果较好，但其智能算法并不拟合经济学本身有关现金流的经济原理，仅从数据入手，缺乏理论依据。

（3）GARCH 模型虽然在某种程度上考虑了波动程度，但总体预测效果并不突出，而 ARIMA 模型对于临时的政策等因素考虑更为不足。

（4）预测国库现金流入与流出采用的数据不够细化，可能造成由于个别现金流分类上的特殊性使得国库现金流入流出的总体情况规律不够显著。

专栏 5－2　国库经理制与国库代理制之争——安全还是效率？

2012 年 8 月，公开征求意见的《预算法修正案（草案二次审议稿）》拟删除现行预算法中关于“中央国库业务由中国人民银行经理”的规定。与此同时，还拟增加“国库管理的具体办法由国务院规定”的表述。这一规定可能改变已运行了 27 年之久的央行经理国库制度，进而重新分配国库监督权。

自 1985 年以来，人民银行专门行使“中央银行”职能后，国务院颁布《国家金库条例》，将人民银行“代理”国库改为“经理”国库，并赋予国库更多的监督权限。但 2001 年后，财政专户开始大量出现，并大大限制了国库监督的范围，关于国库管理体制选择“经理”还是“代理”的争论开始日渐增多。自 2001 年 3 月财政部与央行联合颁布《财政国库管理制度改革试点方案》以来，我国国库管理体制出现了一些重大变化，主要是“财政国库”与“央行国库”的双轨模式取代了原来单一的央行国库模式。双轨模式至今已经运行了 11 年。

在当前的模式下，财政部门是国库资金管理主体，代表政府管理库款；央行是财政库款的开户银行，具体经理国库，履行监督职责，维护资金的安全与完整。代理模式下，财政部门可以选择央行代理，也可以找商业银行代理，央行难以参与国库管理决策。

“经理制是财政部和央行均对政府负责，受政府领导。”王雍君表示，而代理制主张央行国库受财政部门领导、对财政部门负责，并且倾向于将“国库”指认为“财政国库”。财政部门与央行国库之间的关系被界定为委托代理关系，前者系委托者，后者系代理者。

刘贵生认为，国库监督不是央行监督财政，更不是与财政“过不去”、“对着干”，恰好相反，国库监督是为财政服务的，是为财政资金的安全完整把关守口。

从央行经理国库的实际效果来看，这种做法也确实堵住了大量的通过调整预算级次、预算科目、分成比例、缴库方式等违规调库、混库、截留上级收入，通过开具支拨、退库、更正凭证甚至虚假凭证来违规拨款、退库、为商业银行拉存款、人为控制预算收支进度、制造虚假预算收支信息，以及商业银行延压、占用预算收入等违规业务。据央行不完全统计，2006 年至 2010 年，各级国库堵住违规业务 114 万笔，涉及金额 4441 亿元。

在 2011 年，央行曾在其网站上公开罗列了中央银行经理国库的四个优越性，具体包括：其一，库款调拨灵活。央行国库直接参加现代化支付系统，直接参与资金清算，提高了财政资金的划拨速度和使用效率。其二，资金安全，核算准确。央行制定了健全的国库资金安全制度体系，建立了全国统一的、安全高效的核算体系。其三，有利于央行的宏观调控。财政库款是中央银行重要的资金来源之一，央行经理国库有利于央行的宏观调控，实现货币政策和财政政策的协调。其四，有利于发挥央行的监督作用。央行经理国库，对预算收入的及时收纳入库有促进作用，对财政支出的拨付使用更易于发挥监督作用。

但是支持代理制的声音也存在，其主要观点有：其一，2001 年实施国库管理制度改革后，预算收入收缴及预算支出业务的办理由代理银行负责，不再直接通过央行。央行难以介入财政收支运行的中间过程，对预算执行进行监督的操作条件弱化。其二，可避免因财政部门和央行在实际工作中的“职能交叉”等问题对财政资金运行效率产生不良影响。

资料来源：根据搜狐财经新闻《重效率还是保安全？国库经理制徘徊十字路口》等资料整理而成。

5.3　收入预测

财政收入预测（revenue forecasts）的对象是财政收入的基数，即根据当前法律对在预算期间可以筹集到的财政收入的一种预测。这种预测是根据课税环境中的经济、人口、管理和其他结构性因素所做出的。由于 OECD 国家的财政收入主要来源于税收，因此本节只介绍税收收入预测。

税收预测，也称税收收入预测，是指在一定经济理论的指导下，根据经济和税收收入历年统计资料，在定性分析的基础上，运用定量的方法，对未来税收收入总量和结构等发展趋势所做出的分析、判断和推测。

税收预测是税收计划的基础。在政府筹集收入时，尤其是在编制预算的准备阶段，税收预测起着非常重要的作用。税收预测为编制税收计划和中期预算提供了依据，并且也可用于推测税收计划的执行结果。

财政收入的预测从来都不可能是准确无误的，因为私人经济行为是不确定的。如果在市场经济中，作为政府财政收入源泉的私人经济是不确定的，那么财政收入也必然是不确定的。但是，较高质量的财政收入预测，对于以下各项活动的开展都是必需的：预算的编制；为长期财政状况所做的准备工作；对财政决策含义的理解和对短期财政收入流量的预测。因此，没有财政收入预测的财政管理活动也将是没有意义的。

5.3.1　税收预测的基本方法

1. 税收预测的基本原则

税收预测和其他经济预测一样，把进行预测的客观事物看成一个系统，把客观事物的过去、现在和未来看成是一个连续的、不断发展变化的辩证统一体。正是由于系统中某种结构的稳定性，才有可能使我们对客观事物做出科学的预测。一般来讲，税收预测要遵循以下几条原则。

（1）连贯性原则。所谓连贯性原则，是指过去和现在将会持续至未来，无论是宏观经济还是微观经济系统，其发展都具有这种延续性。它有两方面的含义。一是时间方面的连贯性，即在系统中，如果过去一直受某种政策的支配，现在即使停止执行这种政策，经济系统仍然会按照原来的惯性运行一段时间。二是系统结构的稳定性，即经济系统的结构在短期内可以认为是不变的，它存在相对稳定性。这两点是我们进行税收预测的根据，前者是进行趋势外推法的基本假设，后者是利用因果关系建立结构模型的主要理论依据。

（2）类推性原则。类推性原则是指经济事物（如国民收入、税收、各部门和企业的经济活动）都有各自的运行模式，并且这些模式之间会存在相似之处。例如，货币供应量的过快增长，意味着未来通货膨胀率将要上升，而通货膨胀率的上升又会提高税收收入的增长速度。因此，认识了这些经济运行的模式，就可以设想和推断未来的经济现象。要认识这些经济现象的模式，不仅需要大量过去和现在的事实和数据，还要进行深刻的理论分析，二者都是科学的税收预测不可或缺的。

（3）相关性原则。相关性原则是指各种经济现象之间都是相关的。在经济系统中，许多经济变量之间都存在着相关关系。有些变量是正相关的，有些则是负相关的，这些关系常常在一定的预测模型中表现为因果关系。在税收预测中，经常就是通过这种相关关系，建立预测模型，如回归分析模型。

（4）概率性原则。税收预测必须通过对事物发展偶然性的分析，揭露事物内部隐藏着的规律性。从偶然中发现必然是有规律可以遵循的，这个规律就是人们普遍运用的统计规律。为了预测税收收入在某时期的发展趋势，常常需要对某时期的实际税收收入进行模拟。这种模拟的经济过程与实际的经济过程相比，无疑会存在一定的偏差，而且这种偏差会带有随机性。概率性原则就要求税收收入预测者对实际的税收收入做出区间估计。

2. 税收预测的一般步骤

一般来讲，税收收入预测应当遵循以下步骤。

（1）确定预测目标，选择预测变量。进行任何一项税收预测，首先应当确定预测的目标。在明确预测目标的前提下，确定预测的具体内容。进行税收预测，要定量分析经济活动中各因素之间的因果关系。在选择了一定的因果关系之后，就要正确选择变量。在因果分析中，对于自变量的选择一般应遵循两条原则：一是选择的自变量应当是那些与预测目标紧密相关的因素；二是所选择的自变量之间不能存在较高的线性相关关系。

（2）收集、整理数据资料。明确预测目标之后，需要围绕预测对象，搜集尽可能多的资料。资料要力求完整、准确、适用和时新。进行预测时，对搜集到的资料要认真审核，对不完整的或不便使用的资料要进行必要的推算和调整。

（3）选择预测方法。选择正确的预测方法是税收预测分析成败的关键。预测方法不同，预测结果就不一样，最好综合运用几种不同的方法进行预测，以保证预测的科学性和正确性。

（4）建立预测模型。在经济理论的指导下，在对客观税收现象进行深入分析的基础上，建立拟合客观实际的数学模型。建立数学模型是技术处理的核心，一般分理论模型设计、模型参数估计、模型的检验与修正等。由于客观事物总是处于不断发展变化之中，因此在运用预测方法时，切不可生搬硬套某一公式或数学模型，简单地得出结论。

（5）进行实际预测，提出预测分析报告。所设计的模型通过检验之后，可根据未来的假设条件进行税收预测。一般来讲，税收预测分析报告应包括预测目标、对象和预测结果，主要资料来源，预测方法选择以及预测模型的建立和检验等。

（6）根据新的情况，修正预测模型。对预测结果和实际结果进行比较分析，计算误差，分析原因，评价所选用预测方法的可靠性，以修正预测方案，改进预测模型或重新选择预测变量，不断提高预测质量。

3. 税收预测的基本方法

根据不同的标准，可以将税收预测方法分为不同的种类。例如，根据预测时间区间的长短，可以分为短期预测（月度预测或季度预测）、中期预测（年度预测）和长期预测（多年度预测）。此外，人们还经常将税收预测方法分为定性预测和定量预测两种。

（1）定性预测。定性预测是依靠人们的观察和分析能力、经验判断能力和逻辑推断能力所进行的预测分析。定性分析方法主要运用于对税收未来发展趋势的判断，所预测的对象缺乏必要的数据或者某些不能用模型来模拟的税收问题。

典型的定性分析方法如“德尔菲法”（Delphi method）[1]，又称“专家调查法”，就是向专家征求意见，并把专家的意见集中起来，对其进行综合整理，做出最后的预测。其主要作用是在定量分析前首先进行定性分析，以明确税收发展趋势，为定量分析做好准备工作，并与定量分析相结合，提高定量分析的可靠性。

（2）定量预测。定量预测是指主要依靠历史统计数据，在定性预测的基础上，运用数学方法建立拟合的数学模型进行税收预测的方法。定量预测要根据经济与税收的理论分析，从税收与GDP、投资、政府支出、净出口等关系中，制定揭示因果关系的计量统计模型。定量分析常用的预测方法通常包括线性预测法（直线预测法）和非线性预测法（非直线预测法）。

①单一变量法和平均速度外推预测法。该方法通过计算各种情况的税收时间序列的平均发展速度和平均增长速度，假定未来变化遵从这个平均速度，简单外推得到预测期望的税收收入预测值。

当条件许可时，预测者就可以使用趋势外推法对财政收入进行预测，因为这种预测方法比较快捷、便利，也不需要太多的数据。这种预测方法的推理可能复杂，也可能简单，但都是以财政收入的过去模式外推将来。这种预测方法不需要在经济因素或者其他因素和需要预测的财政收入之间建立起因果关系及因果模型。这就给多数财政收入的预测者们带来了一个问题：他们需要了解的正是税收收入体制中的因果关系，而且，当预测者需要解释财政收入为什么会下降时，就更需要对其原因进行说明了。

不管这种预测方法是简单还是复杂，单一变量预测法都具有一个共同的特征：使用过去的税收收入数据对将来的税收收入数据进行预测（例如，利用过去15年中销售税的收入情况，来对预算年度和预算年度之后的其他年度销售税的收入情况进行预测），其中不会涉及经济、人口、社会和文化等其他方面的变量。

具体来说，其中的第一个方法就是简单的时间序列外推法或者时间回归法。这种外推法认为：第一，增长的数额会保持一致（如果一种税收收入在过去的5年中每年都增长了5000美元，那么这种方法就认为，今年的这

---

〔1〕 德尔菲法是在20世纪40年代由O. 赫尔姆和N. 达尔克首创，经过戈尔登和兰德公司进一步发展而成的。德尔菲是古希腊城市，因有阿波罗神庙而出名。传说中阿波罗具有预见未来的能力。因此，这种预测方法被命名为德尔菲法。

种税收收入也将增长 5000 美元）。第二，变化的百分比会保持一致（如果一种税收收入在过去的 5 年中每年的增长幅度都是 5%，那么这种预测方法就认为，这种税收收入今年也会增长 5%）。第三，可以使用平均复利计算公式的简单增长模型。第四，预算年度的税收收入与时间呈线性变化趋势，即时间算术公式 $R = a + bt$；或者税收收入与时间呈非线性变化趋势，即时间的自然对数形式 $\ln R = a + bt$，其中，R = 税收收入，t = 时间系数。为了得出比较准确的预测结果，时间系数的选择要尽量合理。许多地方政府使用的都是这种预测方法，因为这些政府部门缺乏关于本地经济的数据，而这些数据是更为复杂的因果联系预测法所必需的。美国的各个州政府经常会使用这种方法来对小税种进行预测。因为即使对这些小税种的预测技术进行改善，也不会对整个财政格局产生重大影响。

第二种预测方法是分解法。这种预测方法会将时间序列分解成趋势性因素、周期性因素、季节性因素（用于月度预测或者季度预测）和不规则因素（或者残差因素），再将这些因素重新组合，就可以得到预测的结果了。这种方法认为，这 4 种基本因素都会对时间序列数据产生影响：趋势性因素，即长期的增长趋势或者衰退趋势；周期性因素，即围绕趋势水平的周期性波动，这种波动通常是由于衰退和扩张所构成的全国性或者地区性商业周期所造成的；季节性因素，即日历年度中重复性的、经常性的波动，这通常是由于天气和节假日等因素所导致的；不规则性因素，即不会遵循任何规律的误差性变化。这里所使用的模型可以表述如下：

$R_t = T_t \times C_t \times S_t \times I_t$

其中，R = 税收收入的预测值；

S = 季节性因素；

T = 趋势调整因素；

C = 周期性因素；

I = 不规则性影响或者残差因素；

t = 时间数据（过去的期间或者预测期间）。

将每种因素的影响过滤掉的顺序是：季节性因素、趋势因素、周期性因素和不规则因素。可以使用中心季节的移动平均，来去除季节性因素的影响；可以使用根据季节性调整之后的时间因素所形成的线性回归，将趋势性因素去除；在去除了季节性因素之后的数据中再去除趋势因素之后，就可以得到周期性因素；从数据序列中去除周期性因素之后，最后得到的是不规则性因素。进行预测时，就是要在基期观测值的基础上将这些因素逐一加上。其中，基期观测值通常就是最近的实际数值。政府收入的预测专家很少会使用分解法来对税收收入进行预测，但是对于其他预测过程中所需要使用的经济变量或者人口变量的预测，确实可以使用分解法。

其他单一变量预测法还会用到自回归技术、不同复杂程度的移动平均技术（例如，将移动平均技术和自回归方法结合在一起的 Box-Jenkins 模型）和不同的平滑技术（电子表格程序通常会给出几种选择）。这种更复杂技术的应用范围受到了一定的限制，因为其中需要用到长期数据序列；只要税收的基本结构不出现重大变化，关于税收收入的预测就很少会用到长期时间序列的数据。同样，税收收入的预测专家可以将这种技术用于对纳入模型的一些因变量的预测。

②一元线性回归预测法。一元线性回归预测法是用一元线性回归模型，对具有线性趋势的税收问题，只使用一个影响较大的因素所做出的预测。一般通过税收收入与 GDP 的关系，建立关于税收收入与 GDP 的一元回归模型，用未来 GDP 的预测值或计划安排值预测税收收入的规模。

③多元线性回归法。多元线性回归法是用多元线性回归模型，对具有线性趋势的税收问题所做出的预测。因为宏观经济中除 GDP 外，投资、净出口额、政府支出等因素均会在不同程度上影响税收收入，多元线性回归模型就是通过税收收入与多个经济变量的关系，建立关于税收收入预测的数学预测模型。

多元回归模型是用途最广泛的一种预测机制。这种预测方法通过将财政收入看成是一个或者多个独立变量的函数来进行预测，这些独立变量是由收入模型之外的其他因素决定的。每一个对财政收入进行预测的公式都是与其他公式相独立的。例如，如果一个州要对一个季度的零售税收入进行预测，一般至少需要使用二次回归方程：

$$ST = -134.358 + 16.837Q_1 + 6.521Q_2 + 16.957Q_3 + 32.609R + 0.009051\text{GDP}$$

其中，ST = 本季度的销售税收入；Q_1、Q_2 和 Q_3 表示一年之中季节性因素的虚拟变量（根据一年之中的季度变化所形成的销售税收入）；R = 适用于本季度中课税对象的法定销售税税率（尽管提高税率可以增加税收收入，但是提高税率也会对税基产生重要影响）；GDP = 预测期间前一个季度中的国内生产总值。

对独立变量或者因变量的预测，要通过税收方程式之外的分析工作和预测工作来进行。为了使用这种方法，对独立变量的预测要能赶得上预测期间的使用：如果消费者指数只有在预算年度的前三个季度结束之后才能得到，而这个消费者指数又是销售税收入的估测公式所必需的，那么就不能使用这种预测方法了。所以，由于这种财政收入的预测结果是要用于编制预算的，因此必须要在预算年度开始之前得到。虚拟变量（dummy variables）提供了这样一种方法，可以将过去两年中定性经验的影响考虑进来。例如，在过去的两年中，美国预算禁止进行州外稽查或者税收赦免；或者在过去的两年中，对一些销售税税收豁免的规定已经与现在不同了。

选用多元回归方程来进行预测，一般取决于在前些年中使用这个方程的估测结果与财政收入实际结果的拟合程度。由于许多其他的具体方法可以产生与历史数据相似拟合程度的结果（根据一般对拟合程度和预测错误的分析，这些具体的方法几乎是无差别的），也可以对早些年进行实验性的预测（如模仿测试或者“样本测试”），例如，现在有关于1960～2001年间的数据，准备要对2003预算年度进行预测（这种预测要在2002年开展）。根据1960～2000年间的数据可以形成方程，并可以将这个方程用于对2001年情况的“预测”。最后要选用其中最接近于已知的1998年实际数据的方程。一般来讲，在对各种主要财政收入种类分别编制方程时，需要在独立变量中将对变化的不同反应考虑进来。经过精心准备的多元回归模型所产生的总结果，与实际收入的误差将保持在1%～3%之间。表5.8对回归预测的基本步骤进行了说明。

表5.8　　使用多元回归预测税收收入的步骤

第1步　进行经济预测

- a. 选择或者编制关于全国、地区和州的经济模型。
- b. 对关键变量进行合理的假定（或者设想）（如国家政策和人口发展的趋势等）。
- c. 使用上述假定和模型对经济活动进行预测。

第2步　对税基进行预测

- a. 设计将对经济活动的预测结果转化成对税基进行预测的方法。
- b. 使用这种方法，将对经济活动的预测结果用于预测税基。

第3步　对税收义务进行预测：使用税率来预测税基

第4步　根据时间和结构进行调整

- a. 对税收义务的流量进行调整，使它能够将财政年度和税收义务与税款交纳之间的时滞因素考虑进来。
- b. 根据税收结构中的立法变化进行调整。

④非线性预测法。非线性预测法也称“非直线趋势预测法”，是对利用非线性模型进行预测的一系列方法的总称，如二次曲线预测法和指数曲线预测法等。二次曲线预测法是在确定税收与某个经济变量之间存在二次曲线趋势时，利用二次曲线模型预测税收收入的方法。指数曲线预测法则是利用指数曲线模型对呈固定速度增长的税收问题进行预测的模型。

与直线趋势预测法相比，非直线趋势预测法要更复杂一些，但对税收趋势的描述也更准确一些。因为税收收入的增长通常会受多种因素的影响，所以从长期来看，税收收入的增长一般不是直线型的，而往往是曲线型的。

4. 税收预测示例

下面我们使用平均速度外推预测法和一元线性回归法对税收收入进行预测。实证数据选取我国 2003 ~2012 年 GDP 和税收收入的历史资料，对 2013 年、2014 年等未来两年的税收收入进行预测。

首先，我们来对税收收入近年来的变化进行定性分析。从近年来 GDP 和税收收入的实际增长情况来看，国民经济发展对税收增长的影响非常明显。随着我国经济规模的不断扩大，我国税收收入从 2003 年的 2 万亿元增长到 2012 年的 11.07 万亿元。但是，注意到 2008 年金融危机之后，我国 2009 年的税收收入增速明显放缓，再加上近几年我国经济结构调整，可以看出我国的税收增长率逐渐放缓。但是，税收收入与经济增长之间呈正向关系，根据这一关系，我们可以借助经济模型对税收收入进行预测。

（1）平均速度外推预测法。由表 5.9 可以看出，2003 ~2012 年间税收收入连年增长，年均增长率为 19.08%。以 2012 年 11.07 万亿元为基数，按照 19.08% 的年均增长率，我国 2013 年、2014 年的税收收入将分别为 13.18 万亿元和 15.70 万亿元。但是，考虑到目前国际形势的影响和税收增长趋缓等因素，我国未来三年的税收收入数额有可能会比该预测值低。

表 5.9　　2003 ~2012 年我国税收收入情况

年份	税收收入（亿元）	增长率（%）	平均增长率（%）
2003	20017.31	13.50	19.08
2004	24165.68	20.72	
2005	28778.54	19.09	
2006	34804.35	20.94	
2007	45621.97	31.08	

续表

年份	税收收入（亿元）	增长率（%）	平均增长率（%）
2008	54223.79	18.85	
2009	59521.59	9.77	
2010	73210.79	23.00	
2011	89738.39	22.58	
2012	110740	11.2	

数据来源：《中国统计年鉴（2013）》。

（2）一元线性回归法。使用一元线性回归法来预测税收收入，通常选用对税收收入影响最大的一个因素来作为自变量推算税收收入。GDP是经济情况最客观的衡量标准，因此我们选择GDP作为自变量，来进行税收收入的一元线性回归预测。

①税收预测模型的建立。设直线方程 $Y=a+bX$。其中，Y 为某一年份的税收收入，X 为GDP，即以GDP作为自变量来预测未来某一年份的税收收入。a、b 均为需估计的参数，n 为数据资料的期数，则可得方程组：

$$\begin{cases}\sum Y = na + b\sum X \\ \sum YX = a\sum X + b\sum X^2\end{cases}$$

整理得：

$$\begin{cases}b = (n\sum XY - \sum X\sum Y)/\{n\sum X^2 - (\sum X)^2\} \\ a = \sum Y/n - b\sum X/n\end{cases}$$

整理表5.10中的数据，代入上述方程组，可得：

表5.10　　税收收入与GDP一元线性回归模型合成计算表

年份	税收收入(Y)	GDP(X)	Y^2	XY	X^2	Y_C
1999	1.07	8.97	1.14	9.60	80.46	1.04
2000	1.26	9.92	1.59	12.50	98.41	1.23
2001	1.53	10.97	2.34	16.78	120.34	1.44
2002	1.76	12.03	3.10	21.17	144.72	1.65
2003	2.00	13.58	4.00	27.16	184.42	1.97

续表

年份	税收收入(Y)	GDP(X)	Y^2	XY	X^2	Y_C
2004	2.42	15.99	5.86	38.6958	255.68	2.45
2005	2.88	18.49	8.29	53.2512	341.88	2.95
2006	3.48	21.63	12.11	75.2724	467.86	3.59
2007	4.56	26.58	20.79	121.2048	706.50	4.58
2008	5.42	31.40	29.38	170.188	985.96	5.55
2009	5.95	34.09	35.40	202.8355	1162.13	6.09
2010	7.32	40.15	53.58	293.898	1612.02	7.31
2011	8.97	47.29	80.46	424.1913	2236.34	8.75
2012	11.07	51.93	122.54	574.86	2696.72	9.57
$\sum$	48.62	291.09	258.05	1466.75	8396.71	48.62

$b = \{13 \times 1466.75 - 48.62 \times 291.09\} / \{13 \times 8396.71 - (291.09)^2\}$
≈ 0.201

$a = 48.62/14 - 0.201 \times 291.09/13 \approx -0.766$

可得一元线性回归方程 $Y_C = -0.452 + 0.193X$

并分别可以得出 1999～2012 年税收收入的预测值（参见表 5.11）。

②对预测模型进行评价。下面对方程的拟合程度进行检测。

表 5.11　　一元线性回归模型相关系数计算表

年份	税收收入(Y)	Y_C	Y_m	$Y_C - Y_m$	$(Y_C - Y_m)^2$	$Y - Y_m$	$(Y - Y_m)^2$
1999	1.07	1.039103	3.740649	-2.701546	7.298351	-2.670649	7.132366
2000	1.26	1.230277		-2.510372	6.301968	-2.480649	6.153619
2001	1.53	1.441575		-2.299074	5.285741	-2.210649	4.886969
2002	1.76	1.654885		-2.085764	4.350411	-1.980649	3.92297
2003	2.00	1.966801		-1.773848	3.146537	-1.740649	3.029859

续表

年份	税收收入（Y）	Y_C	Y_m	$Y_C - Y_m$	$(Y_C - Y_m)^2$	$Y - Y_m$	$(Y - Y_m)^2$
2004	2.42	2.45178		-1.288869	1.661183	-1.320649	1.744114
2005	2.88	2.95487		-0.785779	0.617449	-0.860649	0.740717
2006	3.48	3.586751		-0.153898	0.023685	-0.260649	0.067938
2007	4.56	4.582869		0.84222	0.709335	0.819351	0.671336
2008	5.42	5.552827		1.812178	3.283989	1.679351	2.82022
2009	5.95	6.094152		2.353503	5.538976	2.209351	4.881232
2010	7.32	7.313643		3.572994	12.766286	3.579351	12.81175
2011	8.97	8.750486		5.009837	25.098467	5.229351	27.34611
2012	11.07	9.57		5.829351	33.98133	7.329351	53.71938
Σ	59.69	58.19		5.745171	110.063707	7.320878	129.92859

$$R = \sqrt{\sum (Y_c - Y_m)^2 / \sum (Y - Y_m)^2} \approx 0.9991675$$

这表明预测模型可以解释99.9%以上的内容，说明税收收入与GDP之间存在相当紧密的联系。

通过运用模型对1999～2012年间税收收入的预测推算（参见表5.11中“Y_C”），我们可以发现，预测值与实际值之间存在着一些差异，但相对于整个税收收入规模而言，差异并不是很大。因此，从总体上说，该预测模型的预测效果还是比较准确的，具有较强的可信度。

③运用模型对税收收入进行预测。近年来我国国民经济稳步增长，今后两年预计还将保持8%的增长速度。按8%计算，2013年和2014年，我国GDP将分别为56.08万亿元和60.57万亿元。将这些数据分别代入上述预测模型：

$$Y_C = -0.766 + 0.201X$$

则2013年和2014年我国的税收收入将分别为10.51万亿元、11.41万亿元。比较上述平均速度外推预测法的预测结果12.91万亿元和15.49万亿元，二者可以分别看成是对今后两年我国税收收入较为乐观和保守的预测。

专栏 5-3 当前税收收入快速增长的宪法背景思考

近年来我国税收收入增长迅猛，2006 年我国的税收收入历史性地突破了 3 万亿元大关，在 GDP 中的比重不断攀升，已经彻底改变了 20 世纪八九十年代税收收入比重过低的不合理局面，税收收入比重已经进入适合我国发展中国家国情的合理区间（如图 5.14 所示）。今后，如果税收收入这种迅猛增长的趋势继续保持下去，很有可能会超出我国国民经济的承受能力，对私人经济部门的发展产生不利影响。同时，改革开放以来，我国私人产权制度逐步确立，2004 年十届全国人大二次会议通过的《宪法（修正案）》又进一步明确了对私人产权的保护范围。我国税收收入快速增长的这种宪法背景应当引起我们的关注和思考。

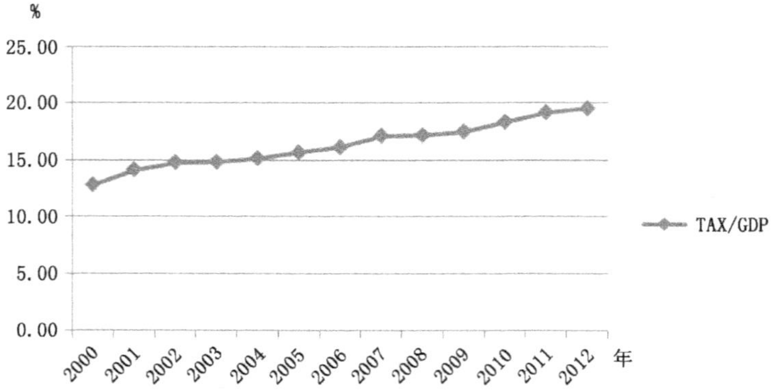

图 5.14 税收收入占 GDP 的比重（2000～2012 年）

从法律角度看，根据严格的税收法定主义原则，税收只能在议会批准的限度内对私人产权实行合法侵犯。我国近年来税收收入在财政收入中的比重都在 90% 以上，因此可以根据预算执行情况来分析税收收入的增长态势。以 2006～2012 年为例，此间连续 7 年每年预算执行情况中的实际收入结果，都大幅度超过了经由立法机构审议批准的预算草案的收入规模。也就是说，税收近年来的快速增长在很大程度上是超预算完成的。从超收幅度来看，最少的年份也为年初预算增幅的 1.75 倍，最高的年份达到了 2.46 倍（见表 5.12）。这样大的超收幅度显然是预算误差、加强税收征管、经济形势变化以及地方层层加码难以完全解释的，客观上形成了对私人产权的非法侵犯。

表 5.12　2006～2012 年全国财政收入实际增幅与超收收入

年份	实际增幅（%）	超收收入（亿元）
2006	11.2	2585
2007	16.4	7228
2008	4.8	2808
2009	11.7	2400
2010	21.3	9150.32
2011	24.8	14020.01
2012	12.8	3429.75

数据来源：2006～2012 年历年中央和地方预算执行情况。

我国 1994 年《预算法》对超收收入的使用没有明确规定，通常是由财政部门在当年分配使用。这就带来了两方面的问题：一是有些财政部门为了得到更多脱离人大监督的自行支配资金，往往故意压低预算收入指标，以扩大超收收入规模；二是由于超收收入往往被用于追加各行政单位的预算，致使年初经人大批准的预算失去了严肃性，无法按照人大在年初审批的预算来检查预算执行的情况。针对这种情况，全国人大常委会 1999 年在《关于加强中央预算审查监督的决定》中规定："国务院应向全国人民代表大会常委会做预计超收收入安排使用情况的报告。"此后，尽管国务院每年都会就此向全国人大进行报告，但是只是"备案"，而不是"审批"，使得"超收收入"的使用仍然过于随意。在国外，多数国家规定，超收收入当年不得使用，必须结转到下一年，由下一年度的财政预算统一安排使用；少数国家虽然允许当年使用超收收入，但规定必须像预算那样，先经议会批准才能使用。

现代市场经济都是由公共部门和私人部门组成的混合经济。政府税收收入的过快增长，势必挤占私人经济部门的可用资源；政府税权的过度膨胀、政府"设租"行为的增多，也会成为国民经济健康增长的羁绊。2005 年，尽管国家统计局对我国的 GDP 数据进行了调高，但税收收入占 GDP 的比重仍达到 16.85%，如果再加上其他财政收入、预算外收入、制度外收入，广义的宏观税负可能会超过 20%，逼近我国这样的发展中国家所能承受的上限。因此，今后应当弘扬宪法精神，落实税收法定主义原则，严格依法治税，使我国税收回归适度增长的合理区间。

值得注意的是，我国2015年新《预算法》第六十六条规定：各级一般公共预算年度执行中有超收收入的，只能用于冲减赤字或者补充预算稳定调节基金；相应地，各级一般公共预算的结余资金，应当补充预算稳定调节基金，这就使预算稳定调节基金成为了沟通年度预算之间的“蓄水池”。对于省级地方一般公共预算年度执行中出现的短收，规定通过调入预算稳定调节基金和减少支出等方式弥补；如果弥补之后还不能实现收支平衡的，在报本级人民代表大会或者其常务委员会批准，同时报国务院财政部门备案之后，可以增列赤字。但对于增列的赤字，明确规定“应当在下一年度预算中予以弥补”。这就使我国推进中期财政规划管理在制度上具备了可行性。

5.3.2 中期收入预测需要注意的事项

具体运用上述收入预测方法时，需要首先强调几点关于中期收入预测的一般指导原则。

1. 必须理解将要预测的税种

这其中包括该税收是如何管理的，以及形成税收收入的数据。例如，如果没有彻底理解某种税（中央、州、省或地方）的结构和规模，就试图对其进行预测，那样的预测结果是没有意义的。对某种税收的一系列课税数据的搜集要尽可能详细，特别要注意那些可能影响财政数据序列特征的随机事件：税法的微调、某一个期间财政收入数据的丢失和统计口径前后不一致等。对此，可以通过适当调整纠正独立变量中存在的问题，包括可以替换一些变量之后再进行预测。

2. 在中期收入预测的过程中保持公开

在中期收入预测中保持对外公开是一个必要的做法和优势。作为一种预算战略，立法机关和行政机关偶尔都会追求过高或者过低的财政收入预测结果，从而为增加或者减少预算支出创造条件。公开而透明的预测过程可以避免这种情况的发生。在编制预算的过程中，当同时出现了几种不同的、经过了战略安排的财政收入预测时，一般公众就很难分辨清楚了。在编制预算的过程中，如果所有人使用的都是一种同样错误的对财政收入的预测结果，要比在预算过程中有许多来自于行政机关和司法机关、不同政党以及政党中不同派别的竞争性财政收入预测，更容易形成负责任的预算，即使在后者众多的竞争性预测当中有一个是绝对准确的。约翰·L. 米克塞尔甚至指出，除了在商业周期中出现了出乎预料的转变之外（商业周期的向下转变是很难准确预测出来的）[1]，财政收入预测高层中的多数重大错误都是政治阴谋的结果。这些政治阴谋旨在制造财政收入幻觉，以用于弥补预算中的缺口。公开的预测过程可以避免产生这个问题。

3. 预测方法的选择要服务于预测目的和任务

如果为中期预算过程进行财政收入预测，多元回归预测方法通常可以产生不错的结果；如果要将年度财政收入再在一年之中分解成不同的数额（按照季度或者月度进行划分），单变量分析预测可能会比较合适；如果要想了解财政收入体制的变化所产生的影响，微观模拟预测可能会更合适一些；如果需要为长期计划进行预测，经过根据可能的结构变化调整之后的趋势外推预测可能会比较好。总之，没有哪一种预测方法可以对所有财政收入进行预测。

4. 根据实际情况，对预测进行不断调整

在预测收入过程中，需要仔细对财政收入状况进行监测，以对预测状况进行不断的调整。一个月中所发生的变化因素可能会带来一些麻烦，但是在财政年度中，随着时间的推移，这种影响会逐渐消失。将一年中的实际财政收入和预测财政收入进行对比，要比仅将一个月中的二者进行对比更有帮助。然而，需要不断根据财政收入数据对预测进行调整，以保证对整个政府财政的控制。财政收入现在的状况是编制未来财政收入预测的重要信息来源。全年度的监管，通常需要将月度或者季度收入与以往年度同期在年均收入中的份额进行比较。在财政年度结束时，要对财政预测是否成功进行评估，以对将来的预测结果进行改进。在使用“因果”模型进行预测时，对于预测结果和实际情况的差异，要分别找到原因：（1）对原因预测中的错误；（2）模型中的错误；（3）由于立法情况的变化，预测的税收可能会变化。

5.4　我国非税收收入与税收收入的周期性变动

上节主要是从理论层面研究了财政收入中税收收入的预测，并没有针对

[1] 约翰·L. 米克塞尔：《公共财政管理：分析与应用》，中国人民大学出版社，2005 年。

我国具体情况进行分析。由于本书是基于目前世界范围内实施中期预算的具体做法，来为我国今后实施中期预算提供经验，因此本节主要针对我国税收收入的具体情况进行分析，运用计量分析的方法对非税收入和税收收入中直接税的比重进行研究，以期发现它们对经济的影响，为我国税制改革提供理论依据。

5.4.1　非税收入与税收收入波动性分析

我国财政收入的主要来源是税收收入，但是非税收入对增加国家宏观调控能力、调动地方各级政府和部门的积极性、弥补财政预算资金的不足、兴办公益事业以及促进地方经济发展也起到了一定的促进作用。

在过去关于非税收收入的理论研究层面，主要集中在概念界定、管理体制缺陷剖析和制度创新等方面。在实证研究层面，主要是针对非税收收入、GDP与税收收入之间的关系，目前学者的分析主要是针对1994~2010年的全国数据或省际面板数据进行的，尚未有学者从长期的视角对这些问题进行探讨。非税收入是否存在周期性变化规律？与经济周期和税收收入周期存在怎样的关系？本部分尝试利用周期分析的方法和OLS回归的方法对这些问题做出解答。

经济周期是经济繁荣和经济衰落反复出现、循环交替的结果。人们对经济周期的认识也经历了一个漫长的过程，早期人们认为“经济周期就像一个受到干扰的正弦波”，具有固定的周期，然而随着现代经济周期理论的发展，经济学家们认为“经济周期是多种随机冲击经过传播、放大和复合的结果”（贾俊雪，2008）。Chatterjee（2000）认为“没有随机冲击就没有经济周期”。相应地，研究方法也发生了变化。早期研究直接对产出增长率进行描述统计，关注波幅、峰位、谷位、平均位势、标准差和波动系数等特征，被称为古典经济周期特征。现代经济周期理论主要针对消除趋势后的时间序列进行分析，关注波动性、持续性和逆转性等特征。消除趋势就是将经济变量的长期趋势分离出来，方法的选择取决于时间序列的性质，如果时间序列为平稳序列，可以使用移动平均法等方法。

本部分拟借鉴古典经济周期分析方法，对税收收入的短期波动规律进行探寻，并同非税收入和税收收入周期进行对比。为了对税收收入和非税收入的关系进行进一步的分析，我们需要建立各个阶段（1952~2010年、1978~1993年和1994~2010年）税收收入、GDP和非税收入占政府收入的比例以及非税收入、GDP 和税收收入占政府收入的比例的 OLS 回归模型。

本书采用的数据包括 1952～2012 年的 GDP、税收收入（TAX）和非税收入（FTAX），数据主要来源于《中国统计年鉴（2012）》、《中国财政年鉴（2011）》和《新中国 60 年统计资料汇编》。其中，非税收入 = 财政收入 - 税收收入 + 预算外资金收入[1]。在 OLS 回归分析中引入税收入的比例（TAXPRO）和非税收收入的比例（FTAXPRO），其中，非税收入的比例 = 非税收入/（非税收入 + 税收收入），税收收入的比例 = 税收收入/（非税收入 + 税收收入）。文中采用以 1952 年为基期的 GDP 缩减指数对 GDP、税收收入和非税收入进行了指数化处理，消除价格波动对序列的影响，考虑到变量的指数变化，在周期分析中对 GDP、税收收入和非税收入分别取对数。

1. 非税收入周期波动

非税收入的周期波动可以划分为 3 个阶段（如图 5.15 所示）：1953～1981 年，即第一个周期到第四个周期；1982～1993 年，即第五个周期到第七个周期；1994～2012 年，即第八个周期到第十个周期。第一个阶段周期较长，周期长度最长的为 9 年，最短的也为 5 年。从上升阶段和下降阶段的年数、峰位和谷位的位置来看，非税收入呈现出明显的非对称性特征：一是上升阶段和下行阶段的年数明显不同，而且下行阶段的年数普遍高于上行阶段；二是峰位和谷位的位置相差较远。下行阶段的年数明显高于上行阶段的年数，说明改革开放前，中国非税收入的下降趋势较为明显。从峰位和谷位的位置来看，第一阶段表现出明显的高峰低谷态势，振幅较大。从平均位势来看，改革开放前非税收入的平均增长速度较高，在 10% 左右，第三个周期的平均增幅高达 11.36%。而波动系数则在波动中逐渐减小，第二个周期高达 4.2%，而在第四个周期波动系数降到了 1.24。可见在改革开放前，非税收入的平均增长速度较高，呈现高峰低谷态势，下降趋势更为明显，波动较大，但逐渐趋于平稳。第二个阶段的周期长度明显缩短，平均周期为 4 年，同第一阶段相比，峰位明显降低，而部分年份的谷位也明显降低，其中 1989～1993 年的谷位低至 -67.23，不同于第一阶段下降的波动系数，第二阶段的波动系数有所上升，其中第五周期和第七周期的波动系数分别为

[1] 2011 年，我国全面取消预算外资金，将所有政府性收入纳入预算管理。因此，2011 年以前的非税收入 = 财政收入 - 税收收入 + 预算外资金收入，2011 年之后非税收入 = 财政收入 - 税收收入。

4.47 和 4.17，高于 1977～1981 年的波动系数 1.24。可见改革开放后的一段时间内，非税收入的波动有所加大。另外，第二阶段的平均位势普遍较低，1989～1993 年平均位势仅为 -8.02%，非税收入出现了明显的负向增长，呈现古典型经济周期的特征。可见改革开放后的一段时间内，非税收入的增长不容乐观。第三阶段，非税收入的峰位明显提升，谷位也提升，振幅有所减小（除了 1994～1997 年外）。而波动系数也出现了明显的降低，1998～2003 年和 2004～2012 年分别仅为 0.36 和 1.40。可见 1994 年分税制改革以后，非税收入变动的平稳性大大增强（详见表 5.13）。

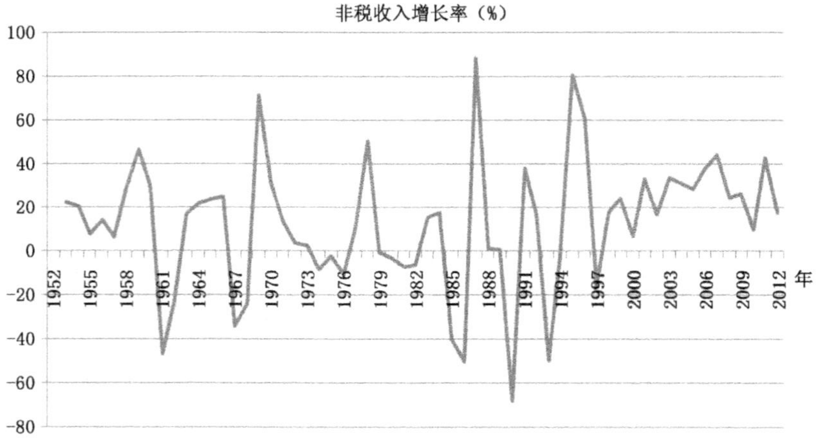

图 5.15　非税收入周期波动

表 5.13　　非税收入周期波动特征分析

周期序号	起止年份	周期长度	上升阶段	下行阶段	峰位	谷位	振幅	平均位势	标准差	波动系数
1	1953～1961	9	4	5	31.28	-53.05	84.33	10.56	25.28	2.39
2	1962～1967	6	3	3	25.60	-29.22	54.82	5.37	22.53	4.20
3	1968～1976	9	3	6	58.73	-19.33	78.06	11.36	22.61	1.99
4	1977～1981	5	2	4	29.03	-3.11	32.14	9.68	12.02	1.24
5	1982～1985	4	2	2	18.55	-29.51	48.06	5.19	23.19	4.47
6	1986～1988	3	1	2	15.18	-1.19	16.36	8.66	8.67	1.00
7	1989～1993	5	2	3	13.80	-67.23	81.03	-8.02	33.45	4.17
8	1994～1997	4	2	2	58.02	-26.89	84.91	13.75	34.92	2.54
9	1998～2003	6	2	4	15.10	5.68	9.42	10.75	3.90	0.36
10	2004～2012	9	4	5	40.09	10.13	29.96	25.11	27.79	1.40

2. 经典周期对比分析

税收收入周期波动呈现明显的3个阶段（如图5.16所示）：第一阶段为第一个周期到第四个周期，即1953～1975年；第二个阶段为第四个周期到第七个周期，即1976～1994年；第三个周期为第八个周期和第九个周期，即1995～2012年。第一个阶段周期较长，每个周期平均8年，从上升阶段和下行阶段的年数来看，下行阶段的年数普遍多于上行阶段的年数，可见税收收入呈现一种下降趋势。从峰位和谷位的分布来看，第一阶段主要呈现高峰低谷的特点，其中谷位值均小于0，呈现古典型周期特征，高峰低谷的必然结果是非常大的振幅值，可见建国初期税收收入波动幅度极大。从平均位势来看，除了第三个阶段的平均位势高达10.47%外，其他周期的平均位势均较低，可见税收收入的增速较为缓慢。另外，建国初的税收收入波动幅度很大，第一个周期的波动系数值高达10.35，随后波动系数值不断降低，第三个周期仅为0.97。第二个阶段的周期长度普遍较短，多为4年，周期长度较长的为7年。从峰位和谷位来看，谷位相对于第一阶段来说明显提升，然而峰位的波动极大，如1980～1986年的峰位为91.49%，而1987～1990年的峰位为4.59%，因而振幅的波动也非常大。此外，平均位势的波动幅度极大，从-0.48%到20.11%。不同于第一阶段的波动系数逐渐下降，第二阶段的波动系数陡然增加，最高可以达到7.25，可见改革开放后的一段时间内，税收收入的波动较大。1995年之后，税收收入的周期长度又明显增长，而且下行趋势减弱，表现出来的更多是上行趋势。第三阶段主要表现高峰高谷的特点，随之而来的是振幅的缩小和平均位势的大幅度上升，税收

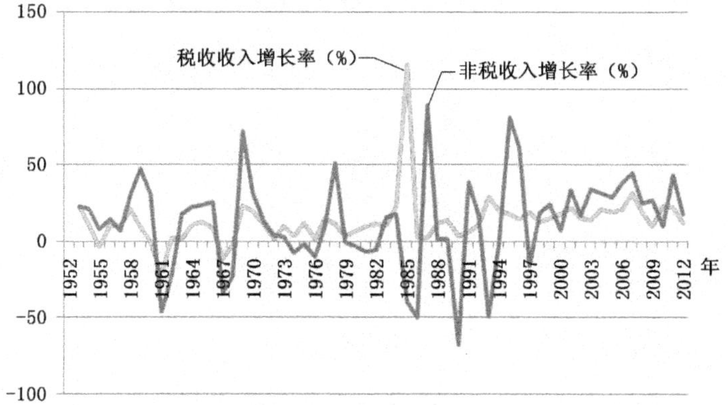

图5.16　非税收入和税收收入周期波动对比

收入的平均增长速度高达14.65%，而波动系数大幅度降低，1995～2003年间仅为0.4，而2004～2012年间仅为0.46（详见表5.14）。

表5.14 税收收入周期波动特征分析

周期序号	起止年份	周期长度	上升阶段	下行阶段	峰位	谷位	振幅	平均位势	标准差	波动系数
1	1953～1961	9	0	9	35.84	-30.11	65.95	1.75	18.07	10.35
2	1962～1967	6	4	2	12.52	-14.47	26.99	4.05	9.83	2.43
3	1968～1975	8	2	6	27.30	-2.58	29.87	10.78	10.47	0.97
4	1976～1979	4	2	2	14.78	0.00	14.78	5.75	6.73	1.17
5	1980～1986	7	5	2	91.49	-0.32	91.81	20.11	32.06	1.59
6	1987～1990	4	2	2	4.59	-2.88	7.46	-0.48	3.48	7.25
7	1991～1994	4	2	2	11.99	0.08	11.91	3.53	5.66	1.60
8	1995～2003	9	5	4	19.23	2.58	16.66	13.15	5.30	0.40
9	2004～2012	9	4	5	31.08	9.77	21.31	20.43	4.96	0.46

从图5.17可以看出，1953～1979年非税收入和税收收入的变动趋势基本一致。

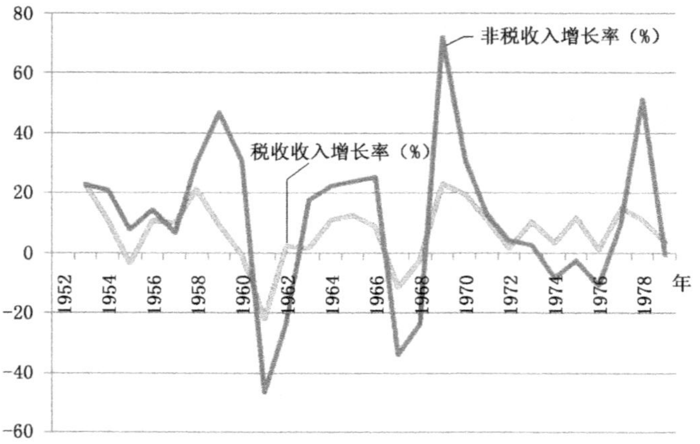

图5.17 税收入和税收收入周期波动（1953～1979年）

然而，从1980年开始至1997年，非税收入和税收收入的变化出现了较大的差异，如图5.18所示。

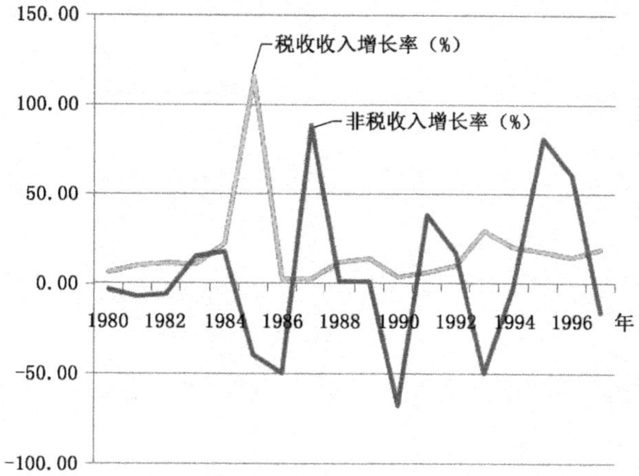

图 5.18　非税收入和税收收入周期波动（1980~1997 年）

从表 5.15 可以看出，当税收收入位于上行期时，非税收入往往位于下行期，如 1980~1985 年和 1991~1993 年，税收收入呈现快速增长的态势，而非税收入增长缓慢甚至出现了负增长（如 1991~1993 年）。1986~1987 年，当税收收入增长时，非税收入增长极为缓慢。可见 1980~1997 年，非税收入和税收收入呈现反向周期变化。

表 5.15　非税收入和税收收入的反向波动

期　间	税收收入		非税收入	
	状态	平均增速（%）	状态	平均增速（%）
1980~1985 年	上行期	23.52	1981~1983 年上行期， 1984~1985 年下行期	3.67
1986~1987 年	下行期	-2.88	上行期	13.58
1991~1993 年	上行期	4.33	下行期	-14.91

正如图 5.19 所示，1998~2012 年非税收入和税收收入变化趋势基本一致，呈现出共同繁荣的态势，其中税收收入的增速高于非税收入的增速。

3. 现代周期特征分析

（1）波动性、持续性和逆转性。如表 5.16 所示，1952~2012 年间，非税收入的波动性大于税收收入的波动性。非税收入和税收收入的 1 期滞后自相关系数均为正值，非税收入的相关系数为 0.25，税收收入的相关系数为 0.46，可见非税收入和税收收入的变化均具有一定的持续性。然而相比较而言，非

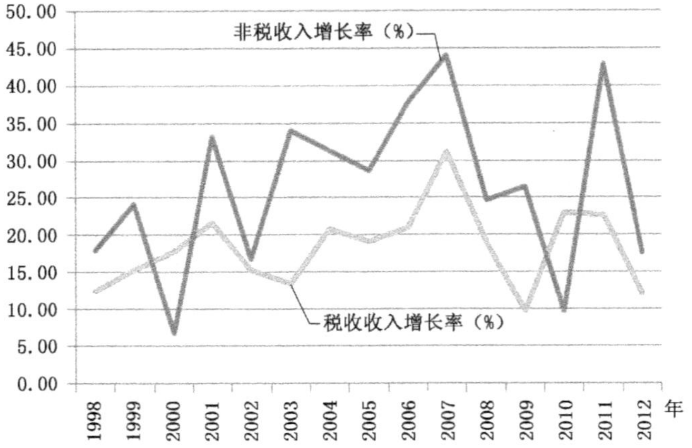

图 5.19　非税收入和税收收入周期波动（1998～2012 年）

税收入滞后 2 期的自相关系数为 -0.33，绝对值较大，而税收收入的 2 期滞后自相关系数为 -0.06，接近于 0，滞后 3 期自相关系数为 -0.29，绝对值较大。可见，非税收入的变化趋势往往在 2 年之后即发生逆转，而税收收入的变化趋势可能在 3 年之后发生逆转。因此非税收入的持续性更弱，逆转性更强。1978～2012 年间，非税收入的波动性仍大于税收收入的波动性，两者的标准差同 1952～2012 年相比并没有发生显著的改变，而针对于两者的持续性和逆转性，结论和 1952～2012 年间基本相同。1978～1993 年间非税收入和税收收入的标准差都明显加大，可见非税收入和税收收入的波动幅度在 1978～1993 年间非常大。而 1978～1993 年间的非税收入的 1 期滞后自相关系数即为负值，可见非税收入的持续性大大降低，意味着非税收入的变化趋势在 1 年之后即将逆转。1994～2012 年间，非税收入和税收收入的标准差大幅度降低，分别为 0.09 和 0.03，明显小于 1978～1993 年间的标准差。而且 1994 年非税收入的 1 期自相关系数为正值，又具有一定的持续性。

表 5.16　　非税收入和税收收入的标准差和滞后自相关系数

	标准差	滞后自相关				
		1	2	3	4	5
1952～2012 年间						
非税收入	0.19	0.25	-0.33	-0.45	-0.11	0.04
税收收入	0.10	0.46	-0.06	-0.29	-0.28	-0.25

续表

	标准差	滞后自相关				
		1	2	3	4	5
1978 ~ 2012 年间						
非税收入	0.18	0.14	-0.29	-0.37	0.05	-0.04
税收收入	0.10	0.41	-0.04	-0.22	-0.29	-0.41
1978 ~ 1993 年间						
非税收入	0.21	-0.33	-0.51	-0.20	0.00	-0.02
税收收入	0.14	0.39	-0.07	-0.28	-0.37	-0.48
1994 ~ 2012 年间						
非税收入	0.09	0.12	-0.10	-0.34	-0.14	0.20
税收收入	0.03	0.30	-0.48	-0.46	-0.26	-0.11

（2）协动性。如表 5.17 所示，1952 ~ 2012 年间非税收入和税收收入的当期相关系数为 0.22，而 K 期非税收入与 $K-1$ 期税收收入的相关系数为 0.25，远远大于 K 期非税收入与 $K+1$ 期税收收入的相关系数 0.07，可见非税收入明显滞后于税收收入的发展。1978 ~ 2012 年间非税收入和税收收入的当期相关系数为 -0.3，而 1978 ~ 1993 年间非税收入和税收收入的当期相关系数为 -0.85，可见 1978 ~ 1993 年非税收入和税收收入主要呈现负相关关系。1994 ~ 2012 年间非税收入和税收收入的当期相关系数高达 0.82，绝对值很大，K 期非税收入与 $K+1$ 期税收收入的相关系数 0.51 大于 K 期非税收入与 $K-1$ 期税收收入的相关系数 0.21，非税收入的变化具有一定的领先性，领先于税收收入的变化。

表 5.17　非税收入和税收收入滞后各期自相关

滞后阶数	4	3	2	1	0	-1	-2	-3	-4
1952 ~ 2012 年间	-0.10	-0.03	0.11	0.25	0.22	0.07	-0.13	-0.21	-0.15
1978 ~ 2012 年间	0.14	0.19	0.14	-0.05	-0.30	0.10	0.22	0.05	-0.19
1978 ~ 1993 年间	0.17	0.06	0.08	-0.26	-0.85	0.07	0.45	0.21	0.09
1994 ~ 2012 年间	-0.44	-0.43	-0.03	0.21	0.82	0.51	0.07	-0.82	-0.52

5.4.2 回归分析

1. 1952～2012年间

模型的F值为3847.834，概率为0.00，说明模型可以用来解释税收收入的增长情况，调整后的拟合优度高达0.99，说明模型的解释能力很强（如表5.18所示）。由于所有变量的P值为0.00，说明系数显著不为0。当GDP提高1亿元时，税收收入提高0.187亿元，经济的增长会带来税收收入的增加；非税收入比例的相关系数为正值67.055，可见当非税收入比例提高1%时，税收收入提高67.055，并没有出现部分学者担忧的非税收入的增加会挤出税收收入的增长，非税收入比例增加，税收收入总量也会增加。

表5.18　　回归结果1

因变量：TAX

变量	系数	标准差	T统计值	概率
C	-3513.529	501.545	-7.005	0.00
GDP	0.187	0.0023	82.277	0.00
FTAXPRO	67.055	11.964	5.605	0.00
R-squared	0.99	F-statistic		3847.834
Adjusted R-squared	0.99	Prob（F-statistic）		0.00

$$TAX = -3513.529 + 0.187 \times GDP + 67.055 \times FTAXPRO$$

模型的F值为595.941，概率为0.00，说明模型可以用来解释非税收入的增长情况，调整后的拟合优度为0.95，模型的解释能力较强，由于所有变量的P值小于0.05，因而变量系数显著不为0（如表5.19所示）。当GDP提高1亿元时，非税收入提高0.028亿元，经济的增长带来非税收入的增长；税收收入比例的相关系数为负值-30.721，可见当税收收入的比例提高1%时，非税收入降低30.721，税收收入的增加会挤出非税收入。

表5.19　　回归结果2

因变量：FTAX

变量	系数	标准差	T统计值	概率
C	1715.067	303.772	5.64	0.00

续表

因变量：FTAX				
变量	系数	标准差	T统计值	概率
GDP	0.028	0.001	33.12	0.00
FTAXPRO	-30.721	4.499	-6.827	0.00
R-squared	0.95	F-statistic		595.941
Adjusted R-squared	0.95	Prob（F-statistic）		0.00

FTAX = 1715.067 + 0.028 × GDP - 30.721 × TAXPRO

2. 1978～1993 年

1978～1993 年模型的 F 值为 40.67，概率为 0.00，说明模型可用。调整后的拟合优度为 0.84，模型的解释能力强（参见表 5.20）。各变量的 P 值均小于 0.05，可见所有的系数显著不为 0。从模型的结果来看，GDP 每增加 1 亿元，税收收入增加 0.074 亿元，远小于 1952～2010 年的 0.19 亿元，可见改革开放后的一段时间内，GDP 对税收收入的影响有所减弱。而非税收入比例的系数为负值 -13.72，可见非税收入对于税收收入产生了挤出效应，非税收入比例提高，税收收入总额下降。

表 5.20　　回归结果 3

因变量：TAX				
变量	系数	标准差	T统计值	概率
C	1136.27	371.54	3.05	0.00
GDP	0.074	0.025	2.96	0.01
FTAXPRO	-13.72	4.74	-2.89	0.01
R-squared	0.86	F-statistic		40.67
Adjusted R-squared	0.84	Prob（F-statistic）		0.00

非税收入模型的 F 值为 77.83，概率为 0.00，说明模型可用。调整后的拟合优度为 0.82，模型的解释能力强（参见表 5.21）。各变量的 P 值均小于 0.05，所有系数显著不为 0。GDP 的系数为 0.0435，表明 GDP 每增加 1 亿元，非税收入增加 0.0435 亿元，税收收入比例的系数为 -17.38，可见税收收入对于非税收入产生了挤出效应，而且绝对值大于非税收入比例的系数

-13.72，说明税收收入对于非税收入的挤出效应更强。

表 5.21　　回归结果 4

因变量：FTAX

变量	系数	标准差	T 统计值	概率
C	1381.99	135.08	10.23	0.0000
GDP	0.0435	0.003	11.26	0.0000
FTAXPRO	-17.38	2.90	-5.99	0.0000
R-squared	0.83	F-statistic		77.83
Adjusted R-squared	0.82	Prob（F-statistic）		0.00

3. 1994～2012 年间

1994～2012 年间模型的 F 值为 3707.844，概率为 0.00，模型可用。调整后的拟合优度为 0.99，模型的解释能力非常强（参见表 5.22）。常数和 GDP 的 P 值均小于 0.05，系数显著不为 0。GDP 的系数为 0.197，可见 GDP 每增加 1 亿元，税收收入增加 0.197 亿元，远大于 1978～1993 年间的相应系数 0.0435，可见 1994 年分税制改革之后，税收收入对经济的依赖性大大增强。而非税收入比例系数的 P 值为 0.17，接受原假设，系数显著为 0，非税收入的比例对于税收收入并没有显著的影响，可见非税收入对于税收收入并没有产生挤出效应。

表 5.22　　回归结果 5

因变量：TAX

变量	系数	标准差	T 统计值	概率
C	-7496.144	576.5706	-13.00	0.00
GDP	0.197	0.004	50.67	0.00
FTAXPRO	-15.219	78.556	-0.193	0.17
R-squared	0.99	F-statistic		3707.844
Adjusted R-squared	0.99	Prob（F-statistic）		0.00

1994 年税制改革之后模型的 F 值为 484.61，概率为 0.00，模型可用。调整后的拟合优度为 0.98，模型的解释能力非常强（参见表 5.23）。各变量

检验的 P 值小于 0.05 或 0.1，系数显著不为 0。GDP 的系数为 0.044，小于 1952～2010 年间的相应系数 0.187，但大于 1978～1993 年的相应系数 0.0435，可见 1994 年税制改革之后，非税收入相对于改革开放初期对经济形势的依赖程度有所增强，然而同建国初的一段时间相比依赖程度相对较小。税收收入比例的系数为 -13.71，可见税收收入对于非税收入的增长具有负面影响，税收收入比例的提高将导致非税收入总额的下降。

表 5.23　　　　回归结果 6

因变量：FTAX

变量	系数	标准差	T 统计值	概率
C	695.64	810.02	1.86	0.009
GDP	0.044	0.002	13.92	0.00
FTAXPRO	-13.71	12.96	-2.71	0.02
R-squared	0.98	F-statistic		484.61
Adjusted R-squared	0.98	Prob（F-statistic）		0.00

由以上的回归分析可以看出，我国的税收收入与非税收入之间的影响并不对称。1953～1979 年非税收入和税收收入走势基本一致，1980～1997 年非税收入和税收收入的变化出现了很大的分离，税收收入的繁荣期是非税收入的衰落期，税收收入的衰落期却是非税收入的繁荣期，两者呈现出此消彼长的关系。从回归分析来看，非税收入和税收收入具有非对称性的影响，税收收入比例的提高会显著地降低非税收入，这一点在 1952～2012 年、1978～1993 年和 1994～2012 年的回归分析中得到了证明。毋庸置疑，税收收入比例的提高会降低非税收入，税收收入会对非税收入产生明显的挤出效应。然而，非税收入对于税收收入的影响却不确定。1978～1993 年非税收入比例的系数显著为负，可见非税收入的增长确实挤出了税收收入的增长。1994～2012 年间非税收入比例的系数显著为 0，非税收入对税收收入的增长没有显著的影响。1952～2012 年间非税收入比例的系数为正，可见从我国长期经济发展来看，非税收入的增长并不会挤出税收收入的增长，甚至还会产生促进作用。非税收入和税收收入的相互关系中，税收收入起着主导性的作用，非税收入作为政府收入的重要补充，处于从属地位。当税收收入作为政府的主要来源变化平稳时，非税收入自然会减少，而当税收收入的波动较

大（如 1978 ~ 1993 年间）时，非税收入作为政府收入的补充会增长。非税收入的增长并不一定会挤出税收收入的增长，它可能会对税收收入的增长产生促进作用，实现两者的共荣，只有当税收收入大起大落时，非税收入的大幅增长才会挤出税收收入。1994 年分税制改革后随着税收收入的不断增加，我国逐渐成为税收国家，非税收入的比例不断降低，税收收入和非税收入和谐发展，共同繁荣。

非税收入与税收收入之间的“非对称性”，是财政压力之下政府筹资“稳定性”的自然体现。换句话说，经济衰退时，政府的财政支出由于“刚性”和“惯性”的存在，难以随经济下行而削减；税收法定主义原则等的增强，使得税收收入更具规范性，因而成为国民经济运行的“晴雨表”。然而，非税收入却难以与国民经济“同呼吸、共命运”。非税收入与税收收入之间的这种“非对称性”，一方面固然保证了财政支出的“经常性需要”，但另一方面也成为了财政宏观调控的“掣肘”。特别是，当非税收入更多地集中在地方政府，而税收收入更多地集中于中央政府时，这种非税收入与税收收入之间的“非对称性”则体现为“央地矛盾”。如果说中央的宏观调控更多地旨在依靠“结构性减税”转变经济增长方式、提高经济增长质量的话，那么地方政府通过非税收入对“地方财政收入”的“保增长”，则更多地是一种“利己主义”的体现。

经济下行时期，非税收入和税收收入共同组成的“财政收入”减少，稳增长的财政支出压力却在加大，这是经济运行规律的体现。为化解这种经济周期推动的“财政收支矛盾”，需要政府财政更多地推动中期预算改革，同时辅助使用长期国债等工具，推动财政的长期可持续发展。

4. 非税收入预测

运用回归分析函数和 5.3 节介绍的方法便可以估计出以后年度的非税收入，这样便能更好地从整体上把握政府每年的财政收入，更有效率地安排使用财政资金，从一个长远的角度优化财政支出结构，避免出现大规模的财政赤字。

以 1952 ~ 2012 年利用最小二乘法得出的模型为例。在 5.2 节，我们已经估算出 2013 年和 2014 年我国 GDP 将分别为 56.08 万亿元和 60.57 万亿元，税收收入为 10.51 万亿元、11.41 万亿元，这样便可以得出非税收入的比重分别为 3.44%、12.43%，这样便可计算出 2013 年和 2014 年非税收入分别为 1.99 万亿元、8.60 万亿元，从而得出 2013 年度和 2014 年度的财政收入。

5.5 支出预测

支出预测是预算准备和编制过程的一个重要组成部分，同时这种预测必须置于政府财政计划的框架内。预测方法有经验判断法、单位成本法、趋势或时间序列法，以及因果法（casual methods）（主要是回归分析和计量经济模型）。需要特别指出的是，在支出预测中，以前年度的支出结构以及其他相关特征，通常要作为预测的基础。因为，预测都是针对将来的，它必须假定政府政策及其运营有一定的连贯性，只有这样预测才有用，才能有效判断未来一段时期的政府支出规模。

为了实现对财政资源的高效管理，必须尽可能地提高支出预测（以及收入预测）的准确性。尽管支出预测不可能做到完全正确，但仍有许多措施有助于提高预测质量。

5.5.1 中期支出预测的方法

图 5.20 显示了中期支出预测的主要任务：（1）更新上一年估计的成本；（2）准备中期财政框架和支出预测；（3）在预测的总支出水平以内制定支出限额，并在中期估计的第一年预留一个应急储备，而在随后的中期估计年份预留一个政策和应急储备；（4）确定现行规划可能的节约；（5）在现行政策成本和支出限额的双重约束下，形成新的规划并融入预算。

预测支出的责任通常在部门，所用的工具类似于收入预测中用到的。在有些情况下，当部门的最佳项目预测受到经济或政治气候包括预算要求指导的影响时，还会用到讨价还价法（game-playing）。核心预算部门审查申请，对部门的判断进行改进、削减和增加。

1. 单位成本法

这个方法与财政影响分析类似，它通过使用单位资本成本乘数，提供一定水平或标准服务的平均成本，以及其他简单的计算来确定计划中的地方不动产发展的市政成本。单位成本法的三个步骤是：（1）选择一个分析的基准；（2）分析单位和单位成本；（3）做出必要的假设和计算。

在选择分析基准时，预算分析人员常常使用目标编号标准，但也可以采用次一级编号和功能基准。关于后者我们可以用美国弗吉尼亚州的一种做法

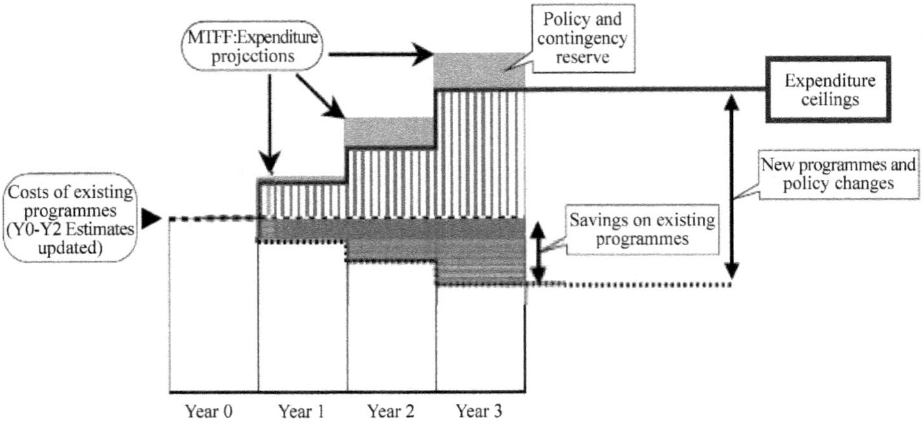

图 5.20 中期支出预测的主要任务

资料来源：OECD：*Managing Public Expenditure*，P.215，2001。图中"cost of existing programmes estimates updated"表示更新的现存规划预算年度及其后两年的支出估计；"MTEF：expenditure projections"表示中期框架下的支出预测；"policy and contingency reserve"表示政策和或有储备；"savings on existing programmes"表示现存规划可以节约的支出；"new programmes and policy changes"表示新规划及政策变动导致的支出；"expenditure ceilings"表示支出限额。

来说明[1]：在这里每一个雇员的周年纪念日、工资率、级别、寿命增长（如果有）附加福利成本以及其他数据都被记录下来。运用这些信息，计算机对每一位雇员的工资和附加成本做出年度预测，并将这些成本汇总到适当的目标编号、分支单位、部门和基金中。一个采用功能—部门基准的例子是美国纽约州的塞莱克斯市，他们把部门的支出分解为劳动力支出、非劳动力支出、附加支出和各种不同的支出，对这些相关项目的汇总即构成了一个预测。

2. 趋势线法

部门在支出预测时经常使用增量法或趋势线法，历史数据界定了趋势线，它显示了历年来的支出模式。线的斜率是变动率，一条线的公式是 $Y = a + bx$，其中 Y 代表因变量，x 是自变量，b 是该线的斜率。趋势线建立了一个历史模式，预测时只需要选择下一个时期（如图 5.21 中的 t 年、$t+1$ 年、$t+2$ 年和 $t+3$ 年），即可通过趋势线得到未来年度的支出水平。需要注意的是，要根据可能会引起非正常变动的因素，来判断任何可能偏离趋势线的

〔1〕 托马斯·D. 林奇：《美国公共预算》，中国财政经济出版社，2002 年，第 129 页。

情况。

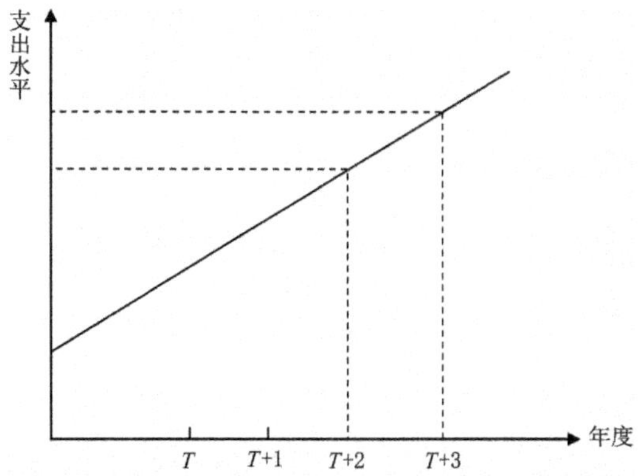

图 5.21　趋势预测线

3. 移动平均法

将过去时期的支出加总并予以平均，这种方法假定平均值将能减少数据的随意性和季节性等因素的影响，因此，用到的数据越多，预测便越平滑。但它也有一定的局限性：（1）因为需要足够多的观察值，从而对新规划或项目可能不会有太大用处；（2）它不能预测基本趋势的变动；（3）仅仅适用 1～3 年时间段的中短期预测。

4. 指数平滑法

用最近的预测值和取值为 0～1 之间任意数的 X 权重，并求得最近时期的预测值和实现的实际值之间的差额。举例来说，当年支出是 5000 单位，而上一年度预测的当年支出是 4500 单位，用 X 值取 0.2 来计算出预算年度支出，即 5000 + 0.2 ×（4500 － 5000）= 4900，这就是预算年度的预测结果。如果认为数据随机性比较小，就选择一个比较小的 X 值；反之，就选择一个比较大的 X 值。可以看出，指数平滑法与前述的移动平均法相比，优势在于需要的数据较少，并且能够更好地反映近期的快速趋势变动，当然，确定 X 值时的主观判断性可能是其一个弱点。

5. 计量经济模型

所谓计量经济模型，就是按计量经济学的理论方法建立起来的经济模型，其核心是基于数据建立经济变量间的关系，有效地从统计数据中提取有价值的信息。因此，数据的类型与特点会直接影响建模的理论与方法。比如，时间序列数据、横截面数据和面板数据等这些不同类型的数据，在计量经济理论中分别对应的是不同理论方法下的模型。

计量经济模型的一个主要应用就是预测，包括财政支出预测。计量经济模型的预测主要是通过对外生变量和滞后内生变量的确定进行的。如果有一个模型如下：

$$y_t = f(x_t, y_{t-1}, \theta) + u_t$$

其中，u_t 为误差随机变量，θ 为参数。通过计量经济学的方法可以得到对参数 θ 的估计值，所以只要给定外生变量 x_t 和前期内生变量 y_{t-1}，就能计算得出本期内生变量 y_t。

$$\hat{y}_t = f(x_t, y_{t-1}, \hat{\theta})$$

同样的道理，我们可以对下一期的内生变量做出预测。

在中期支出预测中会经常用到计量经济模型，例如，在州/省一级，社会服务支出直接与州/省的经济有关，而教育和犯罪审判支出则与州/省的人口统计和经济因素有关。模型可以预测有关支出，还可以帮助政策制定者理解影响每一功能活动的最敏感的因素。

5.5.2　支出预测需要注意的事项

我们可以把支出预测看成是一个因变量，许多变量或因素会影响到预测的准确性，其中最重要的有两个：一是预测做出后发生的政策改变；二是估计或预测本身的错误。对前者而言，即使年度预算实施几个月后，针对政策改变修正预测也可以有效缓解这种影响，而预测错误就不那么容易弥补。

在美国有许多受益项目（benefit programmes），比如社会保障，符合资格条件的受益人与经济发展状况和就业状况密切相关。而在马来西亚和泰国等亚洲国家，受益资格没有法律标准，受益人数取决于可用于这项支出的年度资金规模。因此，同样的经济假设的偏差，对不同的国家严重性也是不同的。

1. 向上偏见

在很多国家特别是发展中国家和转轨国家，“向上偏见”（Up bias）是支出预测的一个普遍现象。由于过度依赖定性技术（特别是增量方法和讨价还价），这种预算文化促使部门形成一种要求比之前拨款更多的倾向或习惯，这在一定程度上可以看成是部门采取的“安全起见”的措施。因为，部门可能已经从以前的经验中得知，无论他们的预测或估计是多少，都要面临财政部的压缩。Doh Joon-Chien（1981）通过对马拉西亚历史数据的分析得出的结论，证实了部门的这种想法是有道理的。与之相关的另外一种偏见是部门的“补充估计”，即由于缺乏及时的支出进度的信息，部门担心未来可能会出现资源不够用的情况，到时申请为时已晚，所以往往就提出一个补充的或额外的预算请求，这种情况在发展预算中表现得尤其明显。

2. 不适当的乐观

影响支出预测的另一个因素是规划主管往往过于乐观，他们认为他们的规划和项目可以按时完成，并据此预测支出。实际上，这是不现实的，因为规划的执行中有很多不确定因素，比如发展预算中涉及的重点建设项目和专门的高水平的人力资源，执行阶段中可能会发生各种各样的延误，如人员招聘、招标（tender）土地征用和设备到位等。这些或有事项应该在财政计划和预算过程中有所考虑。

3. 加强人员培训和经验总结

中期支出预测的技术要求非常高，因此，有必要加强对相关财政计划和预算参与人员的培训，使他们掌握足够的预测理论与方法，从而在预测支出时选择最适宜的模型与方法。另外，支出预测模型总是处在不断调整与逐步提高准确性的过程中，预测人员要注意从之前的预测实践中总结经验教训。

5.6　预算支出绩效管理

政府部门在预测中期收入与支出的同时，也应该关注预算支出的绩效管理。提高公共部门的工作效率，降低公共部门的支出，在一定程度上就是增加政府的财政收入。如果说，预测政府的收入与支出属于预算的“事前控制”，那么预算支出绩效管理属于“事后控制”。依据预算支出绩效管理，可以更准确地把握政府的支出预测。因此，本章的最后一部分将关注政府预算支出的绩效管理。

政府部门预算管理是现代政府公共治理模式创新的重要内容，是对传统公共行政管理模式的积极变革，目的是要通过追求“绩效”为核心的政府公共部门管理理念与管理制度的根本改变，实现政府公共部门产品与公共服务的高效、优质供给，以适应现代社会经济发展、民主进步对政府部门改革的迫切要求。

加拿大、澳大利亚、新西兰和英国每年都要对财政预测的效果进行事后分析，并予以报告，其他 OECD 国家则没有这一过程。尽管法律并没有明确要求提供预测效果分析，但加拿大财务报告中列示了预测偏差及其原因，并在 1994 年开始了全面的预测绩效审查，具体情况可参看本章专栏 5-1。

5.6.1 绩效管理的兴起

新公共管理理论产生于 20 世纪 70 年代末，当时西方经济处于“滞胀期”，政府面临着巨大的财政和管理危机，政府机构庞大臃肿、效率低下，政府失败论占据主导地位。而与此同时，私人部门的管理理念却在不断创新。在这样的历史背景下，新公共管理理论应运而生。新公共管理理论主张以市场和企业为导向，吸收私人部门管理的理论、方法、技术，对传统的公共管理理论进行改造。它将私人部门的绩效管理理念引入公共部门，实行绩效管理；提高政府行政效率，实行公共管理分权化；以满足社会公众需求为中心，建立公共管理者直接对公众负责的责任机制；引入竞争机制，实行市场化管理。

财政绩效管理正是在上述新公共管理理论研究的基础上，通过对财政预算管理制度进行改革，尝试去解决政府机构臃肿、效率低下问题，以避免“政府失灵”，消除或减少公共部门中的“X—低效率”（见专栏 5-4）。它以财政支出绩效为目标，以绩效评价为手段，对财政资金的使用全程进行评价和管理，贯穿于财政预算的编制、实施、控制、反馈等各个阶段，不但可以提高财政资金的使用效率，还能加强公共部门组织管理，增强绩效观念。

专栏 5-4 “X—低效率”与政府治理环境变化

以哈维·莱本斯坦为代表的一些经济学家最早对“X—低效率”问题进行了深入研究。“X—低效率”理论中所关注的效率与经济学中通常提到的“资源配置效率”不同，它很少考虑被投入生产过程中的生产要素是否是生产特定产品的最优选择，而是强调社会经济活动中实际存在着的各种“非配置性效率”问题。正如弗朗茨描述的那样：“与企业生产成本的额外单位成本一样明显的无效率，源于竞争压力的缺乏。由于难以确定它的性质，莱本斯坦将这种无效率界定为‘X—低效率’。”他相信，恰如证据证明的那样，X—低效率的成本甚至超过了资源配置的成本。

所谓"X—低效率"，实际上指一些与组织或者动机有关的因素所导致的效率损失，这种效率损失和组织结构给予组织中的机构或者个人的激励程度和监督程度有关。产生"X—低效率"的原因，主要是部门与主管机构之间存在的契约协定或者合同实施或管理成本可能过高，在技术上难以保证合同条款的落实，或是合同规定缺乏科学设计，激励与监督手段不够合理，导致合同内容很不明确。在公共经济中，政府部门可能是承受压力最小的一种组织，由于缺乏竞争，我们可以预期，政府部门所提供的公共服务的单位成本或者价格会远远高于成本最小化所允许的程度。这也就会给追求效用最大化的官僚机构更大的自由，从而在寻求预算规模最大化过程中受到更小的限制。对于公共部门中"X—低效率"原因，美国著名经济学家约瑟夫·E. 斯蒂格利茨给予了较好的总结，如表 5.24 所示。

表 5.24　　公共部门中"X—低效率"的解释

组织特征	软预算约束（政府补贴：没有破产压力）
	缺少竞争
	采购限制（保证不受欺骗的规程：高成本）
	预算编制制度（政治上的要求）
	人事约束（难以解雇和支付竞争性工资）
个人特征	委托—代理问题
	官僚的政治行为—追求最大化预算和组织规模
	过高的风险厌恶水平—导致关注对规程的服从（繁杂的手续）

"X—低效率"存在的程度取决于机构组织所处的竞争环境或是制度设计，也就是说，激励或是约束机制是否排斥浪费和低效率。如果缺乏强调效率和竞争的制度安排，在不完全竞争和非市场的官僚机构中，排斥低效率的压力就会减小，机构内部的代理人可以调节自己的行为，从而追求他们自身的效用最大化。这种情况具体表现在公共部门官僚机构的行为上，很可能是其将"X—低效率"通过更高的税率或更低水平的公共服务和产出转嫁到纳税人手中。

面对官僚制政府部门太多的"X—低效率"，人们开始怀疑政府活动，批评政府部门的效率，公共服务供给不足，质量不佳，政府部门的公众形象大打折扣。在现代社会中，一方面，社会分工不断深化，经济结构不断调整，人们对于政府部门提供的公共产品与服务的需求越来越大；另一方面，扩张性的财政计划遭到越来越多人的反对，人们要求政府部门提高工作效率和公共服务绩效的呼声日益高涨。新经济时代的到来，公共管理民主化，国际竞争日趋激烈，以及政府财政危机、信任危机和新管理理念的不断出现，使得政府治理环境和以往相比发生了巨大的改变。在这样的背景下，西方国家纷纷将建设更有效率、更具有回应性和更富有责任心的政府部门作为国家发展和稳定的中心任务。正是在这样的环境下，政府部门与绩效管理理念完成了历史性的结合，成为世界各国政府部门管理理论研究与实践探索的核心内容。

资料来源：孙克竞：《政府部门预算支出绩效管理研究》，东北财经大学硕士学位论文，2009 年 11 月，第 42 ~43 页。

伴随着新公共管理理论和政府再造运动的兴起，以及人们对政府活动“X—无效率”的日益关注，绩效管理已经逐渐渗透到政府部门管理中。绩效管理被视为政府部门公共管理的一种制度创新，它在政府治理理论层面上的革新意义深远。

专栏 5 –5　中央财政首次竞争分配

2013 年，河北石家庄市、唐山市及辽宁铁岭市等 10 个城市获得中央节能减排支持。与以往不同的是，这 10 个城市并不是由财政部、国家发改委研究确定的，而是由专家通过公开评审从 15 个入围城市中选定的。这一改革开创了中央财政资金竞争性分配的先河。

财政资金分配实行公平竞争、专家评审，是推动政府职能转变的重要举措。在财政部门自由裁量权减少的同时，资金使用方案更加完整，资金绩效目标更加明确，资金分配上的公信力大大提高。

财政资金竞争性分配是一项改革创新，从一些地方实施的效果看，改革打破了以往平均分配和逐级下达财政资金的分配模式，在二次分配环节引入了竞争机制，把钱用在关键处，切实调动了各方的积极性，提高了财政资金的使用效益，有利于公平与效率的有机统一。总体来讲，财政资金竞争分配可以避免公共资金被滥用，防止资金分配当中出现腐败。

财政资金通过竞争进行分配，重要的不是竞争的形式，而是让地方对资金使用过程、投入产出结果更加关注。

资料来源：中央广播网：《中央财政首次竞争分配，专家称可防止财政资金被滥用》，2013 年 11 月 14 日。

5.6.2　政府部门绩效管理的基本方法

美国、英国、加拿大、瑞典等国家的审计机关十分重视绩效审计方法的开发和应用，并编制有专门的绩效审计方法指引或者手册。美国和加拿大审计署开发了共计六种绩效审计方法，即评价综合方法、内容分析方法、调查方法、结构化访谈方法、案例研究方法和前瞻性评价综合方法。英国国家审计署也探索出许多行之有效的技术与方法，如质量控制法、调查法、问题分析法、碰头会、统计分析法等。

在绩效审计方法的分类上，西方国家通常将其分为数据收集方法和数据分析方法。数据收集方法包括采访、观察、调查和查阅档案等；数据分析方法包括对信息进行比较分析、成本收益分析、统计的定性和定量分析、回归分析等。

部门预算引入绩效管理，实施绩效评定，不仅需要借鉴企业绩效管理的理念，更需要了解并掌握绩效管理的具体操作方法，以便减少政府部门预算支出绩效管理改革实施的阻力，有助于改革向着科学化、规范化的方向发展。目前，国际上通行的政府部门预算支出绩效管理办法主要包括全面质量管理、平衡计分卡、360 度绩效评定等。

第六章　中国中期预算的战略诉求

近10年来我国预算领域的改革取得了明显成效，加之近年来财政滚动计划的尝试，以及国外中期预算的实践经验与教训，都为我国转向中期预算提供了有利时机。本章主要以我国当前税制存在的突出问题为出发点，提出我国实行中期预算和税制改革的战略诉求。

6.1　房产税改革：地方财政体制的可持续发展

2003年10月14日，党的十六届三中全会通过的《中共中央关于完善社会主义市场经济体制若干问题的决定》就明确提出："实施城镇建设税费改革，条件具备时对不动产开征统一规范的物业税，相应取消有关收费。"自此，"物业税"正式进入了国人的研究视野。但是2010年，"物业税"悄然转变为"房产税"。2011年1月28日，新房产税开始在沪渝两地试点，但取得的成效甚微。2013年11月9日，党的十八届三中全会指出："加快房地产税立法并适时推进改革。"

房地产行业是国民经济发展的重要支柱之一，行业关联性很强。然而，近些年来，我国房地产行业的畸形发展，不仅产生了严重的"土地财政"问题，还使我国"税收国家"出现了危机，产生了严重的民生问题，积聚了巨大的风险。

1994年分税制改革后，一方面，财力受损的地方政府逐渐采用了以地生财的"土地财政"筹资模式，巨额的土地出让收入被用于支持地方财政日常支出以及弥补地方政府的隐形财政赤字，尤其是占据土地资源优势的东部地区，地方财政收入中有很大的比例为当年的土地出让收入，但土地财政将未来40～70年的收入一次获取的透支模式在很大程度上危害了后代的利益；另一方面，地方政府原则上不列赤字、不能发地方债的规定迫使地方地方政府开始通过信贷手段，创建地方政府融资平台，用于基础建设所需。

中国审计署发布的报告显示，截至2012年底，抽查的36个地方政府本级政府性债务余额38475.81亿元，比2010年增长12.94%，占全国总额的31.79%。截至2010年底，全国地方性债务总额为10.72万亿元[1]。穆迪基于中国审计署的报告计算得出，从2010年末至2012年末，中国地方政府的直接和担保债务可能已经上升13%，达到12.1万亿元[2]。2013年8月1日，全国性地方债审计全面开闸，这也是审计署对地方债务的第二次全面摸底。审计署突然行动的背后，是部分地方政府盲目举债的隐忧以及一些地方政府无力还债的现实。

在地方政府债务数额如此庞大的情况下，思索如何才能保持地方财政体制可持续发展也就成了必然。如何才能从根本上解决地方政府财源的问题？房产税改革可能给这个问题的解决带来契机。

6.1.1 “土地财政”问题

在了解房产税改革之前，先介绍土地财政问题的由来以及和其他各税种之间的关系。

1. 基本概念

“土地财政”是指地方政府主要靠征税、储备和出售土地及其他进一步的“土地滚动开发”手段获得财政收入和其他城市经营所得，以维持地方政府的“吃饭财政”和“建设财政”运转[3]。因此，土地财政常常被称为地方政府的“第二财政”，它是当前地方政府取得财政收入的一个重要来源。

中国的“土地财政”主要是依靠增量土地创造财政收入，也就是说通过卖地的土地出让金来满足财政需求。中国现有的土地有偿出让制度是从香港地区借鉴来的，该制度运用经济手段调节城市土地供应，适应了城市发展

[1] http：//www.audit.gov.cn/n1992130/index.html#.

[2] http：//business.sohu.com/s2013/dfzh/.

[3] 冯兴元：《土地财政、地方财政融资平台与规则》，国土资源导刊，2011年第3期。

对土地的需求，提高了土地的利用效率[1]。邓小平在1981年会见了香港金利来集团曾宪梓博士，曾宪梓向邓小平介绍了香港地区的“土地批租制”。但香港地区实行的是土地私有制，政府要先收购私有土地，进行初步开发后才能出让，即首先要将“生地”变为“熟地”。而内地实行的是土地国有制，即土地在农村实行集体所有制、在城市实行全民所有制。1982年《宪法》规定，我国实行“城市土地全民所有，农村土地集体所有”的土地政策。所以在内地，要对土地进行开发，首先要征用农民的土地，将其由集体所有变为城镇全民所有制。1998年，《土地管理法》出台，国土资源部成立。《土地管理法》规定：国家为了公共利益的需要，可以依法对土地实行征收或者征用并给予补偿。此后，已经在一些地方推行的“土地有偿使用”制度开始在全国范围内普及。各地政府通过管地卖地以弥补分税制改革后地方财政收入的不足，中国城市化进程大大加快，从而形成了我们今天所看到的“土地财政”。

在很多地方，第二财政（土地财政）早已超过了第一财政。国务院战略研究中心的一份调研报告显示，在一些地方，土地直接税及城市扩张带来的间接税收占地方预算内收入的40%，而土地出让金净收入占政府预算外收入的60%以上[2]。

2. 土地财政的弊端

地方政府过度依赖土地财政最大的缺点就是“寅吃卯粮”，如果把未来40~70年的土地使用收益一次性变现，全部或绝大部分用于当前的支出而没有考虑到未来的需要，可能导致土地资源的透支。其实，对于这个问题，国家层面并不是没有考虑：2006年12月下发的《国务院办公厅关于规范国有土地使用权出让收支管理的通知》规定，土地出让收入应用于征地和拆迁补偿支出、土地开发支出、支农支出（包括计提农业土地开发资金、补助被征地农民原有生活水平补贴支出以及农村基础设施建设支出）、城市建设支出（包括完善国有土地使用功能的配套设施建设支出以及城市基础建设支出）、其他支出（包括计提国有土地收益基金、城镇廉租住房保障支出等）。

---

〔1〕 安体富：《我国土地出让金制度：现状、问题以及政策建议》，南京大学学报，2011年第1期。

〔2〕 刘明康：《土地财政带来的问题“巨大”》，东方早报，2011年5月21日。

在这些支出项目中，既有满足当前需要的支出，也有对未来支出计提的考虑。但是在执行过程中，少数地方却没有严格遵守上述规定，由此导致了公众的担忧。

表 6.1　中央与地方政府财政收支情况　单位：亿元

年份	中央		地方	
	财政收入	财政支出	财政收入	财政支出
2000	6989.17	5519.85	6406.06	10366.65
2001	8582.74	5768.02	7803.30	13134.56
2002	10388.64	6771.70	8515.00	15281.45
2003	11865.27	7420.10	9849.98	17229.85
2004	14503.10	7894.08	11893.37	20592.81
2005	16548.53	8775.97	15100.76	25154.31
2006	20456.62	9991.40	18303.58	30431.33
2007	27749.16	11442.06	23572.62	38339.29
2008	32680.56	13344.17	28649.79	49248.49
2009	35915.71	15255.79	32602.59	61044.14
2010	42488.47	15989.73	40613.04	73884.43
2011	51327.32	16514.11	52547.11	92733.68
2012	56175.23	18764.63	61078.29	107188.34

数据来源：《中国统计年鉴》（2013）。

表 6.1 所示的数据是 2000 年至 2012 年中央政府与地方政府的财政收入以及支出情况，从表中所列的数据可以看出，地方的财力远远不及中央财力，地方财政收入虽然保持稳定增长，但增速一直低于中央的财政收入，而地方政府却开支浩大，从 2000 年达到中央财政支出的 2 倍左右发展到 2012 年的 5 倍之多。

从图 6.1 中，我们可以更为直观地看出，地方财政收入与中央财政收入则增速相近，两者的差距也保持在稳定的区间内。但是从图 6.2 中，我们可以看到地方财政支出每年都保持着快速的增长，与中央财政支出形成鲜明的对比。

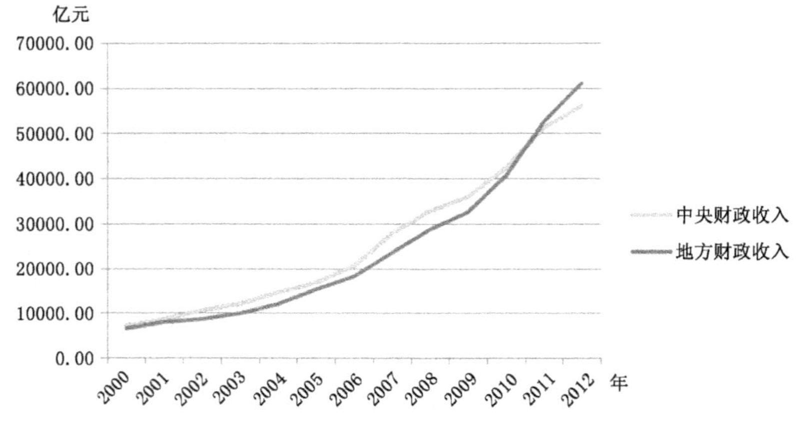

图 6.1　中央政府与地方政府的财政收入情况

数据来源：同表 6.1。

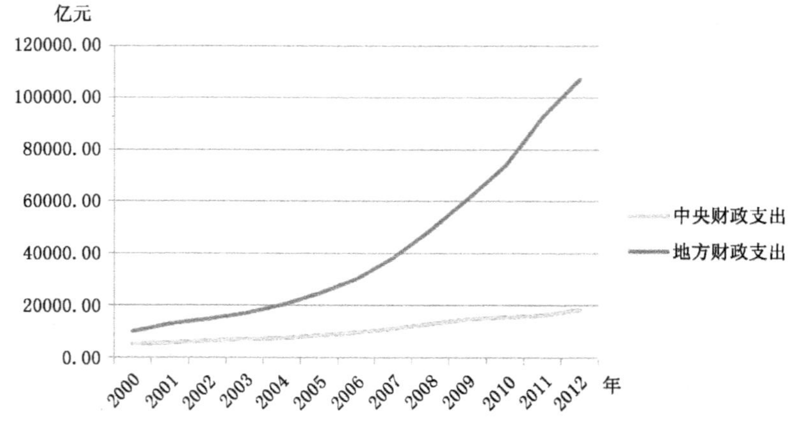

图 6.2　中央政府与地方政府的财政支出情况

数据来源：同表 6.1。

地方政府财政收入与支出之间巨大的不匹配性暴露了其隐形财政赤字的存在，而包括土地出让金等在内的土地财政收入恰好弥补了地方的支出漏洞，有力地支撑了地方政府即期财政开支的需要。然而，这种“挖东墙补西墙”的做法不利于地方经济的长期发展。依靠 70 年之内的土地出让收入弥补当期的财政赤字只是将债务延期，让后代买单，对地方财力的可持续发展造成了很大的危害。依靠卖地为生所连带的“土地空心化”问题已经从侧面反映出地方政府收入过度依靠土地财政的窘境[1]。

地方政府的土地收入多是投向基础设施建设，使得近年来我国公路、地铁、机场等基础设施快速增长。可以认为，地方政府的土地出让收入以及各融资平台所形成的地方债，对地方的基础设施建设起到了极大的促进作用。但是应该看到的是，基础设施等公共产品的外部效应很大，投资见效慢，在无法及时获得投资回报时，政府又会抵押新的土地，继续借债，以解决经济发展和还债的问题。如此往复，政府的负债率会逐年上升，不利于地方财力的长期稳定。一旦无土地可抵押或房地产业受挫，地方财政岌岌可危。

目前我国已进入老龄化社会，“人口红利”[2] 逐渐消失，从而带来严重的“人口负债”[3]。预计我国到 2033 年可能实现人口零增长。如果人口停止增长，房地产行业将会面临需求下降的局面，地方政府过度依赖土地财政收入的结局将是地方财力的零增长。

3. 原因分析

“土地财政”产生的原因是多方面的，在这里我们主要从税制角度出发，讨论土地财政对于地方政府的不可或缺性。地方政府依靠土地出让筹集地方财政资金在维持地方即期收入、带动地方经济短期发展的同时，严重危害了地方财政的可持续发展。但是综合我国的税制改革来看，地方依靠土地出让为生的筹资方式也情有可原。

表 6.2 所示为地方政府财政收入的来源种类。从表中我们可以看出，地方独享收入中的城镇土地税、房产税、耕地占用税、土地增值税、契税、土地出让金等大多与土地直接相关，而占地方独享大头的营业税，其房产业和建筑业营业税与土地关系密不可分，75% 的土地出让金收入直接依赖土地买卖获取，增值税的 25% 和企业所得税的 40% 虽然主要通过招商引资、发展工业实现，但是任何工业的发展都离不开土地。可见，土地是地方政府增加财政收入的重要工具。这就导致在连续的工业化、城市化、经营城市的口号下，大量土地被征用以建设工业园区、扩张城市规模

---

〔1〕 黄前柏：《房产税取代土地财政?》，政府理财，2010 年第 11 期。

〔2〕 所谓“人口红利”，是指一个国家的劳动年龄人口占人口总比重较大，抚养率比较低，为经济发展创造了有利的条件，整个国家形成高储蓄、高投资、高增长的局面。

〔3〕 所谓“人口负债”，是指不断严重的人口老龄化会在一定程度上降低经济的竞争力，并且进一步影响到经济可持续发展的活力。

及发展房地产业和建筑业，因此地方政府循次逐步形成了以土地为手段增加财政收入的发展轨迹。

表 6.2　　地方政府收入来源

地方分享收入	地方独享收入	
	税收收入	非税收入
增值税的 25%、所得税的 40%（企业和个人）、除海洋石油资源之外的其他资源税等	营业税、城镇土地使用税、固定资产投资方向调节税、城市维护建设税、契税、车船税等	土地出让金、地方企业上缴利润、一些收费收入等

从表 6.3 中可以看出，地方政府通过土地出让的确获得了较多的财政收入，包括直接取得的土地出让金，各相关部门征收的费用，地方税务系统征收的城镇土地使用税、土地增值税，地方财政系统征收的耕地占用税、契税，还包括间接获得的与房地产业和建筑业相关的营业税、房产税，以及地方企业上缴利润。此外，地方还从中央分享了与土地有关的增值税的 25%、企业所得税的 40%。

表 6.3　　地方政府的土地财政收入

	地方分享收入	地方独享收入
直接收入		土地出让金
		各土地相关部门征收的费用
		地方税务系统征收的城镇土地使用税、土地增值税，地方财政系统征收的耕地占用税、契税
间接收入	增值税的 25%、企业所得税的 40%	与房地产业和建筑业相关的营业税、房产税；地方企业上缴利润

表 6.4 和表 6.5 所示为近 10 年来地方政府的直接土地财政收入，从表中可以看出，地方政府以土地为依托获取了巨额的财政收入。

表 6.4　地方政府的直接土地收入　单位：亿元

年份	土地出让金	房产税	城镇土地使用税	土地增值税	耕地占用税	契税
2002	2416.79	282.38	76.83	20.51	57.34	239.07
2003	5421.3	323.86	91.57	37.28	89.90	358.05
2004	5894	366.32	106.23	75.04	120.09	540.10
2005	5505	435.96	137.34	140.31	141.85	735.14
2006	7676.9	514.84	176.81	231.47	171.12	867.67
2007	12763.5	575.46	385.49	403.10	185.04	1206.25
2008	9737	680.34	816.90	537.43	314.41	1307.53
2009	15910.2	803.66	920.98	719.56	633.07	1735.05
2010	27000	894.07	1004.01	1278.29	888.64	2464.85
2011	31500	1102.39	1222.26	2062.61	1075.46	2765.73
2012	27000	1372.49	1541.72	2719.06	1620.71	2874.01

数据来源：2003～2013年《中国统计年鉴》，财政部统计数据。

表 6.5　地方政府的直接土地收入与财政收支的关系　单位：亿元

年份	地方土地收入	地方财政收入	地方财政支出	地方财政赤字	土地收入占赤字比重（%）
2002	3092.92	8515	15281.45	6766.45	45.71
2003	6287.98	9849.98	17229.85	7379.87	85.20
2004	7101.92	11893.37	20592.81	8699.44	81.64
2005	7095.6	15100.76	25154.31	10053.55	70.58
2006	8961.92	18303.58	30431.33	12127.75	73.90
2007	11885.37	23572.62	38339.29	14766.67	80.49
2008	13393.56	28649.79	49248.49	20598.70	65.02
2009	19052.2	32602.59	61044.14	28441.55	66.99
2010	33527.08	40613.04	73884.43	33271.39	101.62
2011	39728.45	52547.11	92733.68	40186.57	98.86
2012	37127.99	61078.29	107188.34	46110.05	80.52

数据来源：2003～2013年《中国统计年鉴》，财政部统计数据。

在一定的经济发展时期和阶段，从政府作为“经济人”的角度出发，在当前财政制度的环境下，地方政府采用目前这种依赖土地的城市发展行为具有一定的合理性和必然性，是其出于自身利益，作为一个独立的经济主体，在加速城市化、发展地方经济、提高政绩指标等动力下做出的理性选择。地方政府作为地方利益的代表，其利益主体化趋势不可能被弱化，其追求地方利益最大化的动机一直都在。但是由于土地资源的稀缺性，目前这种依靠持续开发土地作为发展动力的“土地财政”不是一种可持续的发展模式，不能为地方政府带来稳定的财政收入，地方政府将陷入持续开发土地获得财政收入的恶性循环。基于此，我们提出要进行房产税改革，以此来改变地方政府依靠出让土地的筹资模式，促进地方经济增长模式的转变，将现行的土地出让金并入到新房产税的框架内，完善地方税制，规范房地产交易市场。

专栏 6－1　“土地财政”形成路径

从图 6.3 中，我们可以了解“土地财政”的形成路径。

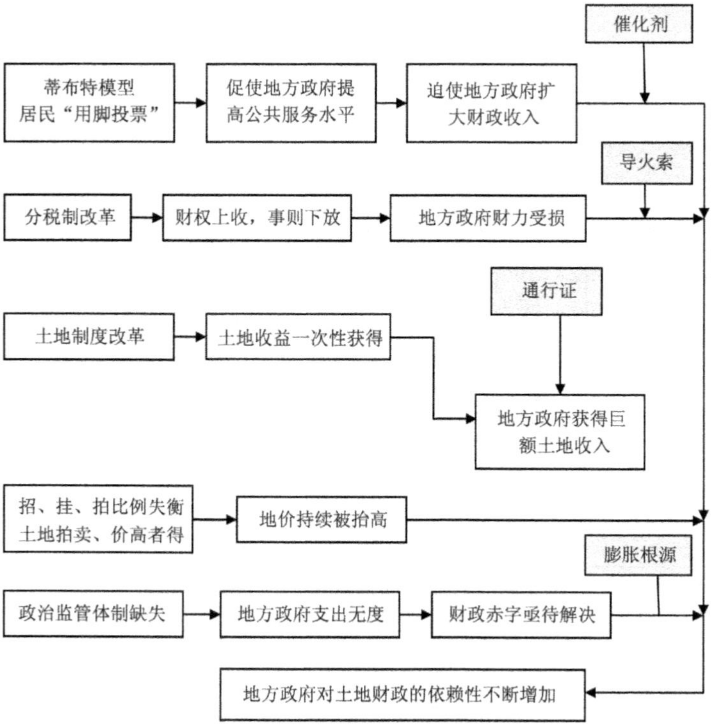

图 6.3　土地财政形成路径图

6.1.2　房产税改革框架

1. 改革的基本思路

房产税改革的基本思路是将土地出让金、城镇土地使用税等与房地产相关的直接税费统一并入新房产税的框架中，从而改变目前房地产相关税种繁杂、税费并行的混乱局面，转变地方政府过度依赖以土地出让金为代表的土地财政的筹资方式，更好地发挥新房产税的税收调节作用，实现地方财政的可持续发展（见图 6.4）。

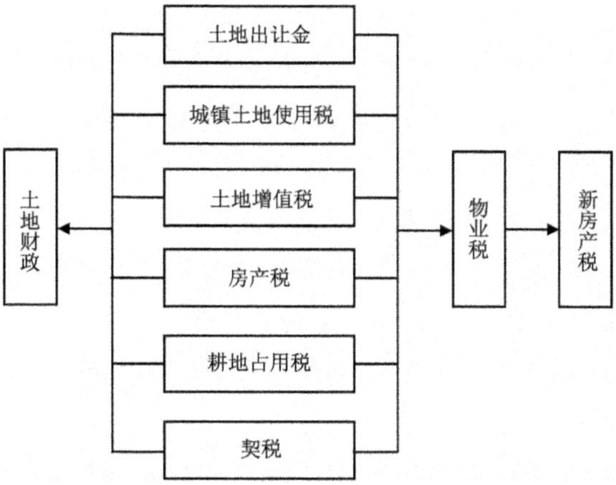

图 6.4　房产税改革关系图

图 6.4 是房产税改革的关系图。土地出让金、城镇土地使用税、土地增值税、房产税、耕地占用税和契税是地方政府能够依靠土地获取的直接财政收入，这就构成了所谓地方政府“土地财政”收入，支撑着地方政府的筹资模式。为了促进地方财力的可持续发展，同时为了调控当前投资过热的房地产市场，中央政府决定开征物业税，将土地出让金等土地直接相关税费并入新税种。但是物业税的称谓会涉及法律等相关风险问题，所以中央将“开征物业税”转变成了“开征房产税”，采用“修旧”而非“立新”的方法开征新税种。

专栏6-2 我国历年房地产政策调控

我国对房地产的重要宏观调控政策分别发生在1993年、1998年、2003年、2005年、2008年和2010年。代表性调控政策包括国16条、国8条、国6条、(新)国10条、23号文件、18号文件等。

(一)1993~1996年:我国第一次对房地产业进行宏观调控

时间:1993~1996年

背景:首次出现房地产热——房地产开发公司急剧增加,房地产开发公司投资高速增长,以炒地皮、炒钢材、炒项目为主的房地产市场异常活跃,尤其是海南、广西北海等地,房地产开发过热,形成了较严重的房地产泡沫,经济运行出现严重过热态势和通货膨胀。

对策:1993年,国务院出台《关于当前经济情况和加强宏观调控的意见》,提出了整顿金融秩序、加强宏观调控的16条措施(统称"国16条");1994年,《关于深化城镇住房制度改革的决定》、《城市房地产管理法》和《住宅担保贷款管理试行办法》颁布。

效果:随着各项政策的落实,房地产投资速度明显放缓,房价迅速回落。此时经济也由热转冷,通胀下降,经过3年的努力,经济成功软着陆,房价得到有效控制。

问题:这次调控使地产业受到重创,"国16条"出台后,大量开发商卷款逃离,海南等地房地产市场元气大伤,地产业陷入了几年的低谷期。

(二)1998~2002年:促进住宅业成为新的经济增长点,核心是房改

时间:1998~2002年

背景:1997年亚洲金融危机爆发后,我国经济开始出现"通货紧缩",房地产市场也随之进入低潮。

对策:为了刺激消费、拉动内需,1998年7月,国务院颁布"23号文件"(《关于进一步深化城镇住房制度改革、加快住房建设的通知》),进行住房制度改革,取消福利分房,明确提出"促进住宅业成为新的经济增长点"。23号文件强调在"逐步实施住房分配货币化"的同时,建立以"经济适用性住房为主体的住房供应体系"。1999年开始全面停止福利分房制度,推行住房分配货币化制度。

效果：随着新的住房制度的落实，巨大的市场需求激活了低迷的房地产市场，房地产业开始进入发展新时期。

问题：这一时期存在房地产市场供给结构不合理、市场秩序混乱等问题。为打击“囤地”、“倒地”现象，规范土地交易市场，《招标拍卖挂牌出让土地使用权》规定，全国范围内“商业、旅游、娱乐和商品住宅用地等各类经营性用地，必须以招标、拍卖或挂牌方式出让”，这就意味着持续多年的“协议出让”在法定意义上被叫停。这一政策的出发点是“从源头上防治腐败，降低不合理的房价”，但在实际操作中缺乏统一规范，为出现新的高房价问题埋下了隐患。

（三）2003～2005 年：确立房地产为国民经济支柱产业

时间：2003～2005 年

背景：从 2003 年开始，我国房地产投资快速增长，出现了经济过热迹象。由于 2003 年土地使用权全面实行招投标、挂牌、拍卖方式取得，导致土地价格和房价大幅上涨。而从 1998 年开始的房地产信贷也给尚不完善的中国银行金融体系带来了巨大的潜在风险。

对策：2003 年 6 月，中国人民银行下发《进一步加强房地产信贷业务管理的通知》（简称 121 号文件），调整商业银行个人住房贷款政策。规定对购买高档商品房、别墅或第二套以上（含第二套）商品房的借款人，适当提高首付比例，不再执行优惠住房利率规定。此份文件是中国第一轮房地产牛市启动之后，中央政府第一次采取抑制房地产过热的措施。

2003 年 8 月，国务院出台《关于促进房地产市场持续健康发展的通知》（简称 18 号文件），首次明确指出“房地产业关联度高，带动力强，已经成为国民经济的支柱产业”，并且提出房地产市场持续健康发展是保证国民经济持续健康发展的有利措施，对符合条件的房地产开发企业和开发项目要加强信贷支持力度。

效果：18 号文件确立的“国民经济支柱产业”是对 1998 年 23 号文件确立的“新的经济增长点”的升级，也标志着新一轮房地产宏观调控的正式开始。

问题：18 号文件将 23 号文件中确立的“经济适用房是住房供应体系的主体”改变为“经济适用房是具有保障性质的政策性商品住房”。对经济适用房的重新定性，意味着政府不再为70%以上的中低收入人群提供保障性住房，大多数家庭不得不购买或者租赁商品房。1998年出台的23号文件和2003年出台的18号文件对住房供应体系的定性明显不同，说明了政府的态度由害怕住房投资和住房价格上升过快转变为希望地产业的高增长带动整个经济的高增长。而各级政府主导的“圈地热”、日益增大的金融信贷风险等原先潜在的大量问题也随着楼市的升温而集中暴露出来。而2003年出台的18号文件并没有提出实质性的控制房价和投资过热的措施。

（四）2005～2007年：调控以稳定房价为主要诉求

时间：2005～2007年

背景：2005年，以北京、深圳为代表的全国众多城市房价迅猛上涨，房价问题再次成为全社会的焦点。

对策：为了抑制投资过热、调整住房供应结构、稳定房地产价格，中央政府打出了地产调控组合拳。2005年，国务院颁布“国8条”，建立政府负责制，将房价调控上升到政治高度。4月，为了进一步细化和延伸“国8条”，国务院又颁布了“新国8条”，随后又出台了房地产调控操作层面的细化方案。2006年颁布“国6条”和对其进行细化的“9部委15条”；2007年，土地、信贷、税收等为房地产降温的措施密集出台，从土地管理、房地产秩序、抑制投机（尤其是抑制外商投资房地产）、调整住房结构等多方面出击。

效果：房地产市场出现了一些积极变化，投资开始平稳增长，住房结构得到一定的改善，但是房价调控效果并没有立即显示出来，反而是越调控越上涨。到2007年下半年，虽然房价增长速度有所放缓，但是房价依然不断上扬。

问题：2006年出台的“国六条”将中等收入和高等收入人群一起推向市场，这意味着自2003年以来，保障房惠及的人群范围进一步缩小，供需关系更加紧张，势必推动房价上涨。

（五）2008～2013年：调控反复，GDP是调控指标

时间：2008～2013年

背景：2008年的金融危机使得国内的货币政策出现了戏剧性的变化，上半年货币政策由“适度从紧”改为“从紧”，下半年随着金融危机影响

的扩大，货币政策开始由“从紧”转变为“适度宽松”。2009 年，中国房地产市场从年初的“试探性抄底”，到年中的“放量大涨”，再到年底的“恐慌性抢购”。短短一年时间中，中国楼市迅速由低迷转变为亢奋，由萧条转变为繁荣，调控由“去库存”转变为“挤泡沫”。2010 年第一季度，房价神话继续上演，房价持续攀高。

对策：2009 年 12 月以来，中央连续释放房地产调控信号，取消了 2008 年底出台的二手房营业税减免优惠政策，将个人住房转让营业税征免期限由 2 年恢复到 5 年，以遏制炒房现象。同年年底，中央出台了“国 4 条”结束地产刺激政策、出台《关于进一步加强土地出让收支管理的通知》结束宽松的土地政策等。从 2009 年末开始，调控政策开始逐渐加强。2010 年 4 月，国务院出台了“国 10 条”，被称为“史上最严厉的调控政策”。

效果：由于各部门落实问题和地产市场的复杂性，“国十条”的威力并未完全释放。

问题：由于前几次调控政府摇摆不定，购房者对政策调控信心不足，导致市场经过 4 个多月的僵持观望之后又出现大幅度上涨。

为了进一步调控房价，2011 年 1 月 26 日，国务院出台了“新国 8 条”，要求执行差别化信贷政策、大力推进保障房建设、执行限购政策并且公布房价调控目标。把二套房贷首付比例提至 60%，贷款利率提至基准利率的 1.1 倍。加上此前的政策，2011 年，首套房商业贷款的首付为 30%，第三套及以上住房不发放商业贷款。其中在东莞无法提供一年的纳税证明或社保证明的家庭，也无法获得商业贷款。

“十二五”期间，政府将建设 3600 万套保障房，目前已经形成保障房建设和商品房建设的双轨制供给模式。在限购政策开始执行以及房价调控目标公布以后，各地大中城市的楼市成交量纷纷出现腰斩。楼市在严厉的调控政策下，再次陷入了僵局。

资料来源：根据搜狐财经网 http：//business. sohu. com/20130227/n367325551. shtml 等网站资料整合而成。

2. 房产税的“王者归来”

为了解决物业税在开征过程中的法律风险，中央于 2010 年开始将物业税这一名目悄然变成了房产税，拟将现行的土地出让金、房产税、城镇土地使用税、土地增值税等税费合并，转化为房产保有阶段统一收取的房产税，并使房产税的总体规模与之保持基本相当。此番巧妙的改变不仅化解了物业税的尴尬局面，而且也规范了地方政府的财政筹资模式。

（1）房产税和土地出让金在性质上有着本质的不同。土地出让金有着资产出让的收入性质，是地方政府依靠出让一定年限内土地资源的所有权和经营权获得的资产收入；而房产税本质上属于税收收入，是按照法律取得的财政收入的一种形式。

（2）改革后的房产税和物业税不同，不是经营税，而是持有税。只要业主持有房产，即应纳税，亦即房产税的征税对象是房产而非房屋脚下的土地。从“立新”到“修旧”的转变使得新房产税的征税对象不仅拥有了法律依据，在要素名目上也十分明确，迎合了税收要素法定原则和税收要素明确原则，即体现了税收法定主义这一税法的首要原则。

（3）将一次性土地出让金分摊到每年支付的房产税上，一方面可以降低消费者购房的“门槛”和房地产开发成本，降低金融风险，另一方面也有助于改变地方政府土地批租的短期行为模式，形成地方政府长期稳定的财政收入来源。

（4）解决了地方土地税种名目繁多、不利于征收的弊端。

3. 土地出让金与新房产税

在房产税的改革框架讨论中，土地出让金划归与否的问题引发了激烈的讨论，因为土地出让金的丧失会大大削减地方政府的土地出让收益。然而从长远来看，转变地方政府的财政筹集模式，就必须进行房产税改革，将土地出让金纳入新房产税中，使新房产税成为地方财政的主要收入。即使短期内由于土地出让金的丧失会使地方政府面临财政资金短缺的困境，但是转变筹资模式是地方财力可持续发展的重要保证。

土地出让金与新房产税在性质上存在巨大的差异。土地出让金是政府部门依据土地所有权获得的一种“地租”收入，从本质上讲，土地使用人和政府部门之间是一种遵循等价交换原则的市场交易行为；而新房产税是一种税收收入，具有强制性和固定性。两者最大的共性就是二者都是地方政府财政收入的主要来源。1994 年分税制改革之后，中央占据了税收的大头，全国最大的税种增值税的 75% 划归中央，而面临着事权的下放，地方政府只能依靠卖地来筹集收入。而在未来增值税扩围的情况下，营业税作为地方主体税种的地位就会发生变化，土地出让金受到削弱，新房产税将成为地方政府的主要财政资金来源之一，继续支撑地方政府的财政收支。

虽然同为地方财政收入的主要资金来源，新房产税较土地财政而言能够保证地方财力的可持续发展。土地财政收入一般是以土地为依托取得卖地收入或地方融资收入，但是一旦地价下行或者无地可卖，地方财力将岌岌可危，地方公共服务的水平也会随之下降。

而新房产税则不同，税收具有强制性、固定性和无偿性，它是对房产保有环节而非流转环节的征税，有助于地方财政的可持续发展。未来房产税改革推至全国后，新房产税将与地方政府的公共服务水平相结合在一起考量。地方政府公共服务水平提高，当地房价提高，相应的地方政府的房产税收入就会增加，二者会形成相得益彰的良性互动关系，即存在激励相容。

将土地出让金划归到房产税改革的框架中是毋庸置疑的，即使会面临两者在性质上的差异所带来的一系列的困难，为了地方财力的可持续发展，房产税改革都应将土地出让金纳入其中。

6.1.3　房产税的国际地位比较

房产税是各国政府广为开征的广泛税种。在中世纪的欧洲，房产税就成为封建君主敛财的一种重要手段，并且名目繁多。我国古籍《周礼》上所称“廛布”即为最初的房产税。至今，虽然称谓不同，但是房产税仍在世界上很多国家征收，而且是许多国家的主要收入来源，占地方财政收入的70%左右。本节主要对房产税在不同国家所起作用或出台原因进行分类介绍，以期对我国未来房产税改革提供经验。

1. 筹集收入为主的国家

世界上一些国家的房产税或类似财产税的主要功能是筹集财政收入，为地方政府提供财政支持，比如美国、荷兰。此处我们以美国为例。

美国财产税的征收范围主要包括房屋和建筑物。美国的房产税有广义和狭义之分。狭义的财产税是指对房屋本身征税，属于财产税；广义的财产税还包括交易税，也就是在房屋买卖时要缴纳的税。目前，全美的50个州都征收房产税，税率一般在1%～3%之间。

在美国，房产税是地方政府的主要收入来源，也是平衡地方财政预算的重要手段。财产税在地方财政收入中的比重达到75%[1]。美国的财产税收入基本上划归地方，且作为地方税的主体税种，是地方政府财政收入的支柱性来源。征收房产税的目的是维护地方政府的各项支出、完善公共设施和福利。据了解，美国房产税七成用于学区义务教育、改善治安和公共环境，从而让学区周围环境改善，房价提高。

美国征收房产税遵循的三条基本原则是：宽税基、低税率和少税种。不仅对工商企业拥有的不动产进行征税，而且对居民的住宅用房也征税房产税，真正做到了“宽税基”，这样虽然税率在1%～3%之间，但是却给政府带来了更多的收入。“重保轻流”是美国财产税税制结构的主要特点，体现在房产税保有环节的税收比重非常高，而在房地产流转环节设置的各个税种简单且税率比较低。美国的房产税采用的是以市场评估价值为核心的从价计征方式。健全的房地产评估制度是财产税从价计征顺利实施的关键环节。我国房产税将来要过渡到以评估值为计税依据，美国较为完善和成熟的评估技术为我国提供了借鉴之处。

2. 发挥调节作用为主的国家

在一些国家，房产税主要是发挥税收调节作用，通过税制的设计，对纳税能力不同的群体实施不同的税收政策，以促进社会公平，比如德国、英国等。此处仅介绍德国的情况。

在德国，只要是有房产，一般都要缴纳房产税，除非当房产是文物，而且维护费用超过房产收益时，可以提出免税申请。德国的房产税是地方税，并且还有专门的房产税法。德国房产税的计算方式比较简单，是按“统一的征税值”乘以3.5%后，再乘以当地确定的税率。

在德国，房产购置税最关键的作用便是调节作用。每购置一处房产，相应地都有一项房产购置税，这个税也是地方税，并且也有专门的房产购置税法。房产购置税是按房产价值的3.5%征收，各个联邦州有所不同。

在德国每购置一处房产，首先要缴纳评估值1%～1.5%的不动产税，买卖房屋还要缴纳3.5%的交易税，买卖盈利缴纳15%的差价盈利税，十年内出售即参照公司税标准征收资本收益的25%。在德国迟缴房产税，不管是有意还是处于争议期，都要缴纳罚金，这样在很大程度上平抑了房价的上

〔1〕 U.S. Bureau of the Census, 1992, Taxable Property Values, No.1 Assessed Valuation for Local General Property Taxation, Washington, D.C.: GPO, vlo.2.

涨。在德国，房地产行业是福利而非支柱产业，这对于保障住房供求相对平衡至关重要。

尽管德国的房产税有很积极的调控作用，但本身也存在一定的缺陷，那就是对住房欠账较多的国家而言，借鉴德国模式在短期内难以实现调控目标。如果在借鉴的同时，加大保障型住房的建设力度，明确中低收入阶层的住房需求，将起到积极的调控作用。

3. 为应对房地产危机而出台房产税政策的国家

在很多国家，如亚洲的韩国和日本，房产税和类似财产税的出台在很大程度上抑制了房地产市场投资过热。它们的经验在很大程度上都值得我国房产税改革借鉴。此处介绍日本房产税的情况。

日本在 20 世纪 90 年代经历了房地产泡沫之后，对税制进行了相应的调整，形成了现在较为完善的房地产税制，对房地产市场的调控起到了较好的作用，其特点和经验值得我们学习。

在日本房产税框架中，主要有固定资产税、都市规划税和事业所得税这三大支柱。日本的房产税属于地方税，由地方政府来征收，采取普遍的征收方式。在中央政府规定标准税率和最高上限之后，地方政府有权在合理的范围内进行浮动，使得地方政府有很大的自由权。日本的房产税是只对保有环节征税，属于财产税的范畴。如果把房屋作为投机品将会加大成本，增加风险，减少利润。未来房产税将成为我国地方政府的主体税种。我国可以借鉴日本的经验，发挥保有环节直接征税对房地产市场的强力调控作用，通过增加持有成本抑制房价上涨。

日本房产税中的固定资产税主要用于地方教育、卫生及基础设施等公用事业；都市规划税主要用于各地方的城乡规划；而事业所得税主要用在治理大城市污染和环境改善上。这都体现了房产税作为地方财政收入主要来源并为地方提供公共物品的功能。我国未来房产税改革过程中也要注意将房产税收入用于公共建设，尤其是用于廉租房建设问题，通过扩大公共住房建设规模逐步引导商品房需求向公共住房需求的过渡，从而调控房地产市场。

6.1.4　房产税改革中注意的问题

目前房产税都是在国外背景下逐渐成熟起来的，面对我国的复杂国情，房产税在中国的适用度还有待考量。根据现在的情况看，我国在房产税改革中需要注意的问题主要有以下三个方面。

1. 房产税改革过程中地区间公共服务差异化问题

城市化的进程已经加剧了地区间的不平衡，地价的差异引发了地区间人力物力资源、教育水平等多方面的差距，未来房产税改革会不会继续扩大这种趋势?

在未来增值税扩围改革完成之后，作为地方主体税种的营业税将风光不再，新房产税必将成为地方的主体税种。然而作为新房产税税基的不动产在不同地区之间的分布可能是不均衡的。这会导致各地新房产税收入状况不同，进而影响各地方政府提供公共服务和公共产品的能力，导致地区间的不公平。

我国东、中、西部省份之间呈现阶梯状的成倍差距，东部地区往往获得中、西部地区 5 倍甚至 10 倍以上的财政资金。在目前地区间公共服务不均等的情况下，未来房产税改革推至全国后，各地基本公共服务从房产税中获得的财政支出也差异巨大。

归纳来说，地区间由于税基分布的差异，所征得的房产税必定存在差异。然而目前，中央政府正在提出公共服务均等化的要求，各地区在收入不对等的情况下被要求提供均等的公共服务，其中暗含的是新一轮的收入支出不公平的风险。所以从这个意义上讲，房产税的改革将不利于平衡地区间的收入差距。我们认为要避免此种风险，中央政府必须加强宏观调控力度。不仅要加强纵向转移支付力度，更要适当运用横向的转移支付手段来维持地区间收入与支出的公平。

但是从中长期的角度来看，房产税的改革又有助于促进各地公共服务水平的提高。让新房产税代替土地出让金和营业税成为地方财政收支的主要来源，可以促使地方政府从长远和整体的城市效益来支配公共投资和资源，从而避免“一届政府一张蓝图”的窘境。当地方公共收入以营业税和土地出让金为主导时，地方政府往往偏好招商引资开发项目，希望短期内取得最大收入，而不重视对教育卫生和社保的长期公共开支。对房地产的保有环节征税可以直接体现用于民生的公共开支的社会效益，即地方生活质量的提高使住房价值上升，地方政府更有积极性去进行民生事业建设，从长期考虑资源的效益最大化。在未来的房产税推向全国后，各地政府会相应提高公共服务的水平，人口流动趋势将逐渐改变，土地价格差距以及人均收入差距也会相应缩小。

2. 房产税改革过程中税负过高的问题

（1）房产税改革税负过高的客观原因。对于一般的所得税或者流转税来说，根据“税收收入 = 税基 × 税率”的基本公式，其中只有税率是政府部门通过立法机关程序确定的，而税基的大小通常取决于纳税人的经济活动。即政府机关单方面不能决定税收收入的多少，在缴纳数额上纳税人可以发挥很大的影响力。

新房产税作为一种财产税，其不同于其他税种的最大特点就是：税率和税基通常都是由政府部门来制定的[1]。

首先，财产税的税率（r）通常由以下公式来计算：

$r = (E - NPR) / NAV$

其中，E（Expenditure）为某一地方政府在一个财政年度中的计划支出总额，NPR（Non Property Tax Revenue）为其预计的非财产税财政收入，（E - NPR）即为地方政府在此年度所需的财产税收入，NAV（Net Assessed Value）为该地方政府辖区内财产税应税财产的评估净价值。可见，新房产税税率表实际上取决于地方政府的支出缺口和当地应税财产的比率。

其次，就新房产税的税基来看，由于新房产税的课税对象是纳税人保有的房产，新房产税在纳税人保有房产的终身期间都要缴税，但不是每年都有一个可供参考的房产的市场价格。由于通货膨胀以及房产周边配套设施的完善，房产的价值是不断变化的，一般是不断升值的。其具体价值需要通过政府部门组织的评估来确定。

这样一来，房产税的税率和税基都是由政府部门确定的，纳税人在很大程度上处于被动地位。即使在房产税税率一定的情况下，随着房产价值的不断攀升，纳税人缴纳的房产税税额也会相应上升。如果通货膨胀严重，或者存在不正常的投机炒作因素，就会造成房产价值的非理性上涨。同时，考虑到很多纳税人都是通过向银行贷款买房的，纳税人一方面要向银行归还巨额贷款，很多购房者已经发出了“房奴”的慨叹，另一方面还要向政府部门缴纳房产税、向物业管理单位缴纳物业费，这将使纳税人的处境雪上加霜，极易引发其对物业税的抵触情绪。

（2）房产税改革税负过高的主观原因。以上分析的是纳税人物业税税

---

[1] 确定税率的通常是议会立法机关，它也可以归入广义的政府部门。[美] 费雪：《州和地方财政学》，中国人民大学出版社，2000 年，第 290 页。

负可能过高的客观原因。从政府机关的主观因素来看，物业税很有可能成为未来政府部门，特别是地方政府部门筹集财政收入的一个主要来源。这一点从美国的情况可见一斑。早在 1932 年，财产税收入在美国州和地方税收收入中的比重就达到了 3/4[1]。2004 年，美国的财产税收入总规模达到了 3590 亿美元，其中 90% 都是州和地方政府收入。近年来，尽管财产税收入在美国州一级税收收入中的比重只有 4%[2]，但在地方财政收入中的比重依然在 3/4 左右（详见表 6.6）。

表 6.6　　2002～2003 财政年度美国政府财政中的财产税

	财政总收入（百万美元）	财产税占一般财政收入比重（%）	财产税占税收收入的比重（%）	财产税收入（%）	1992～1993 年以来的增长速度（%）
州和地方	296683.2	16.8	31.6	100	4.6
州	10470.5	0.9	1.9	3.5	3.0
地方	286212.7	27.5	73.4	96.5	4.6

资料来源：Government Division, U.S. Bureau of Census.

从我国新一轮税制改革的情况来看，增值税是避免了重复征税、适应现代市场经济发展的“良税”，其课税范围将来会进一步扩大，会将交通运输业、建筑安装业等目前营业税的课税范围纳入进来，这必将导致目前作为地方政府主体税种的营业税风光不在。在这种情况下，房产税正好可以填补营业税的空缺，成为地方政府的主体税种。因为在财产评估方面，地方政府拥有信息优势；房产作为一种不动产，难以移动；房产税具有受益税的特点，可以实现地方市政建设和房产增值之间的良性循环。所有这些都将使房产税作为地方政府的主体税种成为顺理成章的事情。

从我国地方财政的现状来看，目前土地出让金是地方的一项主要收入来源，在一些地方甚至和其财政收入的规模相当，被人称为“第二财政”。但是，土地出让金作为地方财政的一次性收入，不能长久，终将枯竭。为此，开征具有财产税性质的房产税成为再造我国地方财政的必然选择。

---

〔1〕 U.S. Bureau of Census, *Financial Statistics of State and Local Governments*: 1932 (Wealth, Public Debt, and Taxation) (Washington, D.C.: GPO, 1935).

〔2〕 IMF, Government Finance Statistics, Yearbook, 2005.

而我们知道，政府部门作为由官僚组成的利益集团，具有喜欢多课税、多支出特点，以此来彰显自己的政绩、攫取更多的权力。美国公共选择学派的代表人物布坎南（James Buchanan）将政府的这种特征归纳为“怪兽模型”（Leviathan Model）。利维坦是《圣经》中一种非常贪吃的怪兽，布坎南以此来形容政府对税收和支出的贪婪[1]。我国一些地方政府过去喜欢巧立名目筹集收入的事实也验证了这一点。众所周知，我国地方政府的收入筹集行为相对更不规范，如果将房产税交给地方政府征管，很可能会使物业税的税负过重。

而且，从美国地方政府财产税收入的确定过程来看，其某一财政年度课征财产税收入的多少通常是由其当年的财政支出总额与来自联邦和州政府的转移支付、执照费、罚款等其他财政收入之间的缺口大小确定的。具体来讲，如前文所述，如果某一地方政府在一个财政年度中的计划支出总额为 E，非财产税财政收入预计为 NPR，那么该地方政府在此年度所需的财产税收入即为（E - NPR）。其实，我国地方政府在农村税费改革之前采取的也是这种“倒算账”的方式，即根据当地的实际开支需求来测算所要征收的税费总额。因此，如果我国将来的房产税也采取类似的决策机制的话，房产税很有可能成为地方财政巨大支出压力的最终承担者，这将是房产税难以承受的。

专栏 6-3　美国历史上的抗税运动

美国是一个崇尚民主和自由的国家，在其历史上曾多次爆发抗税运动（tax revolt），其中较为著名的就有三次。第一次是发生在1773年针对英国课征茶税的“波士顿倾茶党事件”，它成为引发美国独立战争（1775～1783年）的导火线；第二次是发生在1794年美国西部农民针对联邦政府课征酒税的威士忌事件（the Whiskey Rebellion）；最近一次发生在1978～1980年间，就是针对美国过高的财产税的。这三次抗税运动抗争的对象各不相同。第一次针对的显然是当时作为宗主国的英国，其对殖民地课征的高额茶税被认为是对殖民地人民的一种剥削。第二次则是针对成立不久的美国联邦政府的，挑战和置疑的是其作为中央政府对地方课征酒税的权威。我们知道，美国是先有联邦宪法、再有联邦政府的。美国的联邦宪法

[1] ［澳］布伦南、［美］布坎南：《宪政经济学》，中国社会科学出版社，2004年。

诞生于1787年的制宪会议，美国联邦政府则是在1789年才正式成立的。这是因为，1787年美国联邦制宪会议（The Federal Constitutional Convention）通过的宪法直到1789年才获得当时美国13个州中9个州的批准从而最终生效。而5年后爆发的威士忌抗税事件无疑是对美国联邦政府课税行为的一种敲打和警醒。第三次抗税的矛头指向的则是美国最为基层的地方政府。这三次事件表明，尽管税收具有强制性的特征，但这种强制性是相对的。如果其不尽合理，必将招致广大纳税人的反对，只不过其表现出来的形式不尽相同。

其实，早在20世纪30年代大萧条之后，美国的财产税就受到了限制，但这些限制措施针对的只是财产税的法定税率。20世纪70年代，受石油危机等因素的推动，通货膨胀肆虐美国，结果造成财产税税负飙升，纳税人不堪重负，于是就爆发了规模空前的抗税运动，并进一步引发了美国民众对政府整个财政体制的不满。其中最为著名的是1978年6月6日获得通过的加利福尼亚州的第13号提案（Proposition 13 in California）。这是一项对加州地方财产税税率限制法的修正案，其影响力超过了美国历史上所有的财产税限制法，在美国其他州引起了类似多米诺骨牌式的连锁反应，其影响甚至一直持续到了今天。其主要内容包括：任何地方课征的财产税税率，不得超过1%；没有该地区居民2/3多数票的同意，州和地方政府不得新开征任何财产税等。这些条款极大地限制了当地政府利用财产税筹集收入的能力，使地方政府的总收入减少了23%，甚至在一定程度上破坏了加州的经济发展。

这次税制改革对美国财产税制乃至美国的财政体制都产生了深远影响，此后美国对财产税设置了更为严格的限制措施。这些限制措施对美国地方政府的财政体制产生了重要影响：一方面，地方政府将一些原由政府部门提供的公共服务外包给了私人机构，以此来减轻地方政府财政支出的压力；另一方面，地方政府更多地寻求通过收费和其他税收收入形式，以减少对财产税的依赖。

6.2　税延型养老保险：关注我国的养老问题

我国养老保险制度有三大支柱：第一大支柱为社会基本养老保险，以政府强制为主导，强制企业和个人缴纳一定的养老保险费用，并从到达退休年龄起领取养老保险金；第二大支柱是企业年金，是基本养老保险的补充，由企业及职工自愿建立，与个税递延型养老保险不同的是，税收优惠仅对企业缴纳部分进行，个人缴纳部分无税收优惠；第三大支柱是商业养老保险。个税递延型养老保险属于第三支柱，是利用税收优惠促进商业养老保险发展的制度。

所谓税延型养老保险，又称个税递延型养老保险，是指个人收入中用于支出个人商业养老保险的部分，在支付时暂时免缴个人所得税，未来领取养老金时再补缴相应的个人所得税。随着老龄化进程的不断加快，养老保障给财政带来的压力越来越大，养老保险制度亟待改革和完善。个税递延型养老保险的核心在于利用税收优惠产生的效应，促进高收入者主动为自己储蓄养老金，推动个人商业养老保险的发展，进而可以逐步发挥其优势，使之真正成为能分担基本养老保险负担的一大“支柱”。

6.2.1　我国目前的老龄化现状以及养老保障体系

1. 我国老龄化现状

人口老龄化是我国目前阶段以及未来很长一段时间内一个重要的社会特征，根据国外经验，目前正在不断加深的老龄化程度将对我国经济、社会产生一系列深远的影响，而我国也必须积极主动应对这些影响带来的各种变化。

1999年，人类进入了长寿时代，人类社会进入了全面老龄化的时代。对老龄化最早的关注出现在19世纪末的法国。早在1800年，法国65岁及以上老年人口比例就超过了5%，到1900年时逐渐增加到了8%。而瑞典也在19世纪经历了人口老龄化。法国和瑞典是两个走在老龄化时代前沿的国家，其他西方国家的人口老龄化都发生在20世纪。20世纪二三十年代西方国家开始出现生育率下降、经济衰退，这使西方国家开始关注人口减少、人口年龄的结构变化。第二次世界大战以后，西方国家对人口老龄化的关注与研究不断增长，特别是美国、法国和联合国的人口学家开展了大量的研究。

回到中国的老龄化情况，根据乔晓春、陈卫（1999）的观点，中国自20世纪60年代开始跨入老龄化社会，如果将65岁的人划分为老年人，中国则将于2000年正式进入老年化社会。他们不仅指出了中国生育率的迅速下降和人均寿命的延长是导致人口老龄化的根本性原因，还对中国的老龄化进程进行了统计预估，将中国老龄化划分为四个阶段，而自2010年开始大约到2040年，中国将处于高速老龄化时期。也就是说，我国目前正处于高速老龄化的起步时期，但是政策等各项硬指标还没有能够跟上时代、社会发展的步伐。此外，全国老龄工作委员会办公室于2006年2月23日发布了《中国人口老龄化发展趋势预测研究报告》，报告中指出21世纪的中国将是一个不可逆转的老龄社会，与其他国家相比，中国的老龄化呈现出老年人口规模巨大、老龄化发展迅速、地区发展不平衡、城乡倒置显著、女性老年人口数量多于男性和老龄化超前于现代化的特征。随着我国老龄化趋势的日益凸显，国内关于老龄化的研究也十分丰富。因此，加快老龄化税制改革迫在眉睫，是新一代政府必须着力关注的方向。不仅要关注年轻人的“中国梦”，更要关注银发一代的“中国梦”，大力加强改革。

国家统计局数据显示，我国人口出生率由1990年的21.06‰下降到2011年的12.10‰，自然增长率由1990年的14.39‰下降到2012年的4.95‰，预期寿命由1990年的68.55岁（男66.84岁，女70.40岁）上升到2010年的74.83岁（男72.38岁，女77.37岁）。根据第六次人口普查的结果，截止到2010年，我国65岁及以上人口占总人口的8.87%，各地60岁以上人口占总人口的比重，西藏最低，四川最高[1]。由图6.5可以看出，我国65岁以上人口的比重虽在2004年和2005年稍有下降，但是总体趋势却是在上涨的。

如果按国际上把65岁以上人口占总人口比重达到7%作为一个国家或地区进入老龄化社会的标准，由图6.5可以看出，我国自2001年就已进入老龄化社会。我国老龄化有三大特点：一是老龄化速度极快。我国仅用了20余年的时间就走完了发达国家用半个世纪才完成的老龄化进程。二是未富先老。我国老龄化发生在我国社会主义初级阶段，在人均收入较低的情况下就开始进入老龄化社会。三是地区差异大，这根源于地区间的经济发展差

---

〔1〕 数据来源于国家统计局2012年统计年鉴和第六次人口普查。

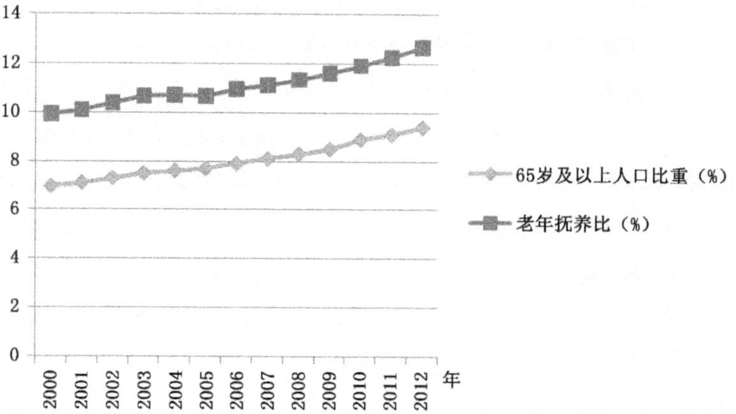

图 6.5　我国 65 岁及以上人口比重（2000～2012 年）

资料来源：《中国统计年鉴（2013）》。

距。目前经济较发达的省市如上海早在 20 余年前就已经率先步入老龄化社会，可见我国老龄化地区差异之大。目前我国老龄化情况非常严峻，呈现出"比例大、发展快"的特点，如果不做出有效的安排，我国的养老保障体系将面临严峻的挑战。

老龄化会给中国社会带来多方面的影响。在经济领域，人口老龄化会对储蓄、税收、投资与消费、社会福利体系、劳动力市场和产业结构等形成冲击；在社会层面，人口老龄化将对卫生与医疗保健体系提出新的要求，并影响家庭结构、代际关系、住房与迁徙等；在文化与政治上，老龄化不仅会改变人们的传统观念和生活方式，而且将直接或间接地影响不同社会群体之间的关系甚至政治力量格局。在中国，庞大的老年人口规模、"未富先老"的基本国情以及"敬老尊老"的传统道德行为准则等因素，还不同程度地放大了老龄化对经济、社会和文化发展的影响。[1]

2. 我国养老体系现状

多支柱的养老保障制度已被各国政府、机构和学者所认可。虽然各国在养老保障制度上的具体实践操作不同，但是这一理念已深入人心。

我国在 1997 年颁布了《国务院关于同意建立企业职工基本养老保险制度的决定》，此文件奠定了我国城镇社保体系的基本框架。根据此文

〔1〕 邬沧萍，王琳，苗瑞凤：《中国特色的人口老龄化过程、前景和对策》，人口研究，2004 年第 1 期。

件，我国政府致力于建立社会统筹与个人账户相结合的基本养老保险制度，同时鼓励有能力的企业提供补充养老保险（或企业年金）以及私人参加商业养老保险。此后，我国的养老事业进入了一个快速发展阶段，如覆盖面扩大、新农保相继建立和推广、养老金待遇逐步提高等。现阶段，我国养老保障体系由基本养老保险、企业补充养老保险、个人储蓄型养老保险三个部分组成。

（1）老龄化背景下的社会保障支出。随着我国社会保障体系改革的推进和社会保障覆盖面的扩大，我国社会保障基金的收支规模逐年扩大，如图6.6所示。

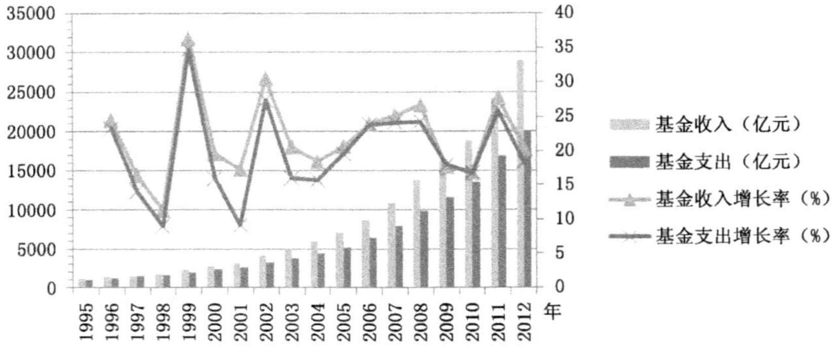

图6.6 我国社会保障基金现状

数据来源：《中国统计年鉴（2013）》。

从图6.6中我们可以看出，我国社会保障基金累计余额也在逐年扩张。虽然余额在扩张，但在我国社会保障基金现收现付制度下，我国社保基金面临着增长乏力、支出快速增长的问题，这给未来的财政造成了很大压力，其中的原因就在于社会老龄化趋势的加剧。

首先，老龄化会造成劳动供给下降，缩减保障基金的收入来源。我国的法定退休年龄男性是60岁，女性是50岁，很明显老龄化会造成在岗职工比重下降。从图6.6中可以看出，我国老年抚养比也在持续上升。在我国现收现付制度的基金筹资模式下，抚养比的提高意味着或者在职工人增加缴费量，或者财政予以资金支持。前者会对劳动供给产生影响，而后者无疑会给未来的财政造成很大的支出压力。

其次，老龄化造成保障支出规模的扩大，加大了社保基金的压力。一方面，医疗技术的进步使得人均寿命提高，造成老年人口数量激增；另一方面，生活水平的提升刺激了老年人对高质量的医疗、健康、卫生服务的需求。这两方面的综合作用将迫使社会保险的给付标准提高，支出规模扩大。

最后，老龄化造成财政支出压力增大，使财政风险和社会风险提高。可以看出，收入和支出两方面的压力将使得我国社保基金产生巨大的缺口。而社会保障不同于其他政府支出，一旦缺失了社会保障，年老、贫困人口的基本需求得不到保障，必然会造成社会动荡，因此财政必须负担起填补这一缺口的责任。目前主要的方式就是政府发行债券，这无疑大大增加了财政风险。

（2）我国企业年金发展现状。从 1875 年美国运通公司最早建立企业年金制度以来，企业年金已经成为养老保障体系中重要的补充形式。我国企业年金制度在 2000～2003 年开始试点，并在 2004 年根据劳动和社会保障部发布的《企业年金试行办法》，设计出了完整的制度框架，这标志着企业年金制度在我国全面推行。通过对近几年企业年金市场的统计发现，我国企业年金的资产规模、覆盖率都呈逐年上升趋势。2012 年末全国共有 5.47 万户企业建立了企业年金，1847 万职工参与了企业年金，当年的劳动就业人口为 76704 万，职工参与率为 2.06%（详见表 6.7）。但是，我国企业年金仍处在发展初期，企业年金的覆盖率以及替代率均远低于其他国家，这与我国目前企业年金缺少统一明确的税收优惠政策有一定的关系。

表 6.7　　2007～2012 年我国企业年金发展统计

年份	参保企业（万）	参保人数（万）	个人参与率（%）	年末基金累存（亿元）	占 GDP 比重（%）
2007	3.20	929	1.23	1519	0.57
2008	3.30	1038	1.37	1911	0.61
2009	3.35	1179	1.55	2533	0.74
2010	3.71	1335	1.75	2809	0.70
2011	4.49	1577	2.06	3570	0.75
2012	5.47	1847	2.41	4821	0.93

数据来源：2007～2012 年度人力资源社会保障事业发展统计公报的数据。

专栏6-4 企业年金征税模式

关于企业年金的税收征收主要涉及年金的缴费、投资收益以及领取三个环节。如果用T（Taxable）表示征税、E（Exempt）表示免税，那么企业年金的征税就存在着EEE、TEE、ETE等8种不同的组合模式（参见表6.8）。目前国际上的普遍选择为EET模式，即在年金缴费环节允许企业和个人进行税前扣除，在年金投资收益环节免征投资收益税，在个人领取养老金时则作为应税收入缴纳个人所得税。这种税制形式，不仅避免了本金的重复课税，而且有着税收递延的效果，有利于激励雇员和雇主共同参加企业年金，提高企业年金的替代率，减轻基本养老保险的财政负担。

表6.8　　企业年金三种征税模式比较

企业年金征税模式			
征税模式	年金缴费环节	年金投资收益环节	年金支付环节
TEE	征税	不征税	不征税
EET	不征税	不征税	征税
ETT	不征税	征税	征税

《关于企业年金、职业年金个人所得税有关问题的通知》（财税［2013］103号）既参考借鉴了发达国家采用的EET模式，也充分考虑了我国的具体实际，内容包括：（1）在年金缴费环节，对单位根据国家有关政策规定为职工支付的企业年金或职业年金缴费，在计入个人账户时，个人暂不缴纳个人所得税；个人根据国家有关政策规定缴付的年金个人缴费部分，在不超过本人缴费工资计税基数4%标准内的部分，暂从个人当期的应纳税所得额中扣除。（2）在年金基金投资环节，企业年金或职业年金基金投资运营收益分配计入个人账户时，暂不征收个人所得税。（3）在年金领取环节，个人达到国家规定的退休年龄领取的企业年金或职业年金，按照“工资、薪金所得”项目适用的税率，计征个人所得税。

资料来源：吕慧娟，刘士宁：《对我国企业年金税收优惠政策的思考》，当代经济，2010（24）。

由此可以看出，目前我国的养老体系存在着很大的问题：一是基本养老保险保障水平低、覆盖范围窄，而且由于多次上调养老金标准，造成基本养老账户中个人账户一直是空账运行。二是企业年金发展受到限制，覆盖率有限。由表6.7可以看出，虽然我国参保企业数量逐年增加，但是增量有限，也只是那些福利待遇较好的国有企业以及大型民营企业职工才能享受到企业年金的待遇。因此，发展第三大支柱，即个人储蓄型养老保险，对于我国来说具有重大意义。但是我国的养老保险三个支柱发展不平衡，特别是自愿型个人养老金发展严重滞后，而导致此现象的一个重要原因便是相关财政、税收政策的缺失。从成熟的市场经验来看，相匹配的税收优惠政策是自愿型个人养老金市场发展的重要推动力量。

而个税递延型养老保险的核心在于利用税收优惠产生的效应，促进高收入者主动为自己储蓄养老金，推动个人商业养老保险的发展，进而可以逐步发挥其优势，使之真正成为能分担基本养老保险负担的一大“支柱”。

6.2.2 国际成熟市场的做法

1. 美国

传统的待遇确定型（defined benefit，DB）养老计划曾经是大多数美国职工所选择的个人储蓄养老保险，这种保险以缴纳年数和工资为基础，确保职工可以在退休至死亡这段时期内领取养老金。在1989年，42%的私人部门中的职工参与了这种养老计划。但是自此之后，美国部分个人储蓄型养老前景发生了巨大的变化。截止到2012年，只有20%的私人部门职工参与DB计划。相比起DB计划，雇主们更愿意向雇员提供缴费确定型计划（defined contribution，DC），比如401（k）计划。参与到这项养老计划的人数由1989年的40%提升到2012年的52%。该计划向雇员提供特定的税收递延储蓄账户，由雇主和雇员共同缴纳。当雇员退休或离职后，可以取得该账户内的资金。这些变化也使得IRAs（individual retirement account）在过去的20年间增长迅猛。在1990～2011年间，DC计划和IRAs总共持有的资产翻了6倍，而DB计划养老金只翻了一番[1]。具体情况可见图6.7。

---

[1] 以上数据均来自 Retirement Security Data Brief, Urban Institute.

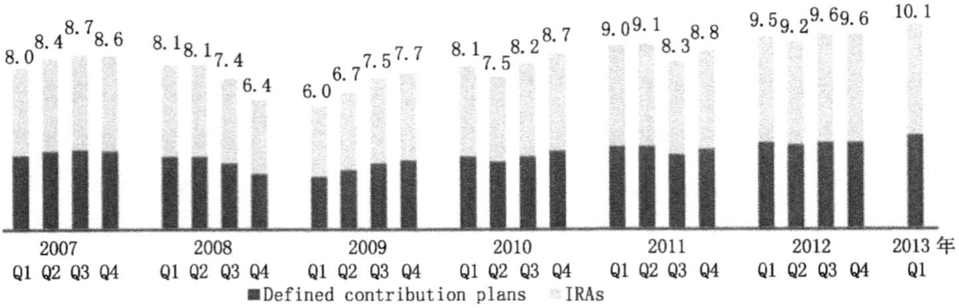

图 6.7 美国退休账户总资产（2007~2013 年）（单位：万亿美元）

资料来源：Retirement Security Data Brief, Urban Institute.

注：Q_i 表示每一季度末的资金存量。

专栏 6-5 美国 401（k）计划

个税递延型养老保险在国外早已得到广泛实施，其中实施效果最好、最稳定的要数美国的 401（k）计划。

401（k）计划也称 401（k）条款，是指美国 1978 年《国内税收法》新增的第 401 条 k 项条款，该计划主要涉及退休投资延税问题，它已成为美国诸多雇主首选的社会保障计划。2011 年美国 60% 接近退休年龄的家庭拥有“401（k）退休计划”。

401（k）计划是一种缴费确定型的养老计划，实行个人账户积累制，由雇主和雇员共同缴费，缴费和投资收益免税，旨在领取时征收个人所得税。雇员退休后养老金的领取金额取决于缴费的多少和投资收益状况。401（k）计划的主要内容有以下几点。

1. 参加资格。企业如果为雇员提供“401（k）养老计划”，雇员则自动加入这一计划。雇主和雇员每个月按照规定比例将资金投放到退休账户上，并且这些资金当年不用缴纳个人所得税。

2. 资金来源。雇员可以依据自己的家庭经济状况，将每月的收入按一定比例投放的该账户中，但投放金额有规定的上限，在 2010 年为 16500 美元。如果被保险人的年龄达到 50 岁，401（k）计划每年还可以再增加 5500 美元，这样投入退休计划中的资金每年可为 22000 美元。如果雇员每年投入到 401（k）计划的资金达到规定额度，再继续投钱到

401（k）账户中，则必须缴税，且投入的最高金额不得超过49000美元。通常情况下，雇主为雇员投入到401（k）计划的资金为雇员每年收入的3%。如果企业愿意为雇员提供更好的福利，也可以在雇员退休计划中增加投入资金，但不得超过雇员每年收入的6%。

3. 领取条件。401（k）计划养老金的领取考虑了很多情况，符合以下任何一种情况均可以领取：年满59岁半；死亡或永久丧失工作能力；发生大于年收入7.5%的医疗费用；55岁以后离职、被解雇或者提前退休。如果要求提前取款，将被征收惩罚性税款，但在一定条件下允许借款（在规定的期限内必须归还）。同时，雇员在年满70岁半时，必须开始从个人账户中取款，否则将对应取款额征税50%。

4. 领取方式。员工退休时，可以选择一次性领取、分期领取和转为存款等方式使用。但由于税务上的原因，这种退休金人们一般不会一次全部领出来，而是逐年领取以避免交税。

5. 运营和投资。企业向员工提供3~4种不同的证券组合投资计划，雇员可以自主选择养老金的投资方式，其投资风险由雇员承担。401（k）计划资金可以投资于股票、基金、年金保险、债券、专项定期存款等金融产品。

6. 监管体系。401（k）计划的监管涉及各金融监管机构、国内税务局和劳工部。各金融监管机构的主要职责是对偿付能力、市场行为、公司治理、投资行为、信息披露等进行监管。国内税务局的主要职责是防止税收收入流失和税收待遇被滥用。劳动部的主要职责是确认计划发起人、计划参与者、计划本身的合格性，严格贯彻落实"非歧视"原则，监督受托人履行职责。

资料来源：胡玉玮：《税延型养老保险的国际经验》，中国金融，2012年第19期。

2. 欧洲地区

在爱尔兰，雇员可自愿选择加入由雇主提供的养老保险计划，称为个人退休储蓄账户（Personal Retirement Saving Account，PRSA）。该项改革要求那些不为雇员提供该保险计划的雇主要为其雇员指定养老计划提供者，目前超过半数企业已经这么做了。部分原因是在雇主已经为雇员指定PRSA提供者之后，雇员就不再对自己参与 PRSA 计划感兴趣了。因此，寄希望于这项改革能够扩大养老金涵盖范围的目标并没有实现。要求雇主提供养老金，但是成功的关键却在于雇员的自愿程度，因此，这项改革并没有使爱尔兰的养老保险覆盖范围显著提升。

与此相反，英国在其 1988 年推出的 PPP（Personal Pension Plan）计划的基础上，实施了影响更为深远的一项改革措施。所有的私人部门雇员要求按照雇主的最低要求来提供退休计划。这些退休计划可以是待遇确定型的，也可以是缴费确定型的。另外，与爱尔兰不同的是，雇员在加入这个新的养老系统时，雇主自动加入，但是雇主可以选择退出，雇员则不可以。预期这个改变会使得英国的养老保险参保人数增加 500 万 ~900 万人。另外的一个规定是：在缴费确定型养老计划中法定的缴费数额由雇主、雇员和政府三方共同协定。

德国也有不同的个人税优养老计划，而最具影响力的为 2001 年推出的里斯特（Riseter-Rente）养老金计划。和英国的 PPP 计划类似，德国政府也以直接补贴的形式鼓励民众加入养老金计划。自从里斯特养老金推出以后，即使在公共养老金占主导地位的德国，此计划也深受民众的欢迎。

3. 亚洲地区

亚洲地区的养老金改革要迟于西方国家，但也纷纷建立了自愿型的个人养老金计划，以弥补国家公共养老金可能带来的替代率的不足。

韩国政府于 1994 年推出了韩国版本的 IRA 计划，但是缴费额度没有上限。在 2006 年之后，由相关法律规定，缴费抵税的最大额度由之前每年的 260 万韩元增加到 300 万韩元，约为平均工资的 15% 左右。优惠的财税政策使得韩国民众热衷于该项养老金计划，截止到 2007 年，大约有 360 万人加入了此计划。

新加坡养老制度的一个重要组成部门是中央公积金，即 CPF（Central Provident Fund）。作为社保体系的核心，它被赋予了养老、医疗、住房等诸多功能。即便如此，政府也于 2001 年推出了自愿型的养老金计划。此计划 2011 年度缴费的抵税额度为 12750 新加坡元。另外，区别于其他国家的是，退休时该计划账户内的余额可以一次性提取，并且只对 50% 的余额征收个人所得税。

国际上很多国家建立了个人养老保险制度，有像英美这样的发达国家，也有像韩国和新加坡这样的新兴国家，但是这些国家具有的典型特征可以概括如下：一是养老金计划一般为自愿型个人缴费，并且享受到一定的税收优惠。二是税收政策对于参保人的个人行为有着重要影响，即参保人在政策允许范围内最大限度的缴费以享受到最大限度的税收优惠。三是各国政府建立个人养老保险的初衷均为补充养老保险保障的第一支柱和第二支柱可能带来的养老金待遇不足。

6.2.3　我国实行税延型养老保险的可行性

个税递延型养老保险一旦普及实施，惠民效果是毋庸置疑的，这在其他国家已经得到了很好的验证。个税递延型养老保险的目标群体是高收入人群，高收入人群的特点之一是关注投资理财，对税收优惠政策敏感，个人商业养老保险的税收优惠政策对高收入者的投资是一个很好的推动因素，本就关注投资理财，更何况是为自己的养老投资，因此一旦实施，必然会获得广泛响应。

但是需要注意的是，该政策一旦实施，受冲击最大的就是国家的财政，老龄化税制改革的目的是要缓解老龄化带来的压力，不能适得其反，因此要看这项政策是否具有可行性，就要分析它对财政的影响。

1. 分析基础

（1）当前模式下，没有税收优惠，个人所得税直接上缴，个人不购买个人商业保险，每年个人的 P 元工资按其相应税率缴纳个人所得税，2012 年城镇居民人均可支配收入为 36469 元（人民币），根据个人所得税税率表可假设 P 元工资所适用的个人所得税税率 t 为 25%，这部分资金带来的税收收入为 $0.25P$ 元。

（2）在个税递延养老保险的缴费期内，个人将 P 元工资先用于购买商业养老保险，再缴纳所得税，缴纳所得税过程中 P 元予以税前扣除，国家税收收入将减少 $P \times t = 0.25P$（元），保险机构营业税率为 5%，教育费附加为 3%，城建税为 7%，P 元保险金构成保险机构营业收入，保险机构要多缴纳 $P \times 5\% = 0.05P$ 元的营业税，以及相应的城建税和教育费附加，流转税收入将增加 $0.055P$ 元，总体来看，在养老保险的缴费期内国家总收入每年每人减少 $0.195P$ 元。

基于以上条件，计算出两种情况下政府的税收总收入，见表 6.9。

表 6.9 个税递延型养老保险对政府税收收入的影响

		当前模式下	个税递延模式下
个人所得税		$P\times t=0.25P$	—
流转税	营业税	—	$P\times 5\%=0.05P$
	城建税及教育费附加	—	$P\times 5\%\times(3\%+7\%)=0.005P$
税收总收入		$0.25P$	$0.055P$
比前者减少		—	$0.195P$

2. 实证分析

综合看来，国家每年向每个人征收的税收收入减少 $0.195P$ 元。以上海个税递延型养老保险试点为例，每月缴纳 1000 元保费，不考虑企业年金，可全部用于抵减个人所得税，一人一年保费 P 为 12 × 1000 = 12000（元）。可见，实行个税递延型养老保险会导致国家税收收入的减少。但我国财政收入增速早已超过 GDP 增速，为社保出资国家责无旁贷。根据长城证券统计数据，一旦在全国试点将获得保费收入 2160 亿元，可得出国家税收收入每年减少 0.195 × 2160 = 421.2 亿元，以 2012 年统计数据为例，占国家财政收入的 0.36%，可见这些减少的税收收入对国家财政并不会造成很大影响，与其将财政收入拿出来进行转移支付，不如藏富于民，利用市场机制完善社保，既提高了资源配置的效率，又惠及百姓，何乐不为。政策博弈中有利有弊是正常的，更何况这是个双赢的局面，表面上看政府财政收入减少，受到损失，但损失不到 0.4% 的财政收入却能解决一个群体的养老问题，在老龄化社会无疑是有利无害的。因此，从个税递延型养老保险对国家财政的影响来看，这项政策是可行的。

3. 我国上海试点情况

“个人税收递延型养老保险试点”是国务院关于推进上海“两个中心”建设意见中促进保险业发展的一个重头项目，是指投保人缴纳保费在缴费期间按照统一方案免缴税款，并递延至退休领取，在领取保险金时按照一定规则再缴纳相关税款的养老保险产品。

据悉，上海已有多家保险公司批准参与个税递延型养老保险前期筹备工作，包括中国人寿、太平洋保险、平安养老、太平养老、长江养老、英大泰和等6家保险公司。

上海个税递延型养老保险试点的内容主要包括：（1）采取自愿投保的方式。每月的抵扣额定在500～800元，投保人可以根据自己的情况自主选择。（2）产品主要以分红险和万能险为主，并设有保底利率。（3）个人可以购买个税递延型养老保险，但是必须通过所在企业为其代缴保费，到领取保险金时，再由保险公司代扣税。（4）产品采取缴费、投资免税、领取缴税的方式。（5）领取方式分为一次性领取和分期领取两种方式。

根据上报的方案，上海个人税延型养老保险产品定位为：契约型，产品形式为万能型、分红型保险；税收递延型模式采取“税基递延”型，即在缴费及收益阶段免税，领取阶段再根据当时税率表缴纳；缴费限额为每月1000元，其中700元用于个人养老保险免税，300元用于企业年金免税。在覆盖范围上，无论企事业单位还是政府机关，都可以参与。产品操作模式上，缴费时由企业代扣代缴，领取时保险公司代扣代缴个税；员工离职时，可以在不同保险公司、不同企业之间转移。

根据参与研究讨论的相关保险公司内部测算，采取“税基递延”型模式，同等收入情况下，越早购买税延型养老保险产品，未来可省税额越高；同一时间开始购买产品的情况下，收入越高，未来可省税额也越高。

4. 美国401（k）计划对中国的启示

（1）个人保险具有商业保险的特性，能受到市场的有效调节。美国401（k）计划的目标受众明确，是高收入人群，因此美国的401（k）是“计划”而不是“保险”，是高收入人群对自己养老问题的投资计划，而不是国家强制实施的社会保险，其中的市场性是我国现行政策远远不及的。美国的资本市场较为成熟，投资自主权很大，401（k）账户的户主可自主选择投资种类，第三方只做辅助和咨询，帮助投资人选择和操作投资。美国401（k）计划投资比例最大的是美国的共同基金，比例达到70%，共同基金是美国较为稳健的投资组合，而相对风险较大的股票只占20%。2008年金融危机，股票大跌，许多国家受到很大冲击，个人养老保险同样受到冲击，但美国的401（k）却能幸存，可见其可靠性。

（2）根据国情制定具体条目。美国401（k）计划对每月的投资额有明确限制，每月投资额不得超过月收入的15%，全年不得超过16500美元；对50岁以上的投资人，每年限额提高到22000美元。投资限额的规定与居民收入、消费、储蓄情况有极大关联，美国根据本国情况设定了投资限额，避免了投资的盲目性和给家庭造成过重的负担。

(3) 明确退休年龄和强制取款年龄。美国 401 (k) 计划的养老金领取条件包括：年满 59.5 周岁；55 岁以后离岗、失业、提前退休等。提前取款需要缴纳惩罚性税款，以此预防个人的短视行为造成养老保障计划失败。为了刺激消费，规定在年满 70.5 岁时，必须开始取款，否则将被征收 50% 的税。而中国的退休年龄男女不一，且随着老龄化进程的加快，退休年龄修改也成为了研究的焦点，所以中国要结合具体情况进行税制设计。

(4) 及时对政策做出有效补充，从而能够适应市场。2006 年美国推出 Roth 401 (k) 计划，用来补充完善 401 (k) 计划。Roth 401 (k) 是一个新的账户，这个账户只能用税后收入投资，并且不能一次性支取，支取时间跨度不得少于 5 年。这个计划的目标群体是低收入人群，因为这个账户里的养老金以后也不需要纳税，且要分期支取，类似于基本养老金的发放方式。

5. 对我国实行税延型养老保险的建议

(1) 目标受众需要进一步明确。个税递延型养老保险首先要针对收入较高的人群，只有收入达到一定的水平才有可能考虑个人对养老的投资。为了保证试点成功，使计划不至于一开始就流产，保险公司在设计具体标准时一定要充分考虑目标客户群，抓住高收入人群关注投资和税收优惠的特点及收入特点，这样才能使计划顺利进行。另外，上海规定保费每月 1000 元，缺乏弹性，可根据个人收入情况和 CPI 变化适当调整保费。

(2) 投资方向需要多元化。我国资本市场不够健全，到完全的自由化还有相当一段距离，股市中的中小投资者总是损失很多，因此我国的养老保险投资大多为低风险、稳健的投资组合。这样就产生了一个问题，即在通货膨胀率飞涨的时候，投资收益可能赶不上通货膨胀的速度，剔除 CPI 后就所剩无几了。这样的保险不足以吸引中高收入的投资者，投资也无法实现应有的效果，最后还得由政府来补这个漏洞，这样政府损失的就不仅仅是每年少收上来的那笔财政收入了。应该在稳健的同时使投资多元化，提高对投资策略的关注，利用好市场获得收益。

(3) 税收政策仍可适当扩展。从上海试点的个税递延型养老保险政策来看，试点属于EET型，即缴费和收益期均不征税，在未来领取养老金时收税。而未来领取养老金时，由于养老金数量较工作时收入低很多，适用的所得税率要降低很多等级，所缴纳的所得税数量也很少。数量较少的所得税对财政影响很小，既然如此，可以在未来适当时候取消养老金领取时的个人所得税，将个税递延型变为免税型，更能刺激投资者的投资热情，对低收入人群的吸引力更大，进而可以逐步使个税递延型养老保险真正发挥“第三大支柱”的作用。

（4）实行严格的监管机制。由于个税递延型养老保险不仅仅关系到国家的税收，而且影响到被保险人退休后的生活质量，因此要对它实施更加严格的监督和管理。首先，要加强对经营该险种的保险公司的管理，主要是对偿付能力、公司治理、投资行为和信息披露等方面进行监管，防止有违规操作和养老金不当投资的行为。其次，保险公司要协助税务部门定期对被保险人的个人账户进行跟踪检查，检查个人账户的保费投入是否符合相关标准，领取养老金时税收的扣除是否符合规定，严防税收待遇被滥用和国家税收的流失。

6.3　我国税制建设的“两个逆转”：提着自己的头发离开地球

保持经济持续稳定增长和实现社会公平发展一向是国家宏观调控的主要目标。税收作为进行宏观调控的主要工具之一，合理的税收结构可以在很大程度上促进我国效率和公平目标的实现。我国目前税制结构中间接税比重过高，直接税比重偏低，使我国税制成为了所谓的“跛足税制”：就直接税中的所得税来看，个人所得税比重远低于企业所得税的比重，也是我国税制的“特色”之一。因此，2013年11月召开的十八届三中全会提出，要“深化税收制度改革，完善地方税体系，逐步提高直接税比重”。实现我国直接税与间接税、个人所得税与企业所得税的“两个逆转”，对更好地发挥税收结构的效率与公平效应也具有十分深远的意义。然而，正如我国目前正处于工业化、城镇化的关键时期，要想减轻国民经济对房地产行业的依赖就如同“提着自己的头发离开地球”，是脱离我国当前经济发展阶段的呓语；在我国“效率优先，兼顾公平”的基本原则已调整为

2007年十七大报告中提出的“初次分配和再分配都要处理好效率和公平的关系，再分配更加注重公平”的背景下，不管是国民经济对房地产行业的过度依赖问题，还是中国税制建设的“两个逆转”问题，都应高屋建瓴、着眼长远。本节通过对我国现行税制中直接税的计量分析来研究税收结构中的效率和公平的组合问题。

6.3.1　直接税与间接税结构逆转的计量分析

经济增长的实质是社会经济系统通过有效配置各种资源进行社会再生产，实现社会财富的增长。从宏观的角度来看，经济增长是各种生产要素通过社会的专业化和劳动分工体系与经济制度结合在一起生产出社会总产出。税收制度本质就是一种经济制度安排，在社会再生产中发挥着重要的调节作用，其调节作用在一定程度上可以通过税收结构的调整来实现。

1. 回归分析

直接税与间接税的税收结构对经济增长的影响是通过一系列传导变量来实现的，具体包括交易费用、劳动分工和专业化、技术进步、要素产出弹性和使用效率提高，它们依次递进，构成了税收结构影响经济增长的传导路径，即税收结构优化—交易费用降低—劳动分工和专业化水平提高—技术进步—要素产出弹性和使用效率提高—经济增长。其中可以观测到的变化是物质资本和人力资本生产要素的重新配置引起的要素产出弹性和使用效率的变化。因此，我们可以通过观测间接税和直接税比重的变化对要素产出弹性和使用效率的影响，来检验税收结构的经济增长效应。基于以上考虑，我们采用如下的理论模型来分析税收结构对经济增长的影响[1]：

$$\mathrm{GDP}_t = CK_t^{\sum_{j=1}^{2}(a_jX_{jt})} L_t^{\sum_{j=1}^{2}(b_jX_{jt})} E_t^{\sum_{j=1}^{2}(R_jX_{jt})}$$

其中：$\mathrm{GDP}_t(Y_t)$表示我国经济总量（国民生产总值），K_t表示物质资本存量，L_t表示人力资本存量，X_{jt}（$j=1, 2$）分别表示间接税和直接税收入在税收总收入中所占的比重。a_j反映的是税收结构中间接税和直接税对资本

〔1〕 在国内学者中，李绍荣和耿莹最早采用该模型对中国的税收结构及其对经济增长与收入分配的影响效应进行了实证研究。参见李绍荣，耿莹：《中国的税收结构、经济增长与收入分配》，经济研究，2005（5）：118－126。

产出弹性的影响，b_j反映的是税收结构中间接税和直接税对劳动产出弹性的影响。$\sum_{j=1}^{2}(a_jX_{jt})$ 和 $\sum_{j=1}^{2}(b_jX_{jt})$ 反映的是资本和劳动的总产出弹性，$E_t^{\sum_{j=1}^{2}(R_jX_{jt})}$ 反映的是税收结构本身变化对经济总量的影响。如果这种影响是正的（$R_j>0$），就意味着在资本和劳动要素量不变的情况下，经济总量扩大了，即 X_{jt}的增加有利于社会专业化和劳动分工，有利于资本和劳动产出效率的提高，从而有利于经济增长。如果这种影响是负的（$R_j<0$），说明 X_{jt}的增加不利于资本和劳动产出效率的提高，从而也不利于经济增长。C 表示对 GDP 产生影响的其他因素。

对上式两端同时取对数，对模型进行线性化，得到：

$$\ln GDP_t = \ln C + \sum_{j=1}^{2}(a_jX_{jt})\ln K_t \sum_{j=1}^{2}(b_jX_{jt})\ln L_t \sum_{j=1}^{2}(R_jX_{jt})$$

下面，我们将采用这一模型，来分析税收结构对经济增长的影响。

我国 GDP（Y）：用于反映我国经济总量。

我国物质资本存量（K）：用于反映所投入的物质资本。本模型采用永续盘存法度量我国物质资本存量，其基本公式为：$K_t=K_{t-1}\times(1-\delta)+I_t$，其中，$K_t$为第 t 年的资本存量，K_{t-1}为第 $t-1$ 年的资本存量，δ 为资本折旧率，I_t为第 t 年净投资量。本节以 1994 年为基年［1994 年的物质资本存量利用张军（2012）给出的资本—产出比得到 68194.67 亿元[1]］，选取每年的资本形成总额为当年净投资量 I_t，资本折旧率 δ 为王小鲁（2001）给出的 5%，具体计算结果见表 6.9。

我国人力资本存量（L）：用于反映投入的人力资本量。由于人力资本的数据多为时间序列数据，因此，本节对人力资本的度量采用受教育年限法，即将全社会的劳动力按不同的受教育水平进行分类，然后按照不同的受教育水平赋予相应的权重进行加权求和。具体计算公式为：$L_t=\sum W_iH_i$，其中，W_i为受教育层次 i 的教育年限，H_i为受教育层次 i 的就业人数。本节把受教育水平分为四个层次（$i=1,2,3,4$）：文盲或半文盲具有一定的个人技能或自学能力，其教育年限设为 1 年，$W_1=1$；具有初等教育水平（指小学）的教育年限设为 6 年，$W_2=6$；具有中等教育水平的（指初中、高中、职业技校和中专等）教育年限设为 12 年（我国中学教育以 6 年为主），W_3

〔1〕 该文献指出我国 1978 年物质资本存量为 13481.7 亿元，经过推导计算则 1994 年物质资本存量为 68194.67 亿元。

=12；高等教育水平以上（指大学专科、本科、硕士及博士研究生等）的教育年限取平均年限为16年（我国专科及研究生比例相对来说低于本科），$W_4=16$。人力资本存量具体计算结果见表6.10。

表6.10　1994～2012年我国GDP、税收、物质资本和人力资本存量数据表

年份	GDP（亿元）	税收（亿元）	净投资额 I_t（亿元）	物质资本 K_t（亿元）	人力资本 L_t（万人·年）
1994	48197.90	5126.88	17042.10	68194.67	620880.80
1995	60793.70	6038.04	20019.30	84804.24	640679.60
1996	71176.60	6909.82	22913.50	103477.53	658065.30
1997	78973.00	8234.04	24941.10	123244.75	656064.90
1998	84402.30	9262.80	28406.20	145488.71	667857.90
1999	89677.10	10682.58	29854.70	168068.98	701160.50
2000	99214.60	12581.51	32917.70	192583.23	738215.30
2001	109655.20	15301.38	37213.50	220167.57	762892.20
2002	120332.70	17636.45	43499.90	252659.09	779616.20
2003	135822.80	20017.31	55566.60	295592.73	795305.90
2004	159878.30	24165.68	70477.40	351290.5	809302.40
2005	183217.40	28778.54	88773.60	422499.57	849767.52
2006	211923.50	34804.35	109998.20	511372.79	892255.90
2007	257306.00	45621.97	137323.90	623128.05	936868.69
2008	316228.82	54223.79	172291.00	764262.65	983712.13
2009	340506.87	59521.59	224598.77	950648.29	1032897.73
2010	399759.50	73210.79	278121.90	1181237.78	1046554.00
2011	472115.00	89738.39	311485.10	1433660.99	1273545.88
2012	518942.11	100614.28	374694.70	1736672.68	1287461.09

数据来源：1994～2006年数据来自孙敬水，董亚娟：《人力资本、物质资本与经济增长》，山西财经大学学报，2007（4）；2007～2012年数据来自《中国统计年鉴（2013）》。

间接税与直接税是我国现有的两大税类，对要素利用效率、物质资本产出弹性和人力资本产出弹性影响都应是显著的，因此我们采用的是可行的最小二乘法（OLS），使用 Eviews 6.0 进行估计，全部解释变量纳入计量分析模型，其估计方程和估计结果如下式所示：

$$\ln GDP_t = \ln C + \sum_{j=1}^{2}(a_j X_{jt})\ln K_t + \sum_{j=1}^{2}(b_j X_{jt})\ln L_t + \sum_{j=1}^{2}(R_j X_{jt})$$

从估计结果来看（表 6.11），我国税收结构中，间接税和直接税对要素利用效率的影响均很显著，系数分别为 8.72 和 -30.83。其中间接税对经济规模的扩大是正向调节，间接税收入在税收总收入中所占份额每提高 1%，会使得经济总量在资本和劳动要素量不变的条件下提高到原来规模的 $e^{8.72\%}=1.091$ 倍；直接税收入对经济规模的扩大是反向调节，直接税在税收总收入中所占份额每提高 1%，会使得经济总量降低为原来经济规模的 $e^{6.32\%}=1.065$ 倍。同时，间接税收入在税收总收入中所占份额每提高 1%，会使物质资本的产出弹性提高 0.72%，但会使人力资本的产出弹性降低 1.24%。而直接税所占份额每提高 1%，会使物质资本的产出弹性提高 1.04%，同时使人力资本产出弹性提高 1.38%。

表 6.11　　我国各税收种类对经济增长影响的估计结果

因变量：LnGDP

	系数	标准差	T 统计值
LnC	10.96	0.5333	20.5364
$X_1\ln K_t$	0.72	0.5010	1.4240
$X_2\ln K_t$	1.04	0.6041	-0.3761
$X_1\ln L_t$	-1.24	3.2758	-2.71
$X_2\ln L_t$	1.38	3.2633	0.4215
X_1	8.72	0.2255	38.6022
X_2	-30.83	37.0475	-0.8316
R-squared	0.99	F-statistic	3.2633
Adjusted R-squared	0.99	Prob（F-statistic）	0.00

以上分析说明，我国目前间接税的增加更有利于经济规模和经济总量的扩大，但在一定程度上导致了人力资本产出弹性的下降；而直接税的增加可

以显著促进物质资本和人力资本产出弹性的提高，但其自身会对经济增长带来较为明显的不利影响。由此可见，间接税可以在更大程度上带动经济总量的增加，但不利于劳动专业化分工；直接税的增加更有利于物质资本和人力资本弹性的提高，有利于促进我国产业结构、劳动力的调整和升级，但会在一定程度上抑制经济增长。因此有必要将二者结合起来，寻求更为合理的比例结构。

2. 方差分解分析

下面我们将从长期分析 GDP 与直接税和间接税之间的关系。从表 6.12 中可以看出，研究 lnGDP 与 $\ln t_1$ 的长期动态关系时，在 lnGDP 的变动中，其自身的贡献率持续减小，而 $\ln t_1$ 的影响从第二期开始显现并逐渐增强至第十期的 70%；而在 $\ln t_1$ 的变动中，lnGDP 的影响逐渐下降，从第六期开始基本稳定在 13% 左右。即经济增长在一定程度上依靠间接税的带动效应，此效应逐期增强，而经济增长对间接税收入的增加在短期内有显著的影响，但此影响逐期减弱。由于 lnGDP 与 $\ln t_1$ 之间的相互影响具有时间差，因而二者之间并没有形成“经济增长—税收增长—经济增长”的良性循环。

表 6.12 方差分解结果

时期	关于 lnGDP 与 $\ln t_1$ 的方差分解				关于 lnGDP 与 $\ln t_2$ 的方差分解			
	lnGDP 的方差分解		$\ln t_1$ 的方差分解		lnGDP 的方差分解		$\ln t_2$ 的方差分解	
	lnGDP(%)	$\ln t_1$(%)	lnGDP(%)	$\ln t_1$(%)	lnGDP(%)	$\ln t_2$(%)	lnGDP(%)	$\ln t_2$(%)
1	100.0000	0.0000	60.2042	39.7958	100.0000	0.0000	7.9986	92.0014
2	99.9820	0.0180	50.0782	49.9218	99.9630	0.0370	8.1033	91.8967
3	96.3899	3.6103	33.2401	66.7599	98.3270	1.6730	5.3260	94.6740
4	83.6784	16.3216	21.7169	78.2831	85.8949	13.1051	4.1624	95.8376
5	65.7599	34.2402	16.2931	83.7069	67.5908	32.4092	3.4652	96.5348
6	51.3007	48.6993	14.1213	85.8787	50.8592	49.1408	3.3658	96.6342
7	42.1403	57.8597	13.1323	86.8677	39.2593	60.7507	3.5639	96.4361
8	36.4577	63.5423	12.4865	87.5135	31.7681	68.2319	4.0267	95.9733
9	32.6428	67.3572	11.9251	88.0749	27.0972	72.9028	4.7661	95.2339
10	29.8355	70.1645	11.3979	88.6021	24.2359	75.7641	5.5816	94.4184

关于 lnGDP 与 $\ln t_2$ 的长期相关性，在 lnGDP 的变动中，第一期仅受自身波动的影响，其贡献率逐渐减小，第十期降为 24%，$\ln t_2$ 对 lnGDP 的影响从第四期开始显著增强至第十期的 76%；在 $\ln t_2$ 的变动中，第一期自身波动影响的贡献率为 92%，之后小幅波动，但总体仍保持在 94% 以上的水平，对 lnGDP 的影响则表现为逐渐下降，在第十期为 5% 左右。这说明直接税收入对经济增长具有显著的持续促进作用，甚至是保持我国经济长期持续稳定增长的重要因素，而经济增长对直接税收入的正向作用比较微弱，且主要表现在当期与滞后一期，因此，在我国提高直接税比重对于促进经济增长具有一定的必要性。

就间接税和直接税对经济增长的促进作用而言，方差分解的结果显示，在长期中，直接税能在更大程度上解释经济增长的效应，直接税比重的提升有利于经济长期平稳增长；就经济增长对两者的反促进作用而言，目前经济增长很大程度上在短期带动了间接税收入的增加，对直接税的作用并不显著。因此，适当提高直接税的比重，降低间接税的比重，对促进我国经济长远均衡发展以及税收与经济增长的良性循环，具有重要的意义。

6.3.2　个人所得税与企业所得税结构逆转的计量分析

1. 税收结构对社会公平效应的理论研究

配置资源是市场机制的重要职能，市场机制是资源配置的主要形式。市场这只“看不见的手”在配置人力、物力、财力资源等方面起着重要的作用。但由于市场不是万能的，市场机制对经济运行的调节有其缺陷，这就需要政府运用各种宏观调控手段，包括正确运用税收调控手段来维护市场秩序并推进市场经济的健康发展，促进市场的效率与公平。其中，税收对收入分配的调节是通过在收入分配、使用、积累等多个环节上的作用实现的。

首先，在国民收入分配环节，国家征收增值税、消费税等流转税，间接影响个人总收入。其次，在收入分配环节，国家征收个人所得税、社会保险税，影响个人可支配收入。再次，在收入使用环节，国家运用消费税、关税，影响实际收入水平。最后，国家征收静态的不动产税和动态的遗产赠与税，在原有收入的积累环节进行调控。由此形成了多层次、多环节的税收调控收入分配体系，但在这其中，由于税收中性的性质和促进国民经济产值增加的主要目标，间接税的各税种对调节收入起到的作用较小，所得税则在影响居民可支配收入环节具有重要的作用，对于调节收入分配、缩小贫富差距有很大的影响。

所得税包括企业所得税和个人所得税。两者的一个重要区别在于：企业所得税是对创造利润的纳税人的征收，个人所得税则是对最终获得利润的纳税人的征收，因而两种所得税对于公平的倾向也不相同。从经济学的角度出发，对创造利润的纳税人应该降低税收负担，以激励在未来创造更多的利润。因此，企业所得税应遵循效率—公平原则，在注重效率的基础上寻求公平。对获取利润的纳税人，也应降低其税收负担，以便激励其消费和继续投资，推动经济和社会前进。个人所得税是调节收入再分配的重要手段，应遵循公平—效率原则，在公平为首的宗旨下讲求效率，可见，个人所得税是起到缩小贫富差距作用的最主要税种。

在市场经济中，由于资本和劳动要素是影响收入分配的最重要的原因，所得税仍然是通过影响资本与劳动力要素的产出弹性与产出规模调节收入分配差距，但与研究直接税与间接税不同的是，所得税不注重促进生产要素产出弹性和效率的提高，从而带动经济增长，而是更加注重对资本和劳动要素资源配置效率的影响，通过充分发挥有效的资源配置优势和最大限度减少扭曲性配置，从而调节收入分配，缩小贫富差距。

2. 回归分析

由直接税内部结构的社会公平效应的理论研究可知，企业所得税对调节收入分配的效应十分有效，个人所得税承担了缩小贫富差距和实现社会公平的主要作用，这里的个人所得税则是包含了社会保障费的经过调整后的个人所得税，而就直接税内部税收结构对社会公平的影响来说，该机制也是通过一系列传导变量来实现的，具体包括资本要素和劳动要素资源配置的效率与合理性，以及要素配置扭曲性的不利影响，由此构成了直接税税收结构影响社会公平的传导路径，即税收结构优化—资本与劳动要素配置效率提高—要素扭曲型配置的不利影响减少—要素产出弹性和使用效率提高—收入分配公平的部分增加—社会公平。其中可以观测到的变化仍是物质资本和人力资本生产要素实现最有利于社会公平的配置时引起的要素产出弹性和使用效率的变化。因此，我们可以通过观测企业所得税和个人所得税比重的变化对要素产出弹性和使用效率的影响，来检验直接税税收结构的社会公平效应。基于以上考虑，我们采用如下的理论模型来分析税收结构对经济增长的影响[1]：

$$UEY = Y^m K_t^{\sum_{i=1}^{2}(a_i X_{it})} L_t^{\sum_{i=1}^{2}(b_i X_{it})} E_t^{\sum_{i=1}^{2}(R_i X_{it})}$$

其中，UEY 表示我国经济总量（国民生产总值）中收入分配中不公平的部分，Y 表示 GDP，m 即为收入分配中不公平部分受 GDP 影响的参数，K 表示物质资本存量，L 表示人力资本存量，X_{it}（$i=1$，2）表示企业所得税和个人所得税收入在直接税税收总收入中所占的比重。a_i 反映的是直接税税收结构对资本产出弹性的影响，b_i 反映的是直接税税收结构对劳动产出弹性的影响，$\sum_{i=1}^{2}(a_i X_{it})$ 和 $\sum_{i=1}^{2}(b_i X_{it})$ 反映的是资本和劳动的总产出弹性，$E_t^{\sum_{i=1}^{2}(R_i X_{it})}$）反映的是税收结构对资本和劳动产出效率的影响。参数 R_i 表示在资本要素和劳动要素不变的情形下，X_{it} 的变化对收入分配公平的影响。如果这种影响是正的（$R_i > 0$），就意味着在资本和劳动要素量不变的情况下，收入分配更加公平，贫富差距进一步缩小，即 X_{it} 的增加有利于资本和劳动资源的配置及产出效率的提高，有利于实现社会公平。如果这种影响是负的（$R_i < 0$），说明 X_{it} 的增加不利于资本和劳动产出效率的提高，不利于收入分配实现公平。

对上式两端同时取对数，对模型进行线性化，得到：

$$\ln UEY = m\ln Y + \sum_{i=1}^{2}(a_i X_{it})\ln K_t + \sum_{i=1}^{2}(b_i X_{it})\ln L_t + \sum_{i=1}^{2}(R_i X_{it})$$

根据所选择的理论模型，设定的相应指标如下：

UEY：用于反映我国可支配收入中不公平分配的部分，UEY 的取值结合我国居民可支配收入的数据与基尼系数的模型得到的，根据基尼系数的模型可以得知，当收入分配完全公平时，100% 的收入均匀地分配给全国 100% 的人口，从而得到了收入分配平均线。而我国存在严重的收入分配不公的现象，收入分配曲线是位于公平分配线下方的一条曲线，由此形成了两部分的面积，第一部分 A 的面积为真实的收入分配曲线与理想的收入分配平均线形成的部分的面积，第二部分 B 的面积则为收入分配平均线与收入分配完全不平等的曲线间形成的面积，基尼系数则为 $JN = A/B$，根据经济学原理可知，B 的面积可由我国居民可支配收入总值来表示，通过基尼系数的数值可

---

[1] 该模型由李绍荣和耿莹对中国的税收结构及其对经济增长与收入分配的影响效应进行实证研究的模型转化而来。参见李绍荣，耿莹：《中国的税收结构、经济增长与收入分配》，经济研究，2005 (5)：118 - 126。

以得到 A 的值，即我国可支配收入中属于不公平分配的部分，也就是代表我国贫富差距的数值，即 UEY（如图 6.8 所示）。

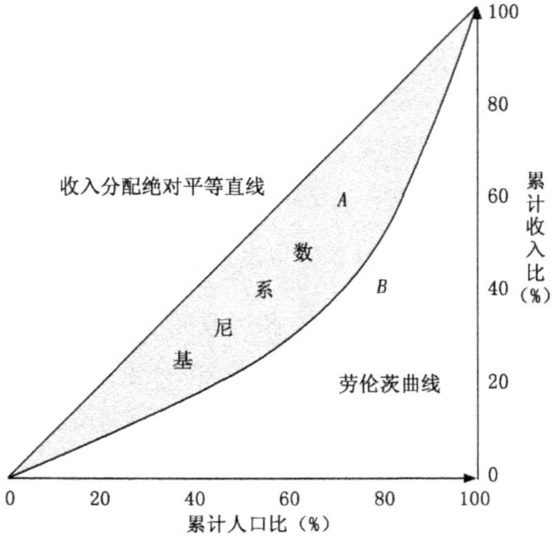

图 6.8 基尼系数

可支配居民收入根据下列公式计算得出：

可支配居民收入 = 城镇人均可支配收入 × 城镇人口 + 农村人均纯收入 × 农村人口

物质资本存量与人力资本存量的指标选取与数据来源见上一章。

X_{1t} 与 X_{2t} 即为企业所得税与个人所得税在直接税中的比例，具体数据见表 6.13。

表 6.13 我国 1994～2011 年居民可支配收入、基尼系数[1]与 UEY 数据

年份	GDP（亿元）	可支配居民收入（亿元）	收入分配基尼系数	UEY（收入分配中公平部分）（亿元）
1994	48197.90	22407.82	0.388	8694.233
1995	60793.7	28624.88	0.389	11135.08

〔1〕 基尼系数数据来源：（1）2013 年 1 月 18 日国家统计局公布的 2003～2012 年基尼系数。（2）国家统计局：《从基尼系数看贫富差距》，载《中国国情国力》2001 年第 1 期。（3）世界银行估算 2001 年中国基尼系数为 0.447，中国社科院收入分配课题组估算 2002 年中国基尼系数为 0.454。（4）1994 年数据源自文献：钱敏泽：《我国现行统计方法基尼系数的推算及结果》，载《经济理论与经济管理》2002 年第 11 期。

续表

年份	GDP（亿元）	可支配居民收入（亿元）	收入分配基尼系数	*UEY*（收入分配中公平部分）（亿元）
1996	71176.6	34439.25	0.375	12914.72
1997	78973	37950.70	0.379	14383.32
1998	84402.3	40550.44	0.386	15652.47
1999	89677.1	43743.03	0.397	17365.98
2000	99214.6	47044.78	0.412	19382.45
2001	109655.2	51797.77	0.447	23516.19
2002	120332.7	58046.64	0.454	25946.85
2003	135822.8	64525.86	0.479	30907.89
2004	159878.3	73373.29	0.473	34705.56
2005	183217.4	83246.58	0.485	40374.59
2006	211923.5	94786.27	0.487	46160.91
2007	257306	113189.64	0.484	54783.79
2008	316228.82	131990.97	0.491	64807.56
2009	340506.87	146322.03	0.490	71697.79
2010	399759.5	167715.46	0.481	80671.14
2011	472115.0	196469.87	0.477	93716.13
2012	516282.06	225698.43	0.474	106981.06

企业所得税与个人所得税是我国直接税现有的两大税类，对要素利用效率、物质资本产出弹性和人力资本产出弹性应有显著的影响，从而影响我国居民可支配收入中不公平分配部分，因此我们采用的是可行的最小二乘法（OLS），使用 Eviews 6.0 进行估计，全部解释变量进入计量分析模型，其估计结果如表 6.14 所示。

从估计结果来看，GDP 的增长会造成社会不公平部分的提高。我国直接税税收结构中，企业所得税与个人所得税对要素配置的影响均很显著，系数分别为 36.6860 和 -82.7409，说明在资本与劳动要素配置不变的情况下，企业所得税对贫富差距有负向调节作用，个人所得税则对实现社会公平有正向调节作用。企业所得税收入在直接税税收总收入中所占份额每提高 1%，会使社会分配不公平部分在资本和劳动要素配置不变的条件下提高到原来规模的 $e^{36.6860\%}=1.44$ 倍；个人所得税收入在直接税税收总收入中所占份额每提高 1%，会使社会不公平分配部分降低到原来规模的 $e^{-82.7409\%}=0.437$ 倍，说明个人所得税可以缩减贫富差距和调节收入分配。由于本模型中以分配不公平部分作为被解释变量，故系数为正代表效率降低，系数为负代表效率提高。因此，企业所得税收入在直接税税收总收入中所占份额每提高 1%，会使物质资本的产出配置效率降低 1.19%，但会使人力资本的产出配置效率提高 3.24%。而个人所得税所占份额每提高 1%，会使物质资本的产出弹性提高 0.54%，却使劳动的产出配置效率降低 7.15%。尽管个人所得税降低了劳动的配置效率，但它提高了物质资本的产出效率，并且由于其自身对收入分配存在巨大的正面影响，说明我国目前个人所得税的增加更有利于收入分配的调节和贫富差距的缩小，但在一定程度上导致了人力资本产出效率的下降，因为个人所得税会在一定程度上存在降低劳动者积极性的效应；而虽然企业所得税的增加可以更显著地促进人力资本产出弹性和配置效率的提高，但总体上对缩小贫富差距、实现社会公平没有促进作用。

表 6.14 我国企业所得税、个人所得税对社会公平影响的估计结果

因变量：LnUEY

	系数	标准差	T 统计值
LnY	0.2240	0.4167	0.5377
$X_1 \ln K_t$	1.1888	1.0524	1.1296
$X_2 \ln K_t$	-0.5364	2.4820	-0.2161
$X_1 \ln L_t$	-3.2411	5.3717	-0.6034
$X_2 \ln L_t$	7.1472	14.8334	0.4818
X_1	36.6860	61.7415	0.5942
X_2	-82.7409	61.7415	0.5942
R-squared	0.99	F-statistic	3.8380
Adjusted R-squared	0.99	Prob（F-statistic）	0.00

由此可见，针对目前贫富差距较大的局面，我国不仅应该加大直接税的比重，实现直接税与间接税的逆转，也应该进一步加大个人所得税的比重，实现企业所得税与个人所得税比重的逆转，以更好地实现效率与公平的

宗旨。

6.3.3 小结

最适课税理论认为，税制模式取决于政府的政策目标，政府的经济和社会发展政策及目标主导了税制的变迁。由于我国目前正处于社会经济的快速发展时期，经济二元结构严重，社会贫富差距急剧拉大，社会的公平问题就成为了政府必须关注的焦点。这种情况要求税收调节收入分配的职能必须强化，税制建设不宜刻舟求剑、固步自封，不能以征管水平为由，固守流转税。未来的税制建设，总体上应以推进我国税制的“直接化”为目标。这不仅是我国税制建设本身的需要，同时也是缩小我国收入差距、构建和谐社会的必然要求。因此，目前我国深化税制改革的主要任务之一，是进一步提高以个人所得税为主的直接税在税收总收入中所占份额，使税收结构在重视效率的同时，也要兼顾公平。因此，从我国税制整体改革的目标来看，应逐步降低间接税所占份额，由间接税为主体税种的单一主体税种结构真正转变为以间接税和直接税为主体税种的双主体税种结构，同时提高个人所得税比重，充分发挥个人所得税调节收入分配和缩小贫富差距的作用。这也是十八届三中全会中提出“完善税制制度，逐步提高直接税比重”的应有之义。

为实现我国税制改革中直接税与间接税的“逆转”，我们应从两个方面着手进行税制改革。一是改革间接税体系，降低企业间接税负担，主要是目前正在进行的“营改增”。这一改革契合了当今世界的趋势，即强化增值税在间接税中的地位，利用其税收中性，减轻其对经济发展的负面影响。但是还要注意增值税要简化税率，真正实现“良税”的目标。二是完善直接税体系，拓宽直接税征收范围，调整所得税政策，提高直接税占税收收入的比重。加快社会保障费改税的步伐，开征环境保护税、遗产税，改革房产税，拓展财产税、资源税征收范围，同时为适应税制变革的需要，要完善税收管理水平，提高税收征管效率。关于房产税、资源税和社会保障费改革将在本章其他节进行详细介绍。

同时，我国也要注重直接税税制结构的调整，实现个人所得税和企业所得税的“逆转”，提高个人所得税的比重，将所得税制的重心由现在的企业所得税转向个人所得税，个人所得税制的建设以“综合化”为主，同时加强对个人收入的核查与个人所得税的征收管理，通过纳税评估和加强对高收入人群的征管，让个人所得税在收入规模扩大的同时，在缩小收入差距和促进社会公平方面发挥更大作用。

在完善改革的过程中，要随时注意调整改革的方法与手段，以“质”取胜。因此在推进改革的过程中，要更加注重逆转的“质”而非“量”，真正将“逆转”落到实处，从而促进我国经济社会的平稳健康发展。

6.3.4 我国个人所得税的间接化与“逆税收资本化”

事实上，我国税制结构不仅流转税占主体，即使是房地产税制和车船税制等不动产和动产等财产税制（通常人们认为它们是“直接税制”）也呈现出“重交易、轻保有”的典型“间接税制”特征。

我国在车辆购置阶段所交的税款所占比例很大。资料显示，如果是进口车，排量在3.0升以上，就要缴车价25%的进口关税，并征收25%消费税，消费者购车时征收9%左右的购置税。其中，关税和消费税为包含在车价内的税费，购置税为车价以外的税费。如果是买辆国产车，企业在生产环节要上缴17%的增值税和5%的消费税。车辆上市销售后，购买者还必须支付约10%的车辆购置税。而在美国，大部分州对汽车公司仅征收5%～10%的税费，终端环节也没有购置税。在日本，轿车的平均税率大概是11%，德国则为7%。再加上中国保有环节的车船税等，比较一下可以发现，中国购买汽车的家庭在购买环节税负较重，而保有环节的税负相对较轻。由于这样的税收政策，虽然油价在不断上涨，仍然有很多购车者通常只考虑购买的一次成本，所以很难起到靠税收来调节消费和使用的效果，汽车税制的合理性和科学性也就无从谈起。

我国房地产交易过程中的个人所得税的“间接化”特征表现得更为明显。

1. 我国二手房个人所得税的“间接化”问题

《国务院办公厅关于继续做好房地产市场调控工作的通知》（国办发［2013］17号）规定，要充分发挥税收政策的调节作用。税务、住房城乡建设部门要密切配合，对出售自有住房按规定应征收的个人所得税，通过税收征管、房屋登记等历史信息能核实房屋原值的，应依法严格按转让所得的20%计征。

此前，北京等地的个税政策是按照差额的20%或全额的1%征收，只对个人转让自用5年以上并且是家庭唯一生活用房取得的所得免征个人所得税。以一套70平方米的二居室为例。业主原购房款为100万元，现在的卖价是250万元，由于是非唯一住房，执行新政后，需缴纳的个税额就从原来的2.5万元变为30万元，增加了27.5万元，相当于房屋总价的11%。可见，按照新的计税方式，将大大提高二手房的交易成本，有助于抑制房地产市场的过分炒作。

2013年初北京市出台了全国最严厉的房地产调控“新国五条”的细则，其中最受人瞩目的一条规定，就是在二手房的买卖环节，有条件地向卖方征收20%的个税。北京目前已经有第一批二手房缴纳了获利部分20%个税的案例出现[1]，28万元个税由买房者承担。北京一套两居室二手房，使用面积不到100平方米，交易房款为280万元，房主购买时价值为140万元，交易获利140万元，所缴纳的个税数额为140万元的20%，也就是28万元。值得关注的是，按照这份规定，本应由卖方承担的个税，经过买卖双方协商，最后由买房者承担。事实上，在供不应求的市场，在一个卖方主导的市场，卖方完全可以把税费转嫁到买方身上。比如，我们规定不能转嫁，卖方就把售价调高28万元，事实上还是转嫁。从发达国家和成熟市场的经验来看，交易环节应该是低税的。应该促进房产和物业的流通和资源的优化配置。同时，在持有环节，特别是针对多套持有应该是增加税收的。

2. 我国税制中的“三个比重”问题指向的都是“个人所得税”

长期以来，“三个比重”问题一直是我国税制改革中的核心问题：一是增值税、消费税、营业税等流转税比重维持在税收收入的60%左右；二是我国90%以上的税收收入来自企业纳税人；三是个人所得税在我国全部税收收入中的比重只有6%左右。“三个比重”问题所指向的都是我国个人所得税的改革问题。在我国流转税为主的税制体系之下，最典型的直接税——个人所得税，受制于房地产市场供求关系的影响，异化为可转嫁的间接税。一方面是因为个人所得税侧重流量调节；另一方面更与房地产市场的供不应求有着直接关系。从这种意义上来讲，单纯提高个人所得税等直接税的比重并不足喜，关键要看这些课征的直接税是否达到了市场调节的初衷。

与我国个人所得税等直接税比重过低类似的“镜像”同样出现在西方发达国家的间接税制建设上。近年来，作为发达国家俱乐部的“经合组

[1] 新华网，http：//news.xinhuanet.com/yzyd/fortune/20130423/c_115507379.htm。

织”（OECD），所得税平均税率下降了大约10个百分点，其在税收收入中的比重也有所下降，与此同时，间接税在税收收入总额中的比重则有所上升，出现了所谓的“跷跷板效应”。OECD国家开始实行增值税时，各国平均税率为12.5%，到1996年上升为17.5%。欧盟国家普遍实行的增值税成为欧盟推进一体化的重要财政手段，为购物退税、促进旅游业发展奠定了很好的政策基础。欧盟规定，非欧盟游客同一人同一天在同一家商店购买超过一定金额的物品即可办理退税。但要注意两点：一是一般食品和酒类不可办理退税；二是有办理退税资格的商店，门口大多挂有环球蓝联（Global Blue）的标志。环球蓝联是全球最大的购物退税服务机构，当游客在全球顶级购物区中的27万多家商店消费时，可以在环球蓝联设立的网点完成退税。

日本流转税——消费税税率1997年已从3%提高至5%[1]，2014年4月1日起将消费税率从5%提高至8%，最终将消费税税率上调至10%。2013年5月，美国参议院投票通过一项要求对数字下载征税的法案——《市场公平法案》（*Marketplace Fairness Act*），征税范围涉及移动应用开发者、云计算服务、音乐与电影等数字产品下载。此外，根据该法案，电商须向网购消费者代征销售税。这样，作为美国多数州和地方政府主体税种的销售税的地位将得到进一步巩固。这一税种每年能为美国地方政府开辟预计超过200亿美元的新税源。根据美国现行税法，假如一家在线购物网站的注册地和办公楼等设施不在某个州内，这个州的居民在该网站购物时无需支付销售税。倘若开征该税种，网站将向顾客征收在线销售税并将税收交给顾客所在州的地方税务部门。根据这份议案，仅有跨州年营业收入不超过100万美元的购物网站可以得到豁免。其实，如果考虑到发达国家所得税等直接税为主体，以及我国作为发展中国家以间接税为主体的税制现状，双方这种“相向而行”的“税制融合”改革趋势也就不难理解了，只是西方国家在金融危机的财政压力之下的间接税强化进程呈现出“秋风失意马蹄疾”之势，而我国长期以来形成的对间接税的高度路径依赖使得税制的直接化呈现“雪拥蓝关马不前”之态。

此外，二手房转让个人所得税的“间接化”，很容易让人联想起所谓的

[1] 汤贡亮：《2012中国税收发展报告》，中国税务出版社，2013年版，第49页。

"税收资本化"（capitalization of taxation）[1]。所谓的"税收资本化"，亦称"资本还原"，事实上是一种税负向后转嫁的形式，即生产要素的购买者将所购买的生产要素未来应纳的税款，通过从购入价中预先扣除的做法，向后转嫁给生产要素出售者的一种形式。税收资本化之所以能够实现，前提是土地、房屋等资本品的供给不变，而价格提高之后需求或遭到抑制。然而在中国的房地产调控中，却出现了相反的"逆税收资本化"的现象。也就是说，政府提高——或者说将二手房交易20%个人所得税做实之后，进一步加剧了原本供不应求的格局，税收调控事实上发挥了"火上浇油"的作用。因此，我国房地产调控，重要的是增加房地产保有环节的税收，进而扭转供求预期。否则，过热的房地产市场恰如湍急的水流，任何增加的税收都如枯枝碎叶，会被倾泻的水流迅速淹没。

调查报告显示，北京首套房贷者的平均年龄只有27岁，而英国为37岁，德国和日本则为42岁。年轻人急于买房的首要原因是"结婚需要"，其次是"住房保障体系不到位，缺乏安全感"以及"租房价格贵"、"房价涨得太快"等。过早购房致使住房需求提前释放，也对价格的上涨产生了一定的刺激作用。在2011年限购政策开始实行之后，部分购房者为规避购房套数限制，或者考虑到未来换房交易税费等成本的提高，选择了购买超过当前需求的住房。过早、过大购房的行为，在一定程度上不必要地扩大了即期自住性住房的需求[2]。为此，未来我国房地产调控如何使供求理性逐渐释放，确保房地产市场的长期健康发展，值得深入思考。

这就需要描画出房地产市场的"马斯洛需求层次曲线"，出台一揽子组合拳，满足房地产市场的多层次住房需求。一方面，淡化"北上广深"等一线城市"限购"、"限贷"等"限字当头"的行政化色彩过于浓厚的房地产调控，满足刚需、投资改善等合理需求，适当发挥房地产市场应有的经济带动作用；另一方面，按照国务院批转的国家发改委《关于2013年深化经济体制改革重点工作的意见》，推进新房产税试点的实质性扩围，加大对不动产保有环节的税收调控力度。同时，通过加大保障房、廉租房等建设力度，满足中低收入阶层的基本住房需求。

---

〔1〕 Rosen, H. S., *Public Finance*, Irwin/McGraw-Hill, 1995, pp. 291-292.

〔2〕 中国社科院城市发展与环境研究所：《房地产蓝皮书》，社会科学文献出版社，2013年。

6.4 非常规天然气的开发与利用：关注中国能源安全

我国是一个人口大国，人均能源占有率低，油气对外依存度不断上升，以煤为主的能源结构造成生态环境压力大，迫切需要寻找清洁、高效的能源，优化能源结构。

随着非常规油气资源开发步伐的加快，出台有针对性的财税政策，对非常规资源的开发予以扶持很有必要。发达国家对于油气开采、加工都有非常细致的税收制度，对非常规油气资源也相继出台了相应的财税政策，而我国资源行业税收制度相对较粗放，目前还没有针对非常规油气资源开发系统的财税政策，因此在今后的税收政策改革过程中需要借鉴国外经验，降低非常规资源产业运行的各项税率，加大扶植力度，以鼓励该产业发展。

6.4.1 我国能源使用特点

1. 我国能源消费量持续增长

2000 年以来，我国的能源消费量呈现快速增长的态势。表 6.15 显示，我国目前的能源消耗主要以煤炭为主，而天然气和以水电、核电、风电为主的新能源所占比重偏低。

表 6.15　　2000～2012 年中国能源消费总量及构成表

年份	能源消费总量（万吨标准煤）	能源消费增长率（%）	占能源消费比重（%）			
			煤炭	石油	天然气	水电、核电、风电
2000	145531	N/A	69.2	22.2	2.2	6.4
2001	150406	3.35	68.3	21.8	2.4	7.5
2002	159431	6.00	68	22.3	2.4	7.3
2003	183792	15.28	69.8	21.2	2.5	6.5
2004	213456	16.14	69.5	21.3	2.5	6.7
2005	235997	10.56	70.8	19.8	2.6	6.8
2006	258676	9.61	71.1	19.3	2.9	6.7
2007	280508	8.44	71.1	18.8	3.3	6.8

续表

年份	能源消费总量（万吨标准煤）	能源消费增长率（%）	占能源消费比重（%）			
			煤炭	石油	天然气	水电、核电、风电
2008	291448	3.90	70.3	18.3	3.7	7.7
2009	306647	5.21	70.4	17.9	3.9	7.8
2010	324939	5.97	68	19	4.4	8.6
2011	348002	7.10	68.4	18.6	5	8
2012	361732	3.95	66.6	18.8	5.2	9.4

数据来源：《中国统计年鉴（2013）》。

2. 能源结构以煤为主

全球一次能源以石油、煤炭、天然气为三大支柱，而我国则高度依赖于煤炭。尽管近年来我国天然气和以风能等为代表的新能源在能源消费结构中占比上升，但煤炭在一次能源消费结构中一直保持在70%左右（见表6.15）。与世界上其他能源消费大国相比，我国的煤炭使用比例偏高，如图6.9所示。

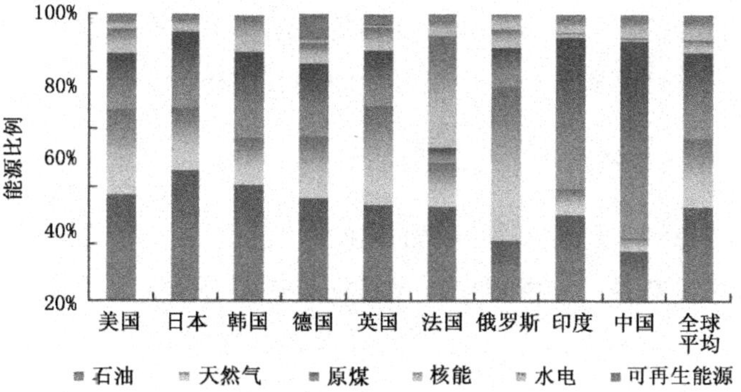

图6.9　2012年度全球及部分国家能源消费结构图

资料来源：能源数据来自BP。

3. 能源效率低

由于我国过去长期以粗放型经济为主，一直走"先污染、后治理"的道路，能源使用效率偏低，2012年单位GDP能源消耗量是世界平均值的2倍左右，是发达国家的3~5倍，见图6.10。因而，我国走资源节约型的道路是大势所趋。在能源供需关系越来越紧张的同时，寻找新的清洁、高效能源的任务也异常艰巨。

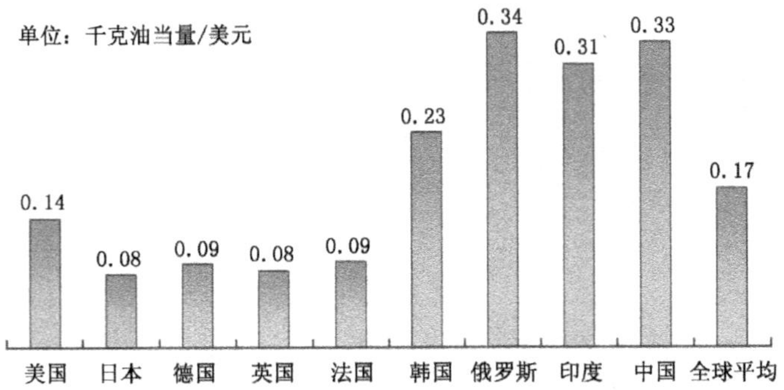

图 6.10 2012 年全球及部分国家单位 GDP 能耗情况图

资料来源：GDP 数据来自 IMF，能源数据来自 BP。

4. 污染严重，生态环境压力大

能源消费规模绝对量大幅增加和以煤为主的能源消费结构导致我国环境污染日益加重。2013 年初，我国中东部地区被雾霾天气所笼罩。据国家环境保护部公布的数据，2013 年上半年，京津冀地区空气质量平均达标天数比例为 31.0%，重度污染以上的天次达 26.2%，主要污染物为 PM2.5。治理大气污染首要的是加强对原料、燃料的控制，加快推进以绿色和低碳技术为标志的能源革命是我国改善生态环境的必然选择。

6.4.2 我国煤层气开发的战略意义

在我国能源供求矛盾逐渐显现的同时，能源结构、能源安全以及环境保护的要求也在逐渐提高，这就要求我们找到并大力开发新型清洁能源。对应国家“十二五”规划对煤层气的发展要求，这里将我国煤层气开发的战略意义总结为五点。

1. 能源需求持续增长

“十二五”时期，预计我国经济将持续保持快速平稳发展势头，虽然伴随产业结构转型，但我国工业所占比重依然巨大，工业对能源的需求依然不容忽视。目前我国化石能源供需矛盾突出，特别是石油及天然气能源供不应求，导致能源对外依存度不断攀升，正如前文所述，新型能源中非常规天然气的开发利用可以有效地缓解我国目前能源供求矛盾，煤层气属于非常规天然气的一类，其开发利用对我国实现能源战略意义重大。

2. 能源结构调整加快

“十二五”时期，伴随国家加快转变经济发展方式，对能源生产和利用方式提出了更高的要求。目前我国对能源生产的着眼点不仅限于生产效率，更重视构建生产安全、利用稳定、环境和谐的现代能源产业体系，要求进一步加大能源结构调整力度。煤层气属于天然气的一种，其开发利用不仅利于环保，更有助于提高煤矿开采的安全，具有十分巨大的正外部效应，符合“十二五”规划对于能源生产利用的要求。

3. 安全要求越来越高

近年来我国煤矿事故不断，为我国能源开发安全敲响了警钟。“十二五”时期，国家要求关爱生命、以人为本、构建和谐社会，重视煤矿生产的安全保障，提高煤矿作业安全水准。煤矿生产安全问题主要由瓦斯泄露造成，煤层气的开发利用可以有效地减少煤层中瓦斯密度与压力，对保障煤层作业安全有十分积极的作用。

4. 资源节约力度加大

新时期国家对能源利用效率也有了更高的要求，“十二五”规划中要求“单位国内生产总值能耗降低 16%”。煤层气属于天然气的一种，其甲烷含量一般超过 90%，并且呈气态，燃烧效率较高，并且随着技术不断进步，抽采利用率提高，可大量节约资源，进一步提高综合利用水平。

5. 环境保护约束增强

随着国民环保意识的不断加强，温室气体排放量等指标逐渐进入大众视野。根据碳监测行动（CARMA）网站提供的数据，中国二氧化碳排放量位列美国之后，居世界第二[1]，如表 6.16 所示，而根据中国报告库行业资讯，2011 年中国人均温室气体排放量已经超过世界平均水平[2]，这些都反映出我国温室气体排放量已经威胁到我国甚至世界公民正常的生产生活。对此，我国决心于“十二五”期间降低温室气体的排放量，力争实现单位产值温室气体排放降低 17% 的宏伟目标，对控制温室气体排放提出了更高要求。由于其成分的优势，燃烧同等热值的煤层气所排放的二氧化碳远远低于石油，所以大力开发利用煤层气资源，可有效降低温室气体排放量，达到保

〔1〕 环球能源网，全球各国二氧化碳排放量比较排行，2009 年 12 月 9 日，http：//www.bioon.com/bioindustry/ep/423625.shtml.

〔2〕 中国报告库，我国二氧化碳排放量蹿升，人均排放量超世界水平，2011 年 12 月 5 日，http：//www.baogaoku.com/zixun/nykchb/4408987.html.

护环境的目的。

表 6.16 全球温室气体排放总量排名

位次	国家	温室气体排放总量（亿吨）
第一名	美国	28
第二名	中国	27
第三名	俄罗斯	6.61
第四名	印度	5.83
第五名	日本	4

6.4.3 美国非常规天然气开发财税政策优惠

随着世界各国对能源安全与环境保护意识的提升，加上常规天然气储量有限，导致各国对非常规天然气开发利用的重视程度不断提高，非常规天然气产量也不断提升。1988 年以来，煤层气开发利用发展速度加快。美国煤层气开发取得突破性成功，并带动了世界煤层气的勘探开发热潮，其他如澳大利亚、英国、德国等国家也在煤层气领域取得了突破性进展。

从储量上来看，相比常规天然气资源，煤层气资源的储量更加丰富，仅位于地下 2000 米左右的煤层气储量就可能超过常规天然气储量的一倍，达到 260 万亿立方米[1]。煤层气资源主要分布在美国、澳大利亚、中国、俄罗斯、加拿大等国。

受全球油气需求的持续增长以及应对气候变化和发展低碳经济现实需要的驱动，世界各国越来越重视非常规天然气的开发和普遍使用。美国自 20 世纪 60 年代起就实现了对一种低丰度、低渗透、低产能的非常规天然气——致密气的规模开采，并通过政府财政扶持、完善市场机制、完善基础设施等措施，从国家层面为加快非常规天然气的发展提供了有力的保障。

得益于非常规天然气的成功开发，美国于 2009 年跃居世界第一大天然气生产国，基本实现了自给自足，彻底改变了美国天然气的供给格局。我国非常规天然气资源丰富、分布广泛，初步估计资源量超过 150 万亿立方米，

---

〔1〕 中石油经济技术研究院内参报告：《2011 年世界油气探明储量估计值》，引用美国油气杂志 2011 年 12 月 5 日。

约为常规天然气资源量的3倍以上。无疑，非常规天然气的开采和推广才是未来天然气能源的巨大潜力所在。

专栏6－6　非常规天然气

非常规天然气资源，是指尚未充分认识而且没有可以借用的成熟技术和经验进行开发的一类天然气资源，主要包括：致密气（致密砂岩气、火山岩气、碳酸盐岩气），煤层气（瓦斯），页（泥）岩气、天然气水合物（可燃冰），水溶气，无机气以及盆地中心气、千层生物气等。

非常规天然气资源的埋藏、赋存状态与常规天然气资源既有相似之处，也有较大的差别，其主要的差别在于资源的“低品位”。常规天然气容易开发，但是只占小部分；而非常规天然气在现有的技术水平下开发成本高，但是储量非常大。

非常规天然气开发是一个“过程性概念”，在下列任意一种情况下，均可实现转换。特别是技术成熟后，“非常规天然气资源”可转换成“常规资源”进行开发。

1. 主体开发技术到达常规程度。
2. 开发方式具备规模化、集约化特性。
3. 油价稳定在60～80美元之间。
4. “后石油时代”，石油资源量开采减少。

如果说煤炭是高碳、石油是中碳，那么非常规天然气就是最现实的低碳资源。开发非常规天然气是利用低碳资源的最佳选择。

20世纪70年代中期，美国石油业就已经知道有大批量致密气地层存在。但是由于当时美国天然气价格受到管制，使得非常规天然气的开采受到很大的限制。1980年之后，美国逐渐放开天然气价格管制，并且颁布了《能源意外获利法》，对非常规能源的开发实施长期的税收补贴，这项政策推动美国非常规天然气在不到20年的时间里，产量达到天然气总产量的30%以上[1]。

---

〔1〕 Haam M. R, Goulding A J, Impact of section 29 tax credits on unconventional gas development and gas market, 1992.

1. 对非常规能源的上游开发实施税收优惠

在1980年对《能源意外获利法》进行修订后，一套独立的非常规天然气经济激励机制进入了该法。修订后的第29条规定：为符合非常规天然气井地层提供税收优惠政策，新非常规气井税收抵免资格期一直持续到1992年底，即1980~1992年钻探的非常规天然气可享受税收优惠政策。

第29条税收抵免的目的是为了激励企业提升非常规天然气产能的积极性。除此条税收抵免政策之外，针对油气行业还有其他5种税收优惠，包括无形钻探费用扣除、有形钻探费用扣除、租赁费用扣除、工作权益视为主动收入、小生产商的耗竭补贴等。这些优惠政策则是为了提升开采非常规天然气的技术，促进油气行业的发展，显然这些政策也达到了预期的目的。

2. 煤层气优惠政策

美国煤层气能够得到如此迅速的发展，主要得益于政府在煤层气产业发展初期的宏观调控政策，特别是卓有成效的财政支持和政策激励。1980年修订的《能源意外获利法》最初规定，煤层气的税收优惠政策适用期为10年，即1980~1990年，为保障煤层气业的良好发展，1988年美国政府将该项税收优惠政策延迟到1992年底，之后又规定在2003年1月1日之前生产的煤层气均可享受到这一税收优惠政策。

美国政府还先后投入大量资金用于非常规天然气理论研究、资源调查和开发工作，并且这些资金的投入还会随着通货膨胀系数进行调整。

综上所述，美国煤层气产业的快速发展，除得益于较好的煤层气资源禀赋外，主要取决于美国政府的大力扶持，美国除了对非常规天然气进行税收优惠之外，还进行了大量的基金支持，这些措施极大地促进了美国油气行业的发展。虽然美国的第29条税收补贴政策的优惠已经到期，但它已经起到了应有的作用，完成了它的历史使命。美国的煤层气产业已经从政府的扶持政策中获得了旺盛的生命力，即使没有鼓励政策，美国的煤层气产业也会继续蓬勃向前发展。迫于气候公约履约压力，美国政府越来越重视矿井煤层气的利用，目前正致力于推动其商业化和市场化，相信将来也会有大的发展，成为美国煤层气产业的重要组成部分。

6.4.4 我国非常规天然气政策现状

1. 政策综述

党中央、国务院高度重视煤层气开发利用及扶持政策。2011年，时任国务院副总理张德江在全国煤矿瓦斯治理现场会中提出新时期发展煤层气的重大意义，并将推进我国煤层气发展的着力点定在政策支持上[1]。2007年以来，我国先后施行了包括增值税返还、煤层气利用补贴在内的多项鼓励措施，意在提高煤层气开发效益，帮助煤层气开发项目尽快取得收益，推动我国煤层气产业尽快形成规模，步入正轨。

《中华人民共和国国民经济和社会发展第十二个五年规划纲要》提出，要加大石油、天然气资源勘探开发力度，稳定国内石油产量，促进天然气产量快速增长，推进煤层气等非常规油气资源开发利用。据预测[2]，近年我国煤层气产量将实现质的飞跃，有望在2015年突破300亿立方米，极大地缓解我国目前能源供求矛盾现状。“十二五”期间至2020年是我国煤层气等非常规油气开发利用的重要时期，加大政策扶持力度的意义更加突出。

2. 财政政策现状

（1）煤层气开发补贴政策。自2006年开始我国就明确了支持煤层气产业发展的优惠政策[3]，2007年对煤层气开发利用补贴对象、申请补贴条件、补贴标准、补贴额度、补贴程序做了详细的规定，明确了煤层气销售补贴0.2元/立方米的标准[4]。

（2）关于煤层气发电政策。2007年国家出台政策，规定省级电网可以提高电价，以获得煤层气发电补贴的资金来源[5]。该政策规定了煤层气发电可适当提价，实际上是将煤层气开发成本转移给消费者，并且政策中没有说明提价的幅度，对煤层气开采企业没有形成具体有效的刺激。

（3）矿区使用费。矿区使用费按照煤层气年产量的高低，分为免征、1%、2%和3%四档，四档之间产量界限分别为10亿立方米、25亿立方米和50亿立方米。

（4）探矿权使用费、采矿权使用费。国家规定煤层气抽采企业可以按照逐渐递减的梯度减征探矿权使用费及采矿权使用费，减征梯度逐年分别为100%、50%及25%[6]。

---

[1] 张德江：全国煤矿瓦斯治理现场会讲话要点，2011年11月11日。

[2] 煤层气产量预测源自《全国煤层气开发利用“十二五”规划》。

[3] 《国务院办公厅关于加快煤层气抽采利用若干意见》，国办发［2006］47号。

[4] 《关于煤层气（瓦斯）开发利用补贴的实施意见》，财建［2007］114号。

[5] 《关于利用煤层气（煤矿瓦斯）发电工作实施意见》，发改能源［2007］721号。

[6] 《国务院关于实施西部大开发若干政策措施的通知》，国发［2000］33号。

3. 税收政策现状

（1）增值税优惠政策。国家规定对煤层气抽采企业的增值税一般纳税人抽采销售煤层气实行增值税先征后退政策，先征后退税款由企业专项用于煤层气技术的研究和扩大再生产。煤层气抽采企业应将享受增值税先征后退政策的业务和其他业务分别核算，对于不能分别准确核算相关业务的企业，不得享受增值税先征后退政策[1]。

另外，目前煤层气抽采企业还享受免征关税和进口环节增值税，增值税抵扣设备可适用双倍余额递减法加速折旧[2]等政策优惠。

（2）所得税优惠政策。为提高煤层气抽采企业的开发效益，引进外资推动我国煤层气行业快速发展，我国对中外合资煤层气企业所需缴纳的企业所得税实行两免三减半政策[3]。

（3）资源税优惠政策。为加快推进我国煤层气行业的发展势头，我国对地面抽采煤层气暂不征收资源税。[4]

4. 基础设施政策

《煤层气开发利用"十二五"规划》明确提出，要大力推进煤层气管网建设，加速煤层气入网进程，争取在规划年度实现年输气能力120亿立方米的管道建设规模。

非常规天然气的开采可能会引起地震、水污染等其他问题，并且其开采过程是一个长期过程，因此在对该行业进行扶植时，应该从一个长远视角对优惠政策进行统筹安排。

中国和美国煤层气产业化的比较如表6.17所示。

表6.17　　中美煤层气产业化比较

	中　国	美　国
发展的资源基础——基本相同	都是煤层气资源大国。比较而言，中国煤层气资源更加丰富，丰富的煤层气资源为煤层气产业的发展奠定了良好的物质基础	
发展的动因——基本相同	环境的压力、经济快速发展带来的能源压力以及瓦斯对煤矿生产安全的威胁促使两国的政府和企业重视煤层气的开发利用	

[1]《关于加快煤层气抽采有关税收政策问题的通知》，财税［2007］16号。
[2]《关于调整进口设备税收政策的通知》，国发［1997］37号。
[3]《关于加快煤层气抽采有关税收政策问题的通知》，财税［2007］16号第五条。
[4]《关于加快煤层气抽采有关税收政策问题的通知》，财税［2007］16号第五条。

续表

	中　国	美　国
资源禀赋条件——差别较大	我国煤田地质条件复杂，煤层气的气藏压力低、透气性差、抽采难度大、单井产量低，这在客观上制约了煤层气资源产业的快速发展	美国的含煤盆地地质构造简单、煤层气储量丰富，且为单一的生产层，适合大型煤层气项目的开发
煤层气管网等基础设施——我国与美国存在差距	我国天然气管网设施不健全；瓦斯发电上网难、入网价格低，发电企业无利可图，限制了矿井瓦斯的抽采利用	美国具有发达的天然气管网和成熟的天然气市场，发达的管网等基础设施为煤层气产业的形成与发展提供了发展空间
开发利用的技术条件——两国存在差异	我国长期以来社会公益性研究不足，一些公益性、前瞻性、基础性、共性关键技术与装备的研究从人才、基础设施到资金都缺乏必要的支撑，煤层气开发利用等方面的技术研究和创新进展缓慢	美国政府重视基础理论与应用技术研发，多年来形成了有效指导煤层气勘探开发的理论基础、技术工艺和一批从事煤层气勘探开发的高水平专家队伍
产业政策的力度——两国差别较大	尽管中国政府重视煤层气的开发利用，但产业扶持政策的力度不够，与常规天然气相比，煤层气资源产业竞争力仍处于劣势	为煤层气产业的发展提供了极为有利的条件，给煤层气产业业主带来了丰厚的利润，也吸引了各类潜在的能源公司、风险投资公司进入该产业，推动了煤层气产业持续健康发展

6.4.5　我国煤层气勘探效益评价

EVA 效益方法概述如下。

1. 投资项目 EVA 的计算公式

EVA = 税后净营业利润 - 资本成本

其中，税后净营业利润 = 净利润 + 少数股东损益 + 财务费用 ×（1 - 所得税率）

资本成本 = 调整后占用资本 × 平均资本成本率

调整后占用资本 = 平均所有者权益 + 平均少数股东权益 - 平均无息流动

负债+平均负债合计-平均在建工程

平均无息流动负债=平均流动负债合计-平均短期借款-平均每年内到期的长期负债

2. 主要参数及调整项

计算投资项目EVA时，对项目立项决策阶段的EVA计算采用《A公司油气开发项目经济评价方法与参数》中公布的决策油价和《国家发展改革委关于提高国产陆上天然气出厂基准价格的通知》（发改电［2010］211号）中公布的气价，实施后根据实际销售价格同口径调整；对项目投产运营阶段的经济增加值计算采用实际销售价格；其余参数，包括成本计算、所得税率等，均取自项目可行性研究报告中财务评价参数及其计算结果。为达到保密效果，所有数据均乘以一个固定参数，另外部分重要数据加入微小白噪声序列，如此加密后，并没有改变数据对问题的说明力〔1〕。

计算投资项目的占用资本时，应扣除项目财务评价报表中相应年份的未分配利润、公积金、公益金等；投资项目的资本成本率，暂按国资委规定的5.5%计提，增值税进项抵扣比例为60%。

3. 数据来源

计算投资项目EVA所依据的基础数据，主要从A公司该煤层气项目的财务评价报表中取得，主要数据来源如下：

（1）投资估算。A项目在2009～2011年的总投资为0.17亿元，2012年进入开发期后，投资为2.04亿元，其中主要资金用途分为三项，具体包括：钻井工程投资共耗用10830万元，排采工程投资共耗用4475万元，地面工程投资共耗用5126万元〔2〕。

（2）基础数据。本节研究的A煤层气项目自2009年开始建设，2012年进入生产期，预计2015～2020年为稳产期，之后预计产量下滑，评价期截止到2026年。行业基准收益率15%，商品率93%。

（3）成本费用估算。A项目生产成本包括材料费、动力费（水、电）、

---

〔1〕 因委托单位的要求，A煤层气项目具体生产开发数据不方便对外公布，故本节将数据加密，仅仅将其一般变动趋势的特征展示出来，以显示一般煤层气生产项目的利益特点。本节的加密方法为：在原始数据基础上乘以一个系数，再加上期望为0、服从正态分布，且有95%的概率落在原始数据10%范围内的白噪声数列，形成加密后的数列。经验证，加密前后数据对本节说明问题不构成本质影响。

〔2〕 此处数据已加密，相关公司及项目均用A公司、A项目代替。

燃料费、生产工人工资及福利费、井下作业费、修井费用、测试费、天然气安全生产费、其他直接费、折旧费及制造费用。另外，燃料费、天然气安全生产费按照产量规划估算，生产工人工资和管理费按照实际工人人数估算，其余定额依据新钻井数估算（详见表 6.18）。

折旧费依据《A 公司油气开发项目经济评价方法与参数》的规定，统一实行直线折旧法，基础折旧年限 10 年，不计残值，折旧方式一旦确定后不能随意调整。

根据该项目经济评价标准，该煤层气项目有关销售费用按年销售收入的 0.5% 计取。这里认为项目建设投资主要依靠银行或财团贷款和自有资金两种渠道，其中建设投资的 70% 为银行贷款，其余 30% 为资本金，并假设固定资产投资时先使用资本金，之后使用银行借款，且银行借款在 2012 ~ 2021 年十年稳产期均匀地还本付息。

（4）销售收入计算。项目平均气价采用中石油沁水盆地煤层气并网井口价 1.56 元/立方米，不包含增值税的实际气价为 1381 元/千立方米[1]，销售气量的商品率取值 93%，考虑到管线铺设问题，项目从 2012 年以后生产的天然气才具有经济价值（详见表 6.19）。

（5）勘探费用归集。根据勘探、开采实际结果，如探井成功产气，并且产气规模达到经济可采标准，该探井则转化为生产井，其勘探成本要资本化计提折耗；如探井不能产气，或产气量过低或不稳定，则被称为“干井”，其勘探成本则需要费用化，在期末结转为其他资本成本进行摊销。生产期实际成本化的探井，比照 2012 年打下这些井需要的资金规模，估计前期探井资本化量，并成本化计提折耗，而 2009 ~ 2011 年实际发生的投入（打井费用）与探井资本化量的差额，则为勘探费用，按照会计制度中其他资产的处理方法，从 2013 年开始 5 年直线摊销，计算结果如表 6.20 所示。

（6）税金的计算。在该项目适用的有关政策中，资源税、矿产资源补偿费、企业所得税等都予以免征，但实际中增值税由于地方政府不予返还，导致中央政府返还手续不完善，同样不能返还，使增值税相当于全额征收。根据《中华人民共和国增值税暂行条例》[国务院令第 538 号] 规定，天然气生产适用 13% 的增值税税率，对于该项目来说，适用的城市维护建设税、教育费附加分别按照流转税的 7%、3% 来计量，该项目经济评价中规定，

[1] 资料来源：《该项目煤层气田开发可行性研究报告（经济评价）》。

表 6.18 **生产成本费用估算表** 单位：万元

年　　份	2012 年	2013 年	2014 年	2015 年	2016 年	2017 年	2018 年	2019 年	2020 年	2021 年	2022 年	2023 年	2024 年	2025 年	2026 年
材料	23.82	55.91	55.91	55.91	55.91	55.91	55.91	55.91	55.91	55.91	55.91	55.91	55.91	55.91	55.91
燃料	0.00	0.00	0.00	0.00	0.00	0.00	0.00	0.00	0.00	0.00	0.00	0.00	0.00	0.00	0.00
动力	42.88	100.65	100.65	100.65	100.65	100.65	100.65	100.65	100.65	100.65	100.65	100.65	100.65	100.65	100.65
生产工人工资	201.00	201.00	201.00	201.00	201.00	201.00	201.00	201.00	201.00	201.00	201.00	201.00	201.00	201.00	201.00
提取职工福利费	28.14	28.14	28.14	28.14	28.14	28.14	28.14	28.14	28.14	28.14	28.14	28.14	28.14	28.14	28.14
井下作业费	26.47	62.12	62.12	62.12	62.12	62.12	62.12	62.12	62.12	62.12	62.12	62.12	62.12	62.12	62.12
测井试井费	0.00	0.00	0.00	0.00	0.00	0.00	0.00	0.00	0.00	0.00	0.00	0.00	0.00	0.00	0.00
维护及修理费	22.10	51.87	51.87	51.87	51.87	51.87	51.87	51.87	51.87	51.87	51.87	51.87	51.87	51.87	51.87
安全生产费	1.47	6.87	13.25	15.40	15.37	15.37	15.37	15.37	15.37	14.31	12.16	10.34	9.00	8.10	7.29
制造费	42.59	42.59	42.59	42.59	42.59	42.59	42.59	42.59	42.59	42.59	42.59	42.59	42.59	42.59	42.59
其他直接费	0.00	0.00	0.00	0.00	0.00	0.00	0.00	0.00	0.00	0.00	0.00	0.00	0.00	0.00	0.00
驱油物注入费用	0.00	0.00	0.00	0.00	0.00	0.00	0.00	0.00	0.00	0.00	0.00	0.00	0.00	0.00	0.00
油气处理费	11.76	54.94	106.00	123.24	122.94	122.94	122.94	122.94	122.94	114.47	97.29	82.71	72.06	64.82	58.35
探矿权费用	1.24	1.24	1.24	1.24	1.24	1.24	1.24	1.24	1.24	1.24	1.24	1.24	1.24	1.24	1.24
全部产品生产总成本	401.48	605.32	662.76	682.15	681.81	681.81	681.81	681.81	681.81	672.29	652.97	636.55	624.57	616.44	609.15

资料来源：A 气田开发可行性研究报告经济评价部分。

增值税进项税抵扣比例按60%估算。具体的计算结果如表6.21和表6.22所示。

表6.19　A气田非常规天然气预测销售收入表　单位：万元

年　份	2012年	2013年	2014年	2015年	2016年	2017年	2018年	2019年
销售收入	351	2084	4018	4672	4660	4660	4660	4660
年　份	2020年	2021年	2022年	2023年	2024年	2025年	2026年	
销售收入	4660	4340	3689	3136	2731	2458	2212	

表6.20　A气田勘探费用与资本化成本的估算　单位：万元

年　　份	2009年	2010年	2011年	2012年	2013年
资本成本	29.17	247.95	700.10	8754.49	11676.98
其他资本成本	7.71	65.50	184.93		

从图6.11中可以看出，在现有政策价格水平下，项目的经济增加值直到2022年才提高为正值，为负值的年限有10年，为正值的年限仅为5年，项目整体的EVA现值为-6190.69万元，不容乐观。

6.4.6　进一步扶持煤层气开发的政策建议

1. 以石油特别收益金为扶持资金来源

考察石油特别收益金的设计本意，不难发现其意在调节石油产业链上下游部门之间的利益。因为垄断企业掌握着国家的重要资源，可以凭借其垄断地位获取高收益，但下游炼油企业却面临巨大的成本压力，同时消费者承担着很重的成本。通过对能源生产部门征收石油特别收益金来筹集资金，用以补贴因能源价格上涨给合理投资收益带来损失的产业，可以很好地将能源涨价因素带来的一部分收益通过特别收益金转入财政非税收入，均衡石油产业链上下游利益，实际上石油特别收益金起到了利益再分配的作用，通过削减传统能源开采部门的利益以补贴国家需要扶持的相关新型能源部门。

如果将视野拓宽到整个能源领域，煤层气开采同样处于能源开发的弱势地位。由于我国地质结构复杂，加上技术不到位，在目前的扶持政策下，煤层气项目多半不能获利，影响了开发企业的积极性，这与我国开发煤层气的重大战略是相悖的。前文提到的气价补贴、贷款补贴及税收优惠政策，都需

表 6.21　天然气价格 1.38 元/立方米 A 项目 2012～2026 年 EVA 估算

单位：万元

	2012 年	2013 年	2014 年	2015 年	2016 年	2017 年	2018 年	2019 年	2020 年	2021 年	2022 年	2023 年	2024 年	2025 年	2026 年
一、营业收入	351	2084	4018	4672	4660	4660	4660	4660	4660	4340	3689	3136	2731	2458	2212
减：营业成本	401	605	663	682	682	682	682	682	682	672	653	637	625	616	609
营业税金及附加	0	0	0	0	0	204	590	590	590	549	467	397	346	311	280
加：营业外收入															
减：营业外支出															
销售费用	1	9	17	20	20	20	20	20	20	18	16	13	12	10	9
管理费用	3	55	55	55	55	55	3	3	3	3	3	3	3	3	3
财务费用	2129	2129	2129	2129	2129	2129	2129	2129	2129	2129	0	0	0	0	0
资产减值损失	0	0	0	0	0	0	0	0	0	0	0	0	0	0	0
加：公允价值变动收益	0	0	0	0	0	0	0	0	0	0	0	0	0	0	0
投资收益	0	0	0	0	0	0	0	0	0	0	0	0	0	0	0
二、营业利润	-2184	-714	1155	1786	1775	1571	1237	1237	1237	968	2551	2086	1746	1517	1311
减：所得税费用															
加：财务费用	2129	2129	2129	2129	2129	2129	2129	2129	2129	2129	0	0	0	0	0
三、税后净营业利润	-55	1415	3284	3915	3904	3700	3366	3366	3366	3097	2551	2086	1746	1517	1311
减：资本成本	2129	4270	4270	4270	4270	4270	4270	4270	4270	4270	2141	0	0	0	0
经济增加值（EVA）	-2184	-2855	-986	-355	-366	-570	-904	-904	-904	-1173	410	2086	1746	1517	1311

表 6.22　天然气价格 1.38 元/立方米 A 项目 2012～2026 年增值税估算

单位：万元

	2017 年	2018 年	2019 年	2020 年	2021 年	2022 年	2023 年	2024 年	2025 年	2026 年
增值税额	185	536	536	536	499	424	361	314	283	254
城市维护建设税、教育费附加等小税种	19	54	54	54	50	42	36	31	28	25

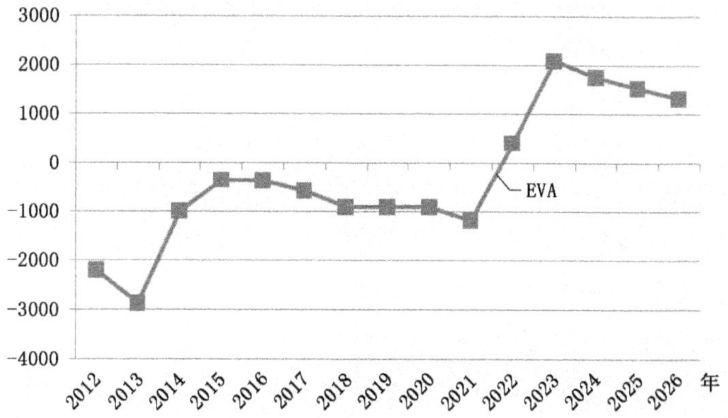

图 6.11　天然气价格 1.38 元/立方米 A 项目 2012～2026 年 EVA 估算图

要财政资金的支持，如果能利用石油特别收益金补贴煤层气勘探开发，可以更好地平衡各类资源之间的开发利润，达到石油特别收益金的设计初衷，又能实现鼓励煤层气开发的目的，有利于推进我国清洁能源的使用和更好地保障我国能源开发安全性，推动我国能源战略稳步实现。

2. 进一步加大财政扶持力度

（1）提高煤层气销售气价财政补贴标准。减税和补贴能较大地提高煤层气开发的经济性，其中补贴的作用尤为明显。相比而言，美国对煤层气开发利用的综合补贴力度达到气价的 50% 左右，而我国目前仅为 35% 左右。为加速煤层气的发展、全面实现煤层气开发利用“十二五”规划目标，笔者建议加大气价补贴力度，落实 0.05 元/立方米的地方气价补贴。

（2）明确发电补贴政策。应完善有关煤层气发电的相关规定，对开发企业用于生产自用的煤层气发电部分，应当等同于煤层气上网发电，享受每度电 0.25 元的财政补贴政策[1]。

（3）安排一定额度的国债资金，支持煤层气重点区块的勘探开发。建议国家每年安排 30 亿～50 亿元的国债资金投向煤层气勘探开发项目。另外由中央筹措一定的资金，为煤层气开发利用项目提供贷款贴息，或由中央推动政策性银行，为煤层气勘探开发提供低息贷款，切实降低开发企业的财务费用。

---

〔1〕 有关煤层气发电的相关规定指《关于利用煤层气发电工作实施意见》（发改能源［2007］721 号）。

（4）加大对前瞻性、基础性关键技术研发的财政投入，尽快完善煤层气开发中钻探、压裂等关键技术，提高煤层气开发投入产出比。

3. 尽快完善各项税收政策

（1）明确增值税即征即退。明确中央与地方的退税负担机制，避免相互推诿，增值税“先征后退”改为“即征即退”政策，以免影响煤层气开发企业的生产积极性。参照煤层气引进技术进口环节增值税“即征即退”的办法实现增值税减免的做法，对煤层气销售环节增值税实行“即征即退”，同时规定退税款由企业用于煤层气扩大再生产。

（2）明确煤层气开发利用气价财政补贴部分，免征企业所得税。

（3）抽采煤层气不征收矿产资源补偿费或资源税的临时免税条款会影响企业对未来政策的预期，使政策效果打折，应修改为法定免税。国家对煤层气的生产，规定暂不征收资源税和矿产资源补偿费，但是由于煤层气的开采周期一般都在15～20年左右，而“暂不征收”是一个临时免税概念，意味着将来可能恢复征收矿产资源补偿费或资源税，因此不能给予开发企业一个稳定的、长期的成本预期，这会使企业对未来税收成本预期上升，增大企业的投资风险，不利于企业对煤层气的投资和开发利用。因此建议：为促进煤层气的快速发展，应使这项政策具有较强的稳定性和长期性，应从法律上明确对地面抽采煤层气不征收资源税和矿产资源补偿费。

（4）对煤层气勘探开发临时征地，免征城镇土地使用税，并给予优先安排。

4. 尽快完善煤层气价格等方面的政策，充分发挥市场机制配置资源的基础性作用

煤层气产业市场化程度低，价格政策等方面尚不完善。一是市场准入、市场监管、市场退出机制和政策不完善，市场主体地位不平等，非国有投资主体很难介入，导致了不公平竞争；现有的市场监管部门虽多，但各自责权不明确，并没有形成统一的监管体系与完善的监管体制，纵容了煤层气行业的无序竞争。二是价格政策不完善导致了价格不合理。虽然对煤层气的出厂价格实行市场调节、由供需双方协商确定的政策，但目前煤层气价格是无法跟随市场供求变动而变动的，因为常规天然气与煤层气成分非常相近，属于完全替代品，且目前我国对天然气价格实行严格监管，实际上煤层气的价格只能随着常规天然气的价格变动，而我国目前天然气价格较低，远远低于相关替代能源价格，也就导致了煤层气的价格偏低。

建议充分发挥政府调节与市场资源配置的双重作用，尽快完善煤层气价格改革，改变目前煤层气开发面临的困境。第一，在资源开发和终端消费领域，应当加大市场机制的引入，让市场供求决定煤层气交易数量与价格，鼓励多种经济成分进入煤层气产业，引入市场竞争，提高煤层气开发企业自身的效率；另外，对于天然气管网的自然垄断格局，要求政府积极推动煤层气入网，鼓励和要求相关石油天然气公司开放天然气管网干线，使各个企业都能够享受管网带来的便利，为资源供求双方建立桥梁。第二，尽快在煤层气资源富集的重点地区及其周边省市进行天然气价格形成机制改革试点。煤层气开发利用投入大、回收期长，并且风险较高，加上目前我国用于基础勘探的资金较少，使得煤层气开发项目经济评价难以顺利过关，最终导致社会资金投入煤层气开发领域的积极性不高。因此建议：从长期解决我国煤层气开发遇到的困境出发，需要借鉴2011年以来广东等省天然气价格形成机制改革试点的经验，尽快在煤层气资源富集的重点地区及其周边省市进行天然气价格形成机制改革试点，探索建立反映市场供求和资源稀缺程度的价格动态调整机制，逐步理顺煤层气与可替代能源比价关系，提高煤层气价格，吸引社会资金对煤层气产业的投资。

6.5　构建权责发生制政府会计报告

政府会计改革是20世纪末西方发达国家最为成功的改革之一，也是新公共管理运动的一部分。政府会计改革的主要目的在于全面系统地提供政府及其部门的财务状况和预算执行信息，更好地完成公众受托责任。

自2009年以来，欧债危机成为全球经济社会的热点问题。处于危机漩涡中心的希腊的债务问题更为严重，其财政赤字和公共债务分别高达12.7%和113%，远远超过欧盟《稳定和增长公约》规定的3%和60%的上限。诸多原因造成这些国家的债务比例超高，其中一点便是财务管理不善，从根本上讲是因为政府会计不能全面地反映政府资产负债等财务状况。

资产和负债是会计中的两大要素，而政府会计使用的计量基础——收付实现制，却不能将两者合理地反映出来。收付实现制是以资金的收付为基础的计量方法，有真实的资金收支才会记账，这样做可以很好地控制资金的流动，但是却不能如实反映当期的债务数额，为政府埋下债务隐患。在中期支出框架下，政府预算得以良好运行的基础之一便是准确地估测财政收支，但是现行的政府会计计量基础——收付实现制，并不能很好地满足这一前提条件，因此，在引入中期支出框架的前提下，需要考虑我国的政府会计改革。

公共管理领域中收付实现制核算基础向权责发生制变迁的浪潮始于20世纪80年代。实行权责发生制政府会计改革的国家中，最早的典范是新西兰和澳大利亚，随后蔓延到OECD国家乃至全球范围内。

权责发生制要求收入在取得时也就是权利已经获得的时间确认，费用在发生时也就是责任义务已经承担的时间确认。凡是属于当期的收入或费用，无论现金是否收付，都应该在当期入账，凡是不属于当期的收入和费用，即使现金已经收付，也不能在当期确认入账。政府会计应用权责发生制，一方面能够提供评价相关经济主体的各种信息，另一方面还能够正确地反映政府的资源存量。

6.5.1　OECD国家权责发生制会计改革

1. OECD国家政府会计选择情况

OECD成员国是较早研究新公共管理理论的主体，也是较早发现以收付实现制为核算基础的政府会计中存在问题的组织团体。当时政府会计中存在的问题主要是政府预算恶化、财政赤字、负债金额过高等问题。鉴于此，OECD各国陆续开始对自身财政管理体系进行改革，但是由于各国的政治、经济和文化的不同，权责发生制预算以及会计改革的程度、范围和过程并不完全相同。从改革的情况来看，采取权责发生制并不意味着完全放弃收付实现制，而是根据需求将二者有机地结合起来，也就是：完全的权责发生制、修正的权责发生制、修正的收付实现制和完全的收付实现制。修正的权责发生制除了不将资产资本化、不计提资产折旧外，其他各项均遵循权责发生制。修正的收付实现制除了对利息费用、员工的养老金和一些特定事项按权责发生制核算以外，其他都遵循收付实现制（详见表6.23）。

2. OECD国家会计改革经验

（1）新西兰。新西兰是第一个对政府会计和财务报告进行全面权责发生制改革的国家，也是目前政府会计改革较为彻底的国家之一。它早在1983年就提出了改革政府会计的基础。1986年，《国有企业法案》（*State-Owned Enterprise Act*）的颁布，标志着新西兰公共管理模式的开始。1988年《国有部门法案》（*State Sector Act*）和1989年的《公共财政法案》（*Public*

Finance Act），形成了中央政府部门改革的基础。其中《公共财政法案》要求各政府部门发展权责发生制会计核算，从而开创了新西兰中央政府财务管理的新时代。

表 6.23　　OECD 各国采取的会计核算基础情况

	权责发生制预算的应用				权责发生制会计的应用			
分类	完全权责发生制	修正权责发生制	修正收付实现制	完全收付实现制	完全权责发生制	修正权责发生制	修正收付实现制	完全收付实现制
应用国家	澳大利亚、新西兰、英国	加拿大、冰岛、芬兰、意大利	丹麦、美国	其他国家	澳大利亚、加拿大、芬兰、瑞典、新西兰、英国、美国	冰岛、意大利	丹麦、法国、波兰	其他国家

资料来源：李雄飞：《OECD 国家权责发生制预算和政府会计改革探析》，企业经济，2003 年第 2 期。

（2）澳大利亚。在澳大利亚，自 20 世纪 80 年代初期以来，权责发生制技术就开始得到选择性的使用。之前有三个文件促进了澳大利亚对权责发生制技术的使用，这三个文件是：澳大利亚公共会计和审计联合委员会（Joint Committee of Public Accounts，JCPA）在 1982 年所提出的一项报告，澳大利亚政府行政皇家调查委员会（Royal Commission into Australian Government Administration，RCAGA）在 1976 年所探讨的公共部门改革总框架，以及 1977 年、1978 年对南威尔士州政府行政调查所形成的一项报告〔1〕。1999 年，澳大利亚政府采取了两项重要措施：一是会计基础由现金制改为权责发生制；二是在成果和产出绩效条件下编制权责发生制政府财务报告。从 1999/2000 财政年度起，澳大利亚政府年度预算也正式引入了权责发生制。

（3）英国。1992 年，英国建立国民健康服务基金（NHS Trusts）时，就第一次尝试了在公共部门会计中采用权责发生制技术〔2〕。英国政府在推进权责发生制会计报告改革时，采用的是循序渐进的方法。从 1997 年到现

〔1〕 Funnel W., Copper K. *Public Sector Accounting and Accountability in Australia*. Sydney: UNSW Press, 1998.

〔2〕 Broadbent J., Change in Organizations: A Case Study of the Use of Accounting Information in the NHS. *British Accounting Review*, 1992, (04), p. 343-367.

在，英国政府各个部门逐渐采用了权责发生制的会计核算基础。

3. 国际组织和一体化组织对权责发生制的推动作用

国际组织和一体化组织主要通过制定权责发生制的技术标准或者要求成员国政府遵守以权责发生制为核算基础的规定，对世界各国权责发生制政府会计改革发挥推动作用。

国际公共部门会计准则（International Public Sector Accounting Standards，IPSASs）是由国际公共部门会计准则委员会（International Public Sector Accounting Standards Board，IPSASB）制定发布的适用于公共部门的会计和财务报告标准。国际公共部门会计准则委员会是国际会计师联合会（International Federation of Accountants，IFAC）下设的常设委员会，成立于1986年，原名为公共部门委员会（Public Sector Committee，PSC），2004年11月改名为国际公共部门会计准则委员会（以下简称“委员会”），委员会的目标是制定全球通用的公共部门会计与财务报告标准〔1〕。委员会强调和鼓励所有政府和公共部门实体运用权责发生制会计基础编制其一般目的财务报表。

欧盟成立后，通过1993年生效的《马斯特里赫特条约》和1997年生效的《稳定与增长公约》，规定了欧盟财政政策的基本框架。这些政策对欧盟的成员国以及未来可能加入欧盟的国家的财务管理水平提出了要求，也对其政府会计系统提出了要求。各国的财政可持续性是按照欧洲货币联盟的预算要求来衡量的，而《稳定与增长公约》所使用的是以权责发生制为确认基础的欧洲账户系统，这就对欧盟成员国的政府会计系统提供权责发生制信息的能力提出了要求〔2〕。

6.5.2 中国政府会计改革的探讨

我国从20世纪90年代末开始了针对财政预算管理方面的一系列改革，比如建立了集中性政府采购制度、部门预算改革以及建立了国库集中支付制度等。与此同时，深受政府预算管理改革影响的政府会计也在发生变化。财政部对五类事项规定可以采取权责发生制进行核算：（1）预算已经安排，由于政策原因，当年未能实现的收入；（2）预算已经安排，由于用款进度

〔1〕 李红霞：《国际公共部门会计准则的回顾、基本框架及其启示》，会计研究，2005年第4期。

〔2〕 姚宝燕：《基于绩效治理的权责发生制政府会计改革问题》，厦门大学博士学位论文，2008年。

等原因，当年未能实现的支出；（3）动用中央预备费用，因国务院审批较晚，当年未能拨付的支出；（4）为平衡预算需要，当年未能实现的支出；（5）其他符合规定的情况[1]。由此可见，目前我国的政府会计已经在向修正的收付实现制靠拢，但是现存的政府会计制度仍然存在一些问题，具体表现在以下几个方面。

1. 负债信息不完整

我国现行的政府会计制度仍以收付实现制为核算基础，这样的会计体系可以更好地反映会计当期的现金流入和流出情况，便于控制现金流量，不足之处在于容易忽略隐性债务，造成政府债务过高，无法防范财务风险。

2. 资产信息失真

在收付实现制下，政府会计的固定资产仅反映其原值的增减变动，而不反映资产的累计折旧，导致固定资产账面价值的不实；同时，行政事业单位的“暂存款”和“暂付款”科目，常常用于核算许多债权债务，对于应收未收、应付未付的具体事项无法如实体现。这导致政府公共会计对相关资产与负债核算的失真，不利于正确处理年终结转事项。

虽然实行权责发生制政府会计改革的呼声不绝于耳，但是国际上对于权责发生制会计核算基础也存在质疑，主要包括以下几点。

1. 对权责发生制政府会计改革符合成本效益原则的质疑

权责发生制政府会计改革不仅仅涉及权责发生制政府会计系统的建设，还需要保证使用者理解权责发生制政府会计的内涵，这些都需要耗费大量的人力、物力资源。Montesions 和 Bargues（1996）指出，最大的成本来自于那些不愿意改变旧习惯的人们对新的政府会计系统的抵制[2]。尽管权责发生制政府会计的改革成本很高，但却一直没有明确的数据表明改革后的成效。

2. 对权责发生制政府会计改革根本动因的质疑

权责发生制政府会计改革会导致财政部、国库等受托管理公共资金的部门弱化对公共支出的控制。因为传统的收付实现制能够较好地控制现金流量，转向权责发生制的政府会计有可能会把重点转向关注产出与结果、更加

[1] 邬励军，吴昊华：《政府会计改革——论权责发生制的引入》，会计之友，2013 年 01 期。

[2] Vicente Montesinos, M. Vela Bargues. Bases of Accounting and Reporting Foci in Spanish Government Accounting, IFAC, Occasional Paper 3: Perspective on Accrual Accounting, 1996, p. 17-24.

关注绩效。但是现金流量的衡量有可观的指标，便于把握，而关于产出、绩效的衡量却没有一个统一的指标，在衡量的过程中存在诸多的不确定性。

权责发生制政府会计改革还存在跨期成本分摊的问题，但是在中期支出框架下，政府将从中长期对每期成本分摊数额进行考量，这会降低政府隐瞒成本、每期成本分摊过高或过低的风险。

上述权责发生制政府会计改革的问题发生的风险在中期支出框架内将会大大降低。因为中期支出框架的最大特点是前瞻性，在年度预算内发生的短视性决策将会大大减少，并且在一个中长期的框架中，决策者在做决策时也会考虑到其政策的连续性和一致性。

因此，我国在引入中期支出框架的同时，可以考虑同时进行政府会计改革，将权责发生制逐步渗透到各个公共部门的会计报表编制之中。

在进行我国政府会计改革时，应该采取循序渐进的过渡方式，不断从局部进行调整，逐渐全面化。在推进我国政府会计改革时，具体技术操作可以参考企业会计的核算方法，根据政府的特殊情况进行微调，本节认为我国推行的路径如下：

1. 区分政府经营性支出和资本性支出

将政府的支出区分为经营性支出和资本性支出更符合权责发生制的核算要求，不同性质的支出匹配不同的核算方法。例如，将预期使用期限超过一年的资产取得或者建造成本作为资本性支出，在连续多个会计期间进行分摊，避免某一期成本支出过高，最终实现成本与收益的匹配。

2. 对政府资产实行权责发生制核算

在收付实现制核算基础下，我国政府的资产并不计提折旧，造成政府资产信息的失真。而在引入权责发生制的核算基础下，可以对政府部门运转过程中消耗的固定资产计提折旧，在会计科目中引入“累计折旧”、“固定资产净值”等科目，最终实现真实全面地反映政府资产。

3. 对政府负债实行权责发生制

欧债危机的爆发在很大程度上是因为隐性负债过高，为防范风险，对负债实行权责发生制核算势在必行。当政府取得负债时，负债按取得的成本按照时间长短相应地计入长（短）期负债，并按照权责发生制将每期的利息和分摊的本金计入“财务费用”，并转入偿债基金，归还负债时对各个科目相应地进行调整。对不确定或者“或有负债”科目要在报表附注中进行披露。

主要参考文献

1. 安体富：《我国土地出让金制度：现状、问题以及政策建议》，南京大学学报，2011年第1期。

2. 白彦锋，叶菲：《中期预算：中国模式与国际借鉴》，经济与管理评论，2013年第1期。

3. 白彦锋，张静：《中期支出框架：概念、条件及阶段划分》，地方财政研究，2011年第12期。

4. 白彦锋：《中期预算的实证分析：以美国联邦预算为例》，西安财经学院学报，2009年第11期。

5. 白彦锋：《建立中期预算框架的国际比较与借鉴》，中央财经大学学报，2009年第9期。

6. 白彦锋：《我国房产税改革中的风险问题研究》，中国财政经济出版社，2011年。

7. 白彦锋：《税权配置论》，中国财政经济出版社，2007年。

8. 财政部综合司：《法国、德国的财政中长期计划》，载财政部国际司编：《财政新视角：外国财政管理与改革》，经济科学出版社，2003年。

9. 财政部财政科学研究所：《中长期财政政策研究》，中国财政经济出版社，1993年。

10. 常嘉：《财力瞻前配置的科学尝试——河北省编制三年滚动预算的实践与探索》，中国财政，2009年第6期。

11. 陈宝森：《美国两种经济哲学的新较量——兼论两党预算战》，美国研究，1996年第2期。

12. 陈共，昌宗泽：《美国财政政策的政治经济分析：从赤字预算到平衡预算及其对我国的启示》，中国财政经济出版社，2002年。

13. 蔡玲芳：《税收收入预测方法及实证分析》，上海财经大学2004年硕士论文。

14. 昌宗泽：《作为传统需求管理工具的美国财政政策》，美国研究，2004 年第 3 期。

15. 邓晓兰：《国库现金管理创新》，光明日报出版社，2010 年。

16. 刁大明：《国家的钱袋：美国国会与拨款政治》，上海人民出版社，2012 年。

17. 冯兴元：《土地财政、地方财政融资平台与规则》，国土资源导刊，2011 年第 3 期。

18. 苟燕楠：《公共预算职能的发展变迁》，宁夏党校学报，2005 年第 5 期。

19. 国家税务总局税收科学研究所课题组：《我国直接税与间接税关系的发展和展望》，税务研究，2005 年第 1 期。

20. 国家统计局：《从基尼系数看贫富差距》，中国国情国力，2001 第 1 期。

21. 郭宏宝：《“三分离”财政管理体制改革中预算编制模式选择研究》，财政论坛，2009 年第 17 期。

22. 郭林林：《对我国个税递延型养老保险试点的思考》，保险市场，2012 年第 1 期。

23. 韩丽：《财政收支均衡发展的财政政策可持续研究》，首都经贸大学硕士学位论文，2011 年 3 月。

24. 胡爱华：《我国财政预算平衡性检验》，财会审计，2011 年第 1 期。

25. 侯一麟：《预算平衡规范的兴衰》，公共行政评论，2008 年第 2 期。

26. 侯敏：《我国公共预算模式构建研究》，四川大学硕士论文，2006 年 5 月。

27. 金双华：《平衡预算归宿分析》，东北财经大学博士学位论文，2006 年第 12 期。

28. 胡玉玮：《税延型养老保险的国际经验》，中国金融，2012 年第 19 期。

29. 李红霞：《国际公共部门会计准则的回顾、基本框架及其启示》，会计研究，2005 年第 4 期。

30. 李绍荣，耿莹：《中国的税收结构、经济增长与收入分配》，经济研究，2005 年第 5 期。

31. 李庆晖：《我国推行新绩效预算制度问题研究》，暨南大学硕士学位论文，2007 年。

32. 刘明康：《土地财政带来的问题“巨大”》，东方早报，2011 年 5 月 21 日。

33. 刘彦博：《中国部门预算改革研究》，财政部财政科学研究所博士学位论文，2010 年。

34. 李燕：《编制中期预算是财政规范化管理的重要举措》，“国家治理与公共预算”国际学术研讨会论文集，2004 年。

35. 李燕：《财政中期（多年滚动）预算：借鉴与实施》，财政研究，2006 年第 2 期。

36. 李燕，白彦锋，王淑杰：《中期预算：理念变革与实践》，财贸经济，2009 年第 8 期。

37. 李燕，刘霞：《我国预算稳定调节基金研究》，南京审计学院学报，2013 年第 3 期。

38. 李燕：《政府预算理论与实务》，中国财政经济出版社，2010 年。

39. 楼继伟：“建立现代财政制度”，本书编写组编著：《〈中共中央关于全面深化改革若干重大问题的决定〉辅导读本》，人民出版社，2013 年。

40. 刘嘉：《税收增长的经济分析》，中国人民大学 2002 年硕士论文。

41. 刘尚希：《财政改革与国家治理》，环球财经，2014 年 2 月 10 日。

42. 刘爽，孔庆仪：《论预算稳定调节基金》，中外企业家，2007 年第 6 期。

43. 罗佐县：《美国页岩气勘探开发现状及其影响》，中外能源，2012 年第 1 期。

44. 马蔡琛：《打造国家长治久安的财政基础》，天津日报，2014 年 2 月 25 日。

45. 马珺：《财政学：两大传统的分立与融合》，经济理论与经济管理，2012 年第 10 期。

46. 马骏：《新绩效预算》，中央财经大学学报，2004 年第 4 期。

47. 马骏，侯一麟：《公共管理研究》（第五卷），上海人民出版社，

2008 年。

48. 马骏：《公共预算原则：挑战与重构》，经济学家，2003 年第 3 期。

49. 马骏等：《国家治理与公共预算》，中国财政经济出版社，2007 年。

50. 马桑：《平衡预算理论综述》，生产力研究，2011 年第 2 期。

51. 钱敏泽：《中国现行统计方法基尼系数的推算及结果》，经济理论与经济管理，2002 年第 11 期。

52. 钱先航，曹廷求，李维安：《晋升压力、官员任期与城市商业银行的贷款行为》，经济研究，2011 年第 12 期。

53. 乔晓春，陈卫：《中国人口老龄化：世纪末的回顾与展望》，人口研究，1999 年第 6 期。

54. 王亮：《我国流转税与所得税最优比例关系的实证分析》，财贸研究，2004 年第 5 期。

55. 王贤彬，徐现祥：《地方官员来源、去向、任期与经济增长——来自中国省长省委书记的证据》，管理世界，2008 年第 3 期。

56. 王小鲁：《改革 20 年和今后 20 年：投资对经济增长的贡献》，国家行政学院学报，2001 年第 4 期。

57. 王亚华，鄢一龙：《中国 10 个五年计划完成情况的定量评估》，当代中国史研究，2009 年第 5 期。

58. 王亚娟，马旭，张矿生，古永红，李红英：《美国非常规天然气开发的政策效益及启示》，安全与管理，2013 年第 3 期。

59. 王雍君：《“全口径预算”改革探讨》，中国财政，2013 年第 6 期。

60. 王雍君：《中国公共预算改革：从年度到中期基础》，经济科学出版社，2011 年。

61. 魏明海：《盈余管理基本理论及其研究述评》，《会计研究》，2000 年第 9 期。

62. 魏杰，谭伟：《基尼系数理论与中国现实的碰撞》，光明日报，2006 年 2 月 14 日。

63. 邬励军，吴昊华：《政府会计改革——论权责发生制的引入》，会计之友，2013 年第 1 期。

64. 肖文东：《年度预算与中期预算：比较及借鉴》，中央财经大学学报，2007 年第 12 期。

65. 谢旭人：《落实科学发展观，推进财政改革与发展》，求是，2008 年第 5 期。

66. 姚宝燕：《基于绩效治理的权责发生制政府会计改革问题》，厦门大学博士学位论文，2008 年。

67. 姚绍学等：《地方政府制定中长期财政预算的构想》，财政研究，2004 年第 8 期。

68. 姚双林：《辩证地认识政府预算收支的平衡原则》，江苏工业学院学报，2003 年第 3 期。

69. 翟进：《我国国库现金管理与货币政策关系的协调》，财政部财政科学研究所 2007 年硕士论文。

70. 张军：《中国的基础设施投资的发展与评价》，中国市场，2012 年第 29 期。

71. 张军：《中国的基础设施投资——现状与评价》，CMRC“中国经济观察”第 28 次报告会，2012 年 2 月 25 日。

72. 张林海：《借鉴国外经验完善我国资源税制度》，涉外税务，2010 年第 11 期。

73. 张瀛：《预算法的收支平衡原则》［A］，《2004 财税法论坛——中国法学会财税法学研究会学术年会论文选编》［C］，北京大学出版社，2005 年。

74. 张莹：《我国政府预算编制的制度改革研究》，中国政法大学硕士学位论文，2011 年 4 月。

75. 章伟：《预算、权力与民主：美国预算史中的权力结构变迁》，复旦大学博士毕业论文，2005 年 11 月。

76. 赵玉华：《政府中期滚动预算研究》，河北经贸大学硕士学位论文，2011 年。

77. 周传猛：《权责发生制政府会计研究》，财政部财政科学研究所硕士学位论文，2013 年 6 月。

78. 朱秋霞：《德国财政制度》，中国财政经济出版社，1999 年。

79. 朱松，陈运森：《政府补贴决策、盈余管理动机与上市公司扭亏》，中国会计与财务研究，2009 年第 3 期。

80. 爱伦·鲁宾：《公共预算中的政治：收入与支出，借贷与平衡》，中国人民大学出版社，2001 年。

81. 艾伦·希克：《当代公共支出管理方法》，经济管理出版社，2000 年。

82. 雪莉·琳内·汤姆金（Shelley Lynne Tomkin）著，苟燕楠译：《透视美国管理与预算局：总统预算局内的政治与过程》，上海财经大学出版社，2009 年。

83. 斯坦（Stein, Herbert）著，苟燕楠译：《美国的财政革命：应对现实的策略》，上海财经大学出版社，2010 年。

84. 詹姆斯·陈：《论美国重大的联邦预算法》，《经济社会体制比较》，2008 年第 1 期。

85. Allan, William. "Public Expenditure Planning and Forecasting", in Caiden (1996).

86. Aaron Wildavsky and Naomi Caiden, *The New Politics of the Budgetary Process*, 3rd ed. (New York: Longman, 1997), 45.

87. Aaron Wildavsky, *Budgeting: A Comparative Theory of Budgetary Processes*, Transaction Publisher, 1986, p.105-116.

88. Aaron Wildavsky, *Budgeting*, Boston: Little, Brown and Co., 1975, p.8.

89. Alesina A. R. Perotti, *Fiscal Adjustments in OECD Countries: Composition and Macroeconomic Effects*, IMF Staff Papers June, 1997, p.210-248.

90. Aschauer, D. A. Is Public Expenditure Productive? *Journal of Monetary Economics*, 1989, 23: p.177-200.

91. Ball, Ray (2013). "Accounting Informs Investors and Earnings Management is Rife: Two Questionable Beliefs". *Accounting Horizons* 27 (4): 847 - 853.

92. Blöndal, J. R. (ed.), "The OECD Budgeting Database," *OECD Journal of Budgeting*, Vol. 1, p.155-170, 2002.

93. Blöndal, Jón, and Jens Kromann Kristensen (2002), "Budgeting in the Netherlands", *OECD Journal on Budgeting*, Vol. 1, No. 3, OECD, Paris.

94. Broadbent J., Change in Organizations: A Case Study of the Use of Accounting Information in the NHS. *British Accounting Review*, 1992,(04),p.343-

367.

95. Cahan, F. , B. Chavis, and R. Elmendorf, 1997, "Earnings Management of Chemical Firms in Response to Political Costs from Environmental Legislation", *Journal of Accounting, Auditing & Finance*, 12 (1), 37-65.

96. Caiden, Nomai, "Patterns of Budgeting", *Public Administration Review*, 1978.

97. Caiden, Naomi, (1984) "The New Rules of the Federal Budget Game," *Public Administration Review*, 44: 2.

98. Chatterjee, S. From Cycles to Shocks: Progress in Business-Cycle Theory [J], *Business Review*, 2000.

99. Dechow, Patricia; Douglas J. Skinner (2000) . "Earnings Management: Reconciling the Views of Accounting Academics, Practitioners, and Regulators" . *Accounting Horizons* 14 (2): 235-250.

100. Dirk-Jan Kraan, Daniel Bergvall, Ian Hawkesworth and Philip Krause, Budget in Hungary, *OECD Journal on Budgeting*, 2007, vol. 6.

101. Dirk-Jan Kraan, Typically Dutch, *OECD Journal on Budgeting*, 2005, vol. 4.

102. Dirk-Jan Kraan, Michael Ruffner, Budgeting in Switzerland, *OECD Journal on Budgeting*, 2005, vol. 5.

103. Doh Joon-Chien. Modernizing the budget system: The Malaysian experience, Wiley Online Library, 1981.

104. Fan, J. P. H. and T. J. Wong, 2002, "Corporate Ownership Structure and the Informativeness of Accounting Earnings in Earnings in East Asia", *Journal of Accounting and Economics*, 33, 401-425.

105. Fatas, A. and I. Mihov (2008) . "Fiscal Discipline, Volatility and Growth," in *Fiscal Policy, Stabilization and Growth*, G. Perry, L. Serven and R. Suescun, eds. , Washington DC: The World Bank.

106. Funnel W. , Copper K. , *Public Sector Accounting and Accountability in Australia*. Sydney: UNSW Press, 1998.

107. Göta Ljungman (2006), "The Medium-term Fiscal Framework in Sweden", *OECD Journal on Budgeting*, Vol. 3, No. 2, OECD, Paris, pp. 93-109.

108. Healy, Paul M. , and James M. Wahlen. 1999. "A Review of the Earnings Management Literature and Its Implications for Standard Setting." *Accounting Horizons* 13 (4): 365-383.

109. Hou, Yilin, "Budgeting for Fiscal Stability over the Business Cycle: A Countercyclical Fiscal Policy and the Multiyear Perspective on Budgeting", *Public Administration Review*, September/October 2006.

110. International Monetary Fund (IMF), Manual on Fiscal Transparency (Washington), 2001.

111. Irene S. Rubin, *Class Tax and Power: Municipal Budgeting in the United States*, Chatham House, 1998.

112. Jae-Young Choi, Nowook Park, *Achieving Medium Term Expenditure Framework Reform—A Case Study of Korea*, 2013, 06.

113. James M. Buchanan, Richard E. Wagner, *Democracy in Deficit: The Political Legacy of Lord Keynes*, Liberty Fund (Indianapolis, IN), 1999.

114. Jesse Burkhead, *the Balanced Budget*, the Quarterly Journal of Economics, 1954, vol. 68.

115. Joshua Aizenman & Ilan Noy, 2012. "Macroeconomic Adjustment and the History of Crises in Open Economies," NBER Working Papers 18527, National Bureau of Economic Research, Inc.

116. Jürgen von Hagen, Ian J. Harden, Budget Processes and Commitment to Fiscal Discipline, *European Economic Review*, 1995, Vol. 39 (3), pp. 771-779.

117. Keating, Michael, and David Rosalky (1990). "Rolling Expenditure Plans in Australia" in Premchand (1990b).

118. JW Sundelson, Budgetary Principles, *Political Science Quarterly*, 1935, vol. 50.

119. Kelly, J. M. (2003), The Long View: Lasting (and Fleeting) Reform in Public Budgeting in the Twentieth Century, *Journal of Public Budgeting, Accounting & Financial Management*: Summer 2003; 15, 2; ABI/INFORM Global, pp. 309.

120. Kornai J. Economics of Shortage: Volumes A and B [M]. North Holland, 1980.

121. Kornai J. The Soft Budget Constraint [J] . *Kyklos*, 1986, 39 (1).

122. Kornai J, Maskin E, Roland G. Understanding the Soft Budget Constraint [J] . *Journal of Economic Literature*, 2003.

123. Lance T. LeLoup, Andrea Dietz, Mihaly Hogye, Zoltan Papai, Laszlo Urban and Laszlo Varadi, Budgeting in Hungary During the Democratic Transition, Public Budgeting, Accounting & Financial Management, 10 (1), 89-120.

124. M. Szczepański, JA Turner, Social Security and Pension reform: the view of 16 authors, Upjohn Institute Press Book Chapters, 2014.

125. Margaret E, Slade, Taxation of Non-Renewable Resources at Various Stages of Production, *Canadian Journal of Economics*, Vol. 19, No. 2, May, 1986.

126. Malcolm Holmes, Alison Evans, A Review of Experience in Implementing Medium Term Expenditure Frameworks in A PRSP Context: A Synthesis of Eight Country Studies, 2003, 11.

127. M. Cangiano, Teresa Currisitne, Michel Lazare, *Public Financial Management and Its Emerging Architecture*, Washington D. C. , International Monetary Fund, 2013.

128. Minea, Villieu, Borrowing To Finance Public Investment? The "Golden Rule Of Public Finance" Reconsider In An Endogenous Growth Setting, *Fiscal Studies*, 2009.

129. OECD. *Budgeting for Results Perspective on Public Expenditure Management.* Paris: OECD. 1995.

130. OECD, "Public finances in EMU — 2007", *European Economy*, No3/2007.

131. Organisation for Economic Co-operation and Development (OECD) . 1998 . *Statement By the Chairman at the 19th Annual Meeting of Senior Budget Officials* . Paris : OECD.

132. OECD, *The Legal Framework for Budget Systems: An International Comparison*, 2004.

133. Philippe Le Houerou, Robert Taliercio, *Medium Term Expenditure Frameworks: From Concept to Practice—Preliminary Lessons From Africa*,

2002, 02.

134. Ramanna, K. and S. Roychowdhury, 2010, "Elections and Discretionary Accruals: Evidence from 2004", *Journal of Accounting Research*, Vol. 48 (2), 445-475.

135. RBAN INSTITUTE, retirement security data brief, April, 2013.

136. *Reforming the Public Expenditure Management System: Medium-Term Expenditure Framework, Performance Management, and Fiscal Transparency*, The World Bank and Korea Development Institute Conference Proceedings, 2004, 03.

137. Richard Allen, Richard Hemming, Barry Potter, *The International Handbook of Public Financial Management*, p. 219 – 235, 2013.

138. Rubin, Irene. *New Directions in Budget History* [C]. New York: State University of New York Press, 1988.

139. Schiavo-Campo, Salvatore and Daniel Tommasi, 1999, *Managing Government Expenditure*, Asian Development Bank, April.

140. Schick, Allen. Macro-Budgetary Adaptations to Fiscal Stress in Industrialized Democracies. *Public Administration Review*, 1986, 46 (2): 124-134.

141. Schick, Allen. (1990). Budgeting for Results: Recent Development in Five Industrialized Countries. *Public Administration Review* 50 (1): 26-34.

142. Subramanyam, K. R. (1996). "The pricing of discretionary accruals". *Journal of Accounting and Economics* 22: 249-281.

143. Sundelson, Wilner, "Budgetary principles", *Political Science Quarterly*, 1935, 1 (2): 236-263.

144. Tanaka, Hideaki (2003), "Fiscal Consolidation and Medium-term Fiscal Planning in Japan", *OECD Journal on Budgeting*, Vol. 6, No. 3, OECD, Paris, pp. 105-137.

145. Tim Pink, David Savage, Forecasting The Public Finances in the Treasury, *Fiscal Studies*, 1998, 02.

146. Vicente Montesinos, M. Vela Bargues. Bases of Accounting and Reporting in Spanish Government Accounting, IFAC, Occasional Paper 3: Perspective on Accrual Accounting, 1996, p. 17-24.

147. Watts, R. and J. Zimmerman, 1986, "Positive Accounting Theory", Englewood Cliffs, NJ: Prentice-Hall.

148. World Bank. *Public Expenditure Management Handbook*, Washington, D. C. , The International Bank for Reconstruction and Development.

149. Yilin Hou, "Budgeting for Fiscal Stability over the Business Cycle: A Countercyclical Fiscal Policy and the Multiyear Perspective on Budgeting", *Public Administration Review*, September/October 2006.